丝路经济与文化文库

“一带一路”倡议下西北地区文化对外传播的话语建构研究

郝香 著

中国经济出版社
CHINA ECONOMIC PUBLISHING HOUSE
·北京·

图书在版编目（CIP）数据

“一带一路”倡议下西北地区文化对外传播的话语建构研究/郝香著. -- 北京：中国经济出版社，2024. 12.

ISBN 978 - 7 - 5136 - 7987 - 9

Ⅰ. G127. 4

中国国家版本馆 CIP 数据核字第 20244410FB 号

责任编辑　郭国玺
责任印制　马小宾
封面设计　任燕飞工作室

出版发行　中国经济出版社
印 刷 者　北京艾普海德印刷有限公司
经 销 者　各地新华书店
开　　本　710mm × 1000mm　1/16
印　　张　22. 5
字　　数　366 千字
版　　次　2024 年 12 月第 1 版
印　　次　2024 年 12 月第 1 次
定　　价　98. 00 元
广告经营许可证　京西工商广字第 8179 号

中国经济出版社 网址 http：//epc. sinopec. com/epc/ 社址 北京市东城区安定门外大街 58 号 邮编 100011
本版图书如存在印装质量问题，请与本社销售中心联系调换（联系电话：010 - 57512564）

本书为
2018 年国家社科基金年度项目（一般项目）
“一带一路”倡议下西北少数民族文化对外传播的话语建构研究
（项目编号：18BXW021）项目成果

目　　录

导　　论

“一带一路”倡议是古丝绸之路精神的现代诠释，也是新时期不同文明交流互鉴和国际合作的动力支持。在“一带一路”倡议下，西北地区民族文化作为中华文化的重要组成部分，要以“多元一体”的形象“走出去”，同时要“尊重世界文明多样性，以文明交流超越文明隔阂、文明互鉴超越文明冲突、文明共存超越文明优越”①，不断增强中华文化的影响力，提升中国文化软实力，构建人类命运共同体。那么，“一带一路”倡议下的西北地区如何重振昔日之繁盛辉煌？西北地区民族文化又如何紧抓机遇契机，在中华文化“走出去”这一国家战略的部署推动下走向海外？“一带一路”倡议下的西北地区又将建构怎样的对外话语？基于上述问题，本课题围绕相关背景厘清概念、述评文献、提出问题、归纳意义、构建框架、确定方法，层层剥开课题内容。

一、厘清概念

古丝绸之路与“一带一路”、对外传播与国家软实力、民族文化与中华文化这几组概念之间存在怎样的逻辑关系？厘清这一逻辑关系，不仅是开展研究的前提条件，也是清晰呈现核心关键词之间底层逻辑的必要条件。

（一）古丝绸之路与“一带一路”

公元前140年，汉武帝派张骞出使西域，从而开辟了横贯东西、连接欧亚大陆的陆上商业贸易交通的丝绸之路；隋唐时期，日本13次派“遣唐使”来华学习唐文化，新罗派使节和大批留学生到唐朝学习中国文化，直到玄奘西游将唐朝对外开放推向鼎盛；宋元时期，海外贸易东抵朝鲜、日本，西到

---

① 杨希燕．构建人类命运共同体与中华文化对外交流传播［J］．红旗文稿，2021（7）：45－47.

阿拉伯半岛和非洲东海岸；明朝郑和先后7次下西洋，直抵非洲东海岸和红海沿岸。从秦汉到明朝，从官方到民间，从派驻使者、留学生到佛教徒和传教士，逐渐形成了一条从商业贸易到文化交流的“丝绸之路”，促进了欧亚非各国和中国的友好往来。

经甘肃、新疆，到中亚、西亚，连接地中海各国的陆上通道被称为“丝绸之路”或“西北丝绸之路”。“丝绸之路”在历史上就是一个民族走廊，中原地区的养蚕、缫丝、冶铁、造纸、印刷术、凿井、灌溉等技术传至中西亚和欧洲；西部少数民族的葡萄、核桃、石榴、蚕豆、黄瓜、芝麻、无花果等作物和狮子、犀牛、良马等动物，以及音乐、舞蹈、绘画、雕刻、佛教等文化艺术传入中原地区。这条由各民族共同开辟的“丝绸之路”，加强了东西方的经济科技交流，推动了民族文化交流互鉴。因此，古代“丝绸之路”不仅是贸易流通、文化交流的重要通道，也是古代亚、欧、非友好交往的友谊之路和民族文化交融的文明之路。

“为了使欧亚各国经济联系更加紧密、相互合作更加深入、发展空间更加广阔，我们可以用创新的合作模式，共同建设‘丝绸之路经济带’……”①2013年9月7日，习近平主席在哈萨克斯坦纳扎尔巴耶夫大学演讲，首次提出共建“丝绸之路经济带”的构想。10月3日，习近平主席在印度尼西亚国会发表《携手建设中国—东盟命运共同体》的演讲中首次提出共同建设21世纪“海上丝绸之路”。作为古丝绸之路精神当代诠释与内涵延伸的“一带一路”，成为新时期处理国家关系的新准则和中国对外开放的新战略，被载入第七十一届联合国大会决议。

“一带一路”秉持绵亘万里、延续千年、和平合作、开放包容、互学互鉴、互利共赢的丝路精神②，形成了政策沟通、设施联通、贸易畅通、资金融通和民心相通“五通”的核心内容。自提出以来，该倡议得到越来越多国家的响应和国际社会的广泛认同。捷克总统泽曼认为，习近平主席于2013年提出的“一带一路”倡议已经成为新时期全球最大的构想之一。③“一带一路”

---

① 习近平在哈萨克斯坦纳扎尔巴耶夫大学的演讲［EB/OL］. 中国政府网，（2013-09-08）［2024-06-29］. https：//www.gov.cn/ldhd/2013-09/08/content_2483565.htm.

② 滕文生. 古丝绸之路与共建“一带一路”［J］. 区域治理，2019（21）：77-82.

③ 习近平在哈萨克斯坦纳扎尔巴耶夫大学的演讲［EB/OL］. 中国政府网，（2013-09-08）［2024-06-29］. https：//www.gov.cn/ldhd/2013-09/08/content_2483565.htm.

倡议不仅为古丝绸之路赋予新的时代内涵，让昔日繁盛辉煌的商贸文明之路再次焕发光彩，还致力于打造共建国家政治互信、经济融合、文化互容的利益共同体、命运共同体和责任共同体。[①] 它崇尚的共商、共建、共享、共赢的价值理念顺应时代潮流，符合各国人民愿望，既是中国对外开放的新战略，也是中国与世界关系的新建构。从古丝绸之路重要的商贸通道到新时代的"一带一路"，这条象征着中国文化开放的和平之路、贸易之路、开放共赢之路和文明发展之路必将推动世界朝着更加开放、包容、共赢的方向发展。

（二）对外传播与国家软实力

对外传播是一个国家或文化体系对另一个国家或文化体系所开展的信息交流活动，其目的是信息输入国了解信息输出国。[②] 狭义上的对外传播是传播者向外国进行有目的的新闻报道行为，也称为国际新闻报道或者国际传播活动。[③] 广义的对外传播包括经济、商务交流，教育与文化交流及外交和政治交流等，也属于国家对外交流的组成部分。我国著名翻译家、资深对外传播专家沈苏儒先生认为，对外传播从实质上讲，是一种跨文化传播，[④] 是不同文化背景的人信息交流过程和互动关系研究。党的十八大以来，以习近平同志为核心的党中央高度重视和全面推进国际传播工作。[⑤] 在 2019 年亚洲文明对话大会上，习近平主席指出文明因多样而交流，因交流而互鉴，因互鉴而发展。[⑥]"一带一路"倡议不仅包含丰富的经济合作和对外开放内涵，也是强有力的跨文化交流举措，它以"海纳百川，有容乃大"的中华文化为基础，以平等互鉴、开放包容的博大胸襟，彰显了中华民族的文化自信和强大的文化基因，在国际话语体系中处于主动地位。

"软实力"（soft power）一词最早是由哈佛大学教授约瑟夫·奈（Joseph S. Nye，Jr.）在《软实力》一文提出的。约瑟夫·奈指出，我们可以通过威胁或奖励影响他人，也可以通过吸引他人达到预期目标，前者是运用"硬实

---

① 王艺．"五通三同"，四字看懂"一带一路"丰厚内涵［EB/OL］．央广网，（2015－03－29）［2024－06－29］．http：//news. cnr. cn/native/gd/20150329/t20150329_ 518163512. shtml.

② 郭赫男．球土化：中国对外传播的现实路径选择［J］．新闻知识，2007（2）：20－22.

③ 张长明．让世界了解中国——电视对外传播 40 年［M］．北京：海洋出版社，1999.

④ 黄燕．中国对外传播：从单向传播到多向传播［N］．人民日报，2019－04－18（04）．

⑤ 周学军．把握时代脉搏　推进文化自信自强［J］．群众（思想理论版），2023（3）：69－72.

⑥ 杨希燕．构建人类命运共同体与中华文化对外交流传播［J］．红旗文稿，2021（7）：45－47.

力”，而后者是运用“软实力”。[①] 硬实力是与经济、军事相关的“硬性命令式实力”，而软实力是与文化、意识形态和制度相关的“软性同化式实力”。一般意义上的“软实力”包括文化吸引力、意识形态或政治价值观及塑造国际规则和设置政治议程的能力。[②] 其中，对外政策、文化、政治价值观念是软实力的三大源泉。和平与发展的时代主题决定了国家之间的竞争是以文化软实力为代表的隐性竞争。“软实力是通过吸引而非强迫或收买的手段来达己所愿的能力，它源于一个国家的文化、政治观念和政策的吸引力。”[③] 2013 年 12 月 30 日，习近平总书记在主持中共中央政治局第十二次集体学习时指出，提高国家文化软实力，关系“两个一百年”奋斗目标和中华民族伟大复兴中国梦的实现。在党的十九届五中全会上，习近平总书记进一步指出，要推动文化事业和文化产业繁荣发展，提高国家文化软实力，进一步提升对外“文化话语”软实力，增强国际文化传播能力、对外话语的文化感召力和公信力，向世界传播中国声音，讲好中国故事。[④]

总之，“一带一路”倡议下的中华优秀传统文化“走出去”，不仅是提升我国文化软实力的有力手段，也是增强国家软实力的重要抓手。不同主体通过学术研讨、影视艺术、文学作品等形式，不断创新中国故事的话语表达，增强我国对外话语的创造力、感召力和公信力，进而提升国家软实力和中华文化影响力。

（三）西北地区民族文化与中华文化

我国是统一的多民族国家，各民族齐心协力、团结一致，共同书写中华民族团结奋斗、繁荣发展的历史。西北地区在漫长的历史变迁中，创造了丰富多元的民族文化。回溯古代西北地区的文化历史，黄河中游地区（今河南、陕西、甘肃、宁夏等地）的仰韶文化（前期）和龙山文化（后期），黄河上游地区（包括今甘肃、青海和宁夏）的大地湾文化（前期）、马家窑文化、齐家文化（晚期）以及今新疆北部及内蒙古的细石器文化的“石器时代文

---

① Nye J S. Soft power：The Means to Success in World Politics ［M］. New York：Public Affairs，2004：2.

② 谢利勇．文化干预：对文化软实力的内向力的引导——一种社会学的解读［J］．科技信息，2008（12）：120－133.

③ ［美］约瑟夫·奈．软力量：世界政坛成功之道［M］．北京：东方出版社，2005.

④ 王雪莹．提升中国对外“文化话语”软实力，创建多元立体化传播格局［N］．光明日报，2020－01－21（10）．

化”奠定了古代西北地区多元文化的基础。公元221年，中国历史上第一个封建集权制王朝建立后，周秦文化影响和融合周边诸如羌戎、白狄、义渠等民族，形成多元文化主体的华夏文化。此后的秦、汉（西汉）、隋、唐时期，以汉族（先秦时华夏族）为主体的传统文化向四周辐射，影响波及今新疆各地。在汉文化向西北地区扩展的同时，佛教文化传入西北地区，并逐渐渗透至西北地区原有文化之中，形成具有佛教文化内涵的多元文化。从秦汉至隋唐，汉族传统文化，印度、中亚的佛教文化和游牧文化是影响西北地区多元文化的主要因素。西夏政权建立后，广泛汲取内地汉族传统文化和南边吐蕃的藏传佛教文化，形成了中国历史上具有特色的西夏文化。[①] 公元1227年蒙古灭西夏，不仅影响了西北地区的民族分布格局，还从语言文字、历史传说、文学艺术、风俗习惯、心理特征等方面对西北地区多元文化产生深远影响。13世纪蒙古军队南下，统一青藏高原，尊崇藏族佛教，同时迁入青海一带的蒙古部落也逐渐信仰藏传佛教。西北甘青一带的原有文化，逐渐演化形成多元文化。

纵观西北地区文化千年的发展演变，民族文化与汉文化相互交流、相互影响，形成“你中有我，我中有你”的关系。[②] 中华传统文化历史悠久、博大精深，它是各民族共同的精神财富，每个民族都对中华文化的形成作出了贡献。在2019年全国民族团结进步表彰大会上，习近平总书记强调：“我们灿烂的文化是各民族共同创造的。”早在2014年中央民族工作会议上习近平总书记就明确指出，“中华文化是各民族文化的集大成”。2022年7月13日，习近平总书记在考察新疆时指出要铸牢中国心、中华魂。他强调中华文明博大精深、源远流长，是由各民族优秀文化百川汇流而成的，中华文明是各少数民族文化的根脉所在。[③] 要加强引导各族群众增强对伟大祖国的认同、对中华民族的认同、对中华文化的认同、对中国共产党的认同、对中国特色社会主义的认同，是维护民族地区社会稳定、长治久安的重要基础，也是维护民

① 周伟洲．古代西北少数民族多元文化的发展与变异［J］．中国历史地理论丛，2003（3）：1－5.

② 如何理解少数民族文化是中华文化的重要组成部分？［N］．光明日报，2009－09－08（05）．

③ 张敏彦．学习进行时丨习近平总书记新疆之行，细节中的宏大情怀［EB/OL］．新华网，（2022－07－16）［2024－06－29］．http：//www.xinhuanet.com/politics/xxjxs/2022－07/16/c_1128838453.htm.

族地区意识形态安全的坚固堡垒。①

综上，民族文化根植于中华文化的深厚根脉。民族文化对外传播必须遵从中华文化的统一性，将中华文化的统一性与民族文化的多样性有机结合，将民族文化与中华文化深度融合，以“多元一体”的形象“走出去”。

二、述评文献

对外传播是现代国家产生后对外活动的产物。“一带一路”倡议提出后，学界从“一带一路”视域出发，从传播的意义价值到策略方法，从中华文化到民族文化进行了多元化探讨。本研究围绕“一带一路”与对外传播、中华文化对外传播、西北地区民族文化对外传播及对外话语建构等梳理文献，呈现如下脉络。

（一）“一带一路”与对外传播

“一带一路”倡议提出后，国际传播问题备受国内外学者关注。对外传播在塑造国家形象、增强文化软实力和促进经济发展方面发挥重要作用；但中国的“一带一路”倡议在国际上反响不容乐观，各国媒体都不加批判地在自己的“真相制度”中寻求中非“现实”，使得各国之间的猜疑程度加深。② 学术领域关注不同主体如何凸显优势，寻求传播创新。

学者从国内、国外两种视角分析我国对外传播中的“瓶颈”。李荣指出，西方媒体将“一带一路”比作中国版的“马歇尔计划”，抛出“中国威胁论”，这种有意误读和抵制带来沟通不畅和国际舆论场的处境艰难。③ 在主观上我国媒体传播力不足，方法针对性不强，传播对象关照不够；在客观上被西方媒体打压，文化被扭曲和误解。④ “一带一路”背景下如何才能提升对外传播力？程曼丽指出，“一带一路”涉及60多个国家，对外传播会经历许多阻碍，要加强沟通、释疑解惑，也要稳定关系，避免出现新的矛盾冲突，通

① 潘娜．提升国家文化软实力：实现中华民族伟大复兴的重要环节［EB/OL］．央广网，（2020－11－20）［2024－06－29］．http：//news. cnr. cn/native/gd/20201120/t20201120_ 525336494. shtml.

② Zheng W D. The silent China：Toward an anti－essentialism approach for South－South Encounters［J］．International Journal of Communication，2022（16）：1898－1917.

③ 李荣．“一带一路”对外传播的误区及相关对策建议［J］．教育传媒研究，2016（3）：18－21.

④ 曾蕊蕊．“一带一路”对外传播的问题及对策［J］．云南社会科学，2017（5）：67－71.

过解决传播方法、传播主体等现实困境来增强传播力。[①]

近年来，学者分别从传播平台、传播体系、传播主体等多个角度研究民族文化的对外传播。如史安斌、盛阳指出，要从“小切口”入手，运用民间自媒体和外宣媒体平台传播，也要让外国人讲述中国故事，运用多元视角和多媒体手段传播，把信息传播机制升级为全球性媒体平台。[②] 张琦提出，要优化“一带一路”对外传播体系，完善合作机制，依托各类峰会、国家元首和政府首脑会晤及文博会、洽谈会、国际论坛等来增强对外传播力。[③] 季芳芳、孙萍则将媒体视为对外传播的主体，打造“媒体 + 智库 + 技术 + 社群”的全方位传播格局，主流媒体为先，社交媒体跟进，再结合大数据评估传播效果；对口培训“一带一路”国家传媒人才，不断创新对外传播方式。[④] 王冠婷认为，对外传播要从普通人入手，小人物传播“大文化”，意见领袖通过直播、微信公众号和微博等平台传播，还要精准定位受众；[⑤] 刘娜、朱东仪指出，要通过多种形式开展媒体交流合作，创建国际化的信息共享平台和数字多媒体平台，让观众身临其境地感受“一带一路”真实百态。[⑥]

另有学者从“一带一路”与文化对外传播的交叉视角，围绕不同主体的文化传播活动展开研究。例如，从新闻媒体、文化教育及学术交流、文化资源库建设、高校及职业院校对外传播人才培养机制、校企合作等多个学科领域视角切入，为文化对外传播提供平台、信息、人才等全方位的服务与支持。还有研究从留学生群体切入，认为要建设留学生中国文化体验基地，如山东大学“中华传统文化研究与体验基地”、上海“静思园成上海外国留学生中国文化体验基地”等，这些文化基地为留学生提供汉语教学的同时传播中国文化，[⑦] 倡

---

① 程曼丽．“一带一路”对外传播重在释疑解惑［J］．新闻战线，2017（9）：32 – 35.

② 史安斌，盛阳．“一带一路”背景下我国对外传播的创新路径［J］．新闻与写作，2017（8）：10 – 13.

③ 张琦．“一带一路”背景下我国对外文化传播力的提升路径［J］．人民论坛·学术前沿，2019（24）：110 – 113.

④ 季芳芳，孙萍．论深化“一带一路”倡议的对外传播［J］．世界社会主义研究，2020，5（4）：27 – 33，94.

⑤ 王冠婷．“一带一路”战略下边疆少数民族文化对外传播模式研究——以“我从新疆来”系列作品为例［J］．现代视听，2017（9）：58 – 61.

⑥ 刘娜，朱东仪．“一带一路”背景下我国对外传播战略新构想［J］．新疆社会科学，2016（5）：96 – 100.

⑦ 张瑞芳．“一带一路”建设背景下留学生中国文化体验基地建设及运行机制研究［J］．内蒙古师范大学学报（教育科学版），2017，30（10）：8 – 13.

导要传播中华文化中的主流、精华部分，并对不同区域留学生采取不同的传播方式。① 在此过程中，留学生将母国文化与中国文化对比，采用本国人易理解和接受的方式传播，从而扮演了多元文化交流的媒介角色。另有从传统中医药文化、舞蹈文化、影视文化、民族文化等方面分析对外传播的路径与策略。

（二）“一带一路”与中华文化对外传播

中华文化“走出去”对国家外交政策、国家话语权、文化自信、文化软实力均产生重要影响。“一带一路”为中华文化“走出去”提供了重要契机，它通过打造中国特色文化品牌、开发新文化品牌、开拓文化市场、加强文化对话、汇聚海内外文化力量创新文化传播路径，促进中国文化内涵式发展和输出，增强民族文化的吸引力，以增加沿线人民的亲近感和认可度。② 有学者认为，话语权影响国家软实力和综合国力，要重视文化传播在国际话语权建设中的作用，提升话语权，构建公平的国际秩序。③ 张冀论述了中国对外文化传播意义，可营造和平、友好、发展的国际舆论环境，加强中华文化国际影响力及增强文化国际竞争力等。④

国内学者对“一带一路”与中华文化对外传播的研究涉及中国文化传播原则、“一带一路”倡议下中国文化对外传播机遇、传播现状及困境，并从传播切口、传播主体、传播形态等方面提出对策。钱文韬在《“一带一路”倡议下中国文化传播的研究》一文中提出“一带一路”传播中国文化要全面、客观，引导与过滤相结合，兼容并包、和谐发展，但中国文化还面临传播力不足、传播秩序失调、针对性欠缺、语言障碍及文化自信缺失等困境。⑤ 张琦等建议提取独特的中国元素，创新民族文化传播方式，采用小而独特的切口进行大而全面的传播。⑥ 以儒家文化为基础，传播中国传统文化，打造中国特色

---

① 曾柱，张杰．“一带一路”视域下的来华留学生文化传播研究［J］．大学教育，2020（7）：17－20.

② Chen B，Su X. Research on the transmission paths of national culture from the perspective of the belt and road［J］．Academics，2019（12）：204－211.

③ 林梦婷．从文化传播看中国的国际话语权建设［J］．科技展望，2015，25（36）：216－218.

④ 张冀．对外传播与中国文化软实力的提升［D］．长沙：湖南大学，2011.

⑤ 钱文韬．“一带一路”倡议下中国文化传播的研究［J］．国际公关，2024（4）：23－26.

⑥ 张琦，董菡．乡村文旅数字化转型发展的逻辑、机制与推进路径研究［J］．中国国情国力，2024（4）：15－20.

文化品牌，展现良好的中国形象；拓展文化传播手段，运用文字、图片、短视频及 H5、VR、AR 等手段，实现文化的本土化传播。王灵玲等在《“一带一路”背景下中国文化对外传播策略》中指出，中国文化的对外传播主体包括政府、权威媒体、大众社交媒体（如抖音、微博）及海外华人华侨和爱国人士等。还有学者指出，应从媒体、民间力量、教育机构等方面拓宽传播渠道、丰富传播主体、利用技术创新、精准定位受众、加强合作交流、加强汉语推广学习、拓展传播圈层、借助民间基层力量、采用多种传播渠道、注重受众调查，增强中国文化认可度。[①]

另有学者围绕“一带一路”背景下我国的中医药、武术、茶文化、陶瓷、戏曲、体育及儒家思想等传统文化符号对外传播开展研究。中医药文化是“一带一路”文化交流的重要载体，要从丝路精神中汲取智慧，构建中医药诊疗服务、中医药文化交流传播、中医药文化贸易“三位一体”的中医药文化对外传播大格局。[②] 中医药文本翻译要思考应该“怎样说”。以文化自信为立足点，联合运用“直译”“意译”“归化”“异化”等方法，更好地展现中医药文化的特色底蕴。[③] 武术文化走向世界是必然趋势，坚持本民族文化自信和中华文化立场、明确国外受众喜好、知晓不同阶层水平的文化传播规律。[④] 无论是陆上丝绸之路，还是海上丝绸之路，都与茶文化息息相关，要从文化、艺术、思想等多方面传播，为“一带一路”增光添彩。[⑤] 我国体育文化对外传播的必要性与可行性；多管齐下的监管体制；北至蒙古国、俄罗斯，西至西亚、南至中亚的传播路线；以政府为主、兼顾个人的传播模式及物质、精神和制度相统一的文化体系，[⑥] 要以儒家思想为核心，融合佛教和道教哲学理念，利用文化交流活动、影视广告作品等形式和新媒体传播渠道“出海”，从

---

① 席明．“一带一路”背景下中国文化对外传播研究［J］．山西高等学校社会科学学报，2019，31（5）：92－96.

② 吴镇聪．“一带一路”建设视域下中医药文化对外传播研究［J］．福建农林大学学报（哲学社会科学版），2016，19（4）：78－82.

③ 谢粤湘，毛英．略论中医药文化对外传播中的话语权［J］．中国中医药现代远程教育，2018，16（20）：6－8.

④ 温博，焦艳菊．论传统武术文化对外传播的三个支点［J］．体育文化导刊，2018（6）：6－9.

⑤ 张敏．“一带一路”倡议下中国茶文化对外传播途径研究［J］．福建茶叶，2018，40（8）：374－375.

⑥ 王妍妍．“一带一路”背景下我国体育文化的传播研究［D］．曲阜：曲阜师范大学，2017.

而形成一定影响力。①

有关"一带一路"与中华文化对外传播的研究集中在文化与软实力、话语权、文化自信及"一带一路"为中华文化对外传播的背景原因、传播机遇、困境不足等宏观方面，微观层面则围绕"一带一路"倡议下中国茶文化、武术文化、中医药文化及戏曲文化等传统文化，运用多种媒介，开拓多个平台，采用多样手段进行广泛而深入的传播。"一带一路"是对古丝绸之路开放包容、互联互通精神的发扬光大，这种精神与中国几千年文明及"和合文化"根脉相通，也将为中华文化对外传播创造良好的外部环境和舆论氛围。

（三）"一带一路"与西北地区民族文化对外传播

国内学者对"一带一路"与西北地区民族文化研究集中在舞蹈、音乐、美术等文化内容和媒体、地方政府、少数民族人士等传播主体，重点分析民族文化的传播优势（如地域、国家政策、文化等）、传播机遇、制约因素及传播途径等。吴明珊等认为，民族文化传播要注重弘扬中华文化，凝聚中国力量；凸显中国元素，提升文化品牌的国际影响力。② 李伟提出要重视对文化资源的保护、开发、传播，避免利益腐蚀，在改善民生、为人民服务的基础上建立各民族文化保护机制。③ 民族文化对外传播研究主要涉及新疆、云南、广西等地区，包括维吾尔族、苗族、壮族、蒙古族等。其中，研究蒙古族草原文化的有董莹和盖文瑛，董莹认为内蒙古草原文化对外传播存在不足，"一带一路"倡议提供了发展机遇和相关对策。④ 盖文瑛认为，《草原新丝路》纪录片通过小角度讲述大话题、通过小人物阐释大主题，注重人文关怀，着眼国际市场。⑤ 张亚则认为，要利用新媒体传播广西壮族自治区崇左市丰富的民族文化，借助汉语国际教育，加强与国际来华留学生的联系，培养大学

① 李青青，解思佳．中国传统思想的对外传播与国家形象塑造——以儒家思想为例［J］．文化产业，2021（6）：83－85，88．

② 吴明珊，于善波，刘宇会．"一带一路"背景下民族文化对外传播路径创新研究［J］．现代营销（信息版），2019（6）：48－49．

③ 李伟．"一带一路"倡议下我国少数民族文化开放的逻辑思考［J］．民族论坛，2020（3）：87－93．

④ 董莹．"一带一路"倡议下的草原文化国际传播路径研究［J］．前沿，2017（9）：90－95．

⑤ 盖文瑛．"一带一路"主题纪录片《草原新丝路》的文化传播研究［D］．呼和浩特：内蒙古大学，2018．

生的文化自信。[①]

我国西北地区自古就是多民族聚居区，民族音乐、舞蹈、体育、宗教、政治、民俗及法律等本身就是一种“和而不同”的民族文化，不仅形成了富有地域特色的文化产业，还以“多元一体”的风格传向海外。“一带一路”与西北地区民族文化传播关系密切，徐晓红等认为，西北民族文化传播需要“一带一路”，“一带一路”又促进西北民族地区经济发展和文化繁荣。要追求内涵化传播，把西部各民族文化与西部历史上发生的大事件、出名人物等联系起来；创设文化活动项目，促进民族文化的针对性、个性化传播。[②]

西北地区文化对外传播主要围绕陕西、青海、新疆、西藏等民族地区优秀的文化类型和“一带一路”倡议下的机遇挑战和应对之策。张羽洁认为，“一带一路”为陕西文化提供了政策机遇和“走出去”的通道平台，打造安塞腰鼓、陕西秦腔、陕北民歌等特色文化品牌，通过《白鹿原》《那年花开月正圆》等影视剧传播陕西民族文化和主流文化。[③] 针对青海藏族文化、土族文化、撒拉族文化、蒙古族文化的对外传播途径与现状，青海各民族要抓住对外经贸合作平台，把握青海六大体育品牌赛事，加强各民族文化语言学习，翻译各民族经典作品，利用高校对外合作交流。[④] 新疆对外传播定位为服务国家“一带一路”倡议，在维护国家统一安全的基础上促进新疆经济社会发展，加强媒体合作，拓宽传播渠道，运用多元主体，强化文化交流与合作。[⑤] 郑保卫在《“一带一路”背景下西藏文化对外传播策略研究》一文中指出，“说话和写文章要‘看对象’要‘量体裁衣’”，要知晓对外传播中的说话对象、说话内容和说话方式等，把我国的政治、经济、外交等全面讲述给外国受众；把张骞出使西域、“茶马古道”和“唐蕃古道”等汇集成各色故事，让他们在听故事的同时受到感染，进而理解和认同中华文化和思想，达成共识；在传播中抢占先机与主动，从小处着手，用生动活泼和朴实易懂的语言把故事

① 张亚．“一带一路”背景下广西边疆少数民族地区文化对外传播策略探析——以崇左市为例［J］．广西教育，2019（15）：10－12.

② 徐晓红，白蓝，向伟，等．“一带一路”与中国西部少数民族文化传播关系及意义——以中国西部少数民族文化在加拿大的传播为分析点［J］．吉首大学学报（社会科学版），2019（40）：51－54.

③ 张羽洁．“一带一路”背景下陕西地域文化的对外传播［J］．今传媒，2018（12）：51－54.

④ 刘松．“一带一路”背景下青海少数民族文化对外传播策略探究［J］．兰州工业学院学报，2020，27（3）：98－103.

⑤ 赵桓．“一带一路”背景下的新疆对外传播［J］．新闻战线，2018（1）：100－101.

讲透、讲细，让外国受众入耳、入脑、入心；用充满真情实感的语言讲述西北民族地区真实、美好、接地气的故事，才能吸引、感染外国受众，赢得他们的尊重和理解，也要多和外国受众联系，加强文化共情。[①] 张世均认为，在政府政策支持下，西藏佛教文化对外传播有助于促进中印佛教文化交流，对建设与完善佛教活动场所和促进地区经济发展具有重要意义。[②] 侯滢等提出“一带一路”倡议下西藏藏医药要充分利用新媒体，探索藏医文化对外传播的新路径和新表达。[③] 民族文化对外传播还面临区域自然环境差、电影主创团队人才缺乏、政府扶持不够、海外市场狭窄、宣传方式待改善等困境。

有关“一带一路”和西北地区民族文化对外传播偏重地方政府、新闻媒体等传播主体，或者围绕音乐、舞蹈、美术文化的传播优势及平台路径，抑或集中论述“一带一路”带来的传播机遇、问题、对策等，完整度和体系性仍有不足。

（四）对外传播与话语建构

加强国际传播体系与能力建设是党的十八大以来对外传播工作的重点内容。中国社会科学院新闻与传播研究所所长胡正荣认为，建构与综合国力相契合的国际话语权来有效应对西方世界的话语霸权成为具有国家战略意义的时代课题。[④] 为了更好地阐述对外传播与话语建构的内在关系，本部分按照话语、话语权、话语建构的思路逻辑，将对外传播落实到话语权层面，通过话语权与话语建构的内在关系来呈现“一带一路”倡议下话语建构的研究取向。

1. 话语及话语体系

“话语”一词源于拉丁语 Discourse，它表示演讲、写作及演讲写作中使用的有含义的言语。20 世纪 30 年代，英国功能语言学派代表人弗斯将“话语”概述为“阐述意义，描写过程是以同一语境下的语篇为起点，描写目的是解

---

① 郑保卫．“一带一路”背景下西藏文化对外传播策略研究［J］．当代传播，2016（2）：40－42.

② 张世均．“一带一路”倡议下青藏高原地区宗教文化对外传播的路径与对策——以西藏自治区藏传佛教与印度佛教交流为例［J］．世界宗教文化，2018（2）：90－96.

③ 侯滢，周艳红，马黎．“一带一路”愿景下西藏藏医药文化对外传播策略研究［J］．西藏民族大学学报（哲学社会科学版），2020，41（1）：94－97.

④ 胡正荣．新时代中国国际话语权建构的现状与进路［J］．人民论坛，2022，730（3）：119－122.

释句子和话语在语境中的意义”[①]。苏联时代的文艺评论家米哈伊尔·巴赫金认为，“话语是一种社会事件，不满足于充当某个抽象的语言学因素”[②]，相比纯粹的符号性，“话语”更强调社会性。法国哲学家、思想家米歇尔·福柯则使“话语”研究更具系统性和细致性。福柯认为，“话语”是人类或者组织依据某些规则向社会传播意义。20 世纪 80 年代后，“话语”被广泛运用于政治学、文学、语言学、国际关系学、新闻传播学等学科领域。政治学“话语”关注制度性话语。文学“话语”侧重文学作品的语言表达、叙事。语言学“话语”研究关注话语属性、特征。国际关系学研究的“话语”则偏向国际话语权、对外话语体系建构等。在新闻传播学领域，2003 年荷兰学者托伊恩 A. 梵·迪克《作为话语的新闻》一书的出版，使得话语、新闻话语、话语权等词汇在国内日渐流行，[③] 话语体系也开始进入国人的研究视野。国际政治研究围绕中国话语体系建构、意识形态发展、中华民族共同体话语体系建构等展开；语言学话语体系在国家话语、政治话语、外宣话语方面被广泛运用；教育学关注教育话语体系建设、发展路径及话语创新等。新闻传播学中宏观层面的话语体系研究集中在新媒体话语体系、国际话语权及对外话语体系的建构与运用；微观层面大体分布在学术话语体系、[④] 学科话语体系、[⑤] 主持人话语体系、[⑥] 主流媒体话语体系[⑦]等方面。

2. 话语权与话语建构

“话语权”一词由法国哲学家福柯提出，他将“话语”与“权力”合并，提出“话语权力”。在 1969 年出版的《知识考古学》一书中，福柯指出先进社会中存在的被普遍接受的知识、思想和信仰是被有权力的人一步步建构起来的。在《话语的秩序》一书中，福柯将一切事物归结为权力和话语。法国社会学家布迪厄在福柯权力话语的基础上，提出了“语言象征性权力观”。他

---

① 李悦娥，范宏雅．话语分析［M］．北京：中国人民大学出版社，2002：5.

② ［苏联］米哈伊尔·巴赫金．生活话语与艺术话语［M］．北京：中国人民大学出版社，1992：1.

③ 刘建明．话语研究的浮华与话语理论的重构［J］．新闻爱好者，2018（9）：4－9.

④ 何国梅．新文科背景下新闻传播学术话语体系建构［J］．中国出版，2022（7）：18－24.

⑤ 童兵．在文化合力中推进新闻学话语体系建设现代传播［J］．中国传媒大学学报，2017，39（6）：10－14.

⑥ 陈佳丽．全媒体环境下新闻节目主持人话语体系探析［J］．西部广播电视，2021，42（20）：189－192.

⑦ 韩清怡．福柯话语权力视域下主流媒体话语体系的建构研究——以央视新闻为例［J］．科技传播，2021（13）：62－64.

认为语言是由话语双方在互动中产生的一种话语，社会就是通过语言进行的象征性交换市场，话语权的获取分为语境控制、话语控制、思想控制三大阶段。同时，国内把世界范围最有影响力的话语权分为三大流派：一是以福柯等为代表的后现代主义学派的话语权观，二是以葛兰西等为代表的西方马克思主义学派的话语权观，三是以萨义德等为代表的后殖民主义的话语权观。[①]党的十八大报告首次使用"话语权"概念，我国的国际话语权引起学界高度关注。

师吉金认为，"话语权既是一个重大政治问题，也是一个重大学术问题"[②]。话语权作为国家软实力，是大国之间的博弈利器，上升为国家战略，[③] 张传泉教授从中国话语权的重要性及中国话语权建设的战略路径两方面分析，提出要从增强综合国力、加强思想教育、提高文化软实力、开展话语权外交活动方面来提升我国国际话语权的发展路径。[④] 陈曙光、刘影分析了国家话语权与话语的遗传、迁徙、扩张之间的关系，指出话语不仅是交流工具，更是权力关系，提升经济实力获取话语权才是硬道理。[⑤] 另外，通过主流媒体打造精品佳作，把握正确舆论导向，构建全媒体矩阵，从而全面有效地发声。[⑥]

英国学者 Jonathan Potter 和 Margaret Wetherell 在 *Discourse and Social Psychology* 一书序言提到话语具有建构功能，话语分析不是为分析话语中的某种具体存在，而是如何进行建构社会。[⑦] 从社会建构主义视角来看，话语不仅是一种事关意义传递的语言问题，更是一种涉及观点表达和权力关系建构的政

---

① 梁凯音，刘立华. 跨文化传播视角下中国国际话语权的建构［J］. 社会科学，2020（7）：136－147.

② 师吉金. 党的十八大以来中国话语权实现路径研究述评［J］. 中国井冈山干部学院学报，2019（4）：136－144.

③ 赵蓉英，张晓曦，刘卓著，等. 话语权与话语权评价解析［J］. 情报理论与实践，2021（11）：15－22.

④ 张传泉. 中国话语权面临的挑战和路径选择［J］. 重庆大学学报（社会科学版），2017，23（5）：116－122.

⑤ 陈曙光，刘影. 论话语权的演化规律［J］. 求索，2016（8）：22－26.

⑥ 张洁，王庆福. 5G 时代媒体间协同发展中主流媒体的话语权建构［J］. 新闻爱好者，2022（6）：47－49.

⑦ Potter J，Wetherell M. Discourse and Social Psychology［M］. New York：Sage Publications，1987.

治问题。[①] 学界对话语建构的研究主要集中在纪录片、[②] 国家形象、[③] 媒体[④][⑤] 等方面，其中主流媒体话语建构，既有国内媒体、海外媒体，也涉及中外媒体对比研究。党的十八大以来，如何构建有中国特色、中国风格、中国气派的话语体系成为党和国家领导人高度重视的议题，讲好中国故事，增强中国话语权成为话语研究的出发点和归宿点。

3. “一带一路”与话语建构

“一带一路”倡议下的话语体系建构问题成为重要学术取向，宏观“话语”研究围绕“话语”的功能、作用及影响论述对外传播的话语建构。例如，陈曙光认为，中国话语本质是中国道路的表达、中国经验的提升、中国理论的呈现，它要着力解答“谁在说话”“如何说话”“说什么话”“为谁说话”“如何对话”等若干基本问题。[⑥] 李玉洁提出了“中国方案”，即立足中国文化基因，重视媒介生态，创新传播形式，研究受众心理、机制，建构国际舆论场，参与国际话语权竞争。[⑦]在微观层面，学者更加关注新闻报道中的话语，即对新闻话语、新闻媒体的叙事方式、批评话语的运用等。英国全国性报纸对“一带一路”进行话语意义建构，[⑧] 美媒通过隐喻和整合的认知和架构方式，对“一带一路”进行消极负面建构，[⑨] 中国一带一路网则构建了友好、合作和负责任的中国国家形象。[⑩] 另外，纪录片、[⑪] 新

---

① 刘立华．加强中国对外话语体系建构研究［N］．中国社会科学报，2022－03－08（3）．

② 刘铭．纪录片《人间世》的话语建构研究［D］．长沙：湖南师范大学，2020.

③ 高敏．国家形象的话语建构——以习近平十九大报告英译本为例［D］．曲阜：曲阜师范大学，2019.

④ 申奇．十九大后《人民日报》“奋斗”话语建构研究［D］．南昌：江西财经大学，2021.

⑤ 邓钦濠．中美主流媒体对人工智能议题的话语建构——基于《人民日报》《纽约时报》对比分析［D］．武汉：湖北大学，2022.

⑥ 陈曙光．中国话语与话语中国［J］．教学与研究，2015（10）：23－30.

⑦ 李玉洁．中国国际传播的逻辑转向与话语升级［J］．河南大学学报（社会科学版），2021，61（6）：129－134.

⑧ 钟馨．英国全国性报纸中“一带一路”话语的意义建构研究——基于语料库批评话语分析法［J］．现代传播（中国传媒大学学报），2018，40（7）：61－69.

⑨ 张薇．政治话语的批评架构分析——以美媒对“一带一路”的报道话语为例［J］．贵州社会科学，2019（6）：94－101.

⑩ 杨家勤，张致祥．“一带一路”话语国家形象建设的叙事策略研究——以中国一带一路网为例［J］．安徽农业大学学报（社会科学版），2020，29（1）：108－113.

⑪ 孙小孟，贺川，廖巧云．多模态隐喻与“一带一路”话语体系建构——评析大型纪录片《一带一路》第一集《共同命运》［J］．外国语文，2020，36（3）：68－74.

闻节目①等在传播优秀文化思想和价值理念的同时，建构了“一带一路”话语体系。

程曼丽在《话语体系建设——国际传播能力的重中之重》一文中指出，要认识到新形势下对外传播的重要性，将话语体系视为我国国际传播能力建设的重中之重。“一带一路”作为我国对外传播话语体系建构的重要构成部分，肩负重要职责。胡正荣在《新时代中国国际传播话语体系的构建：分层、分类与分群》一文中，按照结构化的视角，从分层、分类、分群三个维度建构新时代中国话语体系。刘小燕、赵甍源认为，构建有效的对外传播话语体系，要打造一个由顶层设计、话语实践、受众研究、应急和评估体系等构成的传播系统。② 另外，冯霞与胡荣涛教授提出的“持久和平的世界”与“一带一路”外交话语建构；“普遍安全的世界”与“一带一路”安全话语建构；“共同繁荣的世界”与“一带一路”经济话语建构；“开放包容的世界”与“一带一路”文化话语建构；“清洁美丽的世界”与“一带一路”生态话语建构，③ 这“五个世界”实践目标对“一带一路”话语建构研究具有重要启发。它立足中华文化最深厚的精神追求和西北地区民族文化的特色表达，从外交、政府、媒体、社团等主体出发来研究民族区域文化的内涵创新、形式转化及语境重构。

从现有研究文献可见，“一带一路”倡议下的对外传播以中华文化“走出去”为落脚点，虽然诸多文献题目并未出现文化或中华文化等字样，但其内容确是围绕文化传播进行的探讨。学界从多角度、多层面对“一带一路”与对外传播进行阐述，包括对外传播的机遇、挑战、策略及新闻媒体、教育机构、学术交流、企业贸易等传播主体和影视文化、动漫文化、旅游文化、体育文化及中医药、武术、茶文化等。中华文化传播也包含民族文化传播，西北地区民族文化作为“一带一路”对外传播的重要观照和中华文化“走出去”的主要参与者，使得蒙古族、苗族、壮族及藏族等民族的音乐文化、舞蹈文化、体育文化、宗教文化成为西北地区民族文化的研究重点。另外，话

① 高枫．主持人与“一带一路”话语体系建设——以广西卫视《新闻大通道》为例［J］．中国广播电视学刊，2017（4）：67－69.

② 刘小燕，赵甍源．着力构建新时代对外传播话语体系［J］．前线，2021（6）：9－11.

③ 冯霞，胡荣涛．人类命运共同体视域下“一带一路”话语体系构建［J］．厦门大学学报，2021（1）：12－21.

语建构研究以新闻媒体、纪录片话语建构及话语体系为基本取向。上述成果为本研究提供了重要史料和思考视角，但跨学科和跨文化研究较为匮乏。本研究在借鉴西方批评话语（Critical Discourse Analysis，CDA）这一研究语言与社会关系的话语分析方法的基础上，结合中国具体语境和传播实例，形成课题的话语分析方法，将“一带一路”下中华文化“走出去”置于传播学、语言学、政治学等多学科背景，将微观的话语文本和宏观的话语与社会互动有机结合，深入探究语言、权力和意识形态之间的关系。将“一带一路”与中华文化“走出去”、跨文化传播、国际传播、文化软实力、文化自信等国家宏观战略高度契合，以此分析意识形态对话语的影响和话语对意识形态的建构作用。

三、研究意义及问题

古丝绸之路上陕西的回族、满族、蒙古族、苗族、羌族及甘肃的回族、藏族、东乡族、土族、裕固族、满族、保安族、蒙古族、撒拉族和哈萨克族①等民族，在这条商道上贸易、迁徙，融合、交融。“一带一路”是对和平共处、开放包容、互学互鉴、互利共赢丝路精神的高度凝练，并形成了以汉文化为依托，以丝绸之路为背景的民族交融形式和统一的中华民族心理和国家观念。②这种“你中有我、我中有你”的中华民族“多元一体”格局成为新时代民族工作的鲜明特征。在2014年中央民族工作会议上，习近平总书记强调要构筑中华民族共有精神家园，铸牢中华民族共同体意识。文化认同是最深层次的认同，是民族团结之根、民族和睦之魂。③那么，在“一带一路”倡议下，西北地区民族文化对外传播有何理论现实意义？又将面临何种机遇挑战？

（一）研究意义

西北地区深居内地，自古以来就是多民族聚居区，回族、维吾尔族、哈萨克族、藏族、蒙古族、俄罗斯族等民族生活在此处。早在两汉时期开通的

①② 刘聪．“一带一路”战略与中国少数民族的源流及影响［J］．陕西学前师范学院学报，2017（12）：72－75.

③ 汪晓东，李翔，王洲．共享民族复兴的伟大荣光——习近平总书记关于民族团结进步重要论述综述［EB/OL］．中国政府网，（2021－08－25）［2024－06－29］．https：//www.gov.cn/xinwen/2021－08/25/content_5633114.htm.

横贯欧亚大陆的西北丝绸之路，促进了陆路之间中西经济贸易和文化交流。"一带一路"让曾经繁盛的商贸文明之路重新焕发光彩，西北地区的重要战略地位再次受到关注，这不仅是西北发展的重要机遇，也为西北地区民族文化对外传播创造了得天独厚的条件。

1. 学术价值

"一带一路"倡议为中华文化"走出去"提供了良好的机遇条件，也有助于学界对中华文化"走出去"展开深入研究，从传播层面的谁来传播、如何传播等问题到话语层面的文本表达和意识形态的思路视角，进而形成文化传播的跨文化、跨学科研究视域。

（1）丰富中华文化"走出去"的研究内容

中华文化"走出去"、讲好中国故事、提升文化软实力等不仅是文化强国战略的重要内容，也成为对外传播的重要议题。国家出台相关规划、政策为民族文化海内外传播保驾护航。《少数民族事业"十二五"规划》提到要"打造一批少数民族文化对外交流精品，发挥少数民族文化在扩大中华文化国际影响力中的重要作用"①。多彩的民族文化根植于中华文化的厚重土壤，在时代浪潮中不断融合发展。学界对中华文化"走出去"从战略、路径、意义、策略，区域、个案经验，中医药、武术、茶文化等中国传统文化层面予以关注，而民族文化"走出去"却成果寥寥。习近平总书记强调，"要加强中华民族共同体历史、中华民族多元一体格局的研究"②。本研究立足"一带一路"的宏观背景，借鉴现有成果的思路方法，探讨民族文化如何通过"一带一路"这一当代中国最亮眼的文化符号牵线搭桥，丰富传播形式，创新传播手段，挖掘文化内涵，形成文化品牌，推动中华文化以"多元一体"的形象风格传向海外，丰富中华文化"走出去"的研究内容。

（2）开启民族文化对外传播的话语视角

"要更好地推动中华文化'走出去'，以文载道、以文传声、以文化人，向世界阐释推介更多具有中国特色、体现中国精神、蕴藏中国智慧的优秀文化。"③ 民族文化既是多元一体民族格局的生动体现，也是展示中华民族和谐

① 王婧姝．民族文化走出去：让世界看到"多彩中华"［N］．中国民族报，2019－02－21（08）．

② 王琦．从习近平总书记新疆之行看新时代党的治疆方略成功实践［EB/OL］．新华网，（2022－07－16）［2024－06－29］．http：//www.xinhuanet.com/politics/2022－07/16/c－1128838550.htm.

③ 李潇君．推动中华文化走出去　增强国家文化软实力［N］．光明日报，2021－06－16（16）．

之美和增强中华文化国际影响力的重要手段。“一带一路”倡议和中华文化“走出去”为民族文化对外传播在背景策略①、机遇挑战②、意义路径③、对外翻译④等方面创造了有利条件，促使西北地区民族文化从方法策略⑤或传播模式⑥方面积极探索。研究总体侧重现状、问题、策略等层面，而话语建构的成果凤毛麟角。本研究立足于“一带一路”的时代背景，将语言学与社会现实相联系，将民族文化与中华文化相统一，以“多元一体”的视角研究西北地区民族文化的话语建构，按照“批评性话语分析”的文本、话语实践与社会实践来探究民族文化如何从微观文本符号到生产、传播等话语实践，再到话语权、意识形态等社会实践，从而形成从文本到话语权的研究逻辑和民族文化、区域文化的话语研究视角。

（3）拓展跨文化视野下的跨学科研究

中华文化“走出去”、提升文化软实力、塑造国家形象等均是学者们关注的热点话题。其中有学者对民族文化对外传播的时代背景、策略方法、机遇挑战、传播模式、意义思考或油茶、音乐、动画等进行了具体探究。西北民族文化则多从音乐、舞蹈、书法、体育等及非物质文化遗产传承保护、文化旅游经济发展等方面予以关注。有关话语建构的研究多散落在政治话语建构⑦、媒体话语建构⑧、学术话语建构、性别话语建构等多个学科领域，鲜有从话语建构角度研究民族文化传播的。本研究以“一带一路”倡议为时代背

---

① 任天舒，田昆．少数民族文化对外传播的时代背景与策略［J］．沈阳师范大学学报（社会科学版），2019，43（6）：140－144.

② 陈璐．浅析新媒体时代贵州少数民族文化对外传播的机遇与挑战——以侗族大歌的对外传播为例［J］．新闻传播，2019（5）：50－51.

③ 于桂敏，尤广杰，马虹．中国少数民族文化对外传播意义及路径探究［J］．大连民族学院学报，2014，16（4）：449－451.

④ 刘汝荣．中国少数民族文化对外传播与翻译的多维思考［J］．广西民族研究，2014（2）：123－128.

⑤ 刘松．“一带一路”背景下青海少数民族文化对外传播策略探究［J］．兰州工业学院学报，2020，27（3）：98－103.

⑥ 王冠婷．“一带一路”战略下边疆少数民族文化对外传播模式研究——以“我从新疆来”系列作品为例［J］．现代视听，2017（9）：58－61.

⑦ 闫克．“X共同体”词族：当代政治话语建构的成功案例［J］．语言战略研究，2022，7（4）：86－96.

⑧ 沈晓静．《新闻联播》的话语建构对新闻价值的影响［J］．南京大学学报（哲学·人文科学·社会科学版），2011，48（6）：39－45.

景，将西北民族文化的“多元化”融入中华文化的“一体化”，借鉴中华文化对外传播的部分话语成果，将对外传播的跨学科研究与西北民族、话语建构的民族学和政治学进行交叉，从而形成了传播学、民族学与政治学的跨文化、跨学科研究。

2. 应用价值

（1）讲好中国故事，传播中华文化

对外传播的重要使命是向世界展现文明、民主、开放、进步的中国形象，让世界更好、更全面地了解中国。通过生动有趣的故事内容、易于理解的语言形式、引发共鸣的情景营造等，达到四两拨千斤的效果。习近平总书记在十九届中央政治局第三十次集体学习时强调，“讲好中国故事，传播好中国声音，展示真实、立体、全面的中国，是加强我国国际传播能力建设的重要任务”①。中国故事必须根植于中华文化的沃土，只有深入领会中华文化的精神内核，才能真正讲深、讲透。本研究秉承如何讲好中国故事这一基本前提，积极探索如何讲好西北民族文化故事，将民族饮食、民俗、歌舞等文化内容以故事化的方式呈现出来，丰富中华文化的故事内容，并以海外用户“愿意听”“听得懂”的方式，向世界展示一个历史底蕴深厚、民族多元一体、文化和谐多样的大国形象。

（2）增强文化软实力，提升国际话语权

对外传播是增强国家软实力和塑造国家形象的重要手段。从古丝绸之路的贸易沟通与文明交往到“一带一路”倡议下中华优秀传统文化的对外传播，都是增强文化影响力和提升文化软实力的创新实践。“一带一路”为中华文化“走出去”和讲好中国故事提供了时代机遇，它通过创新讲好中国故事的内容、方法、策略等来提升对外话语的创造力、感召力、公信力，提高国际影响力和话语权。研究如何将灿烂多样的西北地区民族文化融入中华文化的精神宝库，共同致力于构建中华文化的对外话语体系，不仅可以丰富中华文化的内容形式，为提升国家文化软实力奠定基础，还能从多主体切入，打造文化话语的多元格局，扩大话语辐射空间，增强国家文化软实力，提高国际话语权。

---

① 高天鼎，柴潇凡．习近平：讲好中国故事，传播好中国声音［EB/OL］．求是网，（2021-06-02）［2024-06-29］．http：//www.qstheory.cn/zhuanqu/2021-06/02/c_112752386.htm.

(3) 依托文化资源，助推西北发展

西北地区作为中华民族的发祥地，拥有丰富的旅游文化资源。驰名中外的西夏文化、黄河文化、丝路文化、敦煌文化、伏羲文化和独具民族特色的文旅项目，吸引了大量国外游客光顾游览，但长期以来，西北地区生态环境差，经济发展缓慢，往往被贴上荒蛮落后的标签，这与西北丰富的旅游文化资源无法有效匹配。“一带一路”倡议提出后，共建国家的专家、学者考察访问和学术交流的氛围日益浓厚，前来观光旅游的人数不断攀升，西北地区的文旅产业面临千载难逢的发展机遇。本研究立足“一带一路”的宏观背景和民心相通的基本前提，发挥文化交流对民心相通的桥梁纽带作用，将民族文化的特色内涵与中华文化的博大包容深度融合，利用政府、媒体及民间力量将中国西北地区独具特色的文化资源传向海外，吸引海外游客的持续关注和实地观光，通过发展文旅产业带动“一带一路”共建国家贸易合作，从而加快西北地区的经济发展和对外开放步伐。

（二）研究问题

本研究秉承“一带一路”倡议下对外传播主体多元化的立场观点，突破了从早期政府发言人和官方媒体的单一主体扩大到企业机构、民间社团、学术出版、留学生等多层次、多领域的多元传播主体，从而形成对外传播矩阵，打造对外话语体系。那么，作为中华优秀传统文化重要构成部分的西北地区民族文化，有哪些传播主体？这些主体构建了怎样的对外话语？基于上述内容提出以下研究问题：

问题 1：如何建构西北地区民族文化对外传播的外交话语？

外交作为体现国家意志，传达国家立场主张的重要手段，也是中华文化“走出去”的官方主流渠道。在“一带一路”倡议下，“五通”中的“民心相通”与文化外交、人文交流高度契合。中华优秀传统文化如何借助官方外交与民间外交“走出去”？官民主体分别发挥了怎样的作用？要建构怎样的外交话语？

问题 2：如何建构西北地区民族文化对外传播的政府话语？

政府对外传播是促进国际经济合作和文化交流的重要手段，政府话语同样属于官方话语范畴。研究通过梳理中央政府相关部门就“一带一路”倡议的政策制定、方案实施情况，围绕重要节会活动、形象塑造、提升软实力等关键议题，分析中央和地方政府在对外传播西北地区民族文化的过程中如何进行话语建构？

问题3：如何建构西北地区民族文化对外传播的企业话语？

企业贸易作为文化交流的重要途径，在“一带一路”倡议下，中国企业走出国门，实现了对外贸易与文化传播的“双赢”。例如，兰州牛肉面作为西北地区具有代表性的民族美食，在“一带一路”共建国家开设牛肉面加盟店，以规模化运营方式对外讲述民族美食故事。西北地区民族文化“走出去”过程要建构怎样的企业对外话语？

问题4：如何建构西北地区民族文化对外传播的媒体话语？

无论是对国家形象的塑造，还是对国家话语权的构建，都离不开主流媒体的对外传播，由此形成的媒体话语也是中国对外话语体系的重要构成。以新华网、人民网、央视国际网站、中新网为代表的中央主流媒体，在传播“一带一路”及西北地区民族文化中发挥了主导作用，建构了怎样的主流媒体话语？

问题5：如何建构西北地区民族文化对外传播的留学生话语？

作为中外文化民间桥梁的留学生，具有得天独厚的优势，他们来华学习时是中华文化的接受者，回国后又变身为中华优秀传统文化的传播者。通过问卷调查和深度访谈，了解留学生对西北地区民族文化及中华文化的认知程度和传播意愿，从而形成留学生对外传播西北地区民族文化的话语内容、形式及策略。

问题6：如何建构西北地区民族文化对外传播的民间话语？

社团是文化传播的重要民间力量。在“一带一路”倡议下，西北地区服饰、舞蹈、民俗文化借助社团等民间力量走出国门，被越来越多的海外人士了解、认知并喜爱。青海省格尔木市歌舞团、甘肃省民族歌舞团、新疆维吾尔自治区艺术剧院等地方社团在传播西北地区民族文化过程中如何建构民间话语？

问题7：如何建构西北地区民族文化对外传播的出版话语？

对外出版在传播优秀文化、促进民间交往、巩固人文纽带、强化情感认同方面发挥了重要作用。作为国家“一带一路”倡议重大项目的“丝路书香工程”，在向“一带一路”共建国家翻译民族图书、助推西北地区民族文化对外传播、提升中国出版全球影响力过程中如何建构对外出版话语？

问题8：如何建构西北地区民族文化对外传播的影视话语？

影视艺术不仅是中华文化走向世界的重要载体，也是国家、民族、地区文化软实力。“一带一路”为我国优秀影视作品“走出去”提供了良好的外部环境，也为西北地区影视作品“走出去”提供了传播机遇。那么，西北地区民族类电视剧、电影和纪录片如何建构对外影视话语？

四、研究内容及框架

国家之间的沟通，不仅要由政府机构实施，而且要发展为个人之间、民间团体之间的交往。[①] 大众传播媒体、社交媒体、文化演艺、影视艺术、图书出版及留学生等主体及形态均是塑造国家形象、增强国际影响力、提升文化软实力的重要手段。本研究借鉴当代西方著名批判话语分析学者费尔克拉夫的三维分析模型（文本、话语实践、社会实践），按照为何建构—谁在建构—如何建构的框架思路，首先，厘清概念、述评文献、提出问题、归纳意义、构建框架到确定方法引出研究问题；其次，从外交、政府、企业、媒体、留学生、社团、出版及影视等多话语主体视角切入分析问题；最后，依每一主体在宏观、中观和微观三个面向的话语路径尝试解决问题，构建“一带一路”倡议下西北地区民族文化对外传播的话语体系框架（见图0－1）。

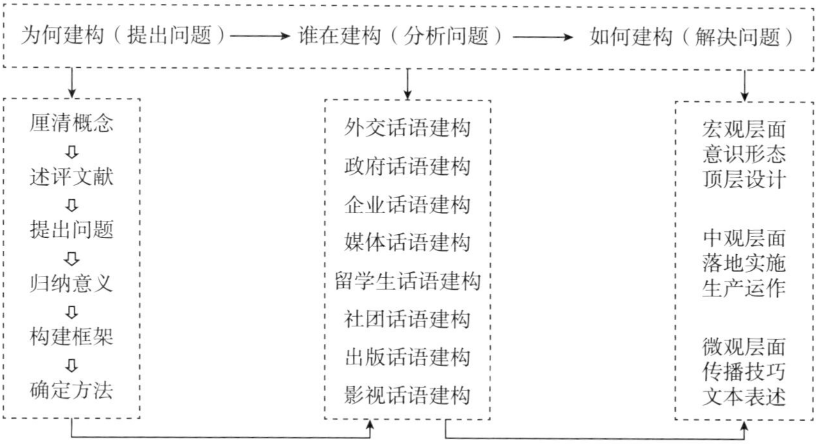

图0－1　“一带一路”倡议下西北地区民族文化对外传播的话语体系框架

① 王玉贵．民间外交理论与实践研究——以中国共产党为视角［M］．合肥：合肥工业大学出版社，2012：9.

五、研究方法

本研究主要运用了案例研究法、文本分析法、问卷调查法等，针对不同章节的研究问题采用不同的研究方法。

1. 案例研究法

课题按照多个主体建构多元话语的基本思路，根据不同传播主体独立成章，每章的思路逻辑为第一小节内容概述，即对相关概念、理论及关系进行厘清与界定；第二小节个案分析，通过选择具体个案，对个案进行调查研究或者对文本内容进行深入探究，从而形成研究点上的结论；第三小节话语建构，根据第二小节个案分析，进行拓展、提升，从而得出不同主体的话语建构结论。

2. 文本分析法

文本分析是文化研究常用的方法之一，它通过文本表层分析进入文本深层来发现那些不易把握的隐匿意义。本研究通过挖掘、探索文本内容，深层解读文本中蕴含的意识形态力量。外交话语源自中国外交网上的重要讲话文本，通过形成语料库来归纳中国外交话语建构特征；媒体话语是通过收集整理中国新闻网对西北地区民族文化的报道文本，考察在“一带一路”倡议下中国主流媒体对西北地区民族文化报道及话语构建；出版话语则源自“丝路书香工程”重点翻译资助项目涉及民族类图书的文本资料，归纳西北地区民族文化的对外出版话语；影视话语选择西北地区代表性电视剧、电影和纪录片，从话语建构层面进行解读、分析。

3. 问卷调查法

问卷调查是一种普遍而广泛的研究方法。本研究在“一带一路”倡议下高校留学生的对外话语建构中，以西北地区的高校留学生为研究对象，通过问卷调查了解他们对西北地区民族文化的认知情况和传播意愿，从而为西北地区民族文化对外传播中的留学生话语建构提供数据资料。

第一章 “一带一路”倡议下西北地区民族文化对外传播的外交话语建构

“一带一路”从理念上升为实践，从“一国倡议”到“多国共识”，从宏观战略倡议到企业、政府、媒体的多主体实践，不仅是中国与世界关系的新建构，也是中国特色大国外交的新思路。研究外交传播话语，分析外交话语文本，不仅可以了解国家的外交主张，还能领会“一带一路”倡议“五通”中的民心相通与中华文化之于中国外交的理论与实践意义。通过分析外交文本来反观国家外交政策，归纳我国外交话语的建构特点，进一步梳理外交政策与传统文化之间的内在关系，进而归纳外交传播文化的话语建构路径成为本章研究的重点。由于外交内容纷繁庞杂，从样本代表性和研究便利性双重角度出发，本章选择中国外交网发布的重要讲话作为研究文本，将“一带一路”与“文化”两大关键词匹配组合构建语料库，形成“一带一路”倡议下中国外交的微观话语和外交话语特点。同时，结合中华优秀传统文化在国家外交理论与实践中的运用，形成国家外交传播文化的话语建构路径。

第一节 “一带一路”倡议下的外交传播概述

“一带一路”倡议秉持我国“和平”与“发展”的外交政策，蕴含以经济合作为基础，以文化交流为支撑，以互利共赢为宗旨的发展内涵。[①] 它不仅是全面推进中国特色大国外交的战略布局，也是携手世界各国努力打造全球伙伴关系、构建人类命运共同体的生动实践。本节通过简要梳理“一带一路”倡议提出以来中国外交的演变及类型特征，解读“一带一路”倡议与中国外交的辩证关系，形成我国官方与非官方的外交实践进路。

---

① 杨慧．政治学领域“一带一路”研究综述［J］．中共济南市委党校学报，2016（4）：105－109.

一、"一带一路"倡议与国家外交

现代意义上的外交，由古希腊语"diploma"演化而来，它是指发给驻外使臣，用以证明身份的折叠文书。《辞海》对外交的解释为"国家为实现其对外政策，由国家元首、政府首脑、外交部门和外交代表机构进行的诸如访问、谈判、交涉、发出外交文件、缔结条约、参加国家会议和国际组织等对外活动"①。《中国大百科全书》认为，外交是"国家使用和平手段对外行使一个国家主权的活动，通常指国家元首、政府首脑、外交部长、外交机关代表国家进行的对外交往活动，包括访问、谈判、交涉、缔结条约、发出外交文件、参加国际会议和国际组织等"②。外交是以国家（政府）为主体的活动，是国家（政府）与国家（政府）之间的交往，以外交机构和外交人员为主体，运用一定艺术手段和业务技能，以谈判方式处理国际关系，从而达到维护和促进国家利益的目标。

外交以国家安全为前提，以国家利益为核心。传统外交以国家和政府的官方身份出现，而现代社会外交主体日益多元化，非政府主导的人文交流、公共外交和民间外交成为官方外交的重要补充。早在20世纪50年代，周恩来总理就说过，中国的外交是官方、半官方和民间的三者结合。③ 在国际交往中，民间外交及人文交流发挥着越来越重要的作用。丰富多彩的外交活动是提升国家形象、服务国家战略、促进国家利益的重要手段。

"一带一路"作为世界上最大的经济贸易大走廊和最有潜力的经济带之一，它具有以经济合作为基础、以人文交流为支撑、以互利共赢为宗旨的内涵，④ 将引领中国外交进入"两条腿"和"一个圈"的大外交时代：两条腿是指"新型大国关系"与"一带一路"，"一个圈"则指周边外交。"一带一路"是中国针对发展中国家提出的经贸合作、基础设施和文化交流等互通共赢倡议，得到越来越多发展中国家的关注，也吸引了发达国家的目光。

党的十八大以来，以习近平同志为核心的党中央站在新的历史起点上，

---

① 辞海编委会．辞海［M］．上海：辞书出版社，2010：1923.

② 金正昆．现代外交学概论［M］．北京：中国人民大学出版社，1999：111.

③ 赵可金．中国特色的民间外交［M］．北京：红旗出版社，2012：122.

④ 刘晓宇．基于"一带一路"，建成中蒙俄经济走廊战略的探究［J］．现代商业，2016（6）：100－101.

积极推进外交理论和实践创新，走出了一条中国特色大国外交新路。[①] 2014年11月28日，习近平总书记在中央外事工作会议上指出：“中国必须有自己特色的大国外交。”习近平总书记根据中国“前所未有地走近世界舞台中心，前所未有地接近实现中华民族伟大复兴的中国梦，前所未有地具有实现这个目标的能力和信心”这一基准坐标，不仅为中国外交标注了历史新方位，还开创了新型国际关系和人类命运共同体的外交新命题。在“一带一路”倡议下，我国外交类型有哪些？“一带一路”与外交之间存在何种关系？

二、“一带一路”倡议下中国外交类型

在中国，外交有不同的分类标准：根据外交涵盖的不同领域分为政治外交、经济外交、文化外交；根据参与主体实践的不同层面分为官方外交、公共外交及民间外交。中国外交在政府主导、非政府组织参与推动下，官方、半官方和民间外交活动积极开展，有序推进，形成了“以经济外交为目标、以文化外交为桥梁、以公共外交为手段、以民间外交为补充”的国家大外交格局。下文选择与“一带一路”直接相关的经济、文化、公共和民间外交作为外交类型重点阐述。

（一）经济外交

经济外交是国家通过发展经济，运用经贸手段实现对外交往的实践活动。2004年8月，时任国务院总理温家宝在发展中国家外交经济会议上，公开使用“经济外交”概念。经济外交成为我国外交的构成部分，中国迎来“以经济促外交、以外交促经济”的时代。

丝绸之路自古以来就是商业贸易之路。“一带一路”提出以来，中国对金融外交的投入与日俱增，2014年10月，中国联合印度、新加坡、哈萨克斯坦等21国发起成立亚洲基础设施投资银行（AIIB），设立400亿元基金来支持基础设施、交通运输、资源能源、金融贸易等领域的国家合作。此外，建立经济合作走廊，搭建中蒙俄经济走廊、孟中印缅经济走廊、中国—中亚—西

① 卢静．中国特色大国外交话语体系的基本特征［N］．中国社会科学报，2019－03－14（01）．

亚经济走廊、[①]中巴经济走廊、中国—中南半岛经济走廊、[②]新亚欧大陆桥经济走廊等经济合作平台；积极开展对外经济援助项目，对缅甸、老挝、尼泊尔等周边国家进行港口、铁路、机场等项目援建。2016 年 1 月 23 日，习近平主席同伊朗总统鲁哈尼举行会谈，一致同意在能源方面建立合作关系，加强产业政策沟通，构建全方位、宽领域、多元化产能合作布局。中国将交通运输、基础设施等一系列硬件建设作为支撑中国经济外交战略支柱，加快中国高速铁路出口海外，加快中国与周边国家和地区互联互通的步伐，实现丝路共建、国家贸易互赢和经济一体化建设目标。

（二）文化外交

不同于政府主导的意识形态和价值观领域的思想外交，文化外交偏重教育、科技、文学、艺术等文化产品领域中的国际交流，更多的是政府支持的民间交流活动，以及社会领域中发生的自觉自愿的文化交流活动。[③]政府在国际文化交流中有三种作用：第一种是政府主导式。政府通过设置文化交流项目服务外交，国务院教育和文化事务局主管，驻外使馆负责实施。第二种是政府参与式。政府通过政策、资金和人员支持高校及非政府组织，鼓励它们开展学术外交和文化交流。第三种是政府管理式。政府在此类文化交流活动中不直接参与，仅发挥社会管理职能，鼓励支持大学、基金会、社会团队开展文化交流活动，彰显文化外交在人文交流中的重要作用。历代国家领导人都非常重视文化外交，坚持以“和合”思想为指导，相互尊重、开放包容、扩大交流、增进友谊、以文化为手段来提升国家形象，增强文化软实力。

（三）公共外交

公共外交作为一种外交实践自古有之，它是指一国政府通过文化交流、信息项目等形式，了解、获悉情况并影响国外公众，以提高本国国家形象和国际影响力，进而增加本国国家利益的外交方式。[④]2009 年 7 月，时任国家主席胡锦涛在第十一次驻外使节会议上，首次提出中国要开展公共外交。2010 年在全国两会上，时任外交部部长杨洁篪首次公开谈论公共外交。公关

---

①② 刘晓宇. 基于“一带一路”，建成中蒙俄经济走廊战略的探究［J］. 现代商业，2016（6）：100－101.

③ 赵可金. 中国特色的民间外交［M］. 北京：红旗出版社，2012：182.

④ 陈天颖. 播音主持在公共外交领域的实践应用研究［J］. 西部广播电视，2017（23）：123－124.

外交通过政府出面组织或幕后支持，借助民众和非政府组织向国外公众传播信息并施加影响，用来改变在国际公众心目中的国家形象定位，培养国际公众好感的外交活动。

2013 年“一带一路”倡议提出后，各类政府和非政府行为体积极参与其中，高频率的元首外交向世界展示中国领导人魅力的同时，传递了新时代的大国形象。以社会组织、人民团体、涉外企业、高校、新闻媒体为代表的非政府行为体通过举办论坛、出版图书、提供产品、学术研究、新闻报道等方式传播丝路故事、弘扬丝路精神的外交实践活动，将“一带一路”倡议下的公共外交推向政府主导的“多中心”公共外交时代。

（四）民间外交

民间外交是与政府外交、官方外交相对的概念。它更加注重通过民间交流来增进人民的理解和信任，包括具有官方背景的人民团体、地方政府、社会组织、教育机构、新闻媒体和各种民间组织开展的政治、经济、科技、教育等灵活多样的外交活动。习近平总书记在党的十九大报告中指出，要“加强同各国政党和政治组织的交流合作，推进人大、政协、军队、地方、人民团体等的对外交往”[①]。在 2018 年中央外事工作会议上，习近平总书记强调对外工作是一个系统工程，政党、政府、人大、政协、军队、地方、民间等要强化统筹协调，各有侧重，相互配合，形成党总揽全局、协调各方的对外工作大协同局面。[②] 民间外交成为稳定国家关系、传播人民友谊、促进务实合作、开展文明对话的重要渠道和宽广舞台，构成了中国特色大国外交的重要理论思想。

“一带一路”倡议实施以来，民间外交凭借其渠道多、覆盖广、灵活机动的优势，成为政府外交的重要补充。“民心相通是民间外交的基础，正所谓“国之交在于民相亲、民相亲在于心相通”“官民互补、润物无声”都是对民间外交的生动写照。2016 年 7 月，北京举办“中阿青年友好大使”活动，邀请阿尔及利亚、阿曼、摩洛哥、利比亚、苏丹、埃及等国家的 50 名青年参与；同年 8 月举办中非青年大会，18 个非洲国家的 200 多名青年开展关于创业、文化

---

① 习近平在中国共产党第十九次全国代表大会上的报告［EB/OL］. 人民网，（2017－10－28）［2022－12－30］. http：//cpc. people. com. cn/n1/2017/1028/c64094－29613660－14. html.

② 于宏源. 全球民间外交实践与新时代中国民间外交发展探析［J］. 当代世界，2019（10）：17－22.

等交流活动。习近平主席于2017年9月3日出席金砖国家工商论坛开幕式时表示，金砖国家应该发挥人文交流纽带作用，打造更多像文化节、电影节、运动会这样接地气、惠民生的活动。上述案例充分表明民间交流成为官方外交、经济外交的辅助形式，对"一带一路"倡议的落地实施具有积极推动作用。

"一带一路"是中国特色大国外交的生动实践，即中国针对美国、俄罗斯、欧盟等开展"大国外交"，针对发展中国家实施睦邻友好的"周边外交"，进而实现"两条腿走路"。中国的大国担当和大国责任要求中国向来尊重其他国家的主权和领土完整，尊重他们选择本国发展道路，将实现人类命运共同体作为所有国家的共同目标和使命。

三、"一带一路"与中国外交的关系

外交是一个国家内部政治、经济、社会在国际领域的反映和延续，它服务于国家整体发展战略和中国和平发展的外交主题。"一带一路"为中国外交实践注入新活力，推动中国外交进入新阶段。

（一）"一带一路"是对"和平发展"外交主题的延伸

"一带一路"不仅是经济战略，还是和平发展战略。新中国成立后，和平共处五项原则（互相尊重主权和领土完整、互不侵犯、互不干涉内政、平等互利、和平共处）成为解决国与国之间关系的基本准则，它为独立自主的和平外交政策奠定基础。党的十一届三中全会开启了改革开放的伟大征程，"和平与发展"成为中国外交的总指针与出发点。党的十八大以来，以习近平同志为核心的党中央，"完善和深化全方位外交布局，倡导和推进'一带一路'建设，深入参与全球治理体系改革和建设，坚定捍卫国家主权、安全、发展利益，走出了一条中国特色大国外交之路"①。"一带一路"与和平发展外交理念具有一致性和沿袭性，它不仅继承了独立自主的和平外交政策，还创造性地提出了新的国家关系理论。和平合作、开放包容、互学互鉴、互利共赢的丝路精神②为构建公平公正的国际新秩序注入新活力。中国将坚定不移地沿着和平发展道路走下去，这对中国有利、对亚洲有利、对世界也有利，

---

① 齐鹏飞．新中国70年和平外交的发展历程及其基本经验［J］．中州学刊，2019（9）：1－9.

② 习近平．弘扬和平合作、开放包容、互学互鉴、互利共赢为核心的丝路精神［EB/OL］．网易，（2022－10－08）［2023－02－16］．https：//www.163.com/dy/article/HJ5BTLUV0514DMIM.html.

任何力量都不能动摇中国和平发展的信念。①

（二）“一带一路”是新时代中国特色外交思想的核心特征

党的十八大以来，以习近平同志为核心的党中央接过历史的接力棒，带领全党和全国各族人民锐意进取、开拓创新，努力开创新时代中国特色大国外交新局面。② 他提出了一系列富有中国特色、体现时代精神、引领人类发展进步潮流的新理念新主张新倡议，③ 形成了“中国特色、中国风格、中国气派”的习近平外交思想，即一条主线、两大支柱和三大特征：一条主线，就是牢牢把握坚持和平发展、促进民族复兴这条主线；两大支柱，就是构建以合作共赢为核心的新型国际关系、同心打造人类命运共同体；三大特征，就是先进性、开拓性和稳定性。④ “一带一路”建设的核心内涵是促进基础设施建设和互联互通，对接各国政策和发展战略，深化务实合作，促进协调联动发展，实现共同繁荣。⑤ 可见，合作共赢不仅是“一带一路”的核心内容，也是处理国际事务的政策取向及中国特色大国外交工作的核心。如何将各国共同利益统筹结合，努力扩大利益汇合点，这不仅是“一带一路”的建设目标，也是中国外交的目标之一。

（三）“一带一路”是中国在国际上“主动式外交”的集中体现

长期以来，中国都是国际规则的遵循者，在外交中处于相对被动的地位。1978 年的改革开放虽然打开了国门，但中国仍然在被动地融入西方国家主导的国际社会，以领会、学习西方外交为主。2001 年后，中国能够熟练驾驭国际规则，逐步提出了“走出去”、和谐世界等外交话语概念。2013 年提出的“一带一路”倡议，标志着中国开始走近国际舞台中央，承担大国责任，实现共商、共建、共享的特色大国外交。“一带一路”是中国在国际上主动式外交的生动体现，它是由中国提出，惠及世界的国际公共产品。中国举办了亚信

---

① 闻言．深入学习习近平外交思想，努力开创中国特色大国外交新局面［N］．人民日报，2020－01－06（06）．

② 杨洁篪．在习近平外交思想指引下奋力推进中国特色大国外交［EB/OL］．中国青年网，（2019－09－01）［2020－02－06］．https：//pinglun. youth. cn/ll/201909/t20190901_ 12058062. html.

③ 齐鹏飞．新中国 70 年和平外交的发展历程及其基本经验［J］．中州学刊，2019（9）：1－9.

④ 李敏捷．“习式外交”让中国外交奋发有为［EB/OL］．中国国际问题研究院，（2017－10－20）［2020－02－06］．http：//www. ciis. org. cn/chinese/2017－10/20/content_ 40046963. html.

⑤ 齐鹏飞．新中国 70 年和平外交的发展历程及其基本经验［J］．中州学刊，2019（9）：1－9.

会议、APEC 北京峰会、中国—拉共体论坛首届部长级会议、纪念世界反法西斯战争胜利 70 周年大会、第四次 16 + 1 领导人会晤、澜沧江—湄公河合作首次领导人会议、G20 杭州峰会、"一带一路"国际合作高峰论坛、金砖国家领导人厦门会晤、中国共产党与世界政党高层对话会、博鳌亚洲论坛年会、上海合作组织青岛峰会、中非合作论坛峰会、首届中国国际进口博览会等涵盖多类别主场外交活动。这些主场外交是中国外交走向主动成熟的标志，表明中国开始主动筹划战略布局，吸引国际社会的响应参与。由此，"一带一路"不仅回应与实践中国特色大国外交，也将推动构建新型国际关系。

(四)"一带一路"是对外人文交流的智慧运用

除了官方外交，民间外交、地方外交、人文交流正在成为中国外交的重要补充。由于民间外交、人文交流具有天然的亲和力和公信力，在国家交往中扮演着更为重要的角色。2017 年底，中共中央办公厅、国务院办公厅发布《关于加强和改进中外人文交流工作的若干意见》，不仅是各层级对外人文交流的统领性文件，也让官方开始统一采用"对外人文交流"这一新提法。人文交流不是将本国的政策向外简单推介，而是人文领域的互鉴共享。"一带一路"作为中国公共外交的有机构成部分，不仅包括政治、经济、安全合作，还包括文化、教育、科技等领域的合作，从而致力于加强"五通"(政策沟通、设施联通、贸易畅通、资金融通、民心相通)① 建设。民心相通是其中最为重要、最为核心的互联互通，也是人文交流的重要内容。通过中国外交与"一带一路"对人文交流的实践证明，中国外交中的人文交流与"一带一路"倡议的民心相通如出一辙。"一带一路"的"五通"建设服从并服务于国家外交战略，借助人文交流方式、搭建文化沟通桥梁，从而开辟了一条中国与周边国家政治互信、经济合作、形成共识的"民心相通、文明互鉴"之路。

四、"一带一路"倡议下我国外交的两种进路

外交是国家对外行使主权的活动，它通常以领导人访问、政府间会议谈判等官方形式存在。与此同时，非官方外交在国家交往中的作用也越来越重要。特别在官方外交无法打开局面的背景下，非官方外交发挥着重要的辅助

① 刘晓宇．基于"一带一路"建成中蒙俄经济走廊战略的探究［J］．现代商业，2016（6）：100 – 101.

作用。早在新中国成立初期，“人民外交”这一非官方外交术语就被提出，“民间先行、以民促官”的人民外交成为中国外交的鲜明特点。人民外交作为新中国外交的重要组成部分，为国家外交作出了重要贡献。人民外交是由老一辈革命家提出的中国特色非官方外交形式，具有特定历史阶段性，并随着时代和社会发展逐渐演化为民间外交，从而形成与官方外交并行的非官方外交形式（见图 1－1）。

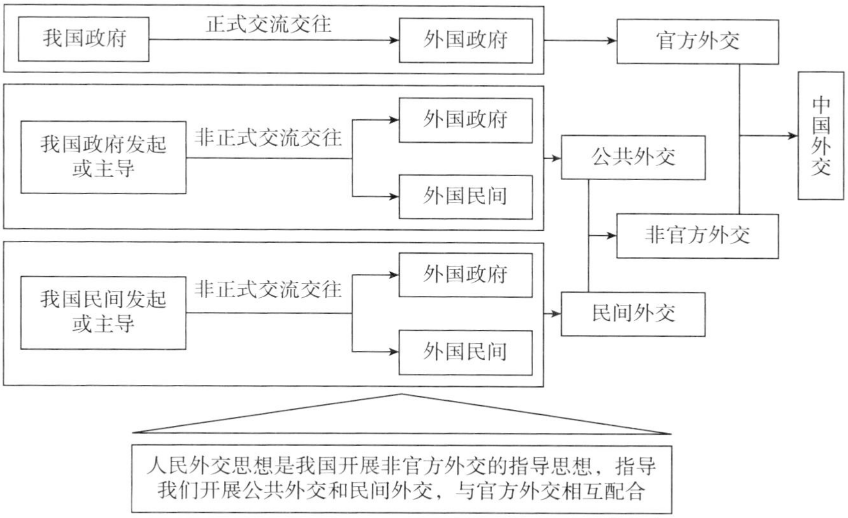

图 1－1 中国外交关系图①

由图 1－1 可知，中国外交包括官方外交和非官方外交两种形式。官方外交长期占据统治地位，但随着人民外交概念的提出，非官方外交进入大众视野，并逐步演化为公共外交和民间外交。较之官方的政府外交，公共外交形式更为灵活，内容更为丰富，且是在政府领导下开展的半官方外交；而民间外交是由民间发起的对外交往活动，其外交主体为各类社会组织。经由人民外交演化而来的民间外交，在国家整体外交战略中的地位越来越突出。因此，各类社会组织不仅是重要的外交主体，还发挥着国家利益维护者、官方外交补充者、国家形象塑造者的地位作用。政府通过赋予民间组织合法身份，创

① 陈啸．人民外交、公共外交和民间外交，这三者有啥区别与联系？［EB/OL］．东方网，（2020－10－12）［2023－01－20］．https：//n. eastday. com/pnews/1602492462025690.

造外部条件，从资金、政策等方面予以支持和引导来激活民间外交主体作用。

在中华文化“走出去”的宏观背景下，文化交流成为中国外交的有机构成部分，且取得丰硕成果。从新中国成立至改革开放前的“文化先行、外交殿后”① 到新时代中国特色大国外交思想，中华优秀传统文化已深深植入中国外交全过程。中国共产党从成立之日起，既是中国先进文化的积极引领者和践行者，又是中华优秀传统文化的忠实传承者和弘扬者。“一带一路”倡议提出后，文化外交的概念被提及的频次及讨论热度不断攀升，同时成为处理共建国家关系的重要理念准则。“一带一路”中的民心相通就是历史的相互尊重、差异的相互理解、文化的相互认同，这种认同与文化外交的理念高度契合。中华文化博大精深，如何将深厚的文化内涵融于外交之中，借助文化力量形成和谐的国家关系和良好的外部环境，进而为民族文化的外交传播提供有利契机。外交中的文化交流，通过官方和民间两种进路有机配合，共同推进。由于非官方的民间外交在社团组织章节重点展开，本章研究聚焦官方外交，通过分析外交文本来归纳中国外交实践，进而反观我国外交政策及其传统文化在外交理论与实践中的运用，最后尝试构建文化外交的话语路径。

第二节 “一带一路”倡议下的中国外交话语
——基于中国外交网重要讲话的文本分析

今日之中国，不仅是世界开放型经济的倡导者和推动者，还通过外交形式传播中国价值与中国观念，构建开放、包容、负责任的大国形象。中国外交部前部长钱其琛表示：作为国家行为的外交活动，虽然有很多暂时不能公开的交往内容需要保密，但由于当代社会是一个信息社会，而信息又是开放的，对外事务的社会性增强了、扩大了。② 外交部通过官方网站，对外公开表达中国的政治立场，增进公众对国家外交的了解。为考察“一带一路”倡议下我国外交话语的文本，归纳分析其特征，本研究选择了执行外交政策、主

---

① 杨悦．新中国文化外交70年——传承与创新［J］．国际论坛，2020（1）：72－83.

② 王玉贵．民间外交理论与实践——以中国共产党为视角［M］．合肥：合肥工业大学出版社，2012：310.

管外交事务的外交部官方网站作为研究对象，以公开传播的外交讲话为文本内容，在观照我国外交政策的同时，进一步分析外交传播中的文化渊源及中华优秀传统文化如何通过外交进行传播？上述传播实践建构了怎样的外交话语？下文通过文本分析，进一步考察“一带一路”倡议下国家外交传播及其话语特征。

一、选择研究样本

本研究选择中华人民共和国外交部官方网站中国外交网，考察有关外交主题的重要讲话，形成我国外交传播的文本内容。通过进一步分析归纳文本来反观我国外交话语与国家外交政策的关联。之所以选择中国外交网，主要由于中国外交网是中华人民共和国政府外交机关的官方网站，也是国家外交立场和基本意志的官方表达。该网站包括外交部各官员和部长简介、领导人活动、发言人表态、吹风会、大使任免、驻外报道等多方面内容，且保留近20年以来我国领导人和部领导人的重要讲话、国家声明公报及所签署的条约文件。

同时，研究文本源自外交网发布的重要讲话。之所以选择重要讲话，是因为讲话主体是国家主席，国务院总理，外交部部长、副部长等，而讲话内容反映国家意志主张，代表国家立场态度，从而保证了研究文本的代表性。

二、构建语料库

获取数据的常用方法有API接口或采用爬虫程序，本研究使用Spyder编写数据爬虫，通过异步访问对网页数据进行动态抓取，再进行结构化储存，获取2013年“一带一路”提出以来至2019年12月31日，所有领导人发表的重要讲话，共823篇。

而后基于Spyder编程，筛选出所有与“一带一路”和“文化”两个主题有关的内容，共计247篇，进一步通过去重、降噪等数据预处理工序，进行文本过滤，剔除文本中由于爬取所形成的乱码及符号，并删除图片链接等无效内容。

通过上述处理后，最终形成语料库80万余字。在语料库的基础上，笔者对所有文本标注分词及词性，现有的分词算法大体分为基于字符串匹配、基于理解和基于统计的分词方法。基于字符串匹配的分词方法需要预先拥有储存大量词条的字典，由计算机与文本进行匹配，并得出分词结果；基于理解的分词方法是让计算机模拟人类理解语言，考虑到汉语言的复杂性，该方法并不成熟；而基于统计的分词方法是给出大量已经分好词的句子，让计算机进行学习，进一步训练得出相应的分词方式。在本文中我们选择基于字符串匹配的这种相对成熟的分词方法，利用 jieba 中文分词进行编程，在机械分词的基础上进行人工调整，以保证分词结果的准确性。

对语料库进行关键词提取，jieba 中文分词所提供的关键词抓取方式有 TF－IDF 算法和 TextRank 算法两种。TF－IDF 的基本思想是词语的重要性与出现次数成正比，但会与语料库中的出现频率成反比；TextRank 是基于图排序、用于文本处理的算法，它把文本分割成若干组成单元并建立图模型，利用投票机制对文本重要成分排序。① 由于两种算法的关键词提取各有优劣，因此本书同时采用两种方法，且通过后文可见，两种方法原理不同，提取结果却有统一性。

三、文本的基本概况

（一）有效文本数量及占比分布状况

“一带一路”自提出以来受到国际社会的持续关注，也成为学者研究的热门高频词。由图 1－2 可知，2013—2020 年的讲话文本基本持平，每年保持在 100 篇左右。随着时间推移，“一带一路”在外交中的比重呈上升趋势。2018 年有关“一带一路”及“文化”的重要讲话不仅数量多，而且占比高，达到 54 篇，占比 46.15%；2013 年和 2014 年有关这两大关键词总比不足 8%。虽然总体分布年份略有差异，领导人和发言人外交讲话总量也略有波动，但总体保持了较高关注度，且涉及“一带一路”与“文化”两个关键词的讲话数量和比例不断上升，其重要性也日益突出。

（二）有效文本类型的分布状况

语料库所包含的与“一带一路”及“文化”有关的讲话，主要包括演讲、致辞、采访、发言、讲话、署名文章、声明及其他八种类型。由图 1－3 可知，这 247 篇文章中，以演讲、致辞、讲话和署名文章为主，且随着时间的推移，每年提及“一带一路”和“文化”的讲话类型也在不断增加，2019

---

① 陶洁．基于新闻文本的关键词提取［D］．武汉：华中师范大学，2019.

年几乎所有类型的讲话中均提及了这两个关键词。这表明国家外交对“一带一路”和“文化”这两大主题越来越重视，且善于运用不同类型的讲话来发出国家声音，传达国家意志。

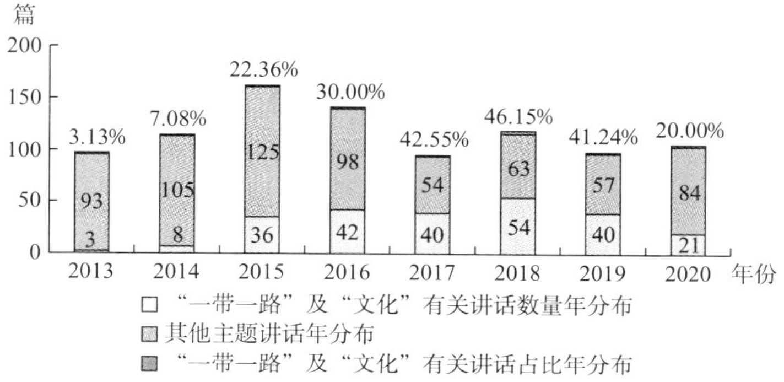

图 1－2 中国外交网重要讲话数量及占比年份分布

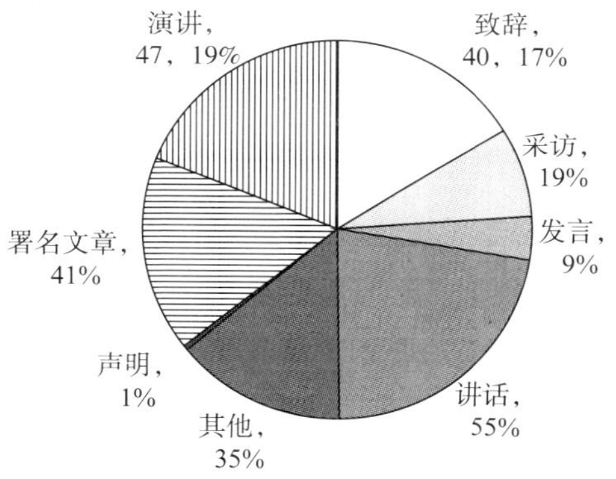

图 1－3 中国外交网对“一带一路”及“文化”有关的重要讲话类型占比（2013—2020 年）

另外，将讲话类型与分布年份相交叉，可直观看出这几种讲话类型在不同年份的具体分布状况。由图 1－4 可知，2013 年的讲话类型单一，仅有讲话 2 篇及其他 1 篇。自 2015 年起，重要讲话涵盖了采访、发言、演讲、讲话、署名文章、致辞等类型。2015 讲话数量最多达 14 篇，2018 年署名文章 15 篇、讲话 12 篇、致辞 9 篇。这表明 2015 年后，我国在不同类型讲话中传递“一带一路”与“文化”，至 2018 达到顶峰状态。这种趋势不仅与图 1－3 标注的类型数量相互印证，也表明了“文化”在外交讲话及国家外交中的重要地位。

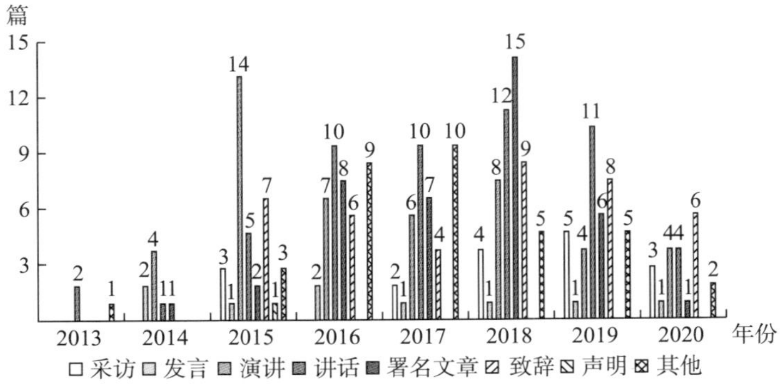

图1-4　中国外交网对"一带一路"及"文化"有关的重要讲话类型年份分布（2013—2020年）

（三）有效文本涉及对象的分布状况

1. 按国际社会成员分类

将语料库文章按不同主体可分为主权国家、国际组织和其他三类。其中主权国家和国际组织较容易识别判断，即根据文本是否有明确国家或国际组织来界定，但语料库中还有大量涉及国际会议及论坛的讲话，参与主体国家较多，又不属于国际组织，并且还存在主体为我国部分省份的文章，我们将此类讲话归为"其他"。从图1-5可知，2013—2020年，重要讲话涉及主权国家的有68篇，占比32%；涉及国际组织的有44篇，占比18%；涉及各种会议、论坛及国内省份的其他类有125篇，占比50%。主体为主权国家的讲话中，27篇为发达国家，51篇为发展中国家。发展中国家之所以比重较大，是因为这与国家奉行的"大国是关键，周边是首要，发展中国家是基础，多边是重要舞台"的全方位外交政策直接相关，也与"一带一路"倡议要率先争取发展、重点依靠发展中国家的理念与实践高度一致。

另外，将有关讲话对象与分布年份相结合，可直观体现不同年份这三类讲话对象及主权国家中的发达国家和发展中国家的具体分布状况。由图1-6可知，其他占比明显高于主权国家和国际组织，这是由于讲话中并未涉及具体国家，而以多国或者城市名称出现，从而导致其他比重偏高。2013年和2014年总比重较低，而2015年三类主体总体占比大幅上升，2018年主权国家18篇，其他29篇，二者均达到最高峰。主权国家总体数量高于国际组织，且主权国家中

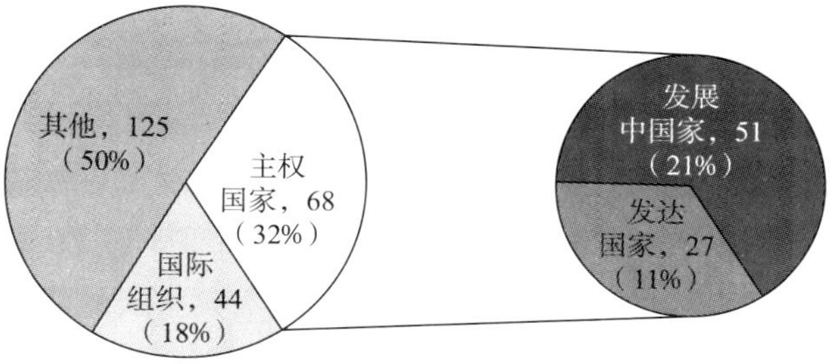

图1－5 中国外交网对“一带一路”及“文化”有关的重要讲话对象占比（2013—2020年）

的发展中国家占比明显高于发达国家。这表明“一带一路”倡议提出后，中国虽然对发达国家和发展中国家采取了平衡外交战略，但重心仍然为发展中国家，这与图1－6显示的发展中国家45篇，而发达国家仅23篇的结论相一致。

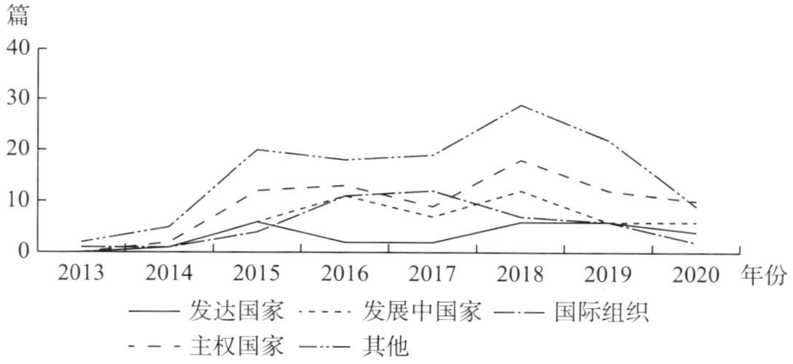

图1－6 中国外交网对“一带一路”及“文化”有关的重要讲话对象年份分布（2013—2020年）

2. 按“一带一路”涉及国家分类

“一带一路”倡议是新时代中国对外开放和经济外交的顶层设计，是破解人类发展难题的中国智慧与中国方案，是探索全球经济治理新模式、构建人类命运共同体的重要途径。“一带一路”倡议提出后，中国的经济外交走入新阶段，在2013—2019年领导人重要讲话中，与共建国有关的共103篇，占比42%，而非共建国44篇，仅占18%，另外，解读该倡议的核心内容、主旨精神或介绍国内城市开放发展等主题内容归为中国，共38篇，占比15%；而未明显突出涉及国家是共建或非共建的内容归为其他，共62篇，占比25%，具体可见图1－7。“一带一路”倡议提出后，我国积极践行有关政策，不断发展与共建国的友好合作，同时也向非共建国推广延伸。这也间接证明"一带一路"虽然开始偏向共建国，但它具有开放包容性，需要各方丰富完善、构想规划、集思广益，共同构建人类命运共同体。这一发展思路与中国开放、平等、和平、发展的外交思路高度契合。

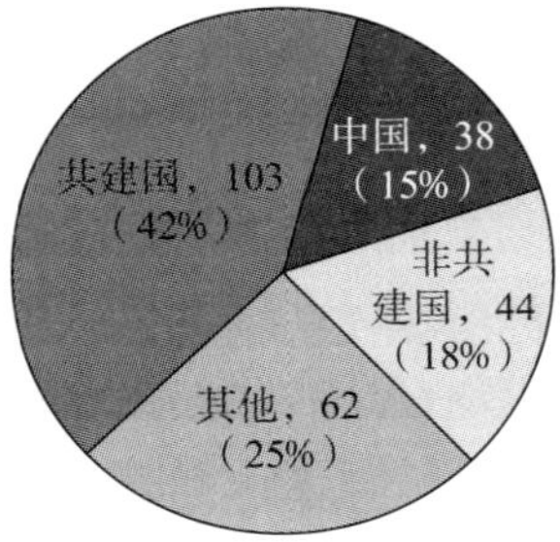

图 1－7　中国外交网与"一带一路"及"文化"有关的重要讲话对象占比（2013—2020 年）

从 2013—2020 年的整体分布趋势来看，共建国的整体比重同样高于非共建国。2015—2018 年呈上升趋势，其中 2017 年共建国报道数量最多，达 22 篇，而非共建国仅 3 篇；2018 年非共建国攀升至 14 篇，共建国达 21 篇，二者比重差距缩小。这表明国家对非共建国较为重视，将"一带一路"由共建国努力扩展到更多非共建国，并在外交讲话中也表达了这种政策取向。

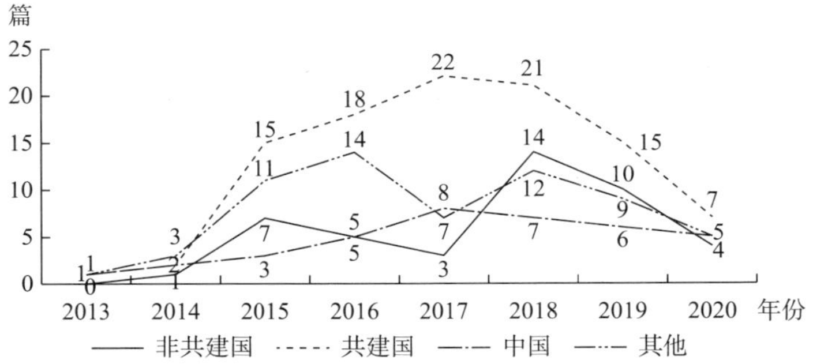

图 1－8　中国外交网与"一带一路"及"文化"有关的重要讲话对象年份分布（2013—2020 年）

四、文本中的外交用语分析

语言的基本组成要素是语音、词汇和语法，而词汇是维系语音和语法的纽带。外交语言是一门应用语言艺术，而词汇是这门艺术的重要载体，因此有必要对外交语言中的词汇进行综合分析。通过分析中国外交网中“一带一路”及“文化”有关的重要讲话的词汇，有助于分析我国在“一带一路”背景下的外交用词特点和外交关键词，通过外交用语和关键词来反观我国外交政策。由于研究统计的语料库收集处理截至2019年12月31日，而2020年受新冠疫情影响，我国外交采用云外交等新型外交方式。因此，本部分外交用语分为两个阶段：第一阶段为2013—2019年；第二阶段为2020年1月1日—12月31日。

（一）2013—2019年文本语料库分析

本阶段借助jieba中文分词软件，对语料库所有有效文本进行了分词和词性标注。由于计算机自动分词的局限性，分词结果误差率较高，因此在自动分词的基础上，人工校对分词结果，词性标注依据见表1－1。

表1－1 中国外交网与“一带一路”及“文化”有关的重要讲话分词词性标注

ag	形语素	g	语素	ns	地名	u	助词
a	形容词	h	前接成分	nt	机构团体	vg	动语素
ad	副形词	i	成语	nz	其他专名	v	动词
an	名形词	j	简称略语	o	拟声词	vd	副动词
b	区别词	k	后接成分	p	介词	vn	名动词
c	连词	l	习用语	q	量词	x	标点符号
dg	副语素	m	数词	r	代词	y	语气词
d	副词	Ng	名语素	s	处所词	z	状态词
e	叹词	n	名词	tg	时语素	un	未知词
f	方位词	nr	人名	t	时间词		

人工校对后形成词汇表，规模80万余字，包括词汇467160个，总词条18391条。将所有18391条词条建立频数分布表，并将所有词汇按照词性进行分类，建立可视化图表，具体可见图1－9。忽略标点符号词条x，我们可以看到在整个词汇表中名词n和动词v占据了明显优势，这也体现出我国外交语言的严谨性，也符合现代汉语的使用特点。

将词条频数视作连续变量，为了观察词条在不同频数下的分布特征和规律，本研究采用组距分组法，根据Sturges经验公式可计算组数$K=1+\log(467160)/\log(2)=18$，进一步计算组距＝（1＋34574）/18＝1920.83，由此可编制基于组距分组法的频数分布表，详见表1－2。事实上，我们可以看到几乎所有的词都集中在前4组，出现次数在6691次以下，而表中所出现的极端数据

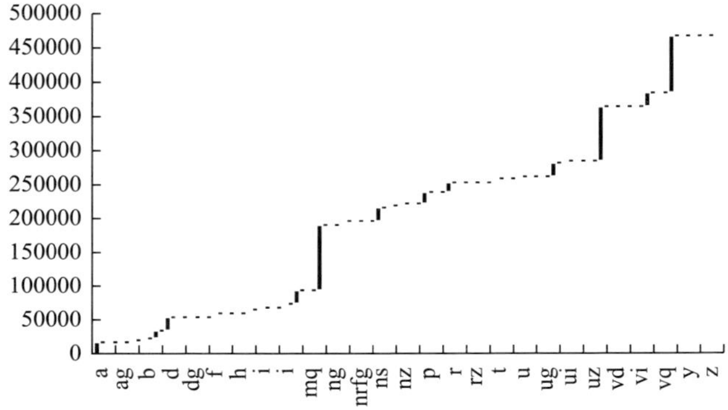

图 1－9　词汇表基于词性分类的瀑布图

为“。”“，”“、”和“的”4 个词汇，均为标点符号和助词。

表 1－2　词汇表基于组距分组的频数分布

组名	频数	组名	频数	组名	频数	组名	频数
1	18368	6	0	11	1	16	0
2	10	7	1	12	0	17	0
3	4	8	0	13	0	18	1
4	2	9	0	14	0	19	0
5	0	10	1	15	0		

根据组距分组法可知，大多词汇均位于前四组，即词频介于 1～6691，并且各种标点符号出现的频次很高。由此我们剔除标点符号的影响，对剩余的 384548 个词、18338 个词条，采用五级频度法，使用相对标准，将词汇大致分为高频词、次高频词、中频词、低频词和罕见词，具体分类情况见表 1－3。

表 1－3　词汇表基于五级频度法的频数分布

级别	词频范围	词数	词数占比/%	词次	词次占比/%
高频词	>300	207	1. 13	187831	48. 84
次高频词	51～300	964	5. 26	108094	28. 11
中频词	11～50	2288	12. 48	52274	13. 59
低频词	4～10	3219	17. 55	19383	5. 04
罕见词	1～3	11660	63. 58	16966	4. 42
总计		18338	100	384548	100

由表1－3可知，63.58%的词仅在所有样本中出现了1~3次，占所有词次的4.42%，而高频词尽管仅占1.13%，却在所有词次中占比48.84%。可借助美国哈佛大学教授G. K. 齐夫（G. K. Zipf）对文献词频规律的研究理论，即将每个词出现的频次从高到低递减排列来判断词数和词频之间的关系。我们除去词次很低的罕见词和低频词，绘制了齐夫累计分布散点图。不难发现语料库中的词汇是近似符合齐夫定律的，即词数占比很低的高频词占据了词次的大部分。详见图1－10。

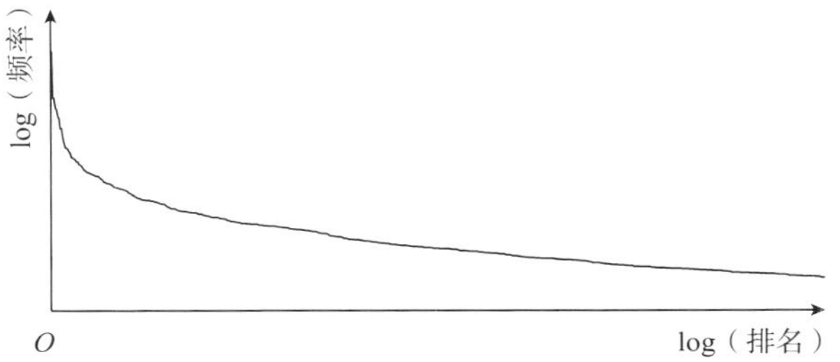

图1－10 齐夫累计分布散点图

在对词汇库有了整体认识之后，我们对每种词性分类进行研究。根据词性分组而形成的瀑布图见图1－9，在39个词性分组中，前15名频数分布情况见表1－4。

表1－4 词汇表基于五级频度法的频数分布

排名	词性	中文名	频数	占比/%
1	n	名词	96336	20.62
2	x	非语素词	82612	17.68
3	v	动词	77763	16.65
4	u	助词	25908	5.55
5	vn	名动词	21216	4.54
6	d	副词	20717	4.43
7	ns	地名	19344	4.14
8	m	数词	17991	3.85
9	p	介词	16307	3.49
10	a	形容词	15037	3.22

续表

排名	词性	中文名	频数	占比/%
11	r	代词	13664	2. 92
12	c	连词	11685	2. 50
13	nr	人名	7146	1. 53
14	f	方位词	6746	1. 44
15	l	习用语	6717	1. 44

在对词频统计归类后发现，排在前3位的分别是名词、非语素词和动词，共计占据了词频总比重的半数以上。除去标点符号和非实意“的”等非语素词，名词和动词占绝对优势，这种排布规律符合现代汉语对语句的基本要求。汉语表达离不开句子，而句子由主语、谓语、宾语及标点符号构成，名词经常被用作主语和宾语，动词用作谓语。这种语句的构成和适用规则对外交语言同样适用。

外交用语着眼于阐明事实、发布观点、表明立场，这与名、动词在外交发言中的使用频次及名、动词的功能作用高度匹配。由于名词通常用来表达人、事物、地点等具体实物或抽象概念，在外交讲话中涉及的高频名词与我国的外交工作自然关系密切。根据表1–5，我们将前15名的名词按顺序进行排列，国家、经济、一带一路、全球、交流、战略等热门词汇均被提及。其中，排前3位的分别是国家、世界和经济。因为国家是外交的主体，理应也是外交讲话中出现的高频词汇。外交是国家与国家之间的对外交往，它并非一国之行为，而是通过国家交往将世界联系为一个整体。国家外交要建立在谋求和维护各自的经济利益基础上，外交工作与“一带一路”倡议均以经济为核心，而经济外交又是我国和平与发展外交主张的重要组成部分。通过对排在前3位的高频名词进行分析，主权国家借助经济外交将整个世界构建为命运共同体。

表1–5　词汇表名词的频数分布

序号	词条	使用次数	使用频率
1	国家	2392	10. 58407
2	世界	2168	9. 59292
3	经济	2126	9. 40708
4	国际	2087	9. 234513

续表

序号	词条	使用次数	使用频率
5	地区	1220	5. 39823
6	关系	1171	5. 181416
7	人民	1104	4. 884956
8	一带一路	1097	4. 853982
9	全球	917	4. 057522
10	问题	916	4. 053097
11	双方	886	3. 920354
12	领域	885	3. 915929
13	交流	800	3. 539823
14	战略	663	2. 933628
15	全面	628	2. 778761

动词是表示动作、行为、心理活动或者变化的实物或概念。由表 1－6 可知，是、要、有、推进、加强、实现、维护、促进、开放、创新等正面动词是外交讲话的高频动词。按照语义特征划分，关系动词“是”占比最大，且远远高于其他动词的出现频率。“是”多用来表达一种认定、断定、承认、接受、确认状态。它被作为外交用语时，表达了肯定之意，而且外交用语本身也需要态度明确，不可含混不清、模棱两可。“要”和“推动”占比相当，分列第二位、第三位，“要”表示请求、希望、想、要求，而“推动”具有前进、进展、展开等意，这两大动词都表达了主动意愿和积极态度，这和国家近年来提倡的大国外交、主动式外交的立场主旨相互印证。

表 1－6　词汇表动词的频数分布

序号	词条	使用次数	使用频率
1	是	4233	18. 7300885
2	要	1633	7. 225663717
3	推动	1434	6. 345132743
4	有	1194	5. 283185841
5	坚持	1027	4. 544247788
6	推进	950	4. 203539823
7	加强	946	4. 185840708

续表

序号	词条	使用次数	使用频率
8	实现	919	4.066371681
9	支持	828	3.663716814
10	维护	809	3.579646018
11	促进	782	3.460176991
12	开放	773	3.420353982
13	增长	766	3.389380531
14	赢	727	3.216814159
15	创新	694	3.07079646

形容词多用来描写、修饰，表达人或事物的性质、状态、特征或属性。由表1－7可知，新、重要、稳定、繁荣、坚定、友好、重大、平等表达积极态度和正面倾向的形容词构成了讲话中的高频形容词。除了“不同”较为中性外，其他词均属于褒义词，这表明国家外交离不开国家的形象塑造和正面传播，中国需要向国际社会传播积极的正面形象，这就决定了外交讲话中涉及的“一带一路”和“文化”主题同样需要表达肯定态度和主动意图。例如，占比最大的“新”，含有开始、新鲜、清新之意。“新”无论对“一带一路”还是外交都属于新开端、新气象，其包含的内容同样糅合了诸多新鲜元素。

表1－7　词汇表形容词的频数分布

序号	词条	使用次数	使用频率
1	新	1549	6.853982
2	重要	1048	4.637168
3	稳定	839	3.712389
4	大	817	3.615044
5	好	601	2.659292
6	繁荣	366	1.619469
7	坚定	336	1.486726
8	落实	324	1.433628
9	友好	305	1.349558
10	重大	299	1.323009

续表

序号	词条	使用次数	使用频率
11	不同	283	1. 252212
12	平等	245	1. 084071
13	成功	236	1. 044248
14	最大	219	0. 969027
15	尊重	206	0. 911504

通过统计外交讲话中出现的标点符号（见表1-8），逗号、句号、顿号等均属于高频标点，在整个外交讲话文本中排在前3位，这种占比不仅符合汉语的表达习惯，也体现出外交方面惯用简短的陈述句来表达肯定态度的通行做法。

表1-8　词汇表标点符号的频数分布表

序号	词条	使用次数	使用频率
1	，	34574	152. 9823
2	。	17648	78. 0885
3	、	12916	57. 15044
4	”	3611	15. 97788
5	“	3610	15. 97345
6	—	927	4. 10177
7	：	883	3. 90708
8	》	781	3. 455752
9	《	780	3. 451327
10	！	671	2. 969027
11	；	464	2. 053097
12	= +	462	2. 044248
13	= -	449	1. 986726
14	%	440	1. 946903
15	？	402	1. 778761
16	（	148	0. 654867
17	）	148	0. 654867
18	·	54	0. 238938

TF－IDF统计法是用来评估一字词在语料库文本中出现的次数是否与它的重要性呈正相关的一种常用方法。运用TF－IDF统计方法进行关键词提取，由表1－9可知，合作、中国、发展、一带一路、国家、和平、建设、人民等均是重要关键词。其中"合作"出现的频次明显高于其他关键词，这是由于"一带一路"与"文化"在中国外交讲话中均期待以合作的方式实现，无论是发达国家、发展中国家，还是沿线国、非沿线国，都要以合作共赢为前提来谋求共同发展。另外，从中国、发展、我们、国家等主要关键词也可反映出上述规律。总体表达了我们要以和平的方式加强与各国联系，建设"一带一路"，推动经济发展，实现共同合作的意愿。这与习近平总书记提倡的"构建以合作共赢为核心的新型国际关系，打造人类命运共同体"的主旨一脉相承。

表1－9　基于TF－IDF算法的关键词提取　　%

序号	关键词	占比
1	合作	10.1641
2	中国	6.9976
3	发展	6.4042
4	一带一路	4.5475
5	我们	3.9783
6	国家	3.3182
7	世界	3.2834
8	和平	3.2508
9	国际	3.2372
10	中方	3.0506
11	共同	2.9794
12	经济	2.6349
13	推动	2.6128
14	东盟	2.4721
15	各国	2.3676
16	建设	2.2775
17	习近平	2.2031
18	坚持	2.0707
19	人民	1.9943
20	关系	1.9229

为了对关键词做出更为精确的计算，我们又采用 TextRank 算法进行验证。由于 TextRank 算法是一种通过文本排序来提取关键词或关键词组的算法，用它和 TF－IDF 统计法对提取的关键词作对照，不仅可以更准确地提取到关键词，还能对关键词做出更准确的解读。对比表 1－9 和表 1－10 可知，两表中排名前三的关键词高度契合，这在某种程度上证明这种关键词的提法具有科学性，表明我国外交讲话涉及的关键词重合度较高。围绕上述 20 个关键词，也可做出“中国推动经济发展，加强地区合作，实现国际支持，推进双方合作”的意义解读。

表 1－10 基于 TextRank 算法的关键词提取（1） %

序号	关键词	占比
1	中国	100
2	合作	70.708
3	发展	68.9955
4	国家	35.9265
5	经济	33.4659
6	国际	31.8074
7	世界	29.5476
8	推动	21.6690
9	建设	19.5322
10	地区	16.6414
11	关系	16.1697
12	人民	16.0429
13	全球	14.5249
14	加强	14.0363
15	问题	13.9215
16	推进	13.4288
17	坚持	12.9938
18	领域	12.8194
19	支持	12.4370
20	双方	12.3670

（二）2020 年语料库的外交用语分析

2020 年在新冠疫情的影响下，各国外交均按下“暂停键”。我国的外交官们虽然无法走出国门，但依旧在线上展开了诸多云磋商、云讨论。外交用语导向在这一年中也发生了细微的变化，在 TextRank 算法下进行关键词提取，我们看到疫情一词进入了人们视野，抗疫外交成为这一阶段最具代表性的外交术语。

在表 1－11 提取的 20 个关键词中，中国在关键词中的比重最高，这说明在这场抗疫外交中，中国居于主动地位。习近平等党和国家领导人同外国领导人及国际组织负责人通过书信、电话、视频等方式进行了“云外交”，从而向世界表明中国团结抗疫的鲜明立场。同时，合作发展仍然是中国外交的总体立场和基本取向。加强国际合作、推动经济发展、谋求人类和平，坚持抗疫胜利成为 2020 年中国外交实践的生动写照。

表 1－11　基于 TextRank 算法的关键词提取（2）　　%

序号	关键词	占比
1	中国	100
2	发展	66.6478305
3	合作	60.2498409
4	疫情	39.8532476
5	国际	36.7243218
6	世界	35.2591991
7	国家	34.6039002
8	经济	32.5026344
9	全球	26.8185792
10	人民	26.0001371
11	推动	25.6116743
12	支持	22.122272
13	建设	20.5964535
14	加强	18.7612853
15	人类	18.3220579
16	维护	17.5251068
17	组织	16.8084664
18	推进	16.6754427
19	抗疫	15.9092605
20	坚持	15.7666495

本节通过对中国外交网中907篇重要讲话，按照“一带一路”“文化”为关键词进行抓取，形成247篇，80万余字的有效文本；并根据有效文本的数量分布、讲话类型及讲话对象进行宏观展示，同时结合文本涉及词汇，按名词、动词、形容词等词性分类标准，发现名词、动词占据了绝对优势，故提取了文本中名词、动词、形容词的关键词，同时结合TextRank算法和TF－IDF算法提取了关键词，并对关键词进行比照，形成国家外交传播的基本话语。研究发现：“一带一路”倡议提出后，文化交流、民心相通等术语被提及频次明显提高，文化外交作为国与国之间交往的润滑剂，与“一带一路”倡议中民心相通一脉相承，它不仅出现在中国外交网的官方话语中，也成为新时代处理国与国之间关系的准则和依据；但语料库中西北民族文化的文字表述在国家外交话语中未有涉及，而是以“中华文化”或“文化”表述形式出现的。国家外交如何传播民族文化？民族文化对外传播的外交话语如何建构？这与中华文化的包容性特征和我国民族政策基本原则相呼应。

第三节 “一带一路”倡议下国家外交话语特征与建构路径

外交话语是传播政治理念、表达政治诉求、维护国家利益的官方话语，[①]也是政治话语和宣传话语。它通常是一个国家的外交政策和外交理念的外在表现，如政策文件、声明公告、新闻报道、对话访谈等都属于外交话语范畴。“一带一路”倡议提出后，国家外交对于消除共建国家误解、增进互信和维护国家核心利益具有重要战略意义，中华文化通过国家外交实践进行国际化传播。文化外交作为体现国家意志、国家立场的重要方式，如何以外交助推中华文化传播？本节围绕中国外交网的外交话语特点、中华文化在国家外交中的体现与运用及民族文化在国家外交中的话语建构路径等问题进行分析、论述。

① 卢静．中国特色大国外交话语体系的四大特征，第一条突出民族性［N］．中国社会科学报，2019－03－14（01）．

一、国家外交话语特征

笔者根据中国外交网重要讲话的247篇主题报道形成的80万余字文本信息形成的语料库，结合国家领导人或政府发言人演讲及讲话文本，分析"一带一路"倡议提出以来我国外交话语的立场态度及对外交政策的实践运用，按照外交讲话文本与外交政策、外交思想的契合度，提炼关键词，形成代表性外交话语特征。

（一）建构了"和平发展"的开放外交话语

独立自主的和平外交政策是中国外交的基本原则和指针方向。从新中国成立后的和平共处五项原则到20世纪80年代和平与发展的外交主题，无不表明中国是和平的倡导者和践行者。"一带一路"倡议提出后，和平与开放不仅为中国谋求发展营造良好的外部环境，还有助于中国实现与世界各国的共赢发展。

2013年中国提出的"一带一路"被西方发达国家贴上了"新殖民主义"、霸权主义、单边主义、保守主义、冷战思维等负面标签。但中国通过实际行动和外交活动证明我们不会因为提出"一带一路"而动摇对和平与发展的向往。结合2013年至2019年中国外交网的重要讲话，和平与发展在讲话中被提及的频次极高，这表明我国的外交实践与外交理论高度契合，且它符合世界发展潮流和各国人民共同利益。

习近平总书记指出，亚洲和平稳定是大势所趋，发展繁荣是民心所向。"中国奉行和平外交政策，提出并带头践行共同、综合、合作、可持续的亚洲安全观，始终是国际和地区安全的维护者、建设者、贡献者。中国坚定不移走和平发展道路……致力于打造人类命运共同体。"①

维护世界和平稳定，联合国发挥主导作用，中国及国际社会都应当支持联合国在国际事务中的中心作用，"期待着联合国把和平、发展、和谐、繁荣带给世界各国人民。……作为负责任大国，中国坚持走和平发展道路，愿同

① 习近平．凝聚共识　促进对话　共创亚洲和平与繁荣的美好未来——在亚信第五次外长会议开幕式上的讲话［N］．人民日报，2016－04－29（02）．

各国一道，为世界和平与安全做出应有的贡献”。①

为了维护中美两国的大国地位，消除“国强必霸”的外界疑虑，国务委员兼外交部部长王毅于 2018 年 9 月在美国对外关系委员会的演讲中提到：“坚持走和平发展道路已经被写入了《中华人民共和国宪法》和《中国共产党章程》，成为我们必须遵循的国法和党规，充分表明了中国追求和平的坚定决心。”同时，和平是人类永恒的主题，为了建设持久和平的美好世界，营造公平共享的安全格局，中国举办世界和平论坛，交流思想，集思广益，获取更多的国际支持。“中国始终是维护世界和平发展的坚定力量。”② “中国已经并将继续尽己所能，为世界和平与发展做出重要贡献。”③ 世界各国的相互依存关系空前加深，和平发展、合作共赢成为不可阻挡的潮流趋势。“我们坚持奉行和平外交政策，坚持在和平共处五项原则基础上同各国发展友好合作，这是我们构建伙伴关系的历史传承。”④

根据讲话文本，中国提出“一带一路”的外交讲话中，国家主席、副主席、外交部部长、外交部部长助理等多次围绕“和平发展”主题表达了中国的外交立场及其对和平与发展的秉承与坚持。和平共处不仅是我国的外交政策，也是中华文化的内在特征。和平外交原则源于“以和为贵”的理论思想渊源，它通过中国和平外交的生动实践进行传播，达成共识，进而构建人类命运共同体。“一带一路”是和平外交的当代诠释。它虽然源于中国，但机会和成果属于世界。中国正在用实际行动证明“一带一路”不带西方殖民主义和霸权色彩，它是一条和平、发展、共赢的文明之路。中国作为世界和平的建设者、国际秩序的维护者，愿与世界各国、各民族和平相处、共谋发展，携手共建持久和平、共同繁荣的和谐新世界。⑤

---

① 王毅．坚持多边主义 共谋和平发展——在第 73 届联合国大会一般性辩论上的讲话［EB/OL］．中华人民共和国外交部网站，（2018－09－29）［2024－06－29］．https：//www.fmprc.gov.cn/web/wjbz_679089/zyhd_673091/201809/t20180929_7579080.shtml.

② 杨洁篪．携手建设持久和平、普遍安全的世界 推动构建人类命运共同体——在第七届世界和平论坛开幕式上的致辞［R］．北京：第七届世界和平论坛，2018－07－14.

③ 刘德林．习近平人类命运共同体思想及其中国智慧［J］．湖南农业大学学报（社会科学版），2018，19（3）：8－14.

④ 王毅．共建伙伴关系，共谋和平发展——在中国发展高层论坛年会上的午餐演讲［R］．北京：中国发展高层论坛，2017－03－20.

⑤ 王术森．“一带一路”沿线地区的主要安全问题研究［D］．兰州：兰州大学，2018.

（二）建构了“合作共赢”的互利外交话语

国家外交活动是在维护自身利益和民族尊严基础上实现共同发展和互利共赢的。“一带一路”是“世界上最长、最有发展潜力的经济大走廊”，丝绸之路经济带以基础设施互联互通为先导，对沿线区域贸易和生产要素优化配置，推进投资贸易便利化，倡导平等合作、互利共赢。① 中国外交网中的重要讲话也多次提及“合作、互利、共赢”等概念。“在古代丝绸之路上，我们秉持的就是开放包容，互利共赢。……之所以如此成功，就在于我们从一开始就秉持共商共建共享的合作共赢理念。”② 除了公开表达合作共赢的外交理念，中国外交也用实际行动回应与诠释了互利共赢。李克强于 2019 年 11 月 4 日出席第 14 届东亚峰会并发表重要讲话，“坚持合作共赢，……推动经济全球化朝着开放、包容、普惠、平衡、共赢的方向发展”。

稳定和谐的中日关系是亚洲和平繁荣的基石。“一带一路”倡议能够以经促政，推动中日关系大局改善，两国着手打造重点工程和旗舰项目。“中日两国应当开展更高质量的互利合作。双方应该把‘中日互不构成威胁、互为合作伙伴’的共识切实地见诸于行。……进一步做大中日两国的共同利益，实现高质量的互利共赢。”③

中欧在社会制度、发展道路及价值观念方面存在较大差异，但中国尊重欧洲，从不干涉欧洲内政，开放合作成为中欧共同的坚守，相互尊重、和谐共处，不断深化伙伴关系。“应以合作共赢为目标，以公平正义为要旨，以有效行动为导向，……推动经济全球化朝着更加开放、包容、普惠、平衡、共赢方向发展。”④ 中欧双方加强协调合作，增进相互理解，推动战略伙伴关系再上新台阶。

中非深厚的友谊和合作关系堪称发展中国家的关系典范。在“一带一路”“共商、共建、共享”原则推动下，中非合作之路、友谊之路越走越宽广。塞

① 李元生．“一带一路”倡议下的中国外交［J］．法制与社会，2019（4）：29－32.

② 王毅．机遇还是挑战，伙伴还是对手？——在美国对外关系委员会的演讲［R］．纽约：美国对外关系委员会，2018－09－29.

③ 王毅．王毅国务委员兼外长在第 15 届“北京—东京论坛”开幕式上的致辞［R］．北京：第 15 届“北京—东京论坛”，2019－10－26.

④ 王毅．增进互信，深化合作，迎接中欧关系更加美好的明天——在欧洲政策中心举办的欧洲智库媒体交流会上的演讲［R］．布鲁塞尔：欧洲智库媒体交流会，2019－12－16.

内加尔总统萨勒、卢旺达总统卡加梅多次公开表示，支持“一带一路”倡议，愿积极参与互联互通建设。[①] “我们愿携起手来，共同打造责任共担、合作共赢、幸福共享、文化共兴、安全共筑、和谐共生的中非命运共同体……”中非走出了一条特色鲜明的合作共赢之路。中非通过创新合作理念，探索合作形式，提升合作水平，构建中非命运共同体。

除了以官方形式表达合作共赢的外交思想，在国际性机构世界经济论坛上，同样传递了共同发展、合作共赢的外交信念。“中国坚持对外开放基本国策，奉行互利共赢的开放战略。”

根据上述内容，“和平发展、合作共赢”是中国大国外交的话语核心。相互尊重是前提，公平正义是准则，合作共赢是目标。互利合作、合作共赢不仅是中国经济外交的目标方向，也是“一带一路”倡议的核心内容。“一带一路”倡议主张与中国外交立场高度一致。包容开放、互利共赢的丝路精神不仅为共建国家经济合作指引方向，也是中国特色大国外交的伟大实践。中国与东亚、中亚、东北亚“与邻为善、以邻为伴”的周边外交硕果累累，中欧全面战略伙伴关系得到发展[②]，中非政治上平等互信、经济上合作共赢、文明上交流互鉴、安全上守望相助、国际事务中团结协作的全面战略合作伙伴关系进一步夯实，公平、公正、互利、共赢的新型国家关系正在形成。

（三）建构了“互联互通”的共赢外交话语

“互联互通”由东盟提出，中国通过亚太经济合作组织将其发展为对外战略的核心。互联互通中基础设施是最为直接、最为现实的联通载体，公路、铁路、港口、机场等硬件联通不仅能有效连接中国与共建国家，让当地百姓感受到切实的实惠，还为“走出去”的中国企业带来经济效益。作为中国睦邻外交对象的东盟国家，最先提出互联互通，并在外交实践中广泛运用。“中国与东盟国家高质量共建‘一带一路’，致力于实现更高水平的互联互通。”[③] “深挖合作潜力，在互联互通、产能、跨境经济、水资源、农业、减贫等方面

---

① 王磊．“一带一路”倡议助力中非合作行稳致远［N/OL］．海外网，（2018－08－23）［2024－06－29］．https：//baijiahao. baidu. com/s？ id＝1609568385920209717&wfr＝spider&for＝pc.

② 钟声．合作共赢新篇章（思考·十年）［EB/OL］．人民网，（2012－10－10）［2024－06－29］．http：//theory. people. com. cn/n/2012/1010/c245417－19211841－1. html.

③ 马昌，岳弘彬．李克强总理在泰国主流媒体发表署名文章［EB/OL］．人民网，（2019－11－02）［2024－06－29］．http：//politics. people. com. cn/BIG5/n1/2019/1102/c1024－31434230. html.

开展了广泛互利合作。”①

联通亚欧各国，打造伙伴关系的亚欧会议是互联互通的重要平台，亚欧需要构建更有效的互联互通，以深化双方的伙伴关系。② 习近平主席指出，“共建‘一带一路’倡议，首要合作伙伴就是亚欧各国，首要目标就是促进亚欧大陆互联互通。‘一带一路’倡议是开放的，与亚欧会议互联互通合作理念高度契合”③，再次表达了中方愿同亚欧各国共商、共建、共享“一带一路”的诚意。同时，中国还与中、东欧16国发展多边形式，促进中欧关系发展深化，呈现全方面、宽领域、多层次的合作态势。

亚太经济合作组织是中国与亚太地区其他经济体开展互利合作、开展多边外交、展示中国国家形象的重要舞台。④ 中国作为亚太经济合作组织的倡导者和践行者，全面致力于构建硬件、软件和人文三大互联互通的支柱。习近平主席多次参加亚太经济合作组织领导人非正式会议，并提出积极的政策主张。“互联互通是实现包容联动发展的基础。我们应该深入落实互联互通蓝图，让联通的网络覆盖太平洋沿岸的每一个角落。”⑤

上海合作组织以“互信、互利、平等、协商，尊重多样文明，谋求共同发展”⑥ 作为处理相互关系的核心精神，“我们要抓住设施联通这一合作‘龙头’，……通过互联互通网络提高便利化水平，……要加快协商解决影响互联互通的政策、规则、标准等问题，……共同为地区互联互通项目提供可靠的

---

① 辛闻. 李克强在柬埔寨主流媒体发表署名文章：为澜湄合作与中柬友好架桥铺路［EB/OL］. 中国网，(2018-01-10)［2024-06-29］. http://news.china.com.cn/world/2018-01/10/comtent_50210881.htm.

② 刘作奎. 亚欧互联互通具有重要意义：写在2018年亚欧会议之前［EB/OL］. 中国政府网，(2018-10-18)［2024-06-29］. http://www.gov.cn/xinwen/2018-10/18/content_5332024.htm.

③ 王毅. 推进亚欧互联互通合作——在第十三届亚欧外长会议第二次全会上的引导性发言［R］. 内比都：第十三届亚欧外长会议，2017-11-21.

④ 王龙琴. 中国与亚太经合组织的关系［EB/OL］. 新华网，(2015-11-18)［2024-06-29］. http://www.xinhuanet.com/world/2015-11/18/c_1117186141.htm.

⑤ 习近平. 把握时代机遇　共谋亚太繁荣：在亚太经合组织第二十六次领导人非正式会议上的讲话［R］. 莫尔兹比港：亚太经合组织第二十六次领导人非正式会议，2018-11-18.

⑥ 李自国. 上合组织合作为推进“一带一路”护航［EB/OL］. 中国政府网，(2019-11-05)［2020-02-03］. http://www.gov.cn/xinwen/2019-11/05/content_5448973.htm.

资金支持。”[①] 从安全、经济到人文的全面合作，为“一带一路”提供安全保障。

互联互通不仅是“一带一路”的重要构成部分，也是中国外交的热门词汇。中国外交网的重要讲话涉及了从政府间的合作组织到国际经济合作论坛，从硬件、软件到人文交流贯穿着互联互通的核心思想。文化作为人文联通的重要纽带，也是互联互通的重要载体。“凡益之道，与时偕行。”“君子义以为上。”“大道之行也，天下为公。”“儒者可亲而不可劫也，可近而不可迫也。”外交讲话中蕴含的中华文化基因不仅彰显了中国的外交风范，还构建了“一带一路”以谋求区域合作和经济发展为出发点，将亚太地区、欧亚国家从交通设施、融资平台到人文交流连接，打造世界经济大走廊的共赢话语。

（四）建构了“人文交流”的民间外交话语

“一带一路”以政策沟通、设施联通、贸易畅通、资金融通、民心相通为主要内容。其中民心相通根植于中华传统文化的深厚土壤，它推崇以仁义行“王道”，而非以武力行“霸道”，正所谓“国之交在于民相亲，民相亲在于心相通”。民心相通需要动员多方力量参与人文交流、加强国家民众之间的交流往来。“民心相通应该成为‘一带一路’建设国际合作的重要组成部分。我们愿探讨多层次、宽领域的人文合作，加强教育、科技、文化、卫生、旅游、体育等领域交流合作。”充分创造有利条件，吸引各阶层、群体参加多元互动、百花齐放的人文交流。

东盟是中国山水相连的友好邻邦。在“一带一路”倡议下，中国和东盟国家历史文化多元包容、各具特色，民间交往源远流长、历久弥新，双方紧密活跃的人文交流合作在亚洲地区独树一帜[②]。……这样火热的人气正是双方人民心灵走近的真实写照。[③]

中日两国在官方外交难以展开的背景下，半官方和人民团体民间交往形

---

① 李克强．在上海合作组织成员国政府首脑（总理）理事会第十八次会议上的讲话［EB/OL］．中国政府网，（2019－11－03）［2024－06－29］．https：//www.gov.cn/guowuyuan/2019－11/03/content_5447962.htm.

② 李克强．在第二十二次中国—东盟领导人会议上的讲话［R］．中华人民共和国国务院公报，2019.

③ 王毅：着力推进人文交流，让中国—东盟关系走得更近更亲［EB/OL］．人民网，（2015－03－29）［2020－02－03］．http：//politics.people.com.cn/n/2015/0329/c70731－26765385.html.

式成为新中国打开外交局面的重要手段。在“一带一路”倡议下，扩大民间交流既是两国关系发展的目标之一，也是巩固两国关系的重要手段。[①]“中日两国应当推进更为丰富多彩的人文交流。……使两国民众心灵相通，相互好感度不断提升。”“民间友好也是中日关系的永恒主题。……进一步加强人文、地方、媒体、青少年等领域交流，特别是要开展更多引起民众内心深处文化共鸣的交流。”[②]

为了构建中法全面战略伙伴关系，展开体现有深度、有温度、有广度的人文交流，“我们既要进一步畅通政府间合作的主渠道，也要丰富民间交流的大平台，不断完善‘官民并举、多方参与’的人文交流格局”[③]。

民相亲、心相通是上海合作组织繁荣发展的重要条件，“中方倡议成立上海合作组织媒体合作委员会，推动各国主管部门和主流媒体就政策交流、新闻报道、内容创作、产业合作等开展机制性交流合作”[④]，并通过多种方式来加强科教、文化、旅游、青年等的交流合作。

人文交流在大国外交中功不可没，习近平总书记指出要全方位推进人文交流，深入开展文化、旅游、科教、青年、媒体等友好交往，广交朋友，广结善缘，[⑤] 广泛运用电影节、运动会、纪录片等形式架起坚实的民心之桥。“一带一路”倡议下的人文交流对于推进国家总体对外交往、推动中华文化国际传播、维护世界和平发展、构建人类命运共同体有着十分重要的意义。[⑥]

---

① 时永明．民心相通是中日关系发展的重要基础［EB/OL］．北京周报网，（2018－10－24）［2020－02－03］．http：//www. beijingreview. com. cn/shishi/201810/t20181024_ 800145024. html.

② 合力开创下一个40年中日关系的新时代——戴秉国同志在纪念《中日和平友好条约》缔结40周年研讨会上的致辞［EB/OL］．中华人民共和国外交部网站，（2018－08－17）［2024－06－29］．https：//www. fmprc. gov. cn/web/gjhdq－676201/gj－676203/yz－676205/1206_676836/1209_676846/201808/t20180817_9301744. shtml.

③ 王毅在中法高级别人文交流机制第五次会议上的发言［EB/OL］．中国政府网，（2019－11－05）［2024－06－29］．https：//www. gov. cn/guowuyuan/2019－10/22/content_ 5443678. htm.

④ 习近平．凝心聚力　精诚协作　推动上海合作组织再上新台阶——在上海合作组织成员国元首理事会第十四次会议上的讲话［N］．人民日报，2014－09－13（3）．

⑤ 习近平．坚持亲、诚、惠、容的周边外交理念［EB/OL］．人民网，（2013－10－24）［2020－02－10］．http：//cpc. people. com. cn/xuexi/n/2015/0721/c397563－27338114. html.

⑥ 张耀军，李晴．人文交流推动共建“一带一路”跨越文化差异［EB/OL］．中国网，（2019－04－16）［2020－02－10］．http：//www. china. com. cn/opinion/theory/2019－04/18/content_ 74695242. htm.

（五）建构了“亲、诚、惠、容”的周边外交话语

中国历任领导人都高度重视周边外交，提出一系列战略思想和方针政策。党的十八大以来，党中央在保持外交方针稳定和延续的基础上，提出了“亲、诚、惠、容”的周边外交理念，巩固与提升和发展中国家的双边关系，办好主场外交。党的十九大重申了当前我国周边外交的基本方针是继续按照“亲、诚、惠、容”的周边外交原则和与邻为善、以邻为伴的周边外交方针，坚持睦邻、安邻和富邻，继续深化同周边国家的关系，真正做到睦邻友好和守望相助。[①] 广大发展中国家占据着中国外交的绝大部分，因此我们在处理与周边国家关系时，践行“所有国家，不论大小，一律平等”的原则，树立正确的义利观，贯彻“亲、诚、惠、容”的指导方针，凸显中国“主场外交”[②] 优势及平等和合的诚意与决心。

作为中国邻国的东南亚国家，“中国秉持亲诚惠容的周边外交理念，倡导并践行共同、综合、合作、可持续的新安全观，不断增进与周边国家的政治互信”。[③]

针对柬埔寨、老挝、缅甸、泰国、越南五大中国重要邻国，2016 年 3 月，6 国领导人举行了澜湄合作首次会议，宣告共同发起和建设新型次区域合作平台澜沧江—湄公河合作（以下简称“澜湄合作”）。2018 年时任国务院总理李克强在澜沧江—湄公河合作第二次领导人会议上表示，“按照亲、诚、惠、容理念和与邻为善、以邻为伴周边外交方针，深化同周边国家关系；倡导和参与澜湄合作是中国推动构建人类命运共同体的生动实践，也是对亲、诚、惠、容周边外交理念的具体落实”。澜湄合作对于深化 6 国睦邻友好，促进次区域经济社会发展，助力东盟一体化建设和地区一体化进程，[④] 打造亚洲命运共同体及“一带一路”建设新平台发挥了巨大作用。

对于周边国家，“我们将践行亲、诚、惠、容理念和与邻为善、以邻为伴

① 韩方明．习近平新时代中国特色大国外交思想与中国周边外交［N］．北京周报，2018-03-08（01）．

② 主场外交指以中国境内为外交舞台、利用主场优势开展的外交活动。

③ 2019 年 11 月 2 日李克强总理在泰国主流媒体发表署名文章［EB/OL］．中国政府网，（2019-11-02）［2024-06-29］．https://www.gov.cn/guowuyuan/2019-11/02/content_5447791.htm.

④ 王见，何娴昕，张坤．“澜湄流域”国家林业跨境保护合作的现状及影响因素研究［J］．中国林业经济，2021（2）：18-21.

周边外交方针，深化同周边国家关系”①。重点维护周边国家，争取更多朋友伙伴，将亲、诚、惠、容四字贯穿于中国外交实践，让周边国家得益于中国的发展，也让中国从周边国家发展中获得助力，强调亚太之大，能够包容各国差异，以开放姿态促进经济发展和区域合作。②

习近平总书记强调：“发展同周边国家睦邻友好关系是我国周边外交的一贯方针。要坚持睦邻友好，守望相助；讲平等，重感情；常见面，多走动；多做得人心、暖人心的事，使周边国家对我们更友善、更亲近、更认同、更支持，增强亲和力、感召力、影响力。要诚心诚意对待周边国家，争取更多朋友和伙伴。”③ 把中国与周边国家的关系上升到情感高度，用“情”字黏合与周边国家在利益、责任与命运方面的共同体意识。

（六）建构了“团结抗疫”的云端外交话语

2020 年新冠疫情席卷全球，给人类带来无法估量的损失。受疫情影响，全球外交按下了“暂停键”。传统的线下外交被书信、电话、视频为主渠道的“云外交”替代。其中国家主席以大国领袖的全球视野和使命担当，密集开展元首外交，同外国领导人及国际组织负责人会晤通话 88 次，出席重要外交活动 23 场，为中国外交指引方向。④ 在新冠疫情蔓延下，中国进一步推动亚洲合作对话与“一带一路”倡议深度对接，继续促进贸易和投资自由化、便利化，维护全球产业链、供应链顺畅稳定，推进高质量共建“一带一路”。⑤ 深化双边、多边、区域经济合作，推动经济全球化向着更加开放、包容、普惠、平衡和共赢发展。⑥ 中国坚定不移同各国加强互利合作，携手推动“一带一路”建设高质量发展，积极倡导共建“健康丝绸之路”⑦。中国广交朋友，广

---

① 中华人民共和国外交部．外交部副部长郑泽光出席第 19 届中国发展高层论坛并发表演讲［EB/OL］．中华人民共和国外交部网站，（2018－03－26）［2024－06－29］．https：//fmprc. gov. cn/wjb_673085/zzjg_673183/zcyjs_673189/jbzc_673191/201803/t20180326_7597239. shtml.

② 李秋发．十八大以来我国外交战略拓展新思路［J］．军队政工理论研究，2014（3）：135－140.

③ 习近平．坚持亲、诚、惠、容的周边外交理念［EB/OL］．人民网，（2013－10－24）［2020－02－10］．http：//cpc. people. com. cn/xuexi/n/2015/0721/c397563－27338114. html.

④ 王毅国务委员兼外交部长新年视频致辞［EB/OL］．中华人民共和国外交部网站，（2021－02－03）［2024－06－29］．https：//www. fmprc. gov. cn/web/ziliao_ 674904/zyjh_ 674906/t1852118. shtml.

⑤ 刘乃亚．让多边主义的火炬照亮人类前行之路［J］．红旗文稿，2021（4）：45－47.

⑥ 王术森．“一带一路”沿线地区的主要安全问题研究［D］．兰州：兰州大学，2018.

⑦ 杨洁篪．尊重历史 面向未来 坚定不移维护和稳定中美关系［EB/OL］．人民政协网，（2020－08－08）［2024－06－28］．https：//www. rmzxb. com. cn/2020－08－08/2639527. shtml.

结善缘，致力于促进互联互通，共建“一带一路”，同所有国家平等相待，友好合作。①

疫情下的中国外交，以团结抗疫为主线，以元首外交为指引，开展抗疫国际合作，其中“一带一路”合作体现强劲韧性和旺盛活力，国际合作高级别视频会议成果丰硕，各方一致同意共建“健康丝绸之路”，形成了高质量共建“一带一路”的良好势头。② 推动周边命运共同体走深、走实，维护拓展发展中国家共同利益。我们坚持奉行独立自主的和平外交方针，③ 反对把疫情政治化、病毒标签化，杜绝“政治病毒”横行于世，践行“外交为民”宗旨，心系海外侨胞安危冷暖，把党和国家的关怀传递给每一位海外公民。

中国外交将在以习近平同志为核心的党中央领导下，牢记为中国人民谋幸福，始终高举和平、发展、合作、共赢的旗帜，坚定不移走和平发展道路，全面推进新时代中国特色大国外交，努力构建新型国际关系，继续推动人类命运共同体的建设。④

通过归纳中国外交网有关国家领导人与政府发言人演讲及讲话的样本文本可以得出：中国正在步入世界舞台中央，外交水平和层次不断提升。“和平发展”作为中国外交核心思想贯穿我国外交实践始终，“大国是关键，周边是首要，发展中国家是基础，多边是重要舞台”的外交政策与“一带一路”倡议的“互利、共赢、合作、开放”理念高度契合。这些外交话语与中国传统文化之间具有何种联系？又是如何通过中华传统文化来传播我国外交思想和理念，从而形成具有中国特色的外交话语体系的？

二、国家外交传播中华文化的理论渊源与实践路径

儒家思想不仅奠定了社会主义核心价值观的基础，也代表了中华传统文

① 乐玉成．中美走向合作的大势是挡不住的——在外交学会与美国亚洲协会共同举办的中美关系视频对话上的致辞［EB/OL］．中华人民共和国驻芝加哥总领事馆，（2020－07－08）［2024－06－29］．http：//chicago. china－consulate. gov. cn/xw/202007/t202007－09－4591963. htm.

② 王毅．百年变局与世纪疫情下的中国外交：为国家担当　对世界尽责——在2020年国际形势与中国外交研讨会上的演讲［N］．学习时报，2020－12－14（01）．

③ 杨正权，陈利君，杨思灵，等．学习中国共产党第二十次全国代表大会报告专题笔谈［J］．南亚东南亚研究，2022（6）：1－32.

④ 王毅．百年变局与世纪疫情下的中国外交：为国家担当　对世界尽责——在2020年国际形势与中国外交研讨会上的演讲［N］．学习时报，2020－12－14（01）．

化的主流。中国传统儒家文化不仅是中国外交思想与外交理论的重要来源，也通过外交实践进行国际化传播。

（一）中国外交政策源于中华优秀传统文化

以孔子思想为代表的儒家文化是中华传统文化的重要根基，也是新时代中国特色社会主义外交思想的宝贵精神来源。① 儒家思想中的"仁""义""信""和"不仅是中华优秀传统文化的重要来源和理论支撑，还融入中国外交理论及外交政策，为中国外交实践提供重要指导。我们重点结合"和""义""信"与我国外交理论的契合点予以分析。

1. 和平外交政策源自中国传统文化之"和"思想

"和"作为中国传统文化的思想核心，诸多传统经典古籍均有论述，如西周末年思想家史伯提出"和实生物，同则不继"意为万物不同，无差异则无法产生新事物。《左传》记载"如乐之和，无所不谐"强调多样性的统一。老子主张"万物负阴而抱阳，冲气以为和"将和谐作为万物统一平衡之道。《中庸》中"致中和，天地位焉，万物育焉"的"中和"即是天地各得其位，万物繁衍生息。孔子将和作为伦理、政治和社会原则，提出"君子和而不同"的观点。② 孔子"君子和而不同"与《中庸》的中和之道、和而不同思想一脉相承，即在统一整体基础上接受差异性。孟子认为天时不如地利，地利不如人和，表达了对人和的高度重视。中国"和"的思想不仅是中国处理人与人之间关系的准则，也渗透至中国人处理民族和国家关系之中。"以和为贵"成为和平共处五项原则、和平发展道路及其和平崛起的重要理论依据。"和而不同"融入中国外交政策，致力于用"和"文化打造中国国际形象。

2. 互利共赢理念源自中国传统文化之"义"思想

中国传统文化中的"义"观念意义丰富，多指"道义"。孔子说"君子喻于义，小人喻于利"，"义"解释为"公利"；而"利"解释为"私利"。只有公利才合乎正义，义利之别在于公私之辩。③ 当今中国的外交理念中，

---

① 张方慧．新时代中国特色大国外交中的儒家文化内涵——以孔子思想为中心的考察［J］．西南民族大学学报，2019，40（12）：194－199.

② 蒲僡．新时代中国特色大国外交的传统文化渊源［EB/OL］．光明网，(2018－6－22)［2023－05－02］．https：//theory. gmw. cn/2018－06/22/content_ 29398964. htm.

③ 凌胜武．中国外交实践如何体现"讲信修睦"的传统智慧［EB/OL］．国务院侨务办公室网站，(2023－02－16)［2023－06－08］．https：//www. gqb. gov. cn/news/2023/0216/56324. shtml.

“义”就是中国共产党人和社会主义国家的理念，利要建立在互利共赢基础上，而非一味地追求一己私利。《周易》中“生生之谓易”意为世界在发展变化中存在有机联系，中国提出合作共赢中创新，求同存异中发展正源自此意。另外，《周易》认为“一阴一阳谓之道”，其中阴阳就是相互包容互补，国家之间要承认差异，尊重文化多样性，实现互惠互利。讲信义、重情义、扬正义、树道义的传统文化内涵贯穿至中国外交理论中。正确义利观不仅是中国外交的理论准则，也是国家外交的一面旗帜。当今世界相互依存的程度极大提高，只有共担责任、共享权力、同舟共济、互利共赢，才能建构你中有我、我中有你的人类命运共同体。① 同时，只有秉持共商、共建、共享原则，中国才能积极参与全球治理体系，推动建立公正、合理的国际政治、经济新秩序。

3. 亲、诚、惠、容理念源自中国传统文化之“信”思想②

诚实守信作为中华民族的传统美德，它不仅是为人处世的规则，也是中国外交一贯秉承的主张。《论语·学而》“与朋友交而不信乎?”要“敬事而信”“谨而信”，《孟子·尽心下》“可欲之谓善，有诸己之谓信”，《说文·言部》“信，诚也”，《增韵·清韵》“诚，无伪也。真也，实也”，《四书集注·中庸》“诚者，真实无妄之谓”等中国传统经典对诚信均做了记载。信即不欺、诚实、守信。“信”不仅属于儒家伦理范畴，还在中国外交理论中融入运用。“一带一路”倡议和与邻为善、以邻为伴的亲、诚、惠、容理念就是中国针对周边国家的外交战略目标。“言而无信”是美国霸权主义衰落的标志。而中国坚持诚信外交，以诚待人、以信取人的外交准则不仅运用至周边国家，还被视为国家交往的通用准则，从而向世界树立起中国重信义、有担当的负责任大国形象。

“和”“义”“信”不仅是中国传统文化的根基，也融入了中国外交理论。中国传统文化中的和平基因、正确义利观、诚信构成了中国特色大国外交的思想理论渊源。它对于维护社会稳定、推动社会发展具有重要意义，还成为中国处理外交关系时一以贯之的原则与标准。

---

① 乔咏波．国际贸易中的正确义利观［N］．光明日报，2023－04－13（06）．

② 仇华飞．习近平外交思想在理论与实践上的继承与创新［J］．现代国际关系，2019（9）：1－7.

(二) 中国外交实践传播中华优秀传统文化

中国特色大国外交在充分继承和发扬优秀传统文化实践基础上的理论创新，和合、仁义、大同、互利共赢等核心理念是中华文化的深厚根基，随着中国外交实践不断传播交流，让世界了解中国外交政策的同时，感知中国文化。

1. 中国外交实践传播中华传统文化之“和”思想

2013 年 1 月 28 日习近平总书记主持中央政治局第三次集体学习时，13 次提及“和平发展”。[①] 习近平总书记将中华文化当中的“和”“合”思想运用到我国外交理念和实践中。2014 年，习近平总书记在中国人民对外友好协会上发表重要讲话，强调中国“和”文化源远流长，蕴含天人合一的宇宙观、协和万邦的国际观、人心和善的道德观；2015 年，习近平主席出席亚非领导人会议，强调中华民族是一个爱好和平的民族，历来崇尚“和为贵”。2016 年习近平主席在秘鲁国会发表演讲，中国将始终做世界和平的建设者、全球发展的贡献者、国际秩序的维护者，坚定走和平发展道路，无论国际形势如何变化，无论自身如何发展，中国永不称霸、永不扩张、永不谋求势力范围。[②] 中国传统文化中的“和”不仅具有和平、和睦之意，还有志同道合、和而不同的丰富意蕴。这种贯穿中国外交实践中的“贵和尚中、善解能容、厚德载物、和而不同”的宽容品格，不仅是中华民族的美好品德，也是中国外交所追求的一种文化理念。

2. 中国外交实践传播中国传统文化之“义利观”

2013 年 10 月 24 日，习近平总书记在周边外交工作座谈会上强调：“坚持正确义利观，有原则、讲情谊、讲道义，多向发展中国家提供力所能及的帮助。”在 2014 年 11 月 28 日中央外事工作会议上习近平总书记强调：“要坚持正确义利观，做到义利兼顾，要讲信义、重情义、扬正义、树道义……坚持国际关系民主化，维护国际公平正义，特别是要为广大发展中国家说话……要切实落实好正确义利观，做好对外援助工作，真正做到弘义融利。”2018 年 9 月 3 日召开中非合作论坛北京峰会，习近平主席在开幕致辞中指出：“中国在合作中坚持义利相兼、以义为先……中国主张多予少取、先予后取、只予

---

①② 王玉西．习近平眼中的“和而不同”［EB/OL］．中国青年网，（2017－08－15）［2023－05－02］．http：//news. youth. cn/jsxw/201708/t20170815_ 10517445. htm.

不取。”[①] 正确处理“义”和“利”关系，利益兼顾、义利统一，不仅是中国处理与外部世界关系的行为准则，也是中国传统文化中“以义为先”价值取向的生动诠释。中国外交通过践行正确义利观，不仅让世界了解中国外交立场，还能深入感知中国文化的内涵魅力。

3. 中国外交实践传播中国传统文化之“信”理念

2013 年 10 月 3 日，习近平主席在印度尼西亚国会发表题为《携手建设中国—东盟命运共同体》的重要演讲并强调，要“坚持讲信修睦。人与人交往在于言而有信，国与国相处讲究诚信为本。中国愿同东盟国家真诚相待、友好相处，不断巩固政治和战略互信”。2014 年 8 月 22 日，习近平主席在蒙古国国家大呼拉尔（国家议会）发表题为《守望相助 共创中蒙关系发展新时代》的重要演讲中强调：“中国说到的话、承诺的事，一定会做到、一定会兑现。”2019 年 4 月 26 日举行的第二届“一带一路”国际合作高峰论坛开幕式上，习近平主席再次向世界发出了“中国人历来讲求‘一诺千金’的宣誓”。[②] 这不仅是习近平主席对中国走诚信外交的信心与决心，也是中国外交恪守诚实守信的具体行动。其中，针对“一带一路”共建国家的经济援助和基础设施便是有力证明，仅 2015 年上半年，中国对“一带一路”沿线 48 个国家直接投资总额达 70.5 亿美元，在沿线 60 多个国家承揽对外承包工程项目达 1401 个；[③] 中国外交正在通过实际行动践行诚信与责任感，向世界彰显了负责任的大国形象，为构建人类命运共同体作出中国的贡献。

三、国家外交中民族文化传播的话语建构路径

中国传统文化不仅融入了外交理论，还通过外交实践扩大自身的海外影响力。中国文化如何借助外交手段走出去？以中国政府为主导的官方路径和以社会组织及民众为主体的民间路径形成了中华民族文化的外交话语建构路径：

---

① 罗建波．正确义利观与中国对发展中国家外交［EB/OL］．搜狐网，（2018－09－25）［2023－05－02］．https：//www.sohu.com/a/256142979_617730.

② 顾敏康．中国向世界展示诚信外交决心［EB/OL］．大公报，（2021－12－06）［2023－06－05］．http：//www.takungpao.com/opinion/233119/2021/1206/662655.html.

③ 聚焦“一带一路”大型工程与基础设施建设［EB/OL］．正保建设工程教育网，（2021－02－01）［2023－06－05］．https：//www.jianshe99.com/bim/ksdt/ch20210201114058.shtml.

（一）官方路径：依托国家政府和外交官展示中国文化

由国家元首、政府首脑和外交部长及机关代表国家开展对外交往活动被称为官方外交。官方外交不仅要贯彻执行外交政策、发布外交活动信息，还要维护国家主权、安全和利益。而代表国家与他国进行双边或多边谈判的往往是外交官。外交官的主要职责包括介绍和阐释中国外交理念、方针和政策，维护国家主权、安全和尊严，增进国内外相互理解，① 促进中外友好合作。习近平主席作为中国的"首席外交官"，他通过个人言行品格及经典语录向世界展示中国的大国外交风范和中华文明的恒久魅力。② 2014 年习近平主席在 APEC 欢迎宴上发表致辞，用中国经典讲述中国主张，从"上善若水，水利万物而不争"到"太平之洋、友谊之洋、合作之洋"的经典阐述，对中华优秀传统文化创造性发展，向世界彰显了中国智慧与中国力量；2021 年 10 月 30 日，习近平主席以视频方式参加二十国集团领导人第十六次峰会，发表了题为《团结行动　共创未来》的重要讲话，引经据典向世界阐述中国发展观的同时，赋予传统文化新的时代内涵。

外交部前部长李肇星经常在记者招待会上引用古人诗句或自己作诗，也是源自他对中国优秀传统文化的热爱，《易经》《道德经》《大学》《论语》等国学名著对他的外交生涯帮助极大。让他不仅成为出色的外交家，还成为中华文化对外传播的实际践行者。

上述中国官方外交实践表明以国家政府及外交官员为主的官方外交在发出中国声音、传达中国主张时，将中国传统文化自然融入外交经典言论中。国家外交中的中国文化与中华文化无根本差异，它们都源于中国的经典古籍，在官方外交中被广泛引用、隐喻、翻译，甚至进行故事化解读，让具有渊源根基与深厚底蕴的中华文化被世界了解、认知。中华民族的"多元一体"在外交中更多地体现为"一体"，即"只有一个中国"；中华文化的"多元一体"在外交中要体现出传统文化的"一体"。因此，中国官方外交传播中国传统文化时，要注重挖掘其深厚的文化内涵，不仅结合场景和语境恰当引用，还要对其文化内涵深入研读，且适时做出通俗化、国际化解读，从而减少外

---

① 邓颖．最强外交天团［J］．课堂内外创新作文（初中版），2021（1）：82－83．

② 韩梁，韩墨．元首外交的中国范儿：大国之风　赤子之心　文明之光［EB/OL］．新华网，（2017－12－10）［2024－06－29］．http：//www.81.cn/zggcdsjd/2017－12/10/content_7861659.htm.

交严肃板正的印象，让中国外交更接地气。

（二）民间路径：依托社会组织和公众传播民族文化

如果说官方外交以国家政府为主体，突出官方和政府外交的主角作用；那么，公共外交和民间外交，在民心相通和文化传播中占据着举足轻重的地位。特别是民间外交一向受到我国政府重视。中国人民对外友好协会是我国最早成立从事民间外交工作的人民团体，在民间外交中积累了丰富经验，形成了创造性成果。中国博大精深的民族文化正是借助类似的民间社团组织走出国门，打造民族文化对外传播的民间路径。

“一带一路”五通中的“民心相通”正是通过民间外交建立和维系，而民间外交又是传播民族文化的主要渠道，由此构成“以文化沟通为手段，以民心相通为目标”的传播逻辑。如果官方外交注重发出一种声音，那么民间外交则要发出多种声音。这里的多种声音就是指多元文化。有学者认为，多元文化对于民心相通意义重大。因为多元文化是共建国家互利合作，共同推进“一带一路”建设的基础和动力。多元文化也有利于夯实“一带一路”建设的战略和民意基础，借助文化外交手段推动民心相通，深化交流合作，实现文明进步。因此，多元的民族文化成为民间外交传播的重要内容。

悉数我国民间外交形式，以社会组织为主要类型，除了国内具有民族特色的社团组织，大量海外华人社团、华侨华人及非遗传承人是民族文化的海外传播主角。他们在政府统一领导下，充分发挥地方社团的优势，精心选择适宜的文化类型，精巧设计突出民族特色，吸引海外用户眼球。要注意的是，任何民间外交都不能脱离政府而随意开展文化交流活动，需要政府统一部署、合理引导，有计划、有秩序地开展民间交往。

我国民间外交要肩负传播民族文化的使命，就必须注重发挥社会组织及成员的主动性与潜力，动员社会大众与民间力量全面参与外交工作，从而使民间外交更加具有广泛性与普遍性。针对“一带一路”共建国家，还要注重加强社团合作，打造社团联盟。2023 年 6 月 25 日，四川“一带一路”国际民间友好组织交流会在成都开幕，吸引了“一带一路”共建国家的政要、友好组织负责人、友好人士等参加。① 这不仅将“一带一路”推向纵深，还让更

① 岳依桐，陈选斌. 2023 年四川“一带一路”国际民间友好组织交流会在成都举行［EB/OL］. 中国网，(2023-06-25)［2023-06-20］. http://ydyl.china.com.cn/2023-06/26/content_89441816.shtml.

多民众感受到中华民族文化的魅力。从而构建政府主导，民间参与的国际外交传播格局。民间外交将在第六章“一带一路”倡议下西北地区民族文化对外传播的民间社团话语建构中展开研究。

本章小结

“一带一路”倡议下，中国外交在新时代中国特色大国外交思想指导下，继续坚持和平与发展的外交主题，奉行互利共赢的开放战略，扩大国家之间的政治互信、经济共赢、文明互鉴。中国的外交理念与实践高度匹配“一带一路”的“五通三同”，即“政策沟通、设施联通、贸易畅通、资金融通、民心相通”和“利益共同体、命运共同体和责任共同体”。中华文化作为人文交流的重要载体和民心相通的桥梁纽带，不仅是国家外交政策的理论渊源与重要依据，也通过外交实践被世界认知。中国外交建立在中华传统文化底蕴基础上，党和国家领导人早已将优秀传统文化融入治国理政之中，这充分体现了国家对柔性文化元素在对外交往沟通中的重视及运用。各民族文化作为中华文化的重要构成部分，有其独特的文化元素和价值功能，但外交属于主权国家代表国家意志，行使国家权力的行为，其中蕴含的文化内容要服从和服务于国家主权和国家利益。因此，国家外交将民族文化植根于中华民族文化的深厚土壤，促进“一带一路”的民心相通，外交讲话中以人文交流、文化沟通、传统文化等宏观描述为主。因此，外交话语要注重深入挖掘体现中华传统的文化的内涵与精髓，将柔性的文化元素与政治交往和意识形态相融合，将中国特色外交话语体系与国家利益、国家形象相结合，从而达成以文化为载体传播国家政治意图的目的。

第二章 “一带一路”倡议下西北地区民族文化对外传播的政府话语建构

政府对内行使国家权力、传达意志、发布命令和处理事务；对外肩负外交职能，促进本国与世界各国的政治、经济和文化往来。在“一带一路”倡议下，政府成为中华文化“走出去”的重要传播主体，它通过特定的传播行为和传播活动传达国家意志、优化国家形象、影响国际舆论。中央政府顶层设计与部署推动作用举足轻重，地方政府积极响应和话语实践更是不可或缺。本章梳理了中央政府相关部门对“一带一路”的政策制定、方案实施情况，围绕文化产业、文化贸易、文化强国、脱贫攻坚、生态保护、地方特色等关键议题，从个案文本、话语实践和社会实践三个层面进行话语分析，探查地方政府在落地“一带一路”倡议的实践活动中如何进行话语生产和话语表达？又产生了怎样的传播效果？整体研究思路：梳理、汇总中央政府有关文化传播的重要文件和举措，勾勒国家层面对外文化传播战略的宏观轮廓；选取甘肃省地方政府对外传播的典型个案，围绕传播实践文本进行语篇分析，考察地方政府的民族文化对外传播实践及对“一带一路”倡议政策的响应和落实；总结值得参考与借鉴的方法和经验，并针对存在的问题提出解决对策和建议。

第一节 政府主导下的文化对外传播概述

中华文化的海外传播实践在汉唐时期就已存在，并在古代丝绸之路开通后达到顶峰。近代以来，受战乱和国难影响，新中国成立后才形成对外传播的相关理念。政府作为文化出海的重要传播主体，经历了怎样的演变过程？政府对外传播文化的意义、作用如何？围绕“一带一路”国家顶层规划地方政府如何回应？本节按照上述问题，尝试勾勒新中国成立后我国政府主导下的对外文化传播脉络。

一、政府对外传播文化的发展历程

从1949年中华人民共和国成立伊始到1978年党的十一届三中全会召开，这一时期我国的文化科学教育事业从步入正轨到初显繁荣，再从一波三折直至进入新时期，社会主义精神文明建设始终伴随物质文明丰富不断发展。改革开放后，我国的经济、社会和文化发展迅速，综合国力显著增强。为了提高我国的对外文化影响力，使之与国家经济、国际政治地位相平衡，我国制定和实施了一系列重要的战略和举措：从文化“走出去”战略到“一带一路”倡议，再到“全面建设文化强国”。我国对外文化传播的规划渐成体系，内容不断丰富，举措趋于完善，在实践中形成了具有一定规模和影响力的对外文化传播项目和品牌活动。

（一）起步阶段：发展“文化产业”，实施文化“走出去”战略

21世纪以来，随着我国经济持续发展和改革开放的纵深推进，国家开始对经济结构进行战略性调整，第三产业在国民经济中的比重不断提高。在此背景下，2000年10月，党的十五届五中全会正式提出并通过了“文化产业”这一概念；① 2002年11月，党的十六大对深化文化体制改革、加快发展文化事业和文化产业做出重大部署。我国的文化产业由此飞速发展，内容涵盖新闻信息服务、内容创作生产、创意设计服务、文化传播渠道、文化投资运营和文化娱乐休闲服务等活动，对GDP的贡献也不断增强，这表明文化产业开始在国民经济建设中发挥重要作用。

2006年9月，中共中央办公厅、国务院办公厅发布《国家“十一五”时期文化发展规划纲要》，其中对文化“走出去”战略进行了明确阐述，要求抓好文化“走出去”重大工程项目实施，形成以民族文化为主体、吸收外来有益文化、推动中华文化走向世界的开放格局。② 同年11月，《国务院办公厅转发财政部等部门〈关于鼓励和支持文化产品和服务出口的若干政策〉的通知》

---

① 中华人民共和国国务院．中共中央关于制定国民经济和社会发展第十个五年计划的建议[EB/OL]．中国政府网，（2000－10－11）[2020－12－08]．http：//www.gov.cn/gongbao/content/2000/content_60538.htm.

② 中华人民共和国中央人民政府．国家“十一五”时期文化发展规划纲要（全文）[EB/OL]．中国政府网，（2006－09－13）[2021－09－13]．http：//www.gov.cn/jrzg/2006－09/13/content_388046_10.htm.

发布，确定了我国文化“走出去”政策的基本思路和框架。文化“走出去”战略的提出和实施与我国面临的国内外形势密切相关。面对我国文化产品贸易逆差较大的被动局面，在满足国内基本需求的同时，扩大对外文化贸易、加强对外文化交流成为提升我国文化产业竞争力、进入国际文化市场的重要举措。2007年10月，党的十七大报告再次强调要大力发展文化产业，繁荣文化市场，增强国际竞争力；加强对外文化交流，吸收各国优秀文明成果，增强中华文化国际影响力。

此后，中央文件多次强调要“推动文化大发展大繁荣，提升国家文化软实力”，并在创新文化“走出去”模式、方式、渠道和内容方面提出新要求。2011年10月，国家发布的《中共中央关于深化文化体制改革推动社会主义文化大发展大繁荣若干重大问题的决定》，除了明确要求推动中华文化走向世界，开展多渠道、多形式、多层次的对外文化交流，同时从完善支持文化产品和服务政策措施，开拓国际文化市场，加强海外中国文化中心和孔子学院建设，组织对外翻译优秀学术成果和文化精品，构建人文交流机制等方面做了具体部署和安排。

（二）发展阶段：提出“一带一路”倡议，深化文化对外交流

党的十八大以来，以习近平同志为核心的党中央进一步充分认识到中华文化对于民族复兴、国家繁荣的重大意义，国家政府层面持续完善促进文化“走出去”的政策措施[①]。在此基础上提出“一带一路”倡议，统筹对外文化交流、文化传播和文化贸易。在中央的统筹规划和地方政府的积极实践下，我国对外文化传播走向品牌化、精品化、规模化的发展道路，向文化交流与贸易并重、社会效益与经济效益兼收的目标迈进。

“一带一路”借用古代丝绸之路的历史符号，以新的时代内涵连接世界与中国。2015年，国家发展和改革委员会成立了推进“一带一路”建设工作领导小组办公室，并召开推进“一带一路”建设工作会议。[②] 同年3月，国家发展改革委、外交部和商务部联合发布了《推动共建丝绸之路经济带和21世纪

---

① 相关文件包括《关于进一步加强和改进中华文化走出去工作的指导意见》《关于加快发展对外文化贸易的意见》《关于加强“一带一路”软力量建设的指导意见》等。

② 新华社．韩正主持召开 推进“一带一路”建设工作领导小组会议［R/OL］．中国政府网，(2018－06－12)［2021－08－10］．https：//www.gov.cn/guowuyuan/2018－05/25/content_5293741.htm.

海上丝绸之路的愿景与行动》，其中对“一带一路”倡议的时代背景、共建原则、框架思路、合作重点、合作机制做了详细阐述，并表明加快“一带一路”建设有利于促进沿线各国经济繁荣与区域经济合作，加强不同文明交流互鉴，促进世界和平发展，是一项造福世界各国人民的伟大事业，中国将以开放的姿态为之做出积极的行动。①

在“一带一路”共建国家和地区，当地政府、组织机构和普通民众对中国“一带一路”倡议或多或少地存有疑虑、不信任甚至抵触情绪，这对“一带一路”建设工作造成困扰与阻碍。主要原因还在于世界对中国和中国人不甚了解。因此，国家提出文化先行，打通外界了解中国的通道，发挥文化“软实力”作用。2014 年 5 月，文化部提出建设“丝绸之路文化产业带”的构想，从定期举办“高峰论坛”、大力发展对外文化贸易、文化产业融合推动相关产业发展、深度结合藏羌彝文化产业走廊规划、制定切实可行的支持政策 5 个方面，加强与“一带一路”沿线和周边国家的文化贸易和文化交流。②该规划首次将少数民族文化纳入构想的一部分，有效将西部重点城市串联起来，促进文化从资源优势转变为经济优势，对西北五省区的文化产业发展有重要意义。2016 年 12 月，文化部印发了《文化部“一带一路”文化发展行动计划（2016—2020 年）》，提出以“政府主导，开放包容；交融互鉴，创新发展；市场引导，互利共赢”为基本原则，围绕健全文化交流合作机制、完善文化交流合作平台、打造文化交流合作品牌、推动“一带一路”文化产业繁荣发展、促进“一带一路”文化贸易合作 5 项重点任务，提出了 12 项子计划，③ 强化了顶层设计，为“一带一路”建设工作的深入开展绘制了路线图。后文将对该计划内容进行详细分析和论述。

随着国内经济、社会和文化事业的不断发展壮大，我国逐渐走向世界舞台中央，中华文化走向世界的条件进一步成熟。2017 年 1 月，国家第一次以

---

① 国家发展改革委，外交部，商务部．推动共建丝绸之路经济带和 21 世纪海上丝绸之路的愿景与行动［EB/OL］．中华人民共和国外交部网站，（2015 – 03 – 28）［2021 – 05 – 21］．https：//www. fmprc. gov. cn/wjb – 673085/zzjg – 673183/gjjjs _ 674249/gjzzyhygk _ 674253/ydylfh _ 692140/zywj _ 695152/201523/t20150328_ 10410165. shtml.

② 周玮．文化部提出建设“丝绸之路文化产业带”构想［EB/OL］．中国政府网，（2014 – 05 – 06）［2021 – 08 – 10］．http：//www. gov. cn/guowuyuan/2014 – 05/06/content_ 2673625. htm.

③ 文化部．文化部“一带一路”文化发展行动计划（2016—2020 年）［EB/OL］．中国政府网，（2017 – 01 – 05）［2021 – 08 – 10］．https：//www. gov. cn/gongbao/content/2017/content_5216447. htm.

官方文件的形式发布了具有文化战略意义的《关于实施中华优秀传统文化传承发展工程的意见》，明确提出要推动中外文化交流互鉴，积极参与世界文化的对话交流，详细规划了如何运用包括“一带一路”倡议在内的重要项目、场所、节庆与品牌活动，推介中华传统文化代表性项目，并强调要通过对外文化贸易、融通多媒体资源、构建中华文化传播格局等形式、手段讲好中国故事、传播好中国声音、阐释好中国特色、展示好中国形象。① 这样一份翔实的工作方案规划为新阶段我国优秀传统文化的传承发展和对外传播提供了具体遵循。2017 年 5 月，中共中央办公厅、国务院办公室印发并实施的《国家“十三五”时期文化发展改革规划》第九项内容强调要加强国际传播能力建设，加强中国与“一带一路”共建国家开展文化交流与合作。② 该文件统筹规划加快发展文化产业、传承弘扬中华优秀传统文化、提高文化开放水平、推进文化体制改革创新等重要战略举措，在注重文化自身高质量发展的同时，充分发挥“一带一路”交汇点的独特优势，从搭建文化交流平台到鼓励民间文化交流，从推进动漫游戏产业合作到拓展文物保护与考古合作，全面构建中华文化对外传播的宏伟蓝图。

（三）发力阶段：全面建设文化强国，提高国际传播能力

2018 年 3 月，文化部召开对外文化工作会议暨“一带一路”工作会议，会议总结了“一带一路”文化建设取得的阶段性成果，并根据对外文化工作面临的新要求，提出 15 项重点工作，以全面推动对外文化工作转型升级、提质增效。此后，文化部陆续发布多份重要文件，统筹规划并具体指导各类组织机构和地方政府开展特色项目和品牌活动，持续推进“一带一路”文化建设工作。2019 年末，新冠疫情席卷全球，国际交流合作与全球化进程也被按下了“暂停键”。后疫情时代，我国进一步扩大对外开放的坚定意愿不变，“一带一路”倡议的意义和作用也更加凸显，并成为全球化发展的重要推动力。2020 年 10 月，党的十九届五中全会审议通过了《中共中央关于制定国民

---

① 中共中央办公厅，国务院办公厅．关于实施中华优秀传统文化传承发展工程的意见［EB/OL］．中国政府网，（2017－01－25）［2021－08－10］．http：//www. gov. cn/zhengce/2017－01/25/content_5163472. htm.

② 中共中央办公厅，国务院办公厅．国家“十三五”时期文化发展改革规划纲要［EB/OL］．中国政府网，（2017－05－08）［2021－08－10］．http：//www. scio. gov. cn/xwfbh/xwbfbh/wqfbh/39595/40355/xgzc40361 /Document/1653915/1653915_ 4. htm.

经济和社会发展第十四个五年规划和二〇三五年远景目标的建议》①，从战略全局上对文化建设做了规划和设计，其中明确提出2035年将我国建设成为文化强国。② 这是党的十七届六中全会提出建设社会主义文化强国以来，党中央首次明确了建成文化强国的具体时间表③。

2021年5月底，习近平总书记主持召开中共中央政治局第三十次集体学习时强调，要加强我国国际传播能力建设，指出要加快构建中国话语和中国叙事体系，宣介中国主张、中国智慧、中国方案，深入开展各种形式的人文交流活动，形成同我国综合国力和国际地位相匹配的国际话语权④。随后，文化和旅游部发布《“十四五”文化产业发展规划》，围绕推进文化治理体系和治理能力现代化，以加强政府宏观引导和服务为手段，翔实列出8个专栏共44个重点举措和工程项目，以增强规划的可操作性。值得注意的是，该文件强调各地方政府要立足地方实际，突出地方特色，推动建立统筹各方、协调有力的文化产业发展工作机制和格局，为地方政府发展文旅产业、对外传播地方文化提供系统指引。

二、政府对外传播西北地区民族文化的意义和作用

我国国土广袤，既有幅员辽阔的平原，也有波澜起伏的山川。适宜农业的气候环境和大江大河的地理条件，造就了独特的中华文明；56个民族不断交流、交往、交融，形成了多元一体的中华民族。习近平总书记在2014年中央民族工作会议报告中指出，民族地区是我国的文化特色区，集中体现了我国文化多样性的特点，也是中华文化的重要组成部分。在政府主导下，“一带一路”文化传播在推动地方文化创新发展的同时，开启了与“一带一路”共建国家友好交往的先行之路，促进了不同民族与国家之间的文化交流。

---

① 中共中央办公厅，国务院办公厅．中共中央关于制定国民经济和社会发展第十四个五年规划和二〇三五年远景目标的建议［EB/OL］．中国政府网，（2020－11－03）［2024－06－29］．https：//www.gov.cn/zhengce/2020－11/03/content_ 5556991.htm.

② 安蓓，陈炜伟．“一次具有全局性、历史性意义的重要会议”——中共中央举行新闻发布会解读党的十九届五中全会精神［N］．光明日报，2020－10－31（03）．

③ 余俊杰．到2035年我国将建成文化强国［EB/OL］．中国政府网，（2020－11－03）［2021－04－23］．http：//www.gov.cn/xinwen/2020－11/03/content_ 5557091.htm.

④ 新华社．习近平主持中共中央政治局第三十次集体学习并讲话［EB/OL］．中国政府网，（2021－06－01）［2021－04－23］．http：//www.gov.cn/xinwen/2021－06/01/content_ 5614684.htm.

（一）推动西北地区民族文化的传承与发展

进入21世纪以来，民族文化正在受到全球化和现代化的强烈冲击。中国有38项非遗项目入选联合国教科文组织非物质文化遗产名录，其中民族项目占了14项。这表明非物质文化遗产大多属于传统文化范畴，民族文化是非遗的重要构成部分；但针对民族文化的保护、传承和发展目前面临的严峻挑战，国家出台了多项政策积极应对、大力扶持和发展文化产业，让“活起来”的文化进入生产、消费和流通等实践环节。就西北民族地区来说，地方政府在推进经济社会发展过程中，充分发挥地域特色优势，发掘民族文化资源，发展旅游文化产业，促进经济社会发展，民族文化在不断融合变迁中实现传承和发展。

在“一带一路”建设中，西北民族地区从历史上的边缘转变为“一带一路”建设的前沿。根据国家发布的《文化部“一带一路”文化发展行动计划（2016—2020年）》重要文件对西北五省区的战略定位：面向中亚、南亚、西亚等国家，新疆要利用文化资源不断深化与上述等国家的交流与合作，形成丝绸之路经济带上重要的交通枢纽、商贸物流和文化科教中心；陕西、甘肃综合发展经济文化，宁夏、青海借助人文优势，分别形成丝绸之路经济带上的通道、商贸物流枢纽、重要产业和人文交流基地。[①] 在“一带一路”倡议搭建的战略空间内，西北地区通过政策、资金、技术、人才等各种资源，找到立足点和特色优势，充分利用文化资源促进经济社会发展，为文化的发展和再生产提供重要支撑。

各地方政府结合国家相关政策，制定相应的法规和政策措施，制订发展民族文化的中长期规划，加大对民族文化事业的投资，保护民族风俗文化，挖掘民族旅游资源，积极推动西北地区民族文化的传承保护，凸显民族特色村寨和城镇的文化底蕴，进一步促进民族特色产业和旅游产业的发展。“一带一路”有助于共建国家和人民认知、了解西北地区民族文化的内涵价值，进而向世界全方位、多渠道地展示一个多姿多彩、交相辉映的文化中国。

（二）发挥“一带一路”中民心相通的重要作用

“一带一路”倡议以“政策沟通、设施联通、贸易畅通、资金融通、民心

① 文化部．文化部“一带一路”文化发展行动计划（2016—2020年）出炉［EB/OL］．（2017-01-05）［2021-08-10］．中国政府网，https：//www.gov.cn/gongbao/content/2017/content_5216447.htm.

相通”五大方面形成发展框架，其中民心相通就是要提升中国与“一带一路”共建国家的民间交流。“国之交在于民相亲”，民相亲的关键在于文化传播。

“一带一路”沿线许多国家为发展中国家，面临相似的发展问题，同时也拥有本国特色的文化传统。“一带一路”倡议要在这些国家中落地生根并发挥影响力，不仅要在基础建设、资源能源开发等领域重点着力，更要发挥文化的先天优势来促进中华文化与各共建国家民族文化的融合，获得当地政府和百姓的接纳与认可，才能将“一带一路”倡议顺利推广开来，并深入开展实施建设。

西北地区有着悠久的历史文化、多彩的民族文化和丰富的生态文化，作为中华传统文化有机组成部分的西北民族文化，自身资源丰富，在古丝绸之路的贸易往来中一直在繁荣兴盛地发展，从而逐渐形成了文化交融和并存的独特风貌。时至今日，西北民族地区与不少“一带一路”共建国家仍有着相近的语言、风俗习惯和一脉相承的宗教文化，拥有许多共同的历史文化资源，从而保持广泛的文化认同，这是丝绸之路经济带建设中得天独厚的文化优势，也是西北地区对外传播与交流过程中重要的文化“软实力”资源。

立足尊重差异、包容多样的基本理念，本着睦邻友好、互利互惠、合作共赢的基本原则，我国政府统筹国内外发展，把本国发展与共建国家发展结合起来，把中国梦和沿线各国梦结合起来。在尊重文化差异的前提条件下，将和平发展、和谐共处的基本理念与中华优秀传统文化传播策略结合起来，使不同文化背景、不同宗教信仰的各国、各地区和各民族增进理解、沟通、尊重，增强“一带一路”发展的文化认同，夯实“一带一路”建设的民心基础，不断扩大西北地区民族文化的国际影响力，将文化力量转化为经济动力，使其在“一带一路”建设中更好地发挥民心相通的作用。

三、“一带一路”倡议下政府对外传播中华文化的政策规划与落地

在“一带一路”文化建设与对外传播过程中，国家紧密围绕外交工作大局，精心组织重大文化活动，充分凸显和发挥文化在对外传播中的独特作用，致力于区域合作目标的推进与达成。与此同时，地方政府充分发掘区域文化特色，以文化自觉的使命积极打造丝绸之路文化项目和文化交流基地，与共建国家开展文化教育交流合作，推动民族语言文字出版工作，打造具有民族特色的对外文化交流品牌项目等。

（一）国家统筹规划，为“一带一路”制定实施方案

“一带一路”倡议是党中央、国务院应对全球形势深刻变化、统筹国内国际两个大局做出的重大战略决策。国家印发的《文化部“一带一路”文化发展行动计划（2016—2020年）》为地方政府进行“一带一路”文化建设工作的深入开展绘制了目标、任务和措施规划，“一带一路”倡议的实施围绕12项子计划，从机制、平台、品牌、产业和贸易5个方面，具体阐述国家如何对文化对外传播进行顶层设计和谋篇布局。

1. 健全文化交流合作机制

“一带一路”文化建设系统庞大，需要建立相应的文化交流合作机制使各方联系起来，为“一带一路”文化发展提供有效保障，包括与“一带一路”共建国家和地区签署政府间文件，深化人文合作委员会、文化联委会等合作机制。其中，国家政府签署的文化合作协定通常涵盖文化、艺术、教育、体育、出版、新闻、广播电影电视等领域，对促进双边文化交流和合作，增进两国人民友谊、了解与互信，深化两国务实合作具有重要意义。此外，丝绸之路国际剧院、丝绸之路国际博物馆、丝绸之路国际艺术节、丝绸之路国际图书馆、丝绸之路国际美术馆五大专业联盟构筑起“一带一路”文化交流合作机制，通过展览、演出等多种形式，积极推动中国优秀文物、音乐、美术、图书、剧目“走出去”，吸引更多的“一带一路”共建国家民众参与其中，推动中外文化交流，促进民心相通。

2. 完善文化交流合作平台

海外中国文化中心是我国在海外投资建设的文化基础设施和对外传播“一带一路”的重要窗口。加快中国海外文化中心建设是提升中国文化软实力和文化国际传播能力的重大举措和重要手段。国家相关部门落实国务院批复的《海外中国文化中心发展规划（2012—2020年）》，与多个国家签署设立中国文化中心协定，推动“一带一路”共建国家和地区的中国文化中心建设，并定期举办“一带一路”沿线风情摄影展、座谈会、中国旅游文化周等有关活动，通过广泛的人文交流提高“一带一路”共建国家和人民对中华文化的认同感。①

---

① 玉珏．文化部副部长丁伟：让海外中国文化中心讲好中国故事［EB/OL］．人民网，（2014-07-25）［2021-08-10］．http：//culture.people.com.cn/n/2014/0724/c87423-25333832.html.

3. 打造中外文化交流品牌

文化品牌是有形资产与无形资产的统一，也是衡量一个国家文化产业发展水平的重要标准。我国在海外国家打造的文化交流品牌一直是海外受众接受、认可中国文化的重要手段。自2010年春节开始，原文化部会同国家相关部委、各地文化团体和驻外机构在海外共同推出“欢乐春节”文化交流活动，在当地国家的社区、学校举办中国新年海报设计活动、主题戏剧演出、创意设计作品展拍、“春节橱窗展”，春节民俗体验、戏剧和电影展映、读书会等系列文化活动，从而与各国人民共享中华文化、共建和谐世界。随着活动影响力的逐步提升，该活动在讲好中国故事、提升中华文化影响力、推动民心相通方面日益发挥重要作用。此外，国家持续加强“多彩中华”“亚洲艺术节”“东亚文化之都”“丝绸之路文化之旅”等大型品牌活动“美丽中国”旅游形象海外推广，① 在这些重大文化活动框架下进行文化交流、学术合作，举办各类文化论坛、展览、演出或文化节活动。这些特色项目和活动逐步构建起我国文化品牌体系，不断扩大中华文化的世界影响力。

4. 推动文化产业繁荣发展

党的十七大以来，我国文化产业迅速发展，特别是互联网的普及和数字技术的快速发展带动国产游戏迅速崛起。以中华优秀传统文化为精神内核的创意游戏占据一定海外市场份额，海外年轻群体在接触游戏的过程中也对中华文化形成更为新颖、立体、鲜活的认知，成为文化对外传播的持续推动力量。国家于2016年发布《动漫游戏产业“一带一路”国际合作行动计划》，提出各企业通过交流合作与推广，推动我国原创动漫游戏产品走进“一带一路”共建国家，为青少年民心相通发挥作用，游戏产业作为中国文化产业出口的支柱地位进一步凸显。

5. 促进“一带一路”文化贸易合作

文化产业与文化贸易的发展相辅相成。2017年，原文化部印发了《2018年文化部“一带一路”文化贸易与投资重点项目名单》，② 支持丝绸之路文化

① 文化和旅游部. 2015“一带一路”文化交流关键词［EB/OL］. 中国作家网，(2016-01-14)［2021-08-10］. http://www.chinawriter.com.cn/news/2016/2016-01-14/263163.html.

② 文化和旅游部. 2018年文化部“一带一路”文化贸易与投资重点项目名单［EB/OL］. 中国政府网，(2020-12-12)［2024-02-28］. https://zwgk.mct.gov.cn/zfxxgkml/jlhz/gjjlhz/202012/t20201212_919062.html.

产业带建设，开展“一带一路”文化贸易与投资重点项目征集、遴选、培育与扶持活动，推进“一带一路”共建国家文化交流合作和文化贸易发展。文件特别提到要推广国家优秀文化 IP 和民族文化品牌，鼓励企业参与海外文化贸易，开拓海外文化市场，推动一批能够体现中华文化特色的影视剧、游戏等数字文化产品“走出去”。

（二）发挥特色优势，地方政府积极回应“一带一路”倡议

在“一带一路”倡议提出后，西北地方政府紧抓全面开放机遇，结合自身地缘、人文与资源优势，积极融入丝绸之路经济带建设，各省（区）政府不断促进区域合作，出台重要文件、落实相关措施推进本省（区）文化建设工作，围绕“一带一路”建设画出同心圆。

1. 新疆：描绘文化科教新蓝图

新疆维吾尔自治区深居欧亚大陆腹地、地处中国西北边陲，在历史上是连接亚欧非几大文明的古丝绸之路上的重要通道。在“一带一路”建设中，新疆作为“桥头堡”和向西开放的重要窗口，也将成为丝绸之路经济带上重要的交通枢纽、商贸物流中心和文化科教中心。[①] 2018 年，新疆维吾尔自治区政府发布的《丝绸之路经济带核心区建设发展报告》，从政策沟通、设施联通、经贸合作、人文交流、资金融通、体制机制 6 个方面总结了工作要点，内容主要包括：大力推动与文化相关的艺术展览、产业项目、贸易和产品走向国际市场，尤其要开辟中亚影视市场；广泛开展文化交流、学术往来，举办文化创意产业博览会、国际民族舞蹈节、国际电影节、国际艺术双年展；赴国外举办美术摄影展览、文化展示周，举办文化年、艺术节等活动。此外，新疆要积极开展与中亚国家的合作与交流，共同建设文化交流中心、开展世界遗产联合保护，促进民间文化的交流与合作。[②]

2. 陕西：打造“汉风古韵”文化旅游区

陕西不仅是丝绸之路的起点，也是丝绸之路的亮丽名片。进入现代社会，陕西作为一个旅游文化大省，文化资源丰富多彩，既有秦腔、腰鼓等民间技艺，又有大雁塔、西安清真寺等宗教文化圣地。2015 年 4 月，陕西省政府发

---

① 王瑟，玛依古丽·艾．相遇丝绸之路——新疆建设丝绸之路经济带文化科教中心［N］．光明日报，2015-05-24（01）．

② 玛依古丽·艾．让品牌效应凸显文化科教中心特色［N］．新疆日报（汉），2015-04-14（01）．

布《“一带一路”建设2016年行动计划》，做出如下规划：充分利用陕西深厚的历史文化资源，围绕历史文化基地建设、扩大与沿线各国民间往来、推动中医药合作交流、推动与丝路共建国家的人文交流合作。内容主要包括举办丝绸之路国际旅游博览会、国际美食博览会、丝绸之路国际艺术节、历史文化名城对话会等，发挥展会集聚效应，与沿线国家展开旅游合作，打造精品项目，创新文旅发展模式，助推文化创新成果与经济社会各领域深度融合，持续扩大丝绸之路旅游品牌影响力等。同时，积极落实《丝绸之路跨国申遗工作备忘录》，结合遗址保护，打造以“汉风古韵”为主题的丝绸之路历史文化旅游区，与共建国家积极开展文化遗产保护研究领域的交流合作。

3. 青海：成立民族文化绿色生态示范区

青海作为古代丝绸之路上的重要节点，也是多民族聚居、多宗教共存、多种文化汇聚地。农耕文化与游牧文化、汉唐文化与西域文化在这里交融汇合形成包容性强的民族文化，从而为青海与“一带一路”国家友好合作打下了坚实的人文基础。2018年1月，青海省政府相关部门印发了《青海省丝绸之路文化产业带发展规划及行动计划（2018—2025）》，统筹青海文化产业发展工作，内容主要包括探索新的文化产业发展模式，打造具有特色的文化品牌，建设文化产业带，促进丝绸之路文化产业带的转型升级和跨越式发展。[①]围绕上述目标，首先，青海省政府统筹规划，深挖特色文化资源，精心打造“大美青海”文化品牌，通过品牌展示、商品展销、人文宣传等推介活动，使“大美青海”品牌形象传播海内外。其次，以生态优势推动生态旅游发展，优化完善文化交流合作平台，持续打造“丝路花儿”艺术节、青海文化旅游节、三江源国际摄影节等品牌活动。最后，在国外举办世博会青海主题日、大美青海能源农牧经贸推介会、藏毯国际展览会等活动，进一步扩大了“大美青海”的国际知名度和影响力。

4. 宁夏：培育中阿文化交流园

宁夏有“塞上江南”之称，自古就是古丝绸之路的必经之地和商埠重镇。在推进中阿交流合作方面优势明显，并成为中阿合作的“桥头堡”和丝绸之路经济带的战略支点。2015年10月，宁夏回族自治区政府发布《关于印发贯

① 李欣．我省出台《青海省丝绸之路文化产业带发展规划及行动计划（2018—2025）》［N］．青海日报，2018－01－14（01）．

彻落实国家丝绸之路经济带和21世纪海上丝绸之路建设战略规划重要政策举措分工方案的通知》，明确要加强文化产业合作、人文交流以及加强新闻媒体对外合作等重点内容。借助国家平台，宁夏加快实施丝路遗产保护开发、丝路特色文化促进、宁夏丝路品牌传播、网上丝绸之路建设、新型生活形态示范、丝绸之路跨省区联动6项工程。目前，中国—阿拉伯国家博览会已成功举办三届，通过与丝路共建国家互办文化产品展览展示活动，鼓励民族非遗产品、保健产品、民族歌舞“走出去”，同时引进丝路共建国家优秀文化产品来宁展览、展销。建设中阿文化园，与共建国家互办文化年、艺术节等活动，培育丝路文化旅游、中阿合作交流、回族文化产业等项目，举办电影节和图书展，引导和动员民间力量开展丰富多彩的文化交流活动，不断加大宁夏文艺精品“走出去”的力度。此外，扩大相互间留学规模和来宁培训规模，加强高校间的科学研究和学术交流与合作，大力推动教育合作与学术交流。

5. 甘肃：再现文化交融大舞台

甘肃地处东亚与中亚的接合部，位居丝绸之路枢纽地带。历史上的甘肃是各民族频繁往来、中西文化交流交融的大舞台，许多城镇都是因丝绸之路而兴起的，由此形成开放、多元的地域风情和文化特色。2014年5月，甘肃省政府发布《丝绸之路经济带甘肃段建设总体方案》，提出要充分发挥甘肃省的地理区位、历史文化、资源能源和产业基础等优势，紧紧围绕建设“丝绸之路经济带”甘肃黄金段，把甘肃建设成为丝绸之路的黄金通道、向西开放的战略平台、经贸物流的区域中心、产业合作的示范基地和人文交流的桥梁纽带，开展以丝绸之路文化为主题的文化遗产保护合作交流，推进甘肃省与中亚、西亚等丝绸之路共建国家的交流合作。[①] 在此框架下，甘肃积极发展文化旅游业，举办亚洲合作对话丝绸之路务实合作论坛和中国—中亚合作对话会，成立“丝绸之路”旅游推广联盟，[②] 在丝路共建国家成功上演《丝路花雨》《大梦敦煌》等优秀剧目。此外，甘肃省于2011年起举办数届“敦煌行·丝绸之路国际旅游节”，于2016年起举办数届“丝绸之路（敦煌）国际文化博览会”，且两大活动在2019年8月首次合体，成为全国唯一以“一带一路”文化交流

---

① 白德斌．筑梦“一带一路”：代表委员热议丝绸之路经济带甘肃段建设［N］．甘肃日报，2016-01-20（02）．

② 宋佳烜．“民心相通”步入实质性进程［N］．中国文化报，2016-03-03（01）．

为主题的综合性国际博览会和以丝绸之路命名的常设性国际旅游节，被称为“一会一节”。该活动的开幕式和闭幕式设置在两个极具地域文化特色和代表性的城市——甘南藏族自治州合作市和酒泉敦煌市，同时在全省各地展开为期一个月的文化旅游系列活动，形成全省旅游文化与产业的联动和繁荣。活动期间举办论坛、艺术展、演出、旅游、商贸、文创六大类24项主体活动，以及书法艺术节、鼓文化艺术周、国际房车博览会等独具地方特色的分项活动。在疫情防控常态化下，2020年后的旅游节和文博会活动采取线上线下相结合的方式，集中展示“一带一路”共建国家、国内各省（区、市）的文物、艺术精品、文创产品、旅游商品等，参与地区的数量和活动规模均有所下降。笔者将在第二节对2019年“一会一节”活动进行具体的话语分析。

第二节　地方政府对外传播西北地区民族文化的个案研究
——基于甘肃省“一会一节”活动的话语分析

以重要节日为载体的节庆文化传播不仅是一种重要的文化活动项目，还具有综合展示效应。拥有丰富的民族文化资源的甘肃，不仅是丝绸之路重镇和中外友好往来的重要节点，也是贯通东西文明的桥梁，运用丝路文化资源开展节庆文化传播是甘肃省响应国家文化发展战略的有效方式之一。甘肃省于2019年举办的“一会一节”活动，不仅与“一带一路”倡议主题紧密契合，而且选择民族文化特色突出，旅游文化资源丰富的甘南，以丰富的话语实践和社会实践拓展了“一带一路”倡议的内涵和外延的同时，还与省内其他地区的活动形成联动效应。那么，“一会一节”活动从主题到内容有哪些丰富内涵？地方政府对“一带一路”倡议的话语表达有哪些特点？是否有效传达了国家顶层设计？

话语分析从语言学发展至今，已普遍应用于社会、文化等领域，它以“意义范式”为研究框架，着眼于文本的意义生产、流通和消费过程，研究以语言为基础的各种象征符号及其互动如何发挥建构作用。在话语分析的相关理论和研究中，批判性话语研究旨在把话语从文本中解放出来，在广泛的社会文化生活过程中，诠释或解读文本与话语的真实意义，并考察其中的意识形态、权力关系。本书借助批判话语分析的研究方法和“描写—阐释—解释”的批评性话语分析三维框架，按照文本、话语实践、社会实践3个向度对上述问题进行分析、整理和归纳，最终提出从文化角度建构国家话语的策略与路径。

一、文本分析——积极的自我呈现

个体语词的词汇是对社会现实的反映，人们赋予客观世界中存在的事物或形象以某种概念，从而使其具有普遍性。同时，不同民族、不同国家对同一客观现实有不同认识和反映，体现在语言中就构成了词汇的民族性。在批评性话语分析中，词汇的普遍性和民族性通常使文本生产者采取不同策略来表达自己的立场态度和价值观念。在“一会一节”开幕式演讲中，文本的生产者运用了4个含义丰富、特征突出的词汇，建立与世界性议题的关联性，避免来自不同国家和地区的外宾因文本的误读产生文化隔阂或刻板印象。

“文旅”是“一会一节”活动开幕式演讲中出现的高频词之一。该词汇由“文化”和“旅游”两个语词组成，适用于我国经济社会发展与结构转型语境。“文旅”通常与“产业”共同组成另一个新的词组“文旅产业”，指将历史文化资源作为一种特殊的商品提供给旅游者，形成产业的利润环节。中国特色社会主义进入新时代以来，旅游业成为支柱产业。2018年国家成立文化和旅游部之后，文化产业与旅游产业开始融合。“文旅”“文旅产业”等词开始频繁出现在国家及地方政府的文件、讲话稿中，并在文本中以不同的方式被再生产和消费。

“丝路”一词是“丝绸之路”的简称，也是贯穿“一会一节”活动开幕式演讲文本的重要词汇。福柯认为，话语结构随着概念的变化而变化，从而可以为许多不同种类的关系提供丰富说明。历史上的丝绸之路联通东西，跨越古今，文本生产者将“丝绸之路”与“经济带”一词组成“一带一路”的固定短语，形成中国提出“一带一路”倡议的重要历史文化语境，为中国开展对外文化交流与务实合作奠定了话语基础。在地方政府的文件、会议发言稿等文本中，“丝绸之路”通常与其他凸显地域文化、地方特色的词汇组合形成新的短语搭配。例如，“交响丝路，如意甘肃”，使文本获得意义的建构功能，丰富并拓展了“一带一路”倡议的内涵和外延。

“美丽”一词为形容词，主要用来修饰名词和代词，表示人或事物所具有的性质、特征，令人产生愉快的情绪。在具体语境中还可以被赋予更多的含义。例如，习近平总书记于2013年视察地方工作时提到“实现城乡一体化，建设美丽乡村”，这一表述与2005年党的十六届五中全会报告中，围绕建设社会主义新农村提出“生产发展、生活宽裕、乡风文明、村容整洁、管理民主”的要求一致。在国家生态文明建设的语境中，“美丽”用来形容乡村居住环境和居民生活水平的改善，并构成“美丽乡村”或“美丽乡村建设”的固定短语。在“一会一节”活动开幕式演讲中，“美丽”或“美丽乡村”出现在与“一带一路”议题相关联的陈述领域中，呈现出丰富的文本意义。

“贫困”是“一会一节”活动开幕式讲话文本的重要词汇，它将中国的发展与世界性议题关联起来。福柯认为，修辞手段可以将若干组陈述结合起来，与不同的文本构成互为话语的关系，构成“共存”的领域。人类贫困作为世界性议题。其中温饱是指生存需要的一种生活状态，不得温饱就是处于生存性贫困之中。由“温饱”“贫困”引申出来的“解决温饱”“摆脱贫困”与“实现小康”等固定短语是中国经济发展领域使用频率很高的常用术语。经过不懈努力，国家于2011年正式宣布基本解决了人民群众温饱问题。在此基础上，“脱贫攻坚”一词作为新的固定短语频繁出现在国家新一轮发展背景下的政策性文件或发言稿中。“脱贫攻坚”意指“摆脱贫困，攻坚克难”，其目标是中国在2020年全面建成小康社会。在2019年的“一会一节”活动开幕式演讲中，文本生产者将“贫困”“脱贫”等词汇置于“一带一路”文本中，并与“文旅”“美丽”等重要词汇组成结构性话语，将中国“脱贫攻坚”发展目标与“一带一路”倡议实现世界共同繁荣发展的目标对接起来，展示和分享具有鲜明中国特色的减贫成就和减贫经验，以获得“一带一路”共建国家和地区的广泛认同。

批判性话语分析认为，不同的词汇被文本生产者选择使用，经由语法连在一起构成句子，再由文本的连贯性形成框架，使文本具有了生产与解释的功能。在“一会一节”活动开幕式演讲稿中，文本生产者将“文旅”“丝路”“美丽”“贫困”等关键性语词连接起来，构成陈述的组群，并以一定的序列构成文本结构的特征，从而使话语的合理论证成为可能。

二、话语实践分析——鲜明的立场表达

在批判性话语研究中，话语实践涉及文本的生产、分配和消费过程。在

特殊的社会背景下，文本以特殊的方式被生产和消费。政府作为最主要的传播和话语主体，通过文本主动设置议题，将意识形态嵌入文本，从而有效传达国家意志。在当地政府的主导下，“一会一节”活动鲜明地突出了地方文化传统和民族特色，通过在最大范围内展开全民共享和参与式传播，有关“民族团结”“多彩文化”“繁荣发展”的丰富内涵得以明确表达。

从跨文化传播的角度来看，不同主体间因语言和文化的差异使信息传播及意义交流产生折扣，要达到理想的传播效果，双方的理解与共识是关键。那么，究竟何种方式才能最大限度地达成不同国家、民族和文化之间的理解与共识？美国学者詹姆斯·W. 凯瑞提出的传播仪式观认为，传播使社会成为社会治理共同体，人们在共同参与的传播与交流中传受双方的共同理解。这一观点强调了受者的主观能动性，使人类传播活动具有了“共享”的特质，强调传播实践对现实社会及其文化的建构作用。“一会一节”活动实际上反映了作为传播主体的政府在传播过程中与各个参与主体（受众）进行交流互动，在达成意义共享与建构的基础上实现话语的有效传递。

甘南藏族自治州是丝绸之路河南道和唐蕃古道的重要组成部分，美丽的自然风光、独特的民俗民情构成其丰富的旅游文化资源，并通过“一会一节”活动充分挖掘和运用。当地政府举办了主题为“九色香巴拉”的专场文艺演出，打造了题为“花开草原民族情”“丰收陇原小康路”“时代华章祖国恋”“丝路相约醉甘南”的四大篇章。每个篇章代表了一个意义突出、内涵丰富的议题。活动包括民族特色的马队表演、极具民族特色的传统歌舞、献礼新中国成立70周年的歌曲演唱，以及4000人组成的锅庄舞方队表演的千人锅庄舞。在媒体报道中，有关“民族团结”“脱贫奔小康”“热爱祖国”“丝路风情”等议题被串联起来并得到集中呈现，主持人的话外音和现场的解说员不断重复强调的信息内容：“表达了各民族儿女对祖国的深深祝福，以及决战决胜脱贫攻坚、加快建设全面小康的坚定信心。”开幕式当晚，政府继续在当地文化广场举办了主题为“美丽中国·吉祥高原”的文艺展演活动。展演由“丝路彩虹”“古道回声”“高原飞歌”3个篇章组成，精选了丝绸之路沿线最具民族特色的节目，通过主持词、歌词、艺术语言等文本形式传达丝路人文、茶马古道的悠久和繁荣，丝路沿线各族人民的团结和睦、友好交往，以及民族文化的独特魅力。最后，全体演员身着各民族服装共同演绎主题为“和谐家园”的表演，对上述3个不同主题篇章进行总结和升华。整场演出立意明确，节目编排按照议题的关联性层层推进，表达了丰富的话语内容：中华文化源远流长、内涵丰富；中华民族一家亲，相互帮助；各族人民奋发有为，用勤劳的双手摆脱贫困；丝路文化繁荣发展，人类共建和谐新家园。中国新闻网、《甘肃日报》等媒体报道称：“来自甘南州当地的1600名演员身着极具当地特色的服饰，在合作市当周草原载歌载舞，讲述‘三区三州’精彩故事，抒发丝绸之路人文情怀。”这句话中的“三区三州”作为新信息加入文本，与“丝绸之路”一起构成“团结”“发展”的议题，与现场演出形成呼应。

在甘肃省政府、甘南州政府的主导下，媒体对“一会一节”活动进行了规模化报道和矩阵式传播，通过权威、全媒体、全过程的新闻宣传和对外推介，“一会一节”影响力极大提升。开幕当天，甘肃日报社、中国甘肃网、新华社现场云、新华网甘肃频道、凤凰网甘肃频道、甘肃头条等媒体的记者组成融媒体报道团队，对开幕式进行5G网络直播。在开幕式主场馆外，来自全国15家经济广播电台的主持人对活动进行同步联合直播，两个小时的现场直播通过嘉宾访谈、录音剪辑、记者连线、主持人即兴交流，向全国受众报道“一会一节”实时情况。节会活动期间，每日甘肃网、《甘肃手机报》等媒体围绕“一会一节”活动报道开设了专题栏目，集中报道节会期间的各项重大活动。同时，包括《甘肃日报》在内的省级媒体形成集报纸、视听、网络的融媒体矩阵，将甘南的美景、美食和文艺演出、商品展览等内容制作成微海报、长图、图解、H5、短视频等新媒体产品，向全国受众进行全时段、立体式的推送。在不同的文本中，有关“文旅繁荣丝路、美丽战胜贫困”的节会主题被明确呈现、反复强调，一个“文化自信、开放包容”的大国形象在话语内容中得到展现。

三、社会实践分析——全面的形象自塑

“一会一节”活动是地方政府对国家“一带一路”倡议的具体落实，这种传播实践一方面必须遵循国家意志和话语表达；另一方面需要地方政府根据各地独特的人文风貌和发展优势在传播实践中对国家话语进行创新完善，让各类文本和话语在具体的历史人文语境中落地，发挥话语对社会现实的建构功能，在全球传播语境中掌握主动权和解释权。

（一）立足文旅产业，促进经济发展

作为丝绸之路的黄金段，甘肃在新时代面临良好发展机遇；同时，甘肃

又是一个欠发达地区，经济优势虽不如中东部地区，但文化旅游资源丰厚，具有比较优势，旅游产业也因此成为甘肃省国民经济的支柱产业。甘肃地域辽阔，全省都“躺卧”在丝绸之路上，如同一块巧夺天工的如意镶嵌在西部的崇山峻岭之间。甘肃的地形地貌和文化都是多元的。从河西走廊的大漠戈壁、冰川雪峰到陇中的黄土高原，从北部的丹霞地貌、峡谷溶洞到南部的森林草原、民族地区，复杂多样的地貌使甘肃同时拥有雄浑和秀美的自然风光，因而被誉为“千面女郎”。作为华夏文明的发源地，甘肃是农耕文化与游牧文化、中原文化与西部文化、华夏文化与外来文化的交汇地，[①] 文化底蕴深厚。这些厚重、丰富多元且独具特色的文化资源作为发展乡村旅游和文旅产业强大的资源，既丰富了甘肃的旅游业态，又对产业扶贫起到支撑作用。

依托甘肃丰富的文化资源，推动文化和旅游的融合发展成为甘肃省经济发展的题中之义。无论是敦煌还是甘南都有着大量的文化旅游资源，都是甘肃文化旅游亮丽的名片，在“一带一路”倡议下，甘肃省积极响应文化旅游融合发展的模式，以促进丝绸之路共建国家的文化交流为主要内涵，以实现丝绸之路共建国家的合作共赢为主要目标，对内顺应全面深化改革和区域结构转型，全面拉动甘肃的文化产业，促进全省经济社会发展；对外扩大开放格局，在更大范围、更高层次的空间内实现文化的交流与传承。在2019年“一会一节”活动中，甘肃省依托绿色生态、历史文化、民俗风情、红色文化四大旅游资源，整合各类文化旅游资源，打造了一条囊括甘肃、青海、宁夏、四川、云南、西藏等西北民族省份并涉及尼泊尔、蒙古国、吉尔吉斯斯坦等“一带一路”共建国家的“三区三州”旅游大环线，举行文化旅游项目签约仪式，一方面让国内外游客领略“三区三州”地区绚烂多彩的民族文化；另一方面拉动全域旅游和乡村振兴消费，为当地百姓致富增收。

（二）建设美丽乡村，助力脱贫攻坚

习近平总书记在2015年11月召开的中央扶贫开发工作会议上强调，消除贫困、改善民生、逐步实现共同富裕，是社会主义的本质要求，是中国共

① 雷慧．浅析甘肃民族传统体育非物质文化遗产特征［J］．西北成人教育学院学报，2016（5）：87－90.

产党的重要使命。[①]“三区三州”指的是我国深度贫困地区，其中“三区”包括西藏、南疆四地州以及四省（甘肃、青海、云南、四川）藏区，“三州”包括四川省凉山州、云南省怒江州以及甘肃省临夏州。这些地区基础条件较差，贫困程度深，是脱贫攻坚的难中之难、重中之重。2019年是我国脱贫攻坚决战决胜的关键一年，借助当地浓郁的民族风情和丰厚的文化旅游资源，让文旅赋能美丽乡村建设，成为甘肃省脱贫攻坚工作的题中之义。在甘南藏族自治州，当地政府遵循生态优先、绿色发展的理念，通过环境整治专项行动打造“全域旅游无垃圾，九色甘南香巴拉”品牌形象，改善人居环境，发展乡村旅游，既让当地居民享受好山、好水、好风光，也带动乡村生产生活生态价值提升。

“一会一节”活动是“美丽战胜贫困”议题的生动写照。甘南藏族自治州立足得天独厚的旅游和人文资源优势，将旅游产业融合延伸到更多民族地区，通过节会、文化活动等方式推动文化旅游深度融合发展，真正实现让绿水青山变成金山银山，让文化优势变成经济发展的优势，一方面提升当地就业率，创造经济收入，为打赢脱贫攻坚战和实现乡村振兴构筑新支撑，让当地同胞享受“一带一路”发展的红利；另一方面促进了与“一带一路”共建国家和地区的文化旅游、经贸交流，为全世界消除贫困、改善民生提供中国智慧和中国方案，增进了中国与“一带一路”共建国家和地区人民之间的互相了解。

抓住“一带一路”建设的发展机遇，甘肃以“丝绸之路敦煌国际文化博览会”和“敦煌行·丝绸之路国际旅游节”的举办为契机，以丝绸之路文化的交流为主要内涵，搭建沿线各国文化和人文交流的平台，将合体后的“一会一节”打造为文旅融合的典范以及引领甘肃和中国文化走向世界的“中国品牌”。节会在向国内外团体和受众宣介甘肃文化的过程中，融入了“脱贫攻坚”“美丽乡村”“命运共同体”等中国特色话语，并通过内容丰富、主题明确、富有民族特色的活动形式进行表达和阐释，从而促进“一带一路”共建国家对活动达成理解与共识，扩大了甘肃文化在国内外的影响力，取得了良好的传播效果。

---

① 中国中共党史学会．中国共产党历史系列辞典［M］．北京：中共党史出版社，2019：670.

（三）秉承丝路精神，实现合作共赢

中国在古代丝绸之路上的辉煌过往和巨大贡献成为“一会一节”活动展开的历史语境和社会背景，通过“丝路”的背景化叙事，突出文本中的某些信息内容，有关“合作共赢”的信息（意义）在背景材料中得到强调，并作为文本的主题被提供、被展示。在历史上，中华文明对世界产生过重要的影响。2000 多年前，当西域使者张骞的驼队穿越草原、沙漠踏入异国土地，当郑和的船队穿越惊涛骇浪驶入异乡海域，中国便开始通过陆上丝绸之路和海上丝绸之路博望世界。这条绵亘万里，横贯亚欧大陆，连接中西世界的古老的道路，将中国与世界紧密相连。在这条说着不同语言，具有不同文化传统的繁荣道路上，人们沟通交流，推动着历史的进步。起始于古代中国的陆上丝绸之路和海上丝绸之路，在作为运输丝绸、瓷器等商品的贸易之路的同时，也逐渐成为东方与西方进行经济、政治与文化的交流通道和友谊之路，这条延续了千年的古丝绸之路为人类文明的交流和发展作出了重大贡献，成为人类文明的宝贵遗产。

习近平总书记在活动开幕之际专门发来贺信，为办好“一会一节”提供了重要遵循、指明了前进方向。按照习近平总书记关于共同绘制“一带一路”精谨细腻“工笔画”，推动共建“一带一路”沿着高质量发展方向不断前进的总体要求，甘肃省委、省政府着眼于政治、经济和文化领域，聚焦推动丝路共建国家的文化交流互鉴、旅游合作共赢、民心相通互融，力求放大文化和旅游的深度融合发展与综合效应，形成聚力发展的新态势，展现丝绸之路灿烂文化和甘肃对外开放形象。首届“一会一节”活动开幕式地点选在甘南藏族自治州合作市，以“文旅繁荣丝路、美丽战胜贫困”为活动主题，将文化旅游融合发展的模式嵌套于“三区三州”脱贫攻坚议题，并在文化和旅游活动的实践和传播过程中形成对“一带一路”话语的有效诠释和补充，从而全方位、多层次地传达国家意志。

历经百年困境，当代中国跟随经济的飞速发展重新步入盛世轨道。在新的历史起点，“一带一路”倡议赋予古老的丝绸之路以新的时代内涵，在丝路精神的指引下，中国将重返世界历史舞台中央，将互利共赢与互联互通结合起来，为共建国家提供经济发展和人文交流的公共平台和公共产品，邀请各国搭乘中国经济发展的“快车”，走向共同繁荣。借“一带一路”建设的强

劲东风，西北地区抓住产业结构调整、经济结构升级换代，积极布局绿色经济、环保产业、民族乡村文化旅游产业发展，从古代社会的“边缘”、现代国家的“边疆”转变为开放发展的前沿、内外联通的中心，从国家的扶持对象转变为经济发展的“增长极”和支撑国家发展的“新空间”，在获得自身强劲发展的同时为我国新一轮经济增长提供新的动力源。在“一带一路”建设中，文化旅游相较于经济商贸更加具有“柔”性，历史人文资源丰富的西北地区遵循“文化先行”的原则，以文化为灵魂、旅游为载体，将“亲、诚、惠、容”准则渗透于“一带一路”共建国家地区人民的生活和心田，真正实现民心相通、文化互鉴。

第三节　西北地区民族文化对外传播的政府话语建构路径

由于不同的国家在文化上缺乏与其他社会的共同性，国际传播行为本质上都具有跨文化传播的属性。[①] 美国学者约瑟夫・奈提出文化“软实力”（soft power）的概念，强调用文化和意识形态吸引力的优势提高本国在世界的影响力。习近平总书记将我国对外传播的核心内容高度概括为“传播中华优秀文化，宣介中国发展变化”，通过讲述中华民族五千多年灿烂文明史和社会主义中国发展的光辉历程，树立良好的中国形象。这就需要从跨文化传播的角度对不同群体文化特征进行深入分析，并制定对外传播的策略。本节基于对西北地区民族文化传播实践，尝试从宏观、中观、微观 3 个层面进行话语分析并提出：在“一带一路”的传播实践中，国家需要以具有国家意识形态功能的价值观反映“命运共同体”的道德立场；挖掘“一带一路”的历史文化资源，用概念为议题建立框架以表达“交流合作，文明互鉴”的明确观点；坚定文化自信和文化自觉，让地方民族特色在具体的历史文化语境中落地，不断拓展“一带一路”倡议的外延，最终形成西北地区民族文化对外传播的话语建构。

① 段鹏．当前我国国际传播面临的挑战、问题与对策［J］．现代传播，2021（8）：1－8.

一、宏观层面：挖掘共同价值观，打造命运共同体

法国学者福柯提出“传播即权力”的话语规定，在“权力是强制他人违背意愿”的传统定义之外，更强调知识与权力之间的复杂关系。福柯的权力观不再是强调压迫，而是生产与建构——生产新的“客观的”知识，建构合法的身份地位，从而形成在语言和文化中的不平等关系。作为传播本身的产物，话语即是权力，它对社会现实、社会关系有着积极的建构作用。西方国家创造了“民主/独裁”“自由/专制”等二元对立话语以攻击异质文化，以此定义人们先前的认识，定义对话的形式，如我国提出“一带一路”倡议以来，也频频遭到其他国家的误读和误解。认知语言学将语言的语法表达方式分为直接因果关系和系统因果关系两种类型，相较于日常生活中被广泛运用的直接因果关系，系统性因果关系无法被人直接体验到，因此人们必须经过深入和反复学习、研究和沟通，才能使其得到广泛理解。如果没有系统性因果关系的框架，频频重复有关“一带一路”的事实很难让国际社会愿意听、听进去。

在“一带一路”倡议的传播与实践过程中，这种框架的建立需要以价值观为统领。价值观是一种“观念”，它通过一系列“范畴”被确定下来，是国家意识形态理论的抽象化、范畴化的表达。在国内，我国的社会主义核心价值观从国家、社会和个体 3 个层面形成了小康社会可能的价值规范和逻辑前提。在对外传播中，我们同样需要列出自己的价值观，寻找不同国家和地区之间的“最大公约数”，将价值观和议题相配合，并从自身价值观的角度去谈论每一个议题。因此，在“一带一路”倡议下的文化对外传播中，我们要通过与共建国家和地区对话，使其意识到全球的相互依存关系，意识到“一带一路”倡议能让世界变得更美，让每个国家变得更好。

当今世界，各个国家相互联系、相互依存的程度空前加深。[①] “一带一路”背景下的文化交流需要共同的价值观作为基础。若要取得世界的价值认同，一是需要较少的意识形态痕迹，注入更多的文明内涵；二是要代表人类的共同福祉和理想。[②] 习近平主席出席博鳌亚洲论坛时提出的“人类命运共同

---

① 朱莉．中国梦文化精神的解读——基于先秦儒家思想的考察［J］．理论学刊，2014（5）：108－111.

② 李倩．文化平等视域下丝路精神弘扬研究［D］．上海：东华理工大学，2018.

体”，清晰明确地表达了“一带一路”倡议所蕴含、所体现的核心理念，体现了“平等、进步、包容”的价值观。首先，平等的价值观在各个文明或文化中具有价值普适性，在此基础上进行的文化交流更为众多人接受和信服。其次，文化是经济发展的一个重要因素，进步是每个国家的追求，不能带来国家富强和幸福生活的文化缺乏吸引力和融合度。我国改革开放30多年发展取得的成就，不仅引入西方的管理和技术，还结合了中国的历史、文化、地理、国情等多方面因素。在“一带一路”建设中，文化与经济发展紧密相连，中华文化才具有更强的影响力。最后，纵观历史发展，中华大地上的文化不断融合交汇，各个民族、宗教、思想相互融合，兼收并蓄，求同存异，让中华文化一直绵延至今。因此，“命运共同体”所包含的“平等、进步、包容”的社会主义核心价值观正是“一带一路”下文化传播反映的道德立场。原文化部印发的重要文件《文化部“一带一路”文化发展行动计划（2016—2020年）》中有这样一句阐述：“发展是永恒的主题，合作是成功的基石，‘双赢’是共同的愿望。”基于“人类命运共同体”的核心道德框架，政府主导下的文化传播实践要反复强调“一带一路”的包括精神、原则、理念、目标等在内的一整套价值追求，让中国智慧、中国方案、中国主张被更多的国家和人民听见、熟知并接受。

二、中观层面：建立概念议题框架，准确表达观点立场

学界常用“有理说不出，说了传不开”这句话来描述我国对外传播面临的难题。由于意识形态差异和面对中国崛起的失衡心态，西方围绕特定议题对我国发起持续的舆论战。“舆论困境”正是指在对方设置的话语体系里无法逃脱，被对手缠绕攻击，在敌人的语境里被动挨打。因此，我国在对外传播实践中需要从宏观道德目标上进行跨议题、跨领域的战略性思考，着眼于从议题整体到战略举措的基本思路：从概念开始，为相关议题设立正确的框架，增强和树立舆论的主动意识和主导思维，由此展开相关议题的反复性说明和强调。这也正是习近平总书记强调要“打造融通中外的新概念、新范畴、新表述”的题中之义。

概念框架指的是通过使用某个具体的概念，为所要描述的问题定义相关的变量（通常是特征或属性），并描绘它们之间可能存在的关系。人们可以进行字面意义上的理解，并在概念框架所设定的知识范围内来看待当前的问题。

认知语言学用“低认知”（hypo - cognition）[①] 一词来说明如果人们（组织）缺少所需的概念，缺少能用一两个词唤起的相对简单的固定框架，就有可能在日常生活中无法准确、有效地表达自己的观点和立场。相反，当人们听到一个词，无论肯定与否，关于这个词的框架就在大脑中被激活了。这种框架作为人类“认知无意识”（cognitive unconscious）的环节，塑造着人们看待世界的心理结构，从而影响人们看待世界的方式。因此，人们应该使用自己的语言而非对方的语言表达立场和观点，否则将因为激活对方的框架而破坏自己的观点，无法成功影响他人。中国在进行对外传播时首先要跳出西方主导的话语框架，提炼标识性概念，用具有中国特色的语言框架来诠释中国的发展与合作意愿，从而达到理想的传播效果。近年来，国家提出了“中国梦”“新常态”“供给侧结构性改革”“一带一路”等令人耳目一新、便于理解和记忆的概念表述，在国际上引起许多国家的关注和共鸣。其中，“一带一路”（the belt and road）一词自提出以来，在国际国内的各类场合及媒体文本中出现频率较高。“一带一路”借用了古代丝绸之路的历史符号，在新的时代赋予其新的内涵，国家领导人、外交部发言人、政府部门、各类媒体都可以用“一带一路”一词来表达中国与沿线各国合作共赢、共同发展的良好意愿。

采用准确的概念或说法，在各类场合反反复复地说，是一条适用于各项议题的建议。在文化传播实践中也是如此。美国传播学者哈罗德·拉斯韦尔认为人类的传播活动首先是讯息（message）从传者向受者的位移，这一定义被归纳为“传播是信息的传递”这一话语，意指信息同物质实体一样可以实现空间中的位移，并认为这一传播观的研究局限在于忽略了传者与受者所处的语境和拥有的文化，无法保证意义的传递能产生良好的传播效果。[②] 共情理论也将沟通作为促进人与人、文化与文化之间良好传播的主要因素。这是因为镜像神经元系统让人们从情感上与他人联系起来，但在特定的时候也可以让人们在情感上与他人保持疏离。大脑运动前皮层的镜像神经元受到影像的刺激被激活，并和情感中心连接起来，这种神经回路是共情的基础。以“一带一路”为例，作为连接东西方的历史符号，“一带一路”是一个源于“丝

---

① ［美］乔治·莱考夫．别想那只大象［M］．杭州：浙江人民出版社，2020：62.

② 刘海龙．大众传播理论：范式与流派［M］．北京：中国人民大学出版社，2008：18.

绸之路”的概念，主要是一个“经济带”的倡议。[①] 在各类官方文本上经常出现一张广为流传的纵贯亚欧大陆的蜿蜒地图，它阐述了人类沟通和交流的重要性，其中蕴含的话语能使人的隐喻性思维系统与镜像神经元系统互动，把外在的情形转换成可以感受的隐喻性情形，这一神经回路造就了常识性的观念，在频繁的使用与强化中，“一带一路”所反映的内涵和事实与沿线各国人民的框架开始吻合，并最终融入人们正常参与的沟通形式，成为“我愿意说、对方愿意听”的重要议题。在“一带一路”框架内，各级政府根据地方文化特色针对具体的议题凝练标识性概念，并将其嵌入文化品牌活动中，在传播实践中反复言说与强调。对此，笔者将在下文中具体阐述。

三、微观层面：坚定文化自觉自信，彰显民族地域特色

美国跨文化传播学者爱德华·霍尔将文化看作“人的中介”，认为人类生活的一切无不受到文化的触动，无不因文化而改变。然而由于文化的隐蔽性和文化模式差异，处于高语境文化和低语境文化的群体或个体在进行交流时通常会遭遇彼此误读或误解。习近平总书记就《人民日报》（海外版）创刊30周年作出重要批示时强调，要用海外读者乐于接受的方式，易于理解的语言，讲述好中国故事，传播好中国声音，努力成为增信释疑、凝心聚力的桥梁纽带。[②] 这就要求在面向丝路沿线各国对外传播时，要按照信息化与分众化要求，充分考虑地域和文化差异，考虑当地受众的习惯和需求，制定易于理解和接受的文化产品，从而达到最佳传播效果。这一原则落实到西北地区，就要立足地方实际发展情况，以民族文化和历史资源为依托，结合地域和民族特色展开各项活动，打造地方特色文化品牌。

文化品牌是提升国家文化软实力的重要手段。文化部发布的《文化部“一带一路”文化发展行动计划（2016—2020年）》包含“丝绸之路文化之旅”计划、“丝绸之路文化使者”计划、“一带一路”艺术创作扶持计划和“一带一路”文化遗产长廊建设计划在内的四大“一带一路”文化交流品牌，围绕这一路线图，依托汉语、中医药、武术、美食、节日民俗及其他非物质

---

① 丁建新，赵奕．话语的欲望：从李希霍芬的“丝绸之路”谈起［J］．当代话语研究，2022（2）：156－160.

② 新华社．习近平就人民日报海外版创刊30周年作出重要批示［EB/OL］．中国政府网，（2015－05－12）［2021－08－10］．https：//www.gov.cn/xinwen/2015－05/21/content_2866369.htm.

文化遗产等代表性项目，我国已经形成“欢乐春节”“美丽中国”等一批具有中国特色、国际影响的标志性人文交流品牌。西北地区民族文化在“一带一路”建设中拥有深厚积淀和独特优势，当地政府在传播实践中不断尝试构建富有地方特色的标识概念和表达方式，结合时代特点和国家重大主题，精心构建对外表达方式，不断丰富中国文化对外传播的话语内涵。例如，陕西省充分发掘千年古都、丝路起点、华夏之源的历史文化价值，以“文化陕西”为名片打造各类文化活动，包括国际旅游博览会、丝绸之路国际艺术节，以及具有陕西特色的名家名作、影视剧作品及旅游演艺品牌等。甘肃省以敦煌文化为引领，推出“交响丝路，如意甘肃”的文化名片，精心编排舞剧《丝路花雨》和《大梦敦煌》并在世界各地巡演，打造《读者》品牌、传播兰州饮食文化，举办丝绸之路（敦煌）国际旅游节、中国兰州投资贸易洽谈会等重大活动，达到展示绚丽甘肃、传播国家形象的效果。青海省立足青海特色，挖掘民族文化资源，推出“大美青海”品牌，精心打造青海文化旅游节，成为丰富全省人民群众精神文化生活、助力经济社会发展、展示宣传大美青海的重要平台。宁夏实施文化精品工程，着力打造优秀民族文化为主体的多元文化，通过举办“花儿”大赛、宁夏文化活动周、原创回族舞剧《月上贺兰》等大型文化活动突出富有“塞上江南”特色的文化品牌。新疆通过中国新疆国际民族舞蹈节、丝绸之路国际服装节、中国—亚欧博览会等活动，打造“新疆是个好地方”文化和旅游品牌，向世界讲述绿色、开放、多彩、和谐的新疆故事。上述具有民族和地方特色的文化活动以品牌为主导，为丝绸之路共建国家的经济文化交流搭建了平台，通过标识性概念逐步形成中国特色的品牌话语权，助力向世界讲述中国故事，向全世界受众展现出一个蓬勃发展、开放包容的中国。

地方政府在民族文化对外传播中，要继续坚持国家站位和国际视野，发挥地缘优势，把国家层面的国际传播能力建设和本省（区）的文化对外传播工作结合起来，把传承中华优秀传统文化与展示发展建设成果结合起来，[①] 把民族团结一家亲、以人民为中心的发展理念融入活动、会议和报道中，将中国特色的文化、制度和方案通过经济文化活动进行有效的传播，把摆脱贫困、改善民生的“脱贫攻坚”“乡村振兴”发展议题与打造“人类命运共同体”

① 梁和平．讲好中国故事 传播陇上精彩［N］．甘肃日报，2016－09－02（03）．

等一系列中国核心价值理念联系起来，讲述“交流、合作、发展、共赢”的内在逻辑，把实现中国梦与帮助沿线各国人民实现自己的美丽梦想结合起来，增进共建国家和人民对中国的经济、文化价值观的认同，以及对“一带一路”倡议的接受和认同。

本章小结

早在汉唐时期，我国便开始了文化对外传播实践活动。新中国成立以来，政府主导下的对外文化传播实践经历了发展“文化产业”，实施文化“走出去”战略的起步阶段；“一带一路”倡议提出，深化文化对外交流的发展阶段；全面建设文化强国，提高国际传播能力的发力阶段。其中，民族文化的传播与发展是中华文化对外传播与发展的重要组成部分。在“一带一路”文化建设与对外传播过程中，国家统筹规划，为“一带一路”制定实施方案；地方政府发挥特色优势，积极回应“一带一路”倡议。本章通过对甘南藏族自治州政府组织举办的“一会一节”的个案传播实践进行话语分析，提出政府对外传播西北地区民族文化的实践首先要从宏观层面挖掘共同价值观，打造“命运共同体”；从中观层面挖掘“一带一路”的历史文化资源，用概念为议题建立框架以表达“交流合作，文明互鉴”的明确观点；从微观层面坚定地方政府的文化自信和文化自觉，让地方民族特色在具体的历史文化语境中落地，不断丰富“一带一路”倡议的外延，最终形成西北地区民族文化对外传播的话语建构。作为国家向西开放的重要门户，西北地区的文化对外传播要在丝路共建国家“传得开、叫得响”，主动发声，持续发力，在重大事件上不缺席，集中释放地方文化魅力，向世界展示多彩的中华文化和开放包容的中国形象。

第三章 “一带一路”倡议下西北地区民族文化对外传播的企业贸易话语建构

2013 年，习近平主席着眼于世界发展大势和亚洲各国需求，本着共商、共建、共享原则，提出了“一带一路”倡议，这一具有历史文化延续性与发展合理性的现代丝路是对古代丝路文化的继承和发扬。历史上的丝绸之路不仅是重要的经济贸易通道，也是不同文化交流、碰撞与传播的文明之道。从古代商人驼队到今天的跨国企业，他们作为重要的商业贸易主体，通过贸易畅通实现民心相通，让文化在商业之路上焕发永久的光彩。“一带一路”倡议提出后，越来越多的企业开始走出国门，以商业贸易为载体向世界展现了博大精深的中华文化和丰富多彩的民族文化，呈现出多元且多样的中国面貌。在“一带一路”倡议下，企业对外贸易在文化“走出去”过程中扮演了何种角色？西北地区民族文化又如何通过商业贸易形式进行传播？企业对外贸易与文化传播实践呈现何种逻辑路径？本章立足“一带一路”倡议的宏观背景，分析企业贸易对外传播西北地区民族文化的意义价值，并以兰州牛肉面作为重要的饮食文化载体和典型的企业跨文化传播案例来解析企业跨国贸易如何对外讲故事，进一步为企业贸易的跨文化传播及话语建构提出策略建议，以期扩大中华文化在世界范围的传播力和影响力。

第一节 “一带一路”倡议下企业贸易中的文化传播

习近平总书记指出：“两千多年的交往历史证明，只要坚持团结互信、平等互利、包容互鉴、合作共赢，不同种族、不同信仰、不同文化背景的国家完全可以共享和平，共同发展。”① 这为古今文化交流与跨文化传播指明了方

① 习近平．共同建设“丝绸之路经济带”［R］．阿拉木图：纳扎尔巴耶夫大学，2013－09－07.

向。“一带一路”倡议提出后，以商业交换为载体的跨国贸易成为中华文化“走出去”的重要载体。中国企业针对“一带一路”国家开展的贸易活动数量不断攀升，中华文化通过产品贸易、社会服务及人文交流方式为共建国家民众带去实际利益，也让他们感知中华文化的内涵与精髓。文化传播对于企业跨国贸易的意义何在？中国对外贸易，特别是“一带一路”共建国家对外贸易有哪些类型？中华文化在企业贸易中将以何种方式传播出去？

一、“一带一路”倡议下企业对外贸易与文化传播的关系

全球化时代，“流动”这一个古老的命题，在新的技术媒介与人类社会的全球化流动现实中被赋予了新的理论价值。① 贸易作为人、货物和金钱流动的主要手段之一，不论是过去、现在还是将来，都对文化传播产生深远影响。企业作为贸易主体，在我国贸易便利化的环境下不断转型升级，在发展出口贸易和推动外贸健康稳定增长中起到了重要作用。② 经济是文化产生的基础，文化则是供给经济生长的土壤和养料。经济与文化一荣俱荣、一损俱损，二者命运与共，这种理念在企业贸易与文化传播之间也是相通的。③ “一带一路”倡议提出后，中国与共建国家贸易数额大幅增长，企业扮演货物贸易与文化传播的双主体角色，企业贸易与文化传播双向双行、互利互为，共同致力于“一带一路”建设。

（一）企业对外贸易是文化传播的重要途径

丝绸之路在人类文明交往中占据重要地位，它不仅是中国与世界的贸易商路，更是中外交流互动的重要载体。从古丝绸之路的商队活动到今天企业有组织的商贸行为，企业在国际贸易和跨文化传播中发挥着不可或缺的作用。那么，企业是如何实现商业贸易和文化传播的“双赢”的？

企业在进行跨国商业贸易时，通常以产品或者服务为纽带，将本国产品出售至海外，让海外人士通过认知产品来认知形象。泛媒体时代，新闻媒体连篇累牍地报道是国际传播和形象塑造的重要手段，但这种形象建构往往生

---

① 王鑫．流动性、具身化与符号性：中华文化对外传播研究议程与路径拓展［J］．新闻记者，2022（9）：45－54.

② 史亚茹，于津平，毕朝辉．贸易便利化与企业技术升级［J］．国际经贸探索，2022，38（7）：72－85.

③ 施忠连．论经济与文化的深层关系［J］．社会科学，1995（12）：35－39.

硬而效果欠佳。跨国公司以有形产品或无形服务传播本国文化，扮演了文化使者的角色。他们非常重视文化与母国的联系。例如，德国大众汽车公司多年来将“Das Auto”作为广告语，使这一德语词组提醒消费者“大众”是一个德国汽车品牌。[①] 法国欧莱雅集团的广告中或商品包装上经常会出现“L’Oreal”和“Paris”，并且一般会用比较突出的字体或色彩展示出来。[②] 另外，跨国公司在海外设立分公司时，习惯将具有母国特色的文化元素融入具体产品或者贸易流程，通过富有特色的标识或符号来帮助受众形成产品与文化之间的品牌关联度。无数实例证明，那些特色鲜明的文化符号往往会带来正向的利润增长。由于跨国公司的商贸活动往往注重找寻母国与所在地文化之间的相似性，能更加容易赢得良好口碑和商业利润。以销售标准化产品的零售商宜家为例，其产品通常被认为具有鲜明的纳维亚风格，宜家将纳维亚文化中的概念、符号、理念等文化元素商品化并出口营销到其他国家和地区。[③]

企业的跨国贸易活动，不仅是商品交换的经济行为，更是传播企业文化、塑造企业形象的良好契机。由此，企业经营活动在母国文化潜移默化的影响下，也会随跨国公司的海外经营活动而影响其他国家和地区。“一带一路”倡议提出后，海陆丝绸之路经济带互利畅通，既方便了周边国家和地区在经济、建设、文化等领域的合作交流，也促进了跨国企业经济贸易与文化对外传播。

（二）文化传播为企业对外贸易创造良好国际环境

“一带一路”倡议的“五通”中，设施、贸易、资金均与商业贸易息息相关。中国通过在“一带一路”共建国家投资建设工程项目，国与国之间开展贸易交流，提供资金支持，实现了“一带一路”的“硬联通”。但国家之间由于国情、体制及文化观念差异，矛盾分歧不可避免。为了降低沟通障碍，减少文化隔阂，还要以文化为纽带实现“软联通”，设施、产品等“硬联通”让海外民众感受到实实在在的物质利益，而文化作为隐形纽带可达成情感相通和心理认同作用。因此，企业贸易将产品和消费者的联结转化为人与人的

---

① 姚晓丹．跨国公司在文化传播方面发挥重要作用［J］．中国外资，2022（10）：48－49.
② 同①。
③ 同①。

联结，海外消费者从心理和情感方面对中国企业品牌、企业文化及其价值观念的认同，进一步促进了企业贸易繁荣。

文化“软联通”可降低跨国公司在政治法律、语言环境、文化习俗、企业管理及舆论传播方面的分歧，进而规避贸易摩擦、降低贸易壁垒，为跨国贸易营造良好的舆论环境。中国56个民族均有属于本民族的文化特色和历史传统，如何将古典制造工艺和具有区域特色的产品融入我国制造技术和商业创新之中，打造出具有区域化、地方化的“中国文化”印象，成为我国民族文化传播的重要使命和现实担当。在企业贸易竞争激烈的背景下，企业以增加产品附加值的方式来提升商品价值，文化融入产品，将单一产品加工成复合多样化产品，凸显产品文化价值，增强市场竞争力。针对与“一带一路”共建国家的对外贸易，企业要将富有民族传统和价值特色的产品打造成个性化、民族化和中国化相统一的多元产品，形成具有文化底蕴的产品故事、品牌故事，以故事带动产品，助推经济贸易发展，在提高中华文化的海外影响力的基础上，中国企业有机会推出更多优质产品，从而获得持久而旺盛的生命力。

二、“一带一路”倡议下我国企业对外贸易概况

自2013年“一带一路”倡议提出以来，中国与“一带一路”共建国家开展合作①，消除贸易壁垒，扩大贸易规模，建设自由贸易区。据国新办新闻发布会透露，2022年，我国与“一带一路”共建国家贸易规模创下新高，货物贸易额达13.8万亿元，同比增长19.4%。② 中国企业通过加大对外直接投资，民营企业地位更加突出，跨境电商带动数字贸易蓬勃发展，合作强化国际共识成为企业贸易的鲜明特征。

“一带一路”倡议为全球经济贸易提供了新动能，也为跨国公司带来新商机。《2021年度中国对外直接投资统计公报》显示，我国对“一带一路”共建国家投资持续增长，截至2021年底，中国在“一带一路”共建国家设立企

① 吴方．中国与“一带一路”沿线国家经济合作研究［D］．武汉：武汉大学，2019.

② 冯其予．去年与“一带一路”沿线国家货物贸易增长近两成——中国依然是外商投资热土［N］．经济日报，2023－02－03（03）.

业超过1.1万家，约占中国境外企业总量的1/4。[①] 中国与丝路共建国家的贸易成为中国对外贸易的主力军。2020年上半年，“一带一路”贸易在中国对外贸易中的占比提升到29.5%，2021年则保持在29.6%；2022年上半年，“一带一路”贸易在中国对外贸易中的占比达到31.8%。[②] 在“一带一路”贸易占比扩大的同时，贸易总额也在不断增长。2020年3月23日，据中国海关总署统计，“一带一路”贸易与2019年同期持平，总体稳定。2020年1—2月，中国与“一带一路”沿线63个国家的贸易总额达到1877亿美元，较2019年前两个月增长0.4%，总体保持稳定；其中，中国对“一带一路”共建国家出口955.2亿美元，较2019年同期下跌8.1%；进口921.1亿美元，较2019年同期增长11.2%。[③]

此外，“一带一路”企业对外贸易还实现了多国互利共赢、共同发展。商业部科学院区域经济学研究中心所长张建平在接受《21世纪经济报道》新闻记者专访时表示，这140个合作伙伴团队组成人员覆盖了全世界2/3的重要发达经济体，当中大部分为蓬勃发展中的经济体和转型发展经济体，发展潜力和成长空间巨大。2021年12月，古巴、尼加拉瓜加入“一带一路”朋友圈。北京冬奥会期间，“一带一路”友好圈又迎来新合作伙伴——中国政府与阿根廷签订合作“一带一路”谅解备忘录，我国同各共建国家的经贸合作与投资能力持续增强，“一带一路”共建国家的市场潜力正在进一步得到发掘。[④] 当前，中国企业“一带一路”贸易主要呈现以下特点：

首先，民营企业参与“一带一路”高质量发展。据全国工商联发布的《中国民营企业500强调研分析报告》，2014年，在“一带一路”倡议提出初期，中国民营企业500强中参与“一带一路”建设的企业数量为65家，至

---

① 方彬楠，冉黎黎．截至2021年底，我国在“一带一路”沿线国家设立企业超过1.1万家［EB/OL］．北京商报网，（2022－11－07）［2022－12－20］．https：//www.bbtnews.com.cn/2022/1107/457048.shtml.

② 亚布力企业家论坛．2022年上半年“一带一路”贸易分析［EB/OL］．搜狐网，（2022－11－07）［2022－12－20］．https：//www.sohu.com/a/570344686_99947734.

③ 亚布力企业家论坛．2020年1—2月“一带一路”贸易分析：总体维持稳定［EB/OL］．搜狐网，（2020－03－28）［2022－12－20］．https：//www.sohu.com/a/383776528_99947734.

④ 刘颖，张道峰，徐宁宁．2021年我国与“一带一路”沿线国家货物贸易额创八年来新高［EB/OL］．一带一路网，（2022－01－26）［2023－02－05］．https：//www.yidaiyilu.gov.cn/p/217958.html.

2019年，这一数据增长了近两倍，上升为191家。[①] 民营企业在丝路贸易中的地位举足轻重，制造业又是民企的重点发展领域，500强民营企业中超过一半为制造业企业，参与沿线企业制造业的中国民企数量也超过三成。在世界贸易保护主义盛行、逆全球化问题甚嚣尘上、疫情后全球政治经济大发展的背景下，[②] 中国民营企业以“一带一路”工程建设为重点，积极参与全球经济价值链开发，[③] 扮演着“一带一路”贸易主力军角色。

其次，跨境电商推动数字贸易发展。“一带一路”倡议提出后，“丝路电商”成为“一带一路”贸易畅通的“排头兵”。中国电子商务研究中心（100EC. CN）的分析统计表明，2016年上半年，我国跨境电子商务交易规模达到2.6万亿元，同比增长30%，其中进口占19.6%，出口占80.4%。外贸中小企业约500万家，创造了对外贸易总额约60%。跨境电子商务企业20多万家，平台企业超过5000家。[④] 近年来，我国跨境电子商务交易规模不断扩大，在进出口贸易总额中所占比例持续增高。国际贸易的不断扩大，为中国外贸企业开辟了不少的领域，目前已经覆盖到欧美、非洲、中东等许多国家和区域。[⑤]

最后，求同存异创造企业贸易合作新业态。从冷战时代结束后至今，中国、蒙古国、俄罗斯3国在尊重文化差异的基础上，依托彼此间共同的传统人文资源，逐渐取得了“和而不同”的文化共识。近年来，3国多次开展国际文演交流活动、互派文艺团体出访，还共同出品了30集纪录片《茶路》。在领域合作层面，内蒙古自治区海拉尔正建设占地面积9.6万多平方米、建筑面积26万多平方米、总投入10亿余元，融三个国家的文化历史、建筑形式为一体的中国、蒙古国、俄罗斯民族企业文化艺术区。以内蒙古自治区为例，已先后与俄罗斯、蒙古国签订了9对、11对的两国友好合作关系协定，

---

① 孙夏媛，赵磊．观察丨民营企业如何高质量参与共建“一带一路”？［EB/OL］．澎湃新闻，（2021-06-01）［2023-02-05］．https：//m.thepaper.cn/baijiahao_12926669.

② 王跃生，张羽飞．民营企业助推“一带一路”高质量发展：优势、挑战与对策［J］．新视野，2020（4）：24-31.

③ 颜少君．新形势下“一带一路”面临的风险与中国抉择［J］．开放导报，2023（1）：15-27.

④ 阿里研究院，阿里跨境电商研究中心．2016中国跨境电商发展报告［R］．杭州：阿里研究院，2016-09-02.

⑤ 褚学力．金融互联互通支持中小企业跨境电商发展探索——基于我国与“一带一路”共建国家和地区经济发展的思考［J］．中国流通经济，2016，30（11）：66-74.

在文艺、教育、科学、体育、医疗等方面，建立起多层次的合作新格局。①

“一带一路”倡议下的企业贸易呈现出蓬勃发展态势，但由于政治环境、文化背景及企业经营管理体制及理念等诸多差异，商业贸易在传播中华文化过程中存在沟通不畅及文化折扣现象，只有借助良好的外部环境和地缘优势，中国企业将经济效益和社会效益相结合，提供优质产品，创造切实利益，时时不忘彰显大国企业的社会责任，才能讲好中国故事，传递好中国声音。

三、“一带一路”倡议下企业对外贸易中的文化传播原则

“一带一路”建设方案涉及政策沟通、设施联通、贸易畅通、资金融通、民心相通五大重点合作内容。② 当下，我国企业的对外贸易通过坚持价值观念适应原则、文化差异针对性原则与尊重宗教信仰原则等，实现贸易畅通与民心相通的有机统一。这些原则体现在以下几个方面：

（一）价值观念适应原则

企业在面向“一带一路”共建国家开展跨文化传播时，要考虑不同国家的文化传统及价值观念，坚持一国一策、一地一策，不仅深入研究本地居民的接受习惯和审美价值，主动迎合属地价值观念，将中华民族文化内涵蕴含在属地文化语境和消费习惯中，才能达成经济效益和文化传播“双赢”的目的，进而提高企业的知名度和美誉度。因此，企业贸易中的文化传播要注意选择那些符合当地价值观念的文化元素，通过加工包装使之符合大众喜好与审美。例如，“一带一路”共建国家的中国服装厂在生产服装时，要从当地民众偏好出发，注意融入他们关注、欢迎的元素，并结合属地生活实际，生产既实用又具审美价值的服装。同时，还要关注属地的文化禁忌，避免因价值观念差异而影响民族情感，造成企业形象和经济利益损失。

（二）文化差异针对性原则

“一带一路”倡议的跨文化传播，是指通过命运共同体、情感价值共同体和利益价值共同体等，使文化现象在人类日常生活领域中实现长期的价值、

---

① 王克岭，张灿，陈明祥．中国与“一带一路”共建国家文化企业合作新路径——以双维度整合视角下中蒙俄经济走廊为例［J］．企业经济，2018，37（2）：20－26.

② 张莹．“一带一路”背景下图书版权输出策略研究［D］．长沙：湖南师范大学，2019.

情感、利益关系、社会意义等的集体生成活动。[①] 因此，受众对外来文化的认同感是跨国企业贸易畅通和持续发展的关键。企业在跨文化交流中，因政治环境、文化背景、社会传统等差异造成的文化隔阂现象仍然存在，这要求国家之间相互尊重文化差异，善于吸引外来文化中的精华部分，不断完善发展本民族文化。以中医药传播为例，中医药虽然在印度历史悠久，但在印度的传播却一度陷入僵局。究其原因，体系差异、政策偏向、本质误读、语言障碍等都是其外在"症状"的内在"病因"。[②] 国外受众对于中医药文化的核心价值仍不明确，这对当下跨国中医药企业的发展也造成一定困难。[③] 因此，在西方文化圈、东亚文化圈和东南亚文化圈等多元文化交融的背景下，中医药企业要根据不同文化圈的特点采取个性化的传播方法，转变运营策略和机制，才能够突出重围，获得市场和用户认可。

总之，"一带一路"倡议下的企业贸易不仅传承古丝绸之路贸易互通的理念，又被赋予了信息化、现代化和共赢性的时代价值，推动经济全球化和中华文化的世界传播不断向纵深发展。跨国企业通过文化传播才能实现"民心相通"，消弭文化之间的隔阂，增强海外受众对中华文化乃至中国企业的认可度。企业也可开展人才培育交流活动，进一步深化民间交往、发挥国际语言培训机构的作用，搭建文化产业合作平台，依托"一带一路"倡议走向文化交融互通，以文化认同推动跨国企业可持续发展。

四、"一带一路"倡议下我国企业对外贸易中的文化传播类型

我国企业积极参与"一带一路"国际贸易，大型工程企业、劳动密集型企业、能源资源企业、货物贸易企业、高新技术企业和现代餐饮企业等在发展商业贸易的同时，将中华民族深厚的文化底蕴传播出去，让"一带一路"共建国家体验中国经济的利益与实惠，感受中华文化的思想精髓，从而达到

---

① 赵永华，刘娟．文化认同视角下"一带一路"跨文化传播路径选择［J］．国际新闻界，2018，40（12）：67－82．

② 滕金聪，张宗明．"一带一路"背景下中医药在印度的传播困境与对策［J］．亚太传统医药，2020（12）：8－12．

③ 余静，叶年华．中医药跨文化传播的困境与对策分析［J］．传媒论坛，2021，4（20）：112－113．

民心相通。其中大型工程企业、加工制造企业、货物贸易企业①和现代餐饮企业等最具典型性。

（一）大型工程彰显中国智慧

近年来，我国企业积极参与国外铁道、海港等重大项目工程建设，并促进相关的建设能力和技术装置出口。中老铁路、中泰铁路、印尼雅万高速铁路以及我国同欧洲联盟的“三海港区”战略联合项目等一大批国外铁道、海港等重大项目都获得了积极发展。2022 年 11 月，在卡塔尔举行的世界杯获得了中方建设、中国建造等强大的技术支持。从场馆施工到电力保障，从现场裁判到场外观众的吉祥物，无不渗透着“中国元素”。可承载 9.2 万人的卢塞尔体育馆是中国铁建国际集团公司在各个环节层层严格把关建造的，彰显了中国方案与中国智慧。国内由宇通汽车和金龙巴士共同制造的千余辆大巴车移交给卡塔尔国际交通集团，用作 2022 年卡塔尔世界杯的比赛用车，此后也一直服务于当地路网的交通。中国制造传递着中华文明的精气神，让全世界都能感受到神秘东方力量的壮美。

（二）加工制造汇聚中国品质

“一带一路”倡议提出后，中国制造依靠技术、质量等硬实力，在促进互联互通和资源整合方面发挥了重要作用。凭借门类齐全、独立完整的制造体系，中国制造在“一带一路”共建国家不仅占据广阔的市场空间，还打造形成中国制造的品质与品牌。连接欧亚大陆的“超级大桥”——土耳其 1915 恰纳卡莱大桥，凝聚着来自“中国制造”的智慧；还有中国知名企业华为集团，推出一款以毛利语为系统语言的手机，让当地使用毛利语的用户很感兴趣，这种针对共建国家的中国企业将创新产品从电子转移到机械、汽车、轻工等领域，从而让中国制造成为“一带一路”共建国家认同的身份标签。除了事关国计民生的重要领域和重大工程项目中存在中国制造外，反观 2022 年卡塔尔世界杯，从世界杯比赛用球到吉祥物“拉伊卜”等各种周边产品近七成来自“义乌制造”。而浙江义乌海关数据显示，2023 年前 10 个月，义乌出口体

① 李俊成．“一带一路”倡议下中国企业融资、海外投资与财务绩效研究［D］．北京：中央财经大学，2020.

育用品48.5亿元，其中对巴西出口1.5亿元，增长38.8%。[①] 中国制造从重大工程项目到日用小商品，飞入寻常百姓家，成为海外用户感知中国制造、认知中国文化的重要窗口。因此，加工制造成为服务海外人士，彰显中国品质，传递中国文化的有效载体。

（三）货物贸易融入中国服务

据统计，2013—2021年，中国与“一带一路”共建国家货物贸易额累计达11万亿美元，年均增长7.1%，占同期外贸总值的比重也从25%升至29.7%。2021年，中国与145个签署“一带一路”合作文件的国家货物贸易总额达2.5万亿美元，占中国货物贸易总额的41.7%。[②] 其中，中国与东盟开展货物贸易最为集中，贸易总额达8782.1亿美元，占共建国家货物贸易总额的48.9%，[③] 货物贸易成为针对“一带一路”共建国家出口中国产品，融入中国服务，渗透中国文化的基本动作。为了保证贸易正常运行，消除因文化差异带来的贸易壁垒，企业通过提供一系列便利化的贴心服务、举措来彰显“一带一路”“硬联通”与“软联通”的统筹“双赢”。基础设施、货物出口、物流服务这些实物之间的“硬联通”，最终都要落实到民心相通层面的“软联通”。兰州瑞达集团以“一带一路”建设为契机，在阿拉木图建成“甘肃省民族特色农产品出口阿拉木图聚集管理中心”，瑞达公司经过深入考察，凸显甘肃农产品物流资源优势，选择在阿拉木图市场投资兴建五千吨级蔬菜保鲜库，为甘肃蔬菜及其他民族特色农产品出口哈萨克斯坦及部分欧亚发达国家提供保鲜储存设施。另外，还投资建立蔬菜保鲜仓，为中亚国家提供保险物流设施保障，让共建国家民众深入了解“一带一路”倡议，感受“一带一路”为民众、惠民生的目标和共建、共享、共赢的发展理念。

---

① 李阳．世界杯热潮带动义乌体育用品出口：10个月达48.5亿元人民币［EB/OL］．新京报网，（2022-11-18）［2023-02-05］．https：//www.bjnews.com.cn/dettail/166876328814040.html.

② 颜世龙．报告：2021年中国与“一带一路”沿线国家货物贸易额达1.8万亿美元　创9年来新高［EB/OL］．中国经营报电子报，（2022-11-07）［2024-06-29］．http：//www.cb.com.cn/index/show/jj/cv/cv1153614797.

③ 白波．中国对“一带一路”沿线国出口机电和劳动密集型产品占72.9%［EB/OL］．一带一路网，（2022-10-03）［2023-02-05］．https：//www.yidaiyilu.gov.cn/info/iList.jsp？cat_ id=10002&info_ id=281668&tm_ id=126.

（四）餐饮企业展销中国美食

美食无国界，品位有共鸣。饮食文化是跨越国界、消除隔阂的最有效手段。全国政协委员、重庆陶然居饮食文化集团董事长严琦在2017中央经济工作会议上指出，餐饮业要发挥中国饮食文化优势，在“一带一路”倡议规划推动下与沿线多国开展跨国经济贸易、文化交流活动和海外投资合作。[①] “一带一路”为中国的餐饮企业创造新契机，让更多海外人士有机会接触和了解中国美食文化。由于中华饮食文化源远流长，中国传统饮食文化既是中国传统文化的重要组成部分，更是传统文化大系统中独具特色和个性的一个分支，[②] 丝路饮食文化传播推动和引领整个丝路贸易和文化交流。属于多民族聚居区的西北地区，凭借其肉烂汤鲜、面质精细的兰州牛肉面而蜚声中外，牛肉面不仅是兰州的美食名片，还被全国餐饮联合会授予“中华第一面”称号。

随着“一带一路”建设的推进，越来越多的兰州牛肉面馆漂洋过海，在英国、法国、新加坡等国“落地生根”。据统计，马子禄、舌尖尖、东方宫、安布尔等老字号牛肉面企业在海外开设超200家分店，遍布全球40多个国家。兰州牛肉面不仅是美食，更是中华美食文化的中介载体。依托“一带一路”倡议，甘肃省借力积极发展进出口贸易。以兰州牛肉面为小切口，通过牛肉面出口，提升商品对外贸易销售的能力，从而使兰州牛肉面成为“一带一路”对外贸易的成功案例。全球中餐产业联盟公布的资料显示，至2018年，海外中餐厅已达到60万家，类型多种，其总成交额近2500亿美元。[③] 近年来，曾被商业部和全国餐饮联合会共同授予“我国十大面食”第一名的兰州牛肉面，通过地方企业推动而步入了产业化、品牌化发展道路，并成为丝路美食文化的代表个案。

“一带一路”建设为兰州牛肉面产业化发展注入活力，牛肉面采用跨境连锁运营，加快迈向全球的步伐，建设全球快餐知名品牌。在“一带一路”倡议提出5周年之际，甘肃金味餐饮公司在甘肃地区省商务厅、兰州市经贸处、城关区内江市商务局等部门的大力支持下，联手甘肃地区烹饪协会、兰州牛

---

① 刘湛．严琦委员：发挥中国饮食文化优势 服务“一带一路”［EB/OL］．央广网，（2018－03－05）［2021－03－05］．https：//news. cnr. cn/native/city/20180304/t20180304_ 524152004. shtml.

② 许慧．“一带一路”背景下四川中小企业对外贸易研究［J］．商展经济，2022（17）：36－38.

③ 杜燕，刘文曦．中国餐饮业“走出去”：海外中餐厅超60万家［EB/OL］．中国新闻网，（2018－05－30）［2021－03－05］．https：//www. chinanews. com. cn/cj/2018/05－30/8526527. shtml.

肉拉面行业协会联合倡议创办了兰州牛肉拉面国联大会，以融合各方的优势资源，共同促进兰州牛肉拉面国际化发展。餐饮企业以经济发展为导向，在追求经济效益和商业利润的同时，还肩负起文化传播者的重要使命，扮演着资源共享、人文交流、民心相通的重要角色，满足西方对于中华饮食文化的好奇心，实现了经济发展和文化繁荣的“双赢”。那么，餐饮企业如何通过贸易方式来传播西北地区民族饮食文化？牛肉面作为西北地区民族文化的传播载体将如何出海？又呈现出何种饮食文化话语？

第二节 “一带一路”倡议下西北地区民族饮食文化故事和话语表达——基于兰州牛肉面的个案分析

“一带一路”倡议下中国企业与共建国家的贸易往来更为频繁，这为中华文化的海外传播提供了重要机遇。饮食文化作为中华文化中最有吸引力、最具特色，也最接地气的文化分支，正在利用“一带一路”为企业搭建的贸易“快车道”走出国门，走向世界。其中作为西北地区最具民族文化特色的兰州牛肉面，采用规模化连锁经营模式，开辟了西北民族文化企业贸易传播的新契机。本节通过对兰州牛肉面第四代传人马文斌和兰州牛肉拉面国际联盟主席、甘肃省烹饪协会副会长、兰州牛肉拉面行业协会副秘书长、《兰州牛肉拉面宝典》主编、金味德兰州牛肉拉面产业集团董事长梁顺俭的访谈，收集整理访谈文本，形成牛肉面话语故事的同时，进一步探索构建“一带一路”倡议下餐饮企业的对外饮食文化话语。

一、兰州牛肉面：西北地区民族饮食文化的符号载体

兰州牛肉面不仅是甘肃知名的地方特色小吃，也是民族饮食文化融合的缩影。“一带一路”倡议提出后，兰州牛肉面产业蓬勃发展，牛肉面协会主动发力，在探索连锁化经营的成熟模式中保护品牌口碑，助推产业化连锁经营的成熟落地，从而为甘肃特色饮食文化“走出去”保驾护航。

（一）兰州牛肉面的历史演变与文化价值

饮食文化是区域文化和乡土传统结合的产物。兰州牛肉面作为四季皆宜

的地方小吃，因配料独特、色泽诱人而赢得国内外食客的赞誉，并成为兰州的地方特色“名片”和饮食文化符号。兰州本就是一个多民族散杂居的省会城市，长期生活着汉族、回族、蒙古族等民族，这里汇聚着大量的民族美食，也浓缩了中国数千年饮食文化的历史。

牛肉面相传起源于唐朝，但尚无从考证。据史料记载：清嘉庆年间，甘肃东乡族马六七从河南省怀庆府苏寨村国子监太学生陈维精处学习小车牛肉老汤面的制作工艺，随后他把手艺带到兰州，经陈氏后人陈和声、马保子等的创新改良，形成了“一清、二白、三绿、四红、五黄”的统一标准，马保子由此被认为是兰州牛肉面真正意义上的创始人。从沿街挑担叫卖到开出第一家面馆——“马保子牛肉面”，马保子占据牛肉面霸主之位 30 年。

兰州牛肉面不仅是具有地方特色的中国饮食文化，也是西北地区具有代表性的饮食文化符号。它将大西北的风物精华——小麦与牛肉两种食材搭配，荤素相间、主副配合，交汇着游牧与农耕两种文明，还将长期生活在兰州的汉族、回族、东乡族、藏族等多个民族饮食习惯一碗“端平”。它凭借肉烂汤鲜、面质精细而蜚声中外，成为中式三大快餐试点推广品种，享有“中华第一面”之美誉。兰州牛肉面是多民族美食交汇融合和相互借鉴的结果，以面粉为主、牛羊肉为辅的地域饮食习惯配以西域特色佐料，再结合陕西和山西高超的拉面技术，完美再现了甘肃民族文化大熔炉的身份标签。

兰州牛肉面从个人生产到产业化、规模化经营的历史可追溯至改革开放后，由于受到政策推动，很多国营食堂退休职工及其子女，开始个体经营牛肉面馆。其中部分牛肉面手艺人积极踊跃地南下广州等地开店。很快，低廉、快速、方便、实惠、口味多样的兰州牛肉面就被五湖四海、走南闯北的人们传遍了全国。据统计，目前全国开设的兰州牛肉面馆已达 5 万余家，年营业额 800 多亿元，带动就业上百万人。仅兰州市内的牛肉面馆就多达 1200 多家，年营业额突破 40 亿元，从业人员 14000 余人。①

“一带一路”倡议提出后，兰州牛肉面在“一带一路”沿线开设了多家面馆。早在 2013 年，为响应“一带一路”倡议，马占迎在尼泊尔首都加德满

---

① 孙志娟．第二届兰州牛肉面文化嘉年华——“兰州造面节”拉开帷幕［EB/OL］．兰州新闻网，(2020－09－30)［2022－10－26］．http：//www. lzbs. com. cn/bwyc/2020－09/30/content_ 4688545. htm.

都开出第一家牛肉面馆。兰州牛肉面从地方特色小吃到兰州历史文化名片和西北饮食文化符号，不仅以面为媒走出国门，还成为联结中国与世界饮食文化的桥梁与纽带。牛肉面店远赴重洋，落户美国、英国、法国、日本、韩国等国及东南亚、阿拉伯的多个国家，带动就业人员约30万人，每年营业额约600亿元。① 它在实现产业化发展的同时，还在“一带一路”沿线开设了40多家店，② 实现了从零散开店到规模发展，并向着产业化、品牌化、标准化连锁经营方向迈进。曾有日本人远渡重洋六赴兰州，终于把马子禄的牌子开到了东京街头，而这不过是兰州牛肉面走向世界的一个缩影。③

（二）兰州牛肉面协会助力牛肉面产业化发展和饮食文化“走出去”

为弘扬非物质文化遗产大旗，传承正宗牛肉拉面百年经典，兰州市委、市政府，国内贸易局、中国烹饪协会于2000年出台了“兰州牛肉拉面地方标准”，为牛肉面行业定下了行规，规范了牛肉面企业的营业行为及制作标准。在市政府、市商贸委的直接领导下，成立了兰州牛肉拉面行业协会，协会成员包含马有布、马子禄、舌尖尖及金鼎等近60家企业。

为了推动兰州牛肉面行业的发展，提高和扩大兰州牛肉面的知名度和影响力，兰州牛肉拉面协会成立后举办了牛肉面发展战略研讨会，编写《兰州牛肉拉面从业人员业务知识学习资料》，制定《兰州牛肉面馆（店）等级划分标准》，组织“兰州牛肉拉面商标注册”和“兰州牛肉拉面之乡”的评审工作及兰州牛肉拉面商标授牌和揭牌仪式，获批由人力资源和社会保障部颁布的《兰州牛肉拉面制作专项职业能力考核规范》。此外，行业协会组织、参与了一系列文化传播活动：首先，协会举办了首届中国兰州牛肉拉面国际博览会，中国兰州牛肉拉面“面食天下·走进兰州”发展高峰论坛，历届中国兰州牛肉拉面节以及牛肉拉面展览、论坛等大型活动（活动期间组织百人进行拉面表演，宣传展示牛肉面品牌和产品）；其次，协会组织兰州牛肉面第四代传人参与中央电视台《舌尖上的中国》纪录片的拍摄，演绎兰州牛肉拉面绝活儿；组织金鼎牛肉面参加中国商务部举办的中国面条文化节、中央电视

① 陆培法．兰州拉面：一碗面香飘海外［N］．人民日报（海外版），2019－11－28（05）．

② 连振祥．兰州牛肉面拓展“一带一路”市场［EB/OL］．新华网，（2017－07－06）［2023－02－05］．http：//www.xinhuanet.com/world/2017－07/06/c_1121275476.htm.

③ 砍柴书生．兰州牛肉面，凭什么是“天下第一面”？［EB/OL］．澎湃新闻，（2021－08－18）［2023－02－05］．https：//www.thepaper.cn/newsDetail_forward_14085934.

台和中国烹饪协会举办的“中国十大名面”邀请赛等有影响力的活动，金鼎牛肉面获“中国十大名面”称号。此外，协会受邀参加中央电视台五一“劳动与梦想”特别节目，由牛肉拉面大师全程展示兰州牛肉面的精湛技艺和独有特色；组织会员参加兰州牛肉面新歌暨“最炫牛肉面”发布会。在首届丝绸之路（敦煌）国际文化博览会期间，国内多家媒体大篇幅集中宣传报道兰州牛肉面饮食文化特色。在兰州牛肉拉面协会的大力推动下，牛肉面的海外知名度和影响力不断扩大。

从曾经挑担贩卖的街头小吃到如今颇具规模的产业化发展，兰州牛肉面的相关产业链愈加成熟完善。仅与拉面行业协会形成合作关系的食用油、辣椒面、面粉等相关企业就超过40多家。同时，在协会的牵头下，多家牛肉面企业协同开办了数家牛肉面技能培训学校，致力培养专业的兰州牛肉面师傅，守住了兰州牛肉面企业向外推介时的纯正味道，助力牛肉面企业的整体协调发展。

信息时代，中国餐饮业的品牌发展面临线下市场逐步扩张至线上的变革，兰州牛肉面作为西北地区独具特色的地方饮食，也紧跟时代的售卖新形式，积极转型。兰州牛肉拉面行业协会会长马利民在全国两会上提交《关于新时代兰州牛肉拉面产业发展路径的建议》，其中就新时代牛肉面产业该如何借助新场景、新渠道走上品牌化、规范化的道路进行了深入探讨。

兰州牛肉面作为西北地区最具民族特色的饮食文化符号之一，在“一带一路”倡议下搭乘数字化“顺风车”，实现了产业化发展和数字化运营。产业运营背后体现出餐饮企业在发展商业贸易的同时承担起文化传播者的使命与担当。为具体了解兰州牛肉面海外落地及牛肉面文化传播概况，本研究访谈了兰州牛肉面第四代传承人马文斌和兰州牛肉拉面国际联盟主席梁顺俭，进一步分析兰州牛肉面的饮食文化话语。

二、兰州牛肉面的关键知情者访谈

牛肉面不仅是西北饮食文化的缩影，也是最具特色的西北民族饮食文化。为了了解“一带一路”倡议提出后兰州牛肉面产业化发展情况及牛肉面文化的传播话语，研究采用关键知情者访谈，深度访谈兰州牛肉面第四代传人马文斌和兰州牛肉拉面国际联盟主席梁顺俭，从而形成牛肉面的对外话语故事。

（一）研究方法：关键知情者访谈

关键知情者访谈，即对事件相关的关键知情者进行访谈。主要知情人访谈要求访谈者具有相关主题或领域的基本知识和一定的实践经验，抑或相关主题或领域的负责人或领导者。作为个体访谈的一种，关键知情者访谈的基本步骤与个体访谈大致相同。运用关键知情者访谈法，不仅能够进一步了解研究对象、理解研究问题与假设提供现实依据和一手资料，也能作为辅助性资料帮助解读研究内容与研究问题，并就一些特定的观点和假设提出部分可操作性的建议。

之所以选择马文斌和梁顺俭作为关键知情人进行访谈，是综合考虑了二人在兰州牛肉面相关领域从事文化传播和产业发展中的资深地位。对于兰州牛肉面第四代传承人马文斌而言，他历经60多年岁月洗礼，与兰州牛肉面的情感弥足深厚。通过采访马文斌，可以切实挖掘兰州牛肉面的诞生渊源、传承事迹、手艺体现与文化轨迹等方面的内容；对于金味德兰州牛肉拉面产业集团董事长梁顺俭而言，他在兰州牛肉面面向全国、全世界的推广工作中作出了巨大贡献，不仅在兰州牛肉面文化对外传播方面拥有自身独特的实战经验与心得体会，还作为多所兰州牛肉面技艺学校的创始人，其对教学管理形成系统化总结。通过对梁顺俭的采访，可以直观了解兰州牛肉面对内运营管理及对外品牌推广现状，为开展兰州牛肉面的对外贸易及品牌发展等相关研究提供最为直观、最为有效的资料参考。

（二）访谈对象：关键知情人

1. 马文斌

马文斌是兰州牛肉面第四代传承人。年过六旬的他和这碗面打了40多年交道。在马文斌的带领下，当年那间面馆成为“中国十大面条名店”，他本人也成了全国闻名的“中国面条大师”。马文斌精通拉面技艺，多次参加比赛并获奖，先后培养徒弟上千人，还参与拍摄《舌尖上的中国》，将兰州拉面技艺传向海内外。40余年的坚守，一套精湛的拉面手法是对马文斌匠心精神的最好诠释。如今以马文斌为代表的一代代厨师，依然辛勤劳作在面案旁，继续传承着百年的传统经典味道。

2. 梁顺俭

梁顺俭是兰州牛肉拉面国际联盟主席、甘肃省烹饪协会副会长、兰州牛肉拉面行业协会副秘书长、《兰州牛肉拉面宝典》主编、金味德产业集团董事长，也是兰州牛肉拉面行业发展的见证者。他创办牛肉拉面培训班，拥有四所职业培训学校，创立的“金味德牛肉拉面”成就了一代又一代海内外拉面爱好者的梦想，进一步助力兰州牛肉拉面走向海外。梁顺俭对牛肉面的执着坚韧和梦想情结，让他半生都在书写着牛肉面品牌塑造、产业经营、人才培养及海外传播故事。

（三）范畴提炼：访谈关键词

根据访谈原始内容材料，逐字逐句挖掘初始概念，抽象提取知情人关键词，然后提取子范畴和主范畴，最终形成核心范畴。具体见表 3 – 1。

表 3 – 1 访谈编码范畴

核心范畴	主范畴	子范畴	知情人关键词
奋斗创业	与面结缘	学艺原委	休学卖书
		涉足原因	旁人建议：学厨趋势，与面投缘； 时代背景：上山下乡，学徒之路
	奋斗历程	学艺生涯	学艺苦楚，起早贪黑，师傅指导
		发展演变	店的演变，面的演变
	目前成就	研究现状	最初：继承无人，研究空白； 现在：人才引进，学历提升，市场扩大
		办学现状	技艺培训，拉面教育，集团化规模，产业链推广
		办学原因	追赶工业化进程，缩短差距；培养人才，提升职业素养
		办学收获	办学成果颇丰，形成专业性资料，资金投入并形成产业链结构
产业发展	发展理念	发展理念	家国情怀：乡村振兴促进民生，产教融合工业理念
	现状问题	产业现状	带动相关产业，产业链深入发展，规范式生产，标准化生产； 品牌知名度扩大，打造中式快餐走向海外
		面临问题	思维固化，缺研发人才，缺机构支持； 文化与产业发展不匹配，实践融合较差，职业教育“瓶颈”
	设想举措	发展设想	工业化支撑，人才供给，文化品牌输出
		应对措施	结合市场需求与职业教育，打造牛肉面创业孵化园，成立国际联盟

续表

核心范畴	主范畴	子范畴	知情人关键词
品牌推广	品牌理念	传播理念	传播饮食文化；建立商标意识、文化意识、品牌意识、宣传意识；“一带一路”加持民族性
		核心坚守	反对机器、坚持手工艺，保留饮食文化与艺术性
	现状问题	品牌成就	赛事成绩，节目宣传，融合影视的多形式宣传
		发展现状	非遗国家认可，政府策略支持，企业成立联盟，传承人宣传
		问题方向	品质影响口碑，需加强品控；缺少文化底蕴，输入文化理念；维护和产品跟进
	机遇措施	外力支持	政府平台、资本市场
		机遇挑战	平衡工业化与传统特色，数据化范式推广
海外传播	现状问题	海外宣传	国内和海外同时推广；比赛合作与技艺沟通交流；政府协调与官方引荐
		海外办学	打造“‘一带一路’兰州拉面经济带”；海外人学艺，海外店面，瞄准海外人才市场
		发现问题	海外机器面众多、调料勾兑，牛肉面需要推广机遇，舆论导向和文化传播存在问题，部分国家不配合
	传播理念	传播初衷	响应国家政策：“一带一路”；民族文化对外传播、饮食文化对外传播、民俗文化对外传播
		传播目的	从饮食文化入手，加持中国特色，创新中国化表达方式；聚合发展，共同推广非遗文化共享，交流、互相提升
			坚定文化自信，坚守传统技艺，主张文化交流、互相尊重
	设想措施	发展设想	文化多交流展示，龙头产品带动，推动国际化和人才标准，成立联盟服务企业
		依靠外力	政府平台、资本市场、外媒宣传

三、兰州牛肉面的饮食文化故事

通过对兰州牛肉面访谈关键词的提取，形成子范畴、主范畴和核心范畴，再按照核心范畴形成兰州牛肉面的话语故事。由于个人奋斗创业内容与品牌形成息息相关，访谈内容又呈现鲜明交叉性特点，故将奋斗创业与品牌推广合并，形成产业发展、品牌推广与海外传播三大核心范畴，据此构建对应的话语故事。

（一）产业发展故事

牛肉面走向产业化的同时，与之相关企业也积极顺应发展趋势，遵守行业标准规范，依托专业化组织，将产教融合理念贯穿至行业发展过程，形成强大可靠的人才后备军。

1. 顺应产业化趋势，走向规范化与标准化

兰州牛肉面从街头叫卖的地方小吃发展演化到有规模、成体系的牛肉面产业历经百年。由于西北地区天气寒冷，人们更加倾向热乎的食物，所以有人将这二者结合，就有了清汤牛肉面。从百年前马保子清汤牛肉面馆的开业，到新中国成立后的公私合营，再到改革开放后兰州牛肉面店如雨后春笋般开遍全国，并随着“一带一路”的深入推进走向全世界。兰州牛肉面经历了地方小吃到大众快餐、从老字号企业品牌到产业化、规模化发展。这是兰州牛肉面作为地方饮食文化“走出去”的原因之一，也间接带动畜牧、种植和人才培训等相关产业发展。甘肃省临夏县的漠泥沟等 6 个村本是当地有名的贫困村，村民从拉面嗅到商机，投入经营拉面店，在地方政府精准帮扶、协调支持下，实现了就业脱贫，走向创业致富。

2000 年，兰州市政府出台“兰州牛肉拉面地方标准”，这不仅让兰州牛肉面产业化和标准化有章可循，还进一步规范了兰州牛肉面企业的营业行为及制作标准。“一清、二白、三绿、四红、五黄”的配料标准和拉面技艺也是牛肉面的制作标准之一，成为牛肉面店“文化韵味”的重要表征。甘肃省政府在店铺陈设、商标符号、小吃配菜、食材配送和管理服务等方面做出统一规定，确保食品卫生条件和就餐环境符合行业标准。

兰州牛肉面制作的标准化流程贯穿拉面的全过程：一是食材配料。总部以统一标准配送食材配料，包括海外加盟店也要标准化生产，由企业总部为海外分店统一配料，严格指导，定期调研，确保牛肉面的独特风味。二是制作技艺。毛细、细的、二细、三细、大宽、二宽、韭叶等形成兰州牛肉面“拉”的特色技艺。三是“文化韵味”。一碗宽窄不同的面条背后蕴含着地方独具特色的饮食文化。由于上述行业标准和质量标准，牛肉面行业还制定了相关的管理标准和工作标准，如拉面工上岗标准、拉面操作标准、各种原料辅料标准等相关标准，形成从田间到餐桌质量安全的标准化生产体系。

2. 依托专业组织，实现产业合作

牛肉面在产业化进程中离不开专业组织的引领和科研机构的支持，由于餐饮市场要迎合受众多元需求，开发系列化产品来扩大规模，同时创新研发系列新产品，全面把控产品数量并保障产品质量，并形成专门的科研机构或食品研究所。企业与高等院校合作，实现产品研发的系列化和标准化。面对牛肉面行业“瓶颈”，需要科研投入与支持，引入高职业素养人才。在市政府、市商贸委的直接领导下，兰州牛肉拉面行业协会挂牌成立，成员包含新老企业近60家。在协会带领下，牛肉面发展战略研讨会将专业学习资料带进企业，牵头搭建牛肉面与相关产业合作平台，开办牛肉面技能培训学校，为兰州牛肉面产业注入新活力，加快多元融合式协调发展。

除了政府层面推动，个人与企业也发挥了积极作用。在国家“大众创新、万众创业”政策的促动下，金味德牛肉拉面产业集团公司，以扶持牛肉面创业为目标，以公益性、示范性、专业性为目标，建立了兰州牛肉拉面产业孵化园。该公司作为兰州牛肉面店面的升级版，不断致力于科研式提升与发展，搭建了一个集地方特色、行业品牌、创业指导、专业培训、综合服务于一体的产业创业孵化平台，成就了更多人的牛肉拉面梦想，为创业者提供了更加专业化、多样化的创业服务。

从长远角度来看，兰州牛肉面产业化的发展既需要个人与企业力量，更离不开政府牵头、协调和扶持，还要通过成立相关科研部门与专业组织机构等来推动牛肉面科研式成长。

3. 培养专业人才，推动产教融合

兰州牛肉面产业数字化生产、系列标准制定及专业组织机构形成，都离不开专业人才的支持。梁顺俭在参加烹饪大赛时发现，市场上对于拉面师傅的需求量很大，但现实中拉面师傅稀缺，他意识到兰州牛肉面想要代表中式快餐走向国内外，还与西方快餐之间存在工业化、人才上的差距。

为了培养从业者的职业素养，梁顺俭成立了兰州牛肉面专业技术培训学校，又花费11年时间，先后开办四所职业培训学校，最终打造了一所牛肉面大学——兴陇牛肉拉面国际商学院。在办学过程中，为了解决学生职业教育与实践不相融的问题，他投资开办了金味德牛肉拉面店，通过品牌化、连锁化，逐渐形成产业集团。牛肉拉面大学毕业的学生将技艺带往世界各地，其中有不少国外学生前来学习和交流牛肉面制作方法。马文斌也十分重视牛肉面的文化传承。他入行40年，带出2000多名徒弟，即使退休后，也坚持每天早上7点到金鼎牛肉面悦宾楼指导和表演。同时，他还受聘烹饪专业指导教师，为学生讲解兰州牛肉面的历史，展示牛肉面制作技艺。

兰州牛肉面从街边小吃店到今天产业链、专业化的培训学校，离不开餐饮企业和个人的共同努力。梁顺俭提出了“产教融合”的观念，即教育与市场紧密结合，针对职业教育与市场需求脱轨和实践中知识技能融入不足，培养学生的职业化素养。如今，越来越多的牛肉面企业开办技能培训学校，不仅关注培养“高职业素养”人才，而且将兰州牛肉面产教融合贯穿牛肉面产业发展全过程。

（二）品牌文化故事

兰州牛肉面从名不见经传的街头小吃到拥有金鼎、占国、吾穆勒、金强、马子禄、牛肉面大王、马有布、陈香贵等名目繁多的牛肉面品牌，这些品牌不断丰富兰州牛肉面的文化内涵，为传承西北饮食文化做出重要贡献。

1. 注入品牌内涵，传播饮食文化

人类在早期为了饱腹和生存往往饥不择食，但随着生活水平提高，开始注重追求体验与艺术相融的文化底蕴。年轻人消费的不仅是商品本身，而且有品牌背后的文化和价值观念。兰州牛肉面也有其独特的文化内涵，如传统技艺下的拉面文化、清汤牛肉文化、西北地区饮食文化等。饮食文化将“面味”和“文化韵味”有机融合，并在产业化过程中逐渐形成标准，“拉”的粗细不同、老字号标识、餐具设计、店面装修无不展现独具魅力的文化气息。马子禄、马有布、安布尔、舌尖尖等多家老字号牛肉面企业的餐具设计和店面装修都透露着民族风情，成为西北地区饮食文化的鲜明标识。

马文斌作为“拉面匠人”故事的经典代表，他“上山下乡”后进入兰州市饮食服务公司，成为牛肉面馆的学徒。在条件落后、生活艰苦的20世纪60—70年代，一门手艺就意味着有了安身立业的本领。梁顺俭的一“面”之缘开启了他对兰州拉面的工艺价值和产业化追求，而马文斌的品牌传承理念更是贯穿了其拉面匠人的一生。这些生动而富有人情味的故事让牛肉面的品牌形象更为立体，内涵更为丰富。兰州牛肉面品牌融入了文化底蕴和无形资产，与时俱进，在增强企业文化“软实力”的同时，还让牛肉面文化显现出独特的品牌价值与文化内涵。

2. 借助多方力量，推广宣传品牌

兰州牛肉面除了追求拉面工艺和匠人精神，还注重品牌推广宣传。企业、政府、媒体及个人在品牌宣传中形成合力，而核心人物和宣传平台是品牌推广的重要力量。政府通过政策扶持或官方引荐促进兰州牛肉面企业的国内外交流与合作，抑或通过官方媒体的牵线搭桥，与部分企业开展线上、线下对话交流，增进了解，提升知名度。

信息化时代，通过线上、线下整合资源来达成品牌推广成为餐饮行业获取流量的必然选择，这是兰州牛肉面拓展宣传渠道的必然路径。品牌推广不再单纯地依靠媒体曝光，而是通过开通官网提升知名度，凝聚品牌记忆。例如，甘肃金味德拉面文化产业集团通过开通门户网站，对品牌理念、行业资讯和企业动态等分专栏搭建、定期更新。此外，还有许多企业在社交平台开通品牌官方账号，利用新媒体平台开展营销活动；把握外卖线上餐饮热潮，创新经营模式，与大型团购平台进行合作推广。

总体而言，“一带一路”倡议下的兰州牛肉面依托其文化底蕴，构建系列化、通俗化、品牌化的宣传体系，[①] 同时依靠市场资本和政府策略，全力助推兰州牛肉面走向国际美食舞台，开拓创新中华传统饮食文化，发出中国兰州牛肉面企业的声音。[②]

3. 注重专业标准，打造口碑传播

连锁经营成为当下餐饮行业发展的基本动作。国外快餐连锁企业在中国市场取得很大成功，而中式快餐还处于向国外快餐学习经营管理、文化营造和产品质量监控等的学习成长阶段。[③] 中式快餐与西式快餐竞争激烈，各餐饮企业不断抢占市场份额，在产品、价格和服务及品牌形象建构和文化层面存在激烈竞争。兰州牛肉面也在连锁经营方面摸索前行，但连锁经营是否会影响专业标准和良好口碑成为当前经营的困境。

不少人认为，兰州牛肉面走出兰州，就会失去其独特风味，变得“不正宗”。因此，在兰州牛肉面产业化发展过程中，对于企业字号独特的标识和别具民族韵味的装饰风格、牛肉面本身的风味、经营管理体系和服务人员素质

---

① 鹏程，苏苏．马利民倾心兰州牛肉面产业大发展［J］．餐饮世界，2021（4）：12－15.
② 同①。
③ 程好．我国快餐连锁企业口碑营销策略研究［D］．合肥：安徽大学，2011.

等方面形成专业标准，注重品牌独特形象的建构，从视觉、味觉等多方面提升用户体验，满足用户情感需求。

在推进品牌连锁化的过程中，如何平衡工业化和传统特色一直是人们关心的问题。许多餐饮企业为了提高效率、扩大规模，努力将手工生产制作的众多环节转化为机器工业化生产，但工业化生产会破坏兰州牛肉面那份“正宗”味道。梁顺俭认为这二者并不冲突，且应当看中工业化存在的潜力。

手工制面是兰州牛肉面的核心构成，也是其饮食文化核心。企业依靠产业化基地，把控原材料和半成品的品质与浓度，在保证味道标准化的前提下，保障口碑，发掘工业化的潜力，为下一步规模性扩张奠定基础。但连锁化经营的规模快速扩展与企业统一管理之间不平衡。因此，企业在加盟连锁发展时要高度自律，注重店面的监督与人员培训，根据统一量化标准进行操作，在保留核心技术基础上保障口味，探索成熟的经营模式，发挥连锁经营优势。牛肉面餐饮企业也在学习借鉴海外西式快餐连锁企业经营理念、产品研发、供应链管理、服务水准和营销推广等，树立品牌形象，形成良好口碑。

甘肃省商务厅服贸处副处长雷万军说：“兰州牛肉面品牌更注重自主品牌内涵、自我品牌保护和知名度和美誉度提升，这是兰州牛肉面快速成长的原因。”标准化、连锁化、品牌化是兰州牛肉面发展的必然之路，也是其发展方向。培育品牌连锁企业，延伸连锁规模化发展是确保兰州牛肉面持续发展的基础。要平衡品牌的工业化和保持传统特色之间的关系，既要看到工业连锁化的优点，又要看到其缺点，根据企业自身实力和把控能力，完善管理体系，跟进品牌维护，保证优良口碑的同时扩大生产规模，持续发展。

（三）海外传播故事

目前，兰州牛肉面不仅遍及内地各个城市，而且有百余家面馆走向世界，分布在俄罗斯、加拿大、新加坡、日本、美国、巴西等40多个国家和地区。[①] 香飘四溢的兰州牛肉面致力于探索“世界快餐”之路。2018年，在“一带一路”倡议落地5周年之际，甘肃成立“一带一路”兰州牛肉拉面国际联盟，

---

① 冯志军，艾庆龙．百年兰州牛肉面探索“世界快餐”：从谋生饭碗到“百万人经济”［EB/OL］．中国新闻网，（2021－02－27）［2022－10－26］．https：//www.chinanews.com.cn/cj/2021/02－27/9420689.shtml.

为牛肉面走出去“保驾护航”。

1. 瞄准人才市场，推广海外办学

兰州牛肉面走向国际市场，战略布局中的专业人才培养和输出被视为对外传播兰州牛肉面文化的重要创新。部分企业抓住机遇，积极探索办学教育和培养人才的新模式。作为拉面文化大使的梁顺俭，曾到新西兰、法国、日本、韩国等50多个国家注册商标，交流和推广牛肉拉面文化。还有部分“忠实粉丝”受到牛肉拉面文化熏陶而尝试学习拉面技艺，试图将这碗面带回自己国家。来自日本的进藤圭一郎和清野烈正是这批“忠实粉丝”中的代表，如今他们是马子禄牛肉面日本分店的经营伙伴。进藤与清野海外开店的经历是饮食文化海外在地传播的典型案例实践，这让更多兰州牛肉面企业注意到，培养异国“拉面师傅”，再回国开店的方式，不失为一种文化对外传播的有效途径。

培养异国“拉面师傅”，要以高职业素养人才的标准为要求。拉面行业也需要职业教育和专业人才，这些专业人才除了懂得拉面技术，还要掌握厨房管理和店铺经营等专业知识。梁顺俭所在的金味德拉面集团不仅在国内开办了牛肉面大学，而且在世界各地建立了甘肃兴陇兰州牛肉拉面职业培训学校。该拉面职业培训学校成立于2006年，目前海内外培养拉面人才超过4万人，是中国首家系统培训兰州牛肉拉面全套技术的专业机构，促进了兰州牛肉拉面规范化、职业化、产业化发展。

在“一带一路”契机下，越来越多的兰州牛肉面馆漂洋过海，牛肉拉面师傅在国际市场也备受欢迎，兰州市将拉面师傅作为境外劳务输出的“拳头产品”。梁顺俭瞄准了兰州牛肉面海外市场对人才的巨大需求，希望国外学生便捷性地参与教学培训，同时他正积极探索开展国际化合作办学模式，培养国际化技能人才。兴陇学校以教育理念、特色办学为出发点逐渐占领海外人才市场，逐步扩大品牌的海外推广度与占有率。积极展开海外办学，培养更多的异国“拉面师傅”，对外输送拉面人才，为兰州牛肉面产业走向国际化布局，为对外传播饮食文化奠定人才基础，为中华文化技艺走向世界探索前行。

2. 保持产品特色，坚定文化自信

在对外传播中华文化的过程中，需要创新表达方式。以饮食文化为契机，寻找人类饮食文明的共通性，促进中外双方开展以饮食文化为代表的文化交流与沟通。兰州牛肉面要持续发挥民族饮食文化的品牌效应，带动一系列特色产品走向海外，将牛肉面海外贸易与文化传播有机融合，推动中式快餐走向世界的同时，扩大中华民族饮食文化的影响力。

梁顺俭在推动兰州牛肉面“走出去”的过程中逐渐意识到，展示、交流才能带来机遇和提升。他在日本推广交流兰州牛肉拉面文化、参观某拉面店时，对于当地人把机器面称为拉面的做法感到不解。尽管日本拉面很有名，但在中国人看来，拉面的定义就是用手工技艺将面团拉制成不同形状的面条。他认为不是兰州牛肉面产品不行，而是缺少“走出去”的机遇。

梁顺俭带着以兰州牛肉面为代表的中华饮食文化与日本当地文化进行交流，让更多的日本市民品尝到兰州牛肉面的味道，甚至改变了当地的饮食习惯。但在交流的过程中他也遇到了困难，海外餐饮行业的不配合，加上在推广时过于迎合当地口味，导致兰州牛肉面失去了原有的特色。

牛肉面品牌“领头羊”马子禄牛肉面，其文字商标“马子禄”于2019年10月6日获得日本文字商标登记。马子禄牛肉面有限责任公司董事长马汀表示，兰州牛肉面通过开拓国际市场，架起中国和世界各地的经贸友谊桥梁。“一带一路”助推越来越多的餐饮企业开始走出国门，一碗面走出国门，不仅代表蓬勃发展的兰州“牛肉面经济”，也体现出独特的西北民族风情和源远流长的中华饮食文化，在某种程度上折射出牛肉面话语生产向着标准化、品牌化、国际化方向转变。

兰州牛肉面以面为符号载体，传播兰州城市形象和历史文化。不少人循着牛肉面的香味，来到“中国兰州牛肉拉面之乡”——兰州，探寻这座城市的历史底蕴与文化气息。① 牛肉面之所以能够“走出去”，是因为牛肉面更加符合“一带一路”沿线诸国的饮食习惯。因此，要继续保持兰州牛肉面制作和风味的传统特色，切勿为迎合海外用户口味而将产品改得面目全非；同时，还要以开放的态度，坚定文化自信，抓住机遇“走出去”，扩大中华文化的影响力；要保留中华优秀传统文化精髓，创新传播形式，聚合文化品牌，推动中华优秀文化走出国门。

3. 抓住内外机遇，聚力统一推广

牛肉面品牌的对外宣传与推广，不仅需要创新形式，更需要聚合多方资

① 陆培法．兰州拉面：一碗面香飘海外［N］．人民日报（海外版），2019－11－28（05）．

源，集中力量统一推广。目前海外的兰州牛肉面店多为海外华人加盟开设，在加盟过程中企业会为海外加盟者提供多种服务，如市场调研、店面装潢意见、技能培训等。为了保证这碗面的纯正品质，企业总部为海外分店统一配送调料，严格指导店铺选址及经营管理，并开展定期调研。正是由于对品质的坚持，海外分店虽然多由华人开设，但仍受大量海外用户喜爱。兰州牛肉面企业正是牢牢抓住了海外市场的机遇，凭借自身特色进行有效品牌推广。

此外，兰州牛肉面品牌国际化发展受到政府政策和资金的支持，牛肉拉面协会带动牛肉面的国内、国际推广传播。马文斌认为，走向海外是需要理性的，在国际上推广需要政府进行协调。

随着“一带一路”建设的推进，2018 年，由梁顺俭发起成立兰州牛肉拉面国际联盟，首批有 68 家企业加入，包括许多省外和国外的品牌餐饮服务企业、连锁机构和职业技术培训学校。该举措推动了兰州牛肉拉面向国际化、现代化发展和产业链延伸，牛肉面也被正式纳入国家“一带一路”对外文化交流中心项目库。

兰州牛肉面“走出去”过程中也遭遇了困境，企业自身力量有限，海外运营模式不成熟；专业化信息渠道不足，海外商业模式规则受限；海外经营中风险防范意识不足，经济实力与竞争力受限等。这制约了牛肉面企业的海外传播效果及其话语建构。在“一带一路”建设推进过程中，牛肉面作为备受欢迎的大众快餐，正迈入产业化发展的“快车道”。在产业化、品牌化的海外传播中，通过完善海外服务体系，讲述牛肉面对外话语建构故事，进一步发挥兰州牛肉面一流快餐品牌效应，以食为媒，交流沟通，实现“一带一路”共建国家文化传播与民心相通。

第三节　西北地区民族文化对外传播的企业话语建构路径

在国际文化交流中，美食不仅给人们带来愉悦与健康，还能跨越障碍，直通民心，从而成为阻力最小、最有效的跨文化传播载体。以兰州牛肉面为代表的西北民族饮食文化企业，凭借其独特的地域特色与文化符号，在“一带一路”共建国家引起热烈反响，并带动牛肉面产业化发展和海外市场拓展。兰州牛肉面企业的产业发展、品牌推广及海外传播是“一带一路”餐饮文化

“走出去”最具特色的话语表达，也成为中国企业海外传播和话语建构的成功个案。中国企业如何借助“一带一路”带来的战略机遇，在对外贸易中传播西北地区民族文化，发扬光大中华传统文化，进而提升中华文化的海外吸引力和国际影响力？企业贸易对外话语体系可从以下几个方面入手：

一、宏观话语：加强国家顶层设计，创造良好营商环境

《中国企业海外传播力分析报告》显示，截至2021年底，中国在境外共设立企业4.6万家，分布在全球190个国家和地区。[①] 中国企业是国际传播的主体力量和展示国家形象的重要窗口，但企业要发挥传播主体作用，还需要从国家加强企业海外传播的总体设计和系统布局，并出台相关的政策法规为企业海外贸易保驾护航。政府推动企业“走出去”，不断加强政策支持力度，推动企业参与“一带一路”跨境电商发展，健全促进和保障境外投资的法律、政策及服务体系，从而维护中国企业的海外合法权益[②]，全力打造企业海外贸易的安全保障。

（一）国家发布政策文件为企业贸易保驾护航

宏观顶层设计是企业开展商贸活动的风向标和指南针，为企业创造良好的营商环境和深厚沃土。早在2019年12月12日，国务院第74次常务会议就通过了《中华人民共和国外商投资法实施条例》，其中第二条规定：“国家鼓励和促进外商投资，保护外商投资合法权益，规范外商投资管理，持续优化外商投资环境，推进更高水平对外开放。”[③] 另有第七条规定与外商投资有关的行政法规、规章、规范性文件，或者政府及其有关部门起草与外商投资有关的法律、地方性法规，[④] 这也体现了国家对企业海外贸易的总体立场和基本态度。

餐饮企业是传播饮食文化、民族文化的便利途径，世界多国将餐饮业作

---

① 参考消息报社．中国企业海外传播力分析报告（2022）［EB/OL］．腾讯网，（2023－05－12）［2023－07－05］．https：//new. qq. com/rain/a/20230512A00SG700.

② 国家发展改革委．企业境外投资管理办法［R］．北京：国家发展和改革委员会，2017－12－16.

③ 中华人民共和国国务院．中华人民共和国外商投资法实施条例［R］．北京：中华人民共和国国务院，2019－12－26.

④ 同③。

为“文化出口”的重要项目。例如，法国外交部每年主办世界1000家最好餐厅评选；韩国则将韩餐世界化上升为国家战略，政府设立500亿韩元的食品产业投资基金，努力将韩餐打造为世界五大菜系之一；日本设立料理店海外普及和推进机构推进日本饮食。[①] 我国为餐饮业“走出去”创造各种利好政策。2017年7月，中央全面深化改革委员会审议通过《关于加强和改进中外人文交流工作的若干意见》，将“走出去”和“引进来”相结合，支持汉语、中医药、武术、美食、节日民俗等项目“走出去”，这是中央第一次把美食文化上升到中外人文交流、国家改革发展及对外战略的高度，从而凸显美食等文化交流项目在促进中外民心相通、文明互鉴及增强中国文化形象中的地位；国务院侨务办公室为提升中国餐饮企业发展水平，弘扬餐饮文化的海外传播，特别推出“中餐繁荣计划”。国务院侨务办公室主任裘援平提出“以食为本，固本强基，提升中餐在全球的整体形象；以食为缘，携手兴业，促进内外中餐业联动发展；以食为媒，服务社区，做海外和谐侨社建设骨干；以食为桥，沟通中外，做中外文化交流的大使”。[②]

另外，中国贸易促进会作为落实国家重大战略，促进国家对外贸易合作，组织企业参加经贸展览会、论坛、洽谈会的全国性对外贸易投资促进机构，为企业对外投资提供营商环境指南。2020年3月，贸易促进会发布第二批《企业对外投资国别（地区）营商环境指南》，旨在帮助企业了解和掌握这些国家的营商环境，推动对外投资合作高质量发展。[③] 从而充分发挥饮食文化在民心相通中的重要作用。此外，国家还鼓励支持行业协会参与商业合作，国务院发布的《国务院办公厅转发发展改革委等部门关于加快培育国际合作和竞争新优势指导意见的通知》第十三条规定：“指导企业加强境外投资和合同项目的协调与合作，发挥行业协会和境外中资企业商会的作用，防止无序恶性竞争。”[④]上述政策文件及相关规定为中国企业的产业发展和“走出去”提

---

① 东方美食．重磅！国务院办公厅发文：重点支持美食等文化项目走出去！［EB/OL］．搜狐网，（2017－12－28）［2022－09－12］．https：//www. sohu. com/a/213222363_ 99999207.

② 孙少锋，李亚楠．中餐繁荣计划：以“食”力提升“软实力”［N］．人民日报（海外版），2016－01－20（05）．

③ 申铖．中国贸促会发布第二批国别营商环境指南助力企业“走出去”［EB/OL］．中国政府网，（2020－03－17）［2022－09－12］．http：//www. gov. cn/xinwen/2020－03/17/content_ 5492367. htm.

④ 国务院．国务院办公厅转发发展改革委等部门关于加快培育国际合作和竞争新优势指导意见的通知［Z］．2012.

供政策导向，营造良好营商环境。西北地区民族文化也搭乘企业对外贸易的“顺风车”，在商业贸易中融入文化内涵，海外用户在购买或体验具体产品、服务的过程中直观感知西北地区民族文化的魅力，进而了解、感受中华文化的精髓。

（二）地方政府出台标准规范助力产业发展

国家宏观规划离不开地方政府高度配合，积极响应。各地为推动企业出海，提供各种优惠扶持和制度保障。厦门市对2022年赴境外开拓国际市场团组给予人员、展位补贴，并在办理护照、签证以及航班座位保障等方面提供便利；浙江在省商务厅牵头和全省各地商务部门带动下，发起“千团万企拓市场抢订单行动”，共有1000个团、10000家左右外贸企业出海找市场、抢订单。[①] 同时，青岛市出台《2023年青岛市走出去拓市场促招商抢订单工作方案》以及配套制定的《青岛市支持企业开拓国际市场的若干政策措施》打出了以“青赴全球出海招商”的“方案+政策”组合拳，“一揽子”支持和鼓励企业抓机遇、抢订单、促招商，从而将政府搭台，企业组团出海的“一揽子”计划真正落到实处。

以餐饮企业的产业化发展和出海为例，政府通过制定政策、组织活动等形式为企业贸易提供便利。为了扶持餐饮企业发展，2018年，甘肃省出台《关于促进兰州牛肉拉面产业发展的意见》；2019年，兰州市出台《兰州牛肉拉面提升发展质量行动实施方案》；2020年，政府牵头组织中国面食博览会以及中国牛肉面产业发展高峰论坛等活动，旨在促进不同地区企业餐饮文化交流和企业合作。“一带一路”倡议提出后，甘肃省政府为兰州牛肉面企业的海外经营提供了诸多利好政策，于2018年印发《甘肃省人民政府办公厅关于促进兰州牛肉拉面产业发展的意见》，把加快发展兰州牛肉拉面产业与脱贫攻坚、劳务输出相结合，进一步延长产业链、提升价值链，推动一、二、三产业融合发展。[②] 甘肃省商务厅深入贯彻落实省委、省政府工作部署，积极推进兰州牛肉面产业发展，连续4年制定了《促进兰州牛肉拉面产业发展带动精准扶贫项目实施方案》，鼓励企业积极开拓国际市场，在境外开设兰州牛肉拉

① 吴睿鸫．“出海抢单”，市场力量和有为政府的“二重奏”［N］．工人日报，2022－12－13（05）．

② 马富春．甘肃：“一碗牛肉面”拓展就业空间［N］．中国青年报，2021－04－15（01）．

面店，提高兰州牛肉拉面在国际餐饮市场知名度。

地方政府除了帮助企业海外抢拿订单，还通过跨境电商、“代参展”① 等形式鼓励企业贸易新业态。针对重点外贸企业，开展“一对一”帮扶机制助力企业“走出去”。但在国际贸易中，规范标准仍然非常重要。地方出台标准，形成产业发展规模，并通过政府政策扶持、带头引领，形成政府牵头组织、保护引导与企业主动发力相配合的海外市场格局。西北地方企业将地域文化、民族文化带出去作为海外传播的有力手段。但地方企业普遍实力较弱，标准化发展与国际标准仍有差距，“单兵作战”现象普遍存在，本土企业品牌尚未形成，这还需要西北地方政府从政策层面予以大力扶持，创造各种利好条件，引导地方企业积极开展海外贸易，从而将西北地区的民族美食、服饰、歌舞等特色文化带出去，让海外用户在体验民族文化魅力的同时，感受中华文化的深厚内涵。

（三）中央地方联动建构宏观话语体系

中国企业不仅是海外贸易的主体，也是中华文化海外传播的重要力量。但中国企业“走出去”，离不开国家与地方政府的顶层设计与通力合作，国家政府在企业对外传播中发挥引领与引导作用，围绕如下方面建构话语体系：

首先，构建“国家＋地方”的主体协同话语。国家加大企业营商的顶层设计，出台与企业海外发展相关的政策文件，对企业的发展规模、覆盖区域及运作流程宏观布局，统一规划；地方政府部门紧密配合，通力合作；行业协会和民间社团主动发力，形成国家与地方政府部门的配合协作体系。国台办“海外中餐繁荣计划”、甘肃省政府对兰州牛肉面企业扶持政策及商务厅联合行业协会制定细则、搭建海外产业链、塑造牛肉面的国际品牌形象的配套举措成功将兰州牛肉面这一民族饮食文化传向海外，助推中国餐饮企业“走出去”，积极探索以食为媒的对外饮食文化话语表达。

其次，打造地方企业＋文旅产业联动话语。地方政府要发挥主导作用，从整体上统筹布局，行业协会及地方商贸部门发力主办文化活动或者文化博览会，以此作为展示地方特色文化的重要窗口。兰州牛肉面借助“中国兰州

---

① 代参展是指境外展会正常举办，但参展企业人员无法到达境外展会现场，可委托在境外展会现场的工作人员代替参展企业负责与采购商现场接洽，采购商通过展位现场的通信工具与参展企业进行线上洽谈。

大众美食文化节暨中国兰州国际牛肉面文化博览会”的节会影响力，适时筹建“中国·兰州牛肉面文化博物馆”，将兰州牛肉面历史内涵及文化特色与地方旅游业的“购”“娱”功能深度融合，推动文旅产业发展，从而形成牛肉面带动餐饮与文旅产业互促互助的话语新思路。

最后，形成国内+海外的内外联动话语。中国企业要“走出去”，国家政府除了给予资金政策扶持，还需要发挥主导者角色，将标准化连锁店经营模式引向海外的同时，还要注意把海外企业、行业协会及华侨社团等统一为有机整体，将中华文化与商业社团、文化展演、宣传活动等巧妙穿插，让海外用户在体验企业活动中感知中华文化，在文化演出中推广企业产品和具有地方民族特色的产品，形成在贸易中传播文化、在文化中宣传贸易的海内外联动话语体系。

二、中观话语：企业主动作为，民族文化融入海外贸易

企业不仅是对外贸易的主体，也是文化传播的桥梁纽带。企业在各自的业务范围和经营领域内，通过挖掘自身优势特色，在贸易过程中融入文化内涵，在文化传播中开展贸易活动，从而将中国企业的品牌形象与文化内涵深度融合，达成商业价值与文化价值的高度统一。西北地区民族文化同样可以借助企业贸易形式，特别是带有民族特色的企业在经营业务中融入民族文化。例如，兰州牛肉面就是西北地区带有鲜明民族特色的美食，在满足人们味蕾的同时，也成为文化传播的重要载体。它以食为媒，将中国美食传向海外，打开了海外人士了解中国、认识中国文化的一扇窗，推动新时代中华美食文化“走出去”。那么，企业如何才能讲好西北民族文化故事？

（一）话语主体：主动作为，规范引导

企业在从事贸易活动的同时，也扮演了文化传播者角色，那些身处行业领跑者的中国企业不仅向海外提供了具体产品和服务，还将中华民族的优秀文化发扬光大，促使企业成为传播中华文化的主角。政府在积极引导企业的同时，还通过行业协会予以规范引导。第十三届中国贸易博览会上阿联酋迪拜的20多个地方政府组织企业包机参展，浙江永康的30多家企业负责人及产品在展会上亮相，河北省聚焦钢铁、水泥、玻璃、光伏、装备制造等十大行业，出台关于推进国际产能合作的实施方案、河北省钢铁企业国际产能合

作实施方案等政策文件，引导优势产业开展境外绿地投资和海外并购依托信保统保平台，由省政府给予财政保费补贴，并利用政策性保险为企业开展优势产能合作、损失补偿、信息咨询等服务，提升风险管理和防范水平。① 这充分体现政府在企业对外贸易中的担当和作为。

此外，行业协会也是企业规范发展的重要机制。它作为除政府与市场以外的第三方非营利性社会组织，不仅能弥补中观治理不足问题，还在履行社会责任、创造社会价值、实现社会效益最大化方面贡献卓越。兰州牛肉面协会拓展思路、定位长远、追求品质、注重创新、服务企业，扮演着政府和企业的桥梁纽带角色。在国家“供给侧结构性改革”背景下，兰州牛肉面协会抢抓“一带一路”机遇、顺势而为、拓展海外市场，承办多场国际交流活动，助力兰州牛肉面亮相国际舞台，打开走向海外之路。同时还尝试建立国际产业供应链，减少兰州牛肉面国际化发展壁垒。2019 年，协会与上海太太乐调味品达成合作，搭建兰州牛肉面与太太乐的推广服务平台和企业供应链，凭借太太乐国际化管理体制、全球化质量监管体系来推动兰州牛肉面提档升级，开拓海外市场。

在政府系列政策扶持下，中国企业积极主动出海，通过开展灵活多样的对外贸易活动，将企业主体业务与文化内涵深度融合。富有西北地区民族文化特色的企业也可挖掘、体现民族文化符号，通过民族符号载体传播中华文化内涵。例如，经营西北民族美食的兰州牛肉面连锁店在海外遍地开花，让海外食客体验中国美食；西北民族服饰借助“一带一路”探索“走出去”路径，让海外消费者感知中国服饰；西北民族手工艺品将本土元素和文创产品有机融合，让海外游客购买中国西北民族特色文创产品。同时，行业协会作为规范企业发展的第三方组织，必须主动作为，规范引导，为企业提供全方位服务。特别是海外经营餐饮店成本高昂、政策文化方面壁垒较多，行业协会要与政府、社团形成配合，发挥其贸易服务功能，助力中国企业的海外落地和中华文化对外传播。

---

① 马晓春．政府引导 + “抱团出海”助力中国企业海外投资［EB/OL］．环球网，（2019 - 03 - 25）［2022 - 12 - 20］．https：//www.huanqiu.com/a/c36dc8/9CaKrnKjhk4？agt = 11&s = a% 2Fc36dc8%2F9CaKrnKjhk4.

（二）话语生产：打造品牌，凸显特色

产品是企业经营的核心之一。这是因为产品凝聚了企业文化、经营理念及社会因素等。企业正是依托独特的产品品质获得用户青睐。北京大学国家发展研究院 BiMBA 商学院院长陈春花曾表示，当中国企业在今天面向世界的时候，不能只谈拥有什么样的产品，必须让世界能够倾听中国企业的声音。[①]而声音是由品牌做支撑载体的。[②] 党的十八大以来，国家高度重视品牌建设和企业自主创新，强调从中国制造向中国创造转变，从中国速度向中国质量转变，从中国产品向中国品牌转变，[③] 并经国务院批准，自 2017 年起，将每年的 5 月 10 日确定为“中国品牌日”。打造品牌核心、提升品牌认同、完善品牌机制成为中国企业品牌化建设的基本路径。而中国企业“走出去”更离不开品牌化塑造，只有不断沉淀自身品牌文化，才能让海外用户青睐并接受中国文化。正如陕西西凤酒股份有限公司副总经理高洪涛在发布仪式上发言：“文化是品牌建设背后最深沉、最持久的支撑力量。”不同类型的企业要根据各自的经营范围和产品特色，进行标准化生产和品牌塑造，才能形成海外知名度和影响力。

兰州牛肉面的海外发展也是得益于严格标准与品牌特色，在助推兰州“牛肉面经济”在“一带一路”沿线蓬勃发展的同时，又促成兰州牛肉面的标准化、品牌化、国际化发展。品牌化、标准化、连锁化要求也推动兰州牛肉面企业发展变革，快速实现与整个餐饮行业的国际化接轨。民族服饰、民族手工艺企业作为西北地区民族文化中最具特色的传播主体，围绕各自业务内容和经营特色，将西北地区民族特色与海外用户的本地习俗、习惯相结合，坚持走品牌化道路。

中国企业都要依托优质的产品和高知名度的品牌，培育品牌连锁企业，延伸连锁规模化发展，才能发挥企业传播优秀传统文化的优势。当然，品牌打造并无统一范式，产品在保证品质和质量的同时，结合产品特色及不同国家用户偏好和需求差异，遵从“文化维度互补效应”原则，将企业文化、民

---

① 范素锋．国家品牌让生活更美好——CCTV 国家品牌计划 2018 高峰论坛举行［J］．中国广告，2018（6）：128－131.

② 金豆．2022 年，中国企业如何夺取品牌话语权？这篇文章讲透了［EB/OL］．搜狐网，（2021－11－20）［2022－12－20］．https：//www. sohu. com/a/502401720_ 121207965.

③ 李智勇，徐阳，杨笑雨．加强品牌建设 推动高质量发展［N］．人民日报，2023－12－22（13）.

族文化与中华文化统筹结合，围绕产品内涵、外观及符号等通盘考虑，将西北地区民族特色与文化内涵巧妙融合，打造与不同族群国家文化价值观相适配的产品，从而提高我国企业的文化品质和对外传播质量。

（三）话语传播：多元载体，精准投放

企业不仅要进行品牌化打造，还要通过开创多元化传播渠道来扩大知名度和影响力。如何巧妙运用传播手段，实现精准投放，这不仅是国内企业发展的常规举措，也是跨国企业海外经营的必由之路。中餐馆的本地经营与文化传播，必须根据海外国家的历史文化差异与语言特点，结合特定对象和传播情境，将蕴含丰富民族文化内涵的中华美食进行适配化改造，使之更加符合当地的饮食习惯，贴近当地的文化价值观念。具有民族特色的中餐企业是中华餐饮文化海外传播的重要窗口，将企业文化、民族文化内涵集于一身的服饰及手工艺品经营企业，不仅设计、生产民族特色与中华文化集于一身的民族服饰及文创产品，还通过培养熟悉本国文化的跨国企业传播、营销人员，方可更好地跨越沟通障碍，实现利润营收。不可否认，文化差异是客观存在的，只有发挥主观能动性，将文化差异的影响减到最小。[①] 一方面通过发展、培训本土传播者，降低在地化传播障碍；另一方面从产品销售及消费者心理出发，采用不同包装设计，提高传播精准度与本土化营销，并对熟悉本地习俗和文化的销售人员进行专门培训，让他们深入了解产品蕴含的文化元素，从而让海外用户在体验产品的同时深入了解中华民族的文化内涵。

社交媒体时代的中国企业，要善于运用各类海外社交平台，围绕经营业务领域和产品特色，以民族文化传承人展演或举办相关活动来吸引海外用户眼球。餐饮企业要根据产品口感、品质、加工、包装等自身特点，结合顾客需求，广泛运用多元载体传播中国美食文化。例如，专业拉面师傅可通过直播展演，让海外用户借助社交媒体了解中华美食，感受拉面文化。美食短视频是提升饮食文化知晓度的重要形式，餐饮企业可拍摄美食短视频，将那些富有民族特色的美食，通过讲解制作流程及其文化内涵，以故事化形式传播餐饮文化。新加坡中国文化中心、里加中国文化中心等多家机构在官网及社交媒体平台播出"在线中华文化讲堂"系列之《从几道菜了解中国》。由纪

---

① 赵巍，王洋．"一带一路"倡议对中国出版物出口的影响——基于双重差分模型的实证分析[J]．北京航空航天大学学报（社会科学版）：2023（4）：115－125.

录片导演兼美食专栏作家陈晓卿主讲，通过英文字幕，系统介绍了6道具有代表性的中国菜，讲述了其所蕴含的饮食文化、视觉艺术和悠久历史等。[①] 这不失为餐饮业扩大知名度和影响力的有益借鉴。而民族服饰、工艺品要根据产品实用性、美观度，利用艳丽的色彩、精巧的设计吸引海外用户眼球，非遗传承人利用直播讲述民族服饰的制作流程、工艺品的用途特色，用户看到感兴趣的产品可在线下单独购买，从而实现了文化内涵与商业变现的有机结合。

总之，“一带一路”倡议下的中国企业要主动学习国际知名企业的发展经验，从原料采集、物流运输、经营选址到装潢设计等环节推行标准化，再结合文化传统和本土风俗，从产品加工、包装到推广等系列环节提升中国品质，传播中华文化。此外，还要善用互联网及移动终端等平台优势，采用年轻人喜爱的短视频等制作具有民族特色的传播内容，讲好中国企业对外传播民族文化故事。

三、微观话语：个人对外宣传推广，讲好企业文化故事

中国企业的影响力往往取决于企业家的影响力。提到华为，人们自然会联想到任正非，格力的品牌影响离不开董明珠，而雷军更是小米的金字招牌。这些知名企业家就是企业品牌形象的象征。所以中国企业要“走出去”，亟待培养了解国际市场、通晓国际规则、熟悉他国文化、善于跨国经营的知名企业家。[②] 例如，体育运动品牌李宁就是采用高知名度的个人命名，利用人名的高信任度，不仅容易得到消费者认可，还能形成响亮且有影响力的品牌。在宣传推广环节，如何利用个人名人效应达到出其不意的效果？中国企业传播西北地区民族文化，打造民族特色品牌，又如何发挥个人的宣传推广效应？

（一）传承人宣推民族文化

与个人相关度高的企业品牌，在宣传推广中更加容易获得市场认可与消费者认同。中国餐饮企业“走出去”，必须高度重视传承人的带动作用，形成传承人带动品牌化发展的基本路径。例如，兰州牛肉面第四代传承人马文斌，即是牛肉面企业和民族美食文化的人格化标识，他不仅在地方以及全国开展

① 陈璐．中华美食文化走出去：从入口到入心［N］．中国文化报，2022－04－20（04）．

② 李源潮．培养具有国际影响力的中国企业家［J］．中国浦东干部学院学报，2012（4）：F0002.

宣推工作，还参加2013年首届中国面条文化节，个人获“中国面条大师”称号，兰州牛肉面也摘得“中国十大面条”桂冠。此外，他带领30位拉面师成功挑战上海吉尼斯面条形状最多品种的纪录；参与录制《舌尖上的中国》，演绎兰州牛肉面拉面技艺，让兰州牛肉面蜚声中外。这种采用传承人演绎的方式，打破了人们对饮食文化实物形象的传统认知，赋予民族餐饮文化鲜活的人格化标签，再通过非遗传承人的个人影响力来扩大餐饮企业的知名度，达到提升经济效益的目的。服饰、手工艺非遗传承人，通过企业商业行为让非遗在海外重新焕发活力。云南少数民族服饰传统技艺与企业和传承人结合，在进博会中大展风采，助力非遗“走出去”。国家级非遗传承人毕跃英创办的石林方寸民族融合非遗展示、文化交流和刺绣创意产品开启刺绣的传承创新之路。这为西北地区民族文化海外传播提供了重要借鉴。

另外，采用实地展演或者人际交流方式，让海外人士对异国美食从新奇好玩到参与其中，从直观印象到主动尝试。兰州牛肉面吸引食客的魅力之一在于拉面技术，公开献技成为牛肉面的常用宣推方式，边演示、边讲解，吸引海外食客从新奇好玩到主动尝试，再到逐渐喜爱面食的饮食习惯转变。2019年10月，在“一带一路”新闻合作联盟短期访学班上，马文斌为阿拉伯成员们演示兰州牛肉面制作方法，① 讲述牛肉面发展渊源与制作工艺。此外，他还接受过来自美国、法国、日本、韩国等多个国家的采访邀请，出席“感知兰州”中德城际文化交流对接会、2019中国国际美食发展大会暨中日拉面高峰论坛等国际交流活动，积极参与许多海外宣传，推广兰州牛肉面文化，助力中国餐饮“走出去”。这种传承人带动品牌化的发展思路成为中国企业“走出去”的有益探索。

（二）海外人士在地传播民族文化

跨国企业在拓展海外市场过程中，不仅打造有影响力的个人品牌，还借助本土意见领袖实现在地传播。其中富有民族特色的中国美食和工艺品凭借其独特的造型、艳丽的色彩，轻松吸引海外消费者的目光。那些对中国民族服饰、饮食及工艺品感兴趣的特殊爱好者是民族文化传播的海外中坚力量。他们也以某种形式参与企业产品设计与宣传、发展过程，成为企业具有代表

---

① 陆培法．兰州拉面：一碗面香飘海外［N］．人民日报（海外版），2019-11-28（05）．

性的品牌符号。还有部分参与传播的个人在中国专门学习某种技艺，将其作为谋生手段，间接推动中华民族文化的海外传播。兰州牛肉面凭借其独特的风味和深厚的文化底蕴，收获了大批“忠实粉丝”，其中部分海外人士从吃一碗热乎乎的牛肉面发展到学习这门技艺，并将此带回自己国家。例如，日本的进藤圭一郎和清野烈都是兰州牛肉面的深度爱好者，他们在中国学习期间，就是因为爱吃这碗面才选择来马子禄牛肉面学艺。2017 年，二人回国后在东京开设第一家马子禄牛肉面分店。开业当天门庭若市，许多当地人排队尝鲜。进藤表示，中国的麻婆豆腐、中式炒面、煎饺之类的菜品均受日本民众喜爱，但让人无法忘怀的还是面条，因为兰州牛肉面和日本拉面最为接近。进藤认为，“如果能遇到真实发自内心为之感叹的美食，并且彻底理解其饮食文化的底蕴，还需如实、正确地传达、推广才是最为重要的”。哈萨克斯坦的赤龙表示到兰州第一天，就吃到了正宗的兰州牛肉拉面，并由此深爱上了这种鲜香爽口的味道，后选择在甘肃兴陇兰州牛肉拉面职业培训学校学习牛肉拉面技术。他认为“兰州牛肉拉面味道很棒，非常爽口，而且物美价廉”。他表示有信心把拉面技术学好，回国后开一间兰州牛肉拉面店，让家乡人也感受兰州文化、中国文化。

进藤、清野与赤龙通过学习拉面技术，将兰州牛肉面带回本国，这不仅是饮食文化通过海外人士在地传播的成功案例，也是企业文化在地化传播的话语实践。中国跨国企业的海外传播需要打造一批熟悉国情文化及消费者习俗的本土意见领袖，让他们对中国产品、中国制造由关注喜爱、深度学习到专业培训，进而成为企业文化、民族文化及中华文化的在地传播者。企业可邀请非遗传承人在海外国家开展实地展演或举办活动，让海外消费者有机会接触认识中华民族文化，带动那些对中华文化有浓厚兴趣的少数爱好者，激励他们以商业获利或者个人兴趣等方式加入中华文化传播阵营。这种利用企业自身的感染力和影响力宣传企业文化，间接传播民族文化的形式可激励海外消费者从被动转为主动，让海外消费者从民族文化爱好者变身为民族文化传播者，从而发挥在地化人际传播在企业贸易和文化沟通中的积极作用。

（三）华人华侨经营门店助力民族文化传播

华人华侨在兰州牛肉面文化的海外传播过程中也扮演着重要的角色。据统计，目前海外至少有 6000 多万华人华侨，分布在近 200 个国家和地区。① 华人华侨尽管远离中国，但还保留着中华民族的传统习俗和生活习惯，② 他们凭借对中餐的深厚情感，不仅热爱中餐背后的传统文化，还通过个人行为肩负中华文化传播的重任。海外牛肉面店也多由华人经营，他们通过专业化学习掌握兰州牛肉面的核心技艺，将牛肉面文化发扬光大。

华人华侨通过开设门店，从事中国餐饮经营，还对中国餐饮文化特色进行有针对性的改造，使之符合当地的饮食习惯，进而接近本土文化传统与饮食习惯。同时，华人华侨还能利用本地长期形成的社团等各类社会组织，宣传扩散中国美食，传播西北地区的特色美食和中华餐饮文化。这种将海外华侨经营企业与当地社团组织结合的模式为西北地区民族文化传播提供了思路模式。海外名目繁多的商会可充分发挥自身特色，特别是有西北地域特色的海外华侨社团自主筹办的商贸组织或参与经营的企业都是传播西北地区民族文化的有利契机。

总之，个人传播要服务于企业传播，而企业传播又要受到国家政策、制度方面的影响和制约。在国家对跨国企业政策扶持和系统专业化的指导下，企业要积极作为，主动发力，提升产品品质，赋予产品文化内涵，打造富有民族特色的饮食文化故事，将企业文化、民族文化、中华文化高度统一起来，贯穿企业生产、研发、经营、创业全过程，将产业经营与品牌发展相融合，将历史传承与开拓创新相融合，将特色产业与文化旅游相融合，积极推动资金、人才、技术和经营管理经验方面的深入交流合作，推动企业朝着更加产业化、标准化、现代化、国际化方向发展。③

本章小结

丝绸之路是文明之路，也是商贸之路。这种由古代商队扮演的角色今天由商业组织和跨国公司承担，它们在追逐经济利益的同时还承担着文化传播的使命担当。企业是传播中华文化、弘扬中华文化及提升中国形象的生动载

① 陈旭．国务院关于新时代侨务工作情况的报告［R］．北京：全国人民代表大会，2023－04－24.

② 王桂华，周国祥．“一带一路”背景下关公文化的海外传播［J］．山西大同大学学报（社会科学版），2021（1）：93－96.

③ 赵梅．拉面飘香［N］．经济日报，2022－05－17（01）.

体。无论是西汉时期的丝绸之路，还是近代华人的漂洋过海之路，抑或今日之“一带一路”，文化传播都伴随贸易往来实现文明的交流互鉴。我国企业在助力“一带一路”共建国家和地区的经济发展、企业经营和文化传播中发挥了重要作用。兰州牛肉面作为西北地区民族饮食文化的传播载体，在“走出去”经营过程中，讲述了牛肉面的产业发展故事、品牌文化故事和海外传播故事，形成了具有西北地域特色的民族文化话语表达。“一带一路”为中国企业创造了更多贸易机会，开辟了文化传播的新通道。企业在商业贸易中传播文化，在文化传播中开展贸易活动。中国企业只有从国家宏观顶层设计，创造良好营商环境；自身主动作为，把民族文化融入海外经营；个人对外宣传推广、讲好民族文化故事等层面进行话语建构，才能形成具有中国特色的企业文化对外话语体系。

第四章 “一带一路”倡议下西北地区民族文化对外传播的主流媒体话语建构

“一带一路”倡议从愿景到现实，从理念到实践，都离不开新闻媒体在增进互信、凝聚共识和讲好丝路故事中的主体作用。主流媒体不仅为共建国家经贸合作营造了良好的舆论氛围，还推动了共建国家和地区文化的交流互鉴。我国主流媒体作为重要的对外传播主体，在推进中华文化对外传播和话语建构的过程中，在讲好中国故事的同时，如何讲好西北少数民族故事？本章对我国主流媒体在对外传播发展脉络梳理的基础上，以中新网为例分析了主流媒体对西北地区民族文化的报道框架变迁与话语特征，从立场、策略、举措三个层面探讨了主流媒体如何通过建构西北地区民族文化的对外传播话语，讲好中国故事，传播好中国声音，进而提升“一带一路”话语体系建构和增强主流媒体对外传播效力，促进中国文化与世界文化的交流互鉴，超越文化藩篱，沟通民心民意，以更好地推动“一带一路”高质量发展。

第一节 “一带一路”倡议下主流媒体对外传播概述

在中国新时期构建全方位对外开放新格局中，在“一带一路”的推进过程中，新闻媒体发挥了沟通信息、传播文化、联通情感、打破西方话语垄断和营造良好舆论氛围的功能作用。我国主流媒体在“一带一路”推进和中华文化对外传播过程中经历了怎样的发展历程？还面临哪些机遇和挑战？

一、我国主流媒体对外传播的发展历程

主流媒体是“具有权威性、公信力和影响力的国家级媒体和区域媒体”①，

① 马缘园．国际传播视域下外宣主流媒体提升国际舆论引导力路径与策略研究［J］．新闻爱好者，2021（10）：26－29.

它既是世界了解中国的重要途径，也是中国向世界展示形象的重要窗口，并承担着对外传播中国特色社会主义主流价值观的时代使命。新中国成立后，我国主流媒体对外话语经历了探索适应、恢复调整、整合升级和全面发力4个时期。

（一）探索适应期（1949—1978年）：“政治宣传”话语

新中国成立之初，中国政府对外传播的模式主要受美苏模式影响，经历了机构设置、业务内容等调整，主要由新闻总署下设的国际新闻局负责对外传播，包括新闻发布、外文书刊出版及来华记者的管理等事务。随着对外传播机构设置的不断调整，党中央开始统一管理外宣工作。直至1958年，中共中央颁发《关于调整和加强对外宣传工作领导问题的报告》，报告决定一切外宣方针和政策统一由中央外事委员会进行领导，中央外事委员会和国务院外事办公室下设对外文化联络委员会，成为外宣工作的统筹机构，负责统筹和协调人民日报社、新华社、广播局、外交部等有关宣传机构。①

这一阶段，新中国百废待兴，国家建设的主要精力用于推动国内诸多领域的重大革新，在应对世界舆论和西方话语霸权时处于十分被动的地位。主流媒体对外传播的内容和方式主要以政治话语为主，以宣传为主要基调，对我国对外发声发挥了积极的作用，但基本处于单向传播的状态。在西方话语主导的世界媒体格局中，“宣传”和“政治话语”对中国形象的塑造产生了不利影响，西方媒体借此将中国塑造为与世界格格不入的社会主义国家，中国主流媒体对外传播面临的困境由此显现，并长期影响着中国对外传播的效果。

（二）恢复调整期（1978—1999年）：“大外宣”话语

从改革开放到20世纪末是新中国成立以来我国逐步面向世界对外传播的重要时期。随着中国在国际社会中的积极角色和更高的国际事务参与度，其国际影响力要求中国对外传播也要适应这一变化，因而对外传播现代化成为中国主流媒体从指导思想到实践理念进一步改革的必然要求。以成立对外宣传小组为标志，对外宣传职能部门进行了体制改革，并且明确外宣部门的外

---

① 姜飞，张楠．中国对外传播的三次浪潮（1978—2019）［J］．全球传媒学刊，2019（2）：39－58.

宣思路是围绕经济建设，服务国家的现代化建设。

20 世纪 90 年代，国家不断调整对外传播的服务属性，既服务于中国的现代化发展需求，又服务于参与国际事务和树立大国形象需要。这一时期，由具有较强政治意味的"宣传"理念逐渐转变为适应国际社会的"传播"理念。在对外事务中，对外传播机构不断调整，逐渐建立起较为专业和自主的外宣网络，如中央人民广播电台单独成了中国国际广播电台，着力从人员、技术设备、业务等方面向海外传播发展；中央电视台在 1991 年成立了对外电视中心，负责电视外宣，新华社、中新社等主流通讯社开始设立海外分社，稿件总量明显增加。到 20 世纪末，我国初步形成了"一社（新华社）、两台（中央电视台和中国国际广播电台）、两报（《中国日报》和《人民日报》海外版）"的"大外宣"格局，从政策上开始向现代对外传播体系发展。①

该阶段的传播思路由"宣传"逐步向现代传播理念转变，对外传播思路逐渐清晰，机构设置与传播职能更加明确。在国家外宣工作指导意见下，我国主流媒体对外传播体系开始整合，传媒产业不断融合和协同发展，逐步向集团化迈进，并形成具有一定国际影响力的整体性媒体形态。这一阶段西方媒体在国际传播格局中仍占有主导地位，且牢牢掌握着国际话语权；而中国对外传播处于被动，尚未掌握国际新闻报道规律，主流媒体常常在对外传播中失声或被动应战。而这一时期信息通信技术的发展，为全球新闻格局变化埋下伏笔，为中国下一阶段对外传播的革新提供了重大的技术支撑。

（三）整合升级期（2000—2009 年）：融合传播话语

20 世纪末到 21 世纪初，互联网技术被广泛运用于新闻事业，电子媒介成为对外传播的重要载体。为推进改革开放的深化和适应世界多极化，经济全球化发展，21 世纪初，中国政府进一步调整对外传播思路，2004 年开始实施文化"走出去"战略，主流媒体在此背景下也不断升级。国家主流媒体深度向海外市场发展，逐步形成具有一定规模和技术支撑的现代传播体系。

这一阶段，中国对外传播的硬件设施与机制整改已基本完成，复合型媒体初步实现协同化发展，逐步形成现代传播理念下对外传播主体的基本格局

① 姜飞，张楠. 中国对外传播的三次浪潮（1978—2019）[J]. 全球传媒学刊，2019（2）：39－58.

与属性。[①] 特别是2000年“三台合一”和“三网融合”加速了主流媒体对外传播体系的完善。而2009年《我国重点媒体国际传播力建设总体规划(2009—2020年)》的出台，首次明确指出增强国际传播能力、打造国际一流媒体的发展方向。这也意味着我国主流媒体不仅要“走出去”，还要以提升国际社会影响力为目标，逐步建构起独立的话语体系，而非亦步亦趋的“被动”姿态。

在互联网技术和媒介平台融合的支撑下，中国主流媒体对外传播向着现代传播理念实现了质的转变，这一转变不仅抓住了互联网技术下世界媒体格局发展变化的红利，而且促使我国主流媒体集结为一支具有初步影响力的对外传播队伍。但这一时期，西方主流媒体仍然主导世界舆论格局，中国声音的对外传播还面临内容和形式单一、中国特色传播体系尚未建立、传播效力欠佳等“瓶颈”，中国对外传播仍然处于摸索发展阶段。

（四）全面发力期（2010年至今）：全媒体话语体系

2010年至今，我国在国家层面围绕国际传播力和对外话语体系建设，提出了诸多指导性意见，如2011年将互联网信息内容管理作为对外传播事业的重要内容，成为中国与世界的重要连接。2013年党的十八届三中全会明确提出加强国际传播能力和对外话语体系建设，推动中华文化走向世界，特别是习近平总书记在“8·19”讲话中首次提出“推进国际传播能力建设”，要求“讲好中国故事，传播好中国声音”[②]，这意味着主流媒体在这一时期开启了中国特色对外传播的新征程。

这一阶段，中央重点媒体在国际传播能力建设方面突飞猛进。2014年以“融合”为关键词，推动了以中央主流媒体为骨干、新兴媒体为突破口的媒体融合发展。2015年中国政府提出构建中国国际传播的“1+6+N”模式，着力打造中国特色的国际传播旗舰媒体。随着CGTN于2016年成立，我国对外传播机构逐步形成系统化、规模化。2018年，“三台合一”形成合力，中央广播电视总台成为新时期打造的国家级主流媒体，[③] 进一步推进媒体融合，打

---

① 姜飞，张楠．中国对外传播的三次浪潮（1978—2019）[J]．全球传媒学刊，2019（2）：39-58.

② 人民网理论频道．学习贯彻习近平总书记“8·19”重要讲话精神[EB/OL]．人民网，(2013-12-9)[2021-7-8]．http：//theory.people.com.cn/GB/40557/368340/.

③ “三台”是指中央电视台、中央人民广播电台、中国国际广播电台。

造全媒体格局，以更全面的技术水平，以更高昂的姿态形成参与国际传播格局的重要力量，并着力开启中国特色对外传播事业的新阶段。

这一阶段主流媒体对外传播突破如下：一是明确了新时期我国对外传播的主要使命和战略布局，特别“十三五”规划将“加强国际传播能力建设”纳入纲要，使国际传播能力建设正式成为国家战略发展规划的重要内容；二是新型主流媒体成为对外传播的重要主体，它以媒体融合发展为核心，以“形态多样”“手段先进”和“具有竞争力”为特征，成为中国在“一带一路”进程中对外传播的直接践行者；三是将互联网信息内容管理作为对外传播事业中的重要内容，充分利用互联网平台进行信息管理和内容生产；四是面对西方主流媒体对国际信息传播和舆论的垄断与主导，中国媒体以收购外媒和加强与外媒合作的方式，实现“借船出海”的间接发声；五是拓展对外传播信息的即时通道，如新闻发言人制度和外媒入华等；六是对外传播主体的多元化，对外传播主体从以官方为主的大众传媒向着包括政府、民营媒体、社会组织、企业、个体等在内的多元主体格局发展。以上举措为对外传播话语的多重性提供了外部条件和可能性。

正是在这种形势下，“一带一路”倡议下主流媒体的对外传播话语体系建设成为国家战略需要和顺应世界传播格局的必要之举。这一发展进程既是中国主流媒体适应世界舆论格局变动的过程，也是中国在国家层面不断推进对外传播发展和对外传播体系建设的过程，对中国探索参与世界舆论秩序重构意义重大。

二、“一带一路”倡议下主流媒体对外传播中国文化的意义

“一带一路”倡议是当下中国以积极昂扬的姿态走向全面开放的重要体现。在这一新的历史时期，为顺应时代潮流和新闻传播规律，党中央对我国的对外传播提出了更高要求，要将坚持阐释中国特色和中国价值作为我国主流媒体对外传播的重要遵循。主流媒体如何在“一带一路”倡议下促进共建国家信息互通、增进互信、凝聚共识，提升我国对外传播力以及文化影响力，构建主流媒体对外传播的话语体系，使世界各国能够了解真实、全面、立体的中国形象和中国发展理念，对于改变国际舆论格局，提升我国对外传播的话语权及话语地位有着至关重要的意义与价值。

（一）通过讲好中国故事、传播中国声音、主动构建媒介话语来提升国际传播力

自“冷战”结束以来，西方国家在经济、政治、军事等方面具有压倒性优势，在文化国际传播中也占据主导地位。在当代的媒介话语建构中则表现为媒介霸权，形成以西方为中心的国际信息传播秩序，并深刻影响国际舆论格局中国家的形象与话语地位。随着世界多极化趋势加强，中国跃升为世界第二大经济体，但东方话语主义仍对国际社会看待中国的发展与崛起产生负面影响，并带来国际舆论中的“中国威胁论”等论调，甚至扭曲了我国和平发展的理念与实践。

“一带一路”倡议是新时期我国对外开放和推动全球合作发展的重要举措，也成为举世瞩目的焦点。这就要求主流媒体在对外传播中要跟紧国家发展步伐，形成与中国实力和中国愿景相匹配的国际传播力。主流媒体要积极、主动地向世界讲述中国故事，传播中国声音，使世界了解真实、立体的中国，扭转长期以来被曲解、误读的西方“他塑”中国形象和西方国家意识形态的渗透输出，以改变中国在国际传播中“说不出”“不会说”“说不好”的被动局面。

“讲好中国故事”是在良好的国内发展态势和复杂的国际形势时代背景下提出的①，旨在向世界展现真实、全面、立体的中国。中国幅员辽阔，历史波澜壮阔，文化多元璀璨，当代中国在脱贫攻坚、生态治理、全面小康、中华民族伟大复兴、中国文化自信等众多议题中取得举世瞩目的成果，而国际社会对历史上的中国、对发展中的中国以及对未来的中国也十分关心和好奇。如何通过主流媒体的话语建构，将中华民族优秀文化、中国特色社会主义制度、社会主义核心价值观、中国人民的奋斗历程和中华民族伟大复兴等内容以“讲故事”的方式传递出去②？习近平总书记在2013年“8·19”讲话中给出了答案，讲话首次提出“推进国际传播能力建设”，要求“讲好中国故事，传播好中国声音”③，要通过主流媒体向世界讲清楚中国的历史传统、文

---

① 杨菁.“讲好中国故事”背景下贵州民族特色文化传播［J］.贵州民族研究，2022（3）：78－82.

② 同①。

③ 人民网理论频道.学习贯彻习近平总书记“8·19”重要讲话精神［EB/OL］.人民网，（2013－11－09）［2021－07－08］.http：//theory.people.com.cn/GB/40557/368340/.

化积淀和发展理念，讲清楚中华文化的精神内涵和生生不息的生命力，以润物无声的叙事手法，讲清楚中国的改革发展，讲好中国大地的精彩故事，这将有助于世界人民走近中国、了解中国、认可中国。同时，在对外传播中也要展现新时代中国文化的新内涵，使共建国家和地区民众不但了解中国的历史，也更了解中国的发展和中国的未来对世界和平发展的意义。

因此，在“一带一路”推进过程中，主流媒体肩负着挖掘中国文化的历史责任和新时代文化内涵的重要使命，要从小切口挖掘中国大地上的真实动人故事，借助新的文化传播形式和网络文化传播渠道，发挥媒体传播矩阵优势，通过多语种、多媒体、多渠道的新闻发布体系，面向全球用户真正地讲好中国故事，使中国文化在对外传播中更加饱满丰盈、灵动活泼，具有实际落地的传播效力，以此提高国际传播力，联通世界的信息交流和文化交流。

（二）通过传播中华文化、塑造中国形象、发挥媒体矩阵优势以促进文化交流互鉴

“一带一路”是应对当今世界发展不平衡，促进共建国家合作交流的重要战略举措，是创造新时期中国文化对外传播交流的重要渠道之一。“一带一路”倡议的提出，适逢中国国际传播的第二个“五年规划”，也正值党的十八届三中全会明确提出要“加强国际传播能力和对外话语体系建设，推动中华文化走向世界”，这对面向国际社会“讲好中国故事”无疑是一种重要的时代契机。中华文化是什么，如何传播中华文化，这关系到能否成功地塑造可亲、可爱、可敬的中国形象。因而，主流媒体要积极践行“宣介中国主张、中国智慧、中国方案，传播中国精神、中国价值、中国力量”的重要使命，向世界呈现历史悠久、底蕴深厚而绚烂多彩的中华文化，进而塑造积极向上、生动立体的中国形象，促使共建国家文化交流互鉴，超越文化隔阂，推动民心相通，有效推动“一带一路”的高质量发展，为构建人类命运共同体创造积极的舆论环境。

主流媒体是我国对外传播的中坚力量和主流文化传播内容的主要提供者，也是中国文化对外传播的先锋者。它在文化对外传播中所具备的资源优势、生产优势、设备优势、人才优势及政策和资金优势，是其他媒体和传播主体无可比拟的，特别是中央级主流媒体积极搭建多语种、多形态的传播矩阵，并借助其在媒体覆盖面、媒体渠道和核心传播数据方面的优势，使中国文化对外传播的传播范围、传播效力达到了历史新高度。“一带一路”倡议提出至今，主流媒体加强与世界各国媒体合作互通，依托“一带一路”新闻联盟共建“一带一路”国家主流媒体之间的长期合作，深入开展联合采访、人文互访、节目共制、合作传播等活动，促进文化之间的交流互鉴。例如，《人民日报》（海外版）开设的《我在中国当大使》融媒体栏目，借助驻华大使这一独特群体，讲述“一带一路”倡议促进共建国家利益联结、文明互学互鉴的重大意义，将中华文化融入小人物、小故事中，用生动、鲜活的故事来勾勒中国形象，用中华文化的底蕴来感染人，进而促进文化交流互鉴。

（三）促进民心相通，超越文化隔阂，推动构建“人类命运共同体”①

“人类命运共同体”体现了中国推动全球治理和解决国际争端的建议性意见。“一带一路”倡议依托中国与有关国家既有的双多边机制，通过区域合作平台，积极发展与共建国家的经济合作伙伴关系，共同打造政治互信、经济融合、文化包容的利益共同体、命运共同体和责任共同体。② 主流媒体要讲好中国故事，特别是要讲好“一带一路”故事，可以扩大中国的国际交流圈、朋友圈，促进民心相通，对推进构建人类命运共同体发挥着积极作用。基于此，“一带一路”倡议的提出，既是世界经济发展秩序中的新活力，也是推动文明交流互鉴的重要尝试。习近平总书记提出，“文明交流互鉴应该是对等的、平等的，应该是多元的、多向的，而不应该是强制的、强迫的，不应该是单一的、单向的”。而在党的十九大报告中，习近平总书记指出，要推进国际传播能力建设，展现真实、立体、全面的中国，提高国家文化软实力，“我们应该以海纳百川的宽广胸怀打破文化交往的壁垒，以兼收并蓄的态度汲取其他文明的养分，促进亚洲文明在交流互鉴中共同前进”③。

随着“一带一路”建设的纵深推进，中央级主流媒体在讲好“一带一

① 华南．交流互鉴，标注新起点［J］．中华儿女，2019（11）：46－48.

② 祁伟．“一带一路”背景下跨文化交流的策略研究［J］．重庆三峡学院学报，2016（6）：87－91.

③ 习近平．决胜全面建成小康社会 夺取新时代中国特色社会主义伟大胜利——在中国共产党第十九次全国代表大会上的报告［EB/OL］．中国政府网，（2017－10－27）［2021－07－08］．http：//www.gov.cn/zhuanti/2017－10/27/content_5234876.htm.

路”故事方面，侧重讲好民心不断相通的故事，将中国主导下的民生工程惠及共建国家人民的故事融入其中，不仅讲好中国人民的故事，也着力讲述共建国家人民在“一带一路”推进中的生动故事。主流媒体促进了“一带一路”高质量发展，也促使共建国家的民心相通。同时，主流媒体依托媒体矩阵和新型媒体技术（如无人机夜视仪、4K 穿越机直播等），建构中外文化交流的良好氛围和积极话语，生产出深受国内外受众喜爱的媒介产品，特别是爆款视频，使对外传播的受众体验感进一步提升。例如，中国日报社发起全球青少年对话平台“Z 世代工作室”，借助在华外籍人士讲述自己在中国的经历、体验和感受，向世界人民展现中国经济社会发展状况和中华文化的魅力，也促进了国内外民众的相互了解，这些举措都有助于促进民心相通，消除文化隔阂，使“一带一路”倡议背后的全球发展理念和“人类命运共同体”意识更加深入人心。

三、“一带一路”倡议下主流媒体对外传播西北地区民族文化的必要性和迫切性

世界正处于百年未有之大变局，中国“一带一路”所倡导的和平发展理念对于重构世界文明新秩序和中国特色的对外话语体系有着至关重要的作用。中国是统一的多民族国家，中国文化和中华文明呈现出极强的历史传承性、多元一体性和包容性等特点。古丝绸之路承载着中国与共建国家和地区交往的数千年历史与文化积淀，既有“以和为贵”“求同存异”的丝路精神，也积累了大量与中国文化相关的物质交流，如中国功夫、中医中药、中国民间艺术等。新时期的“一带一路”为中国文化与共建国家和地区的文化交流注入活力，这无疑为中国文化的官方宣传和民间交流，提升中国文化的影响力创造了新的时代契机。

（一）“一带一路”倡议下主流媒体助力西北地区民族文化对外传播的必要性

“一带一路”依托亚欧大陆桥，沿线共涉及 65 个国家，各个国家情况迥异，文化多样性显著。我国西北地区位于“一带一路”西北端，坐拥河西走廊这一重要区位，这里自古就是多民族聚居区和中外文化的交会之地，在地理、生态、民族、文化、人口等方面具有特殊性，西北地区民族特色文化具有历史性、多元性、和谐性和民间性等特点。丝绸之路是贯通欧洲、

亚洲、非洲三大洲的贸易通道，也是华夏农耕文明、草原游牧文明、西方商业文明、西部文明及雪域高原文明的历史交会地，是亟待发现和挖掘的文化交融地带。①

古丝绸之路是古代中国开拓进取精神和多元文化碰撞交融形成“各美其美，美人之美，美美与共，天下大同”的“和合精神”的重要体现。“一带一路”作为新时期中国对外开放的重大战略，也是中国文化外交的重要举措，它为共建国家和地区提供了政治、经济贸易、文化交流的重要平台，同时也为西北地区民族文化的对外传播创造了新的时代契机。以河西走廊为例，这条千年古道是世界互联的重要通道，也见证了中华文化的繁盛和多元文化交融交汇的盛况，在这里形成了以敦煌壁画为代表的灿烂文明。它在中国历史发展进程中发挥着至关重要的作用，也影响着中华文明乃至世界文明的进程。

习近平总书记曾提出“民族的就是世界的”，当代中华民族的社会主义核心价值观是民族性与世界性、传统性与现代性的辩证统一，② 我国民族特色文化的对外传播既是国家文化外交的需要，也是地方发展与文化传承的需要。区域民族特色文化能够很好地体现中国文化的传承性、多元性和包容性，是中华优秀传统文化的重要组成部分，也是新时期“讲好中国故事，传播好中国声音”必不可少的重要内容。西北地区民族文化应依托“一带一路”重新打通丝绸之路，凝练民族文化的精神价值与文化内核，促使新时期中国文化“走出去”，促进共建国家的文化交流和民心相通，重构国家话语体系和新的国际传播秩序。

（二）“一带一路”倡议下西北地区民族文化对外传播的迫切性

“一带一路”涉及的合作范围非常广泛，包括亚、非、欧、拉美等区域，各区域的经济发展水平、基础设施条件以及受众接受状况差异巨大。对外传播的过程也非常复杂，涉及多个民族、国家、文化以及传播场域，且话语体系中的各个要素相互影响。中国的对外传播事业将在传播范围、受众群体、

---

① 刘亭．讲好中国故事——从纪录片《河西走廊》看“一带一路”的国际传播策略［J］．西部广播电视，2015（16）：23－24.

② 陶喜红，李婷婷．中华民族形象对外传播中的问题与改进策略［J］．当代传播，2013（5）：64－66.

传播效果等方面面临新的挑战。我国主流媒体肩负着建构对外传播话语体系，提升中华文化感召力和中国国家形象，增强国际舆论引导力的时代使命。爱德华·霍尔在其《无声的语言》中强调文化间传播中的高、低语境。“一带一路”沿线各国高、低语境的差别可谓此起彼伏，成为实现“一带一路”沿线“民心相通”的一道屏障。① 长期以来，民族问题在国际议题中都具有重要和特殊的意义，但由于受限于西方媒体话语的歪曲和误读，中国文化对外传播的内容、形式以及话语策略都存在不同程度的局限性，对外传播内涵和话语亟待丰富。

“一带一路”的国内覆盖区域主要包括西北、西南及东南海上丝绸之路。从现有研究成果来看，有关西南、西北地区等“一带一路”沿线各省（区）的研究关注度较高，显现出鲜明的地域特色，尤其是一些少数民族集居地区和“一带一路”共建国家接壤的地区，如西北地区的新疆、西藏、青海、甘肃、内蒙古等。② 我国民族文化所具有的历史性、丰富性能够充分彰显中国文化的包容性、多元性和一体性等特征，如何借助西北地区民族文化丰富中国文化对外传播的内涵，借助非物质文化遗产项目、节庆活动、民族服饰、音乐舞蹈等，激发具有相近文化的国家与民族的文化共鸣，是破解中国文化的对外传播、实现文化互鉴和文化认同的重要切入点。因此，我们亟须建构一套符合国际通行的话语体系，提升民族区域特色对外传播力，促进中国文化的跨文化传播交流，彰显中国文化的“多元一体”特征，增进国际社会对我国民族政策和民族文化的了解。

第二节　“一带一路”倡议下西北地区民族文化对外传播的媒体话语变迁与建构
——基于中国新闻网2010—2019年相关报道的报道框架与话语分析

为考察“一带一路”倡议下主流媒体对西北地区民族文化对外传播的话

① 沈悦，孙宝国．媒介治理视域下“一带一路”的国家形象认同建构［J］．出版发行研究，2019（10）：29－34.

② 王蔚蔚，邵培仁．“一带一路”新闻传播研究现状与突围［J］．中国出版，2019（6）：43－47.

语建构特点及其变化趋势，本研究选取中国新闻网2010—2019年西北地区民族文化的相关报道为研究对象，借鉴梵·迪克的新闻话语分析框架，从宏观、中观、微观3个层面分析文本中的报道框架，通过分析相关报道中的语境和话语特征，探究“一带一路”前后主流媒体对西北地区民族文化报道的话语变迁，同时也考察主流媒体报道中现有的民族文化对外传播是否契合了“一带一路”倡议下中华文化对外传播的“多元一体”诉求，即在“一体”框架内是否充分展现了民族文化的丰富性与多元性，以此为基础，从战略、策略和举措3个层面探讨主流媒体在对外传播中如何体现中华文化“多元一体”特征，并有效实现中华文化对外传播的话语建构。

一、文本选择与分析方法

（一）研究对象及文本选择

互联网是以国际互联网为信息传播平台的全球化传播媒体，它打破了传统媒体传播范围的限制，其受众遍布全球，是当今世界实现国际传播的首选媒体，也是中国对外传播体系建设的重要媒体形式。我国对外传播的中央重点新闻网站——中新网（全称为中国新闻网）由我国两大国通讯社之一的中国新闻社（以下简称中新社）主办，依托自身新闻采集和发布系统，全天候不间断地发稿；也是全球互联网中文新闻资讯最重要的文图视频原创内容供应商，其影响力在中央重点新闻网站中长期稳居第四位，是我国政府构建中国国际传播的“1 + 6 + N”模式，着力打造中国特色的国际传播旗舰媒体的主要对象之一，在对外交流中发挥着重要作用。

本书综合考察了中央级主流网络媒体的影响力、对西北地区民族文化相关报道的数量以及报道持续性等因素，选择中国新闻网①作为“一带一路”下我国主流媒体对外传播西北地区民族文化的考察对象。为了整体反映近10年

① 近年来，中新网加快媒体融合发展步伐，形成了以网站、客户端、社交媒体账号为主体的全媒体传播矩阵，总用户达4亿。Facebook、Twitter、YouTube、Instagram等海外社交媒体平台账号粉丝数近500万。中新网旗下有中新视频、中新经纬、中国侨网、侨宝客户端、中国华文教育网、中新英文网等媒体矩阵（中新网发展概况见 https：//www. chinanews. com. cn/common/footer/intro. shtml）。

中新网对西北地区民族文化的报道情况，本书以“一带一路”“西北”“民族”“文化”为检索关键词，选取中新网2010—2019年对西北地区民族文化的相关报道，去除重复与相关度较低的报道，共得到有效报道232篇，时间跨度覆盖了“一带一路”倡议实施前3年和后7年，可以有效呈现“一带一路”实施前后西北地区民族文化的报道框架在特定语境下的变化。文本分析主要基于报道的数量、主题、题材、信源、稿件来源、报道体裁、标题、语言、修辞等多重编码维度，以期反映主流媒体对西北地区民族文化报道框架变迁及其与“一带一路”倡议话语体系之间的互构状况。

（二）研究理论与方法

现代国际社会，媒体是世界文化传播交流的重要渠道，新闻报道成为人们了解世界、走近“他者”的主要信息渠道，但新闻报道是基于社会事实的一种媒介化建构，而非事实本身。其报道框架受到意识形态、社会文化、语言特征等多重因素的影响。“框架”的概念源自贝森特，是有关认知结构的重要理论，其理论由戈夫曼引入文化社会学，后被引入大众传播研究领域，帮助人们界定和理解社会经验性事实。戈夫曼认为，“框架”是对特定事件和活动进行解读的方案，事件和活动在这一过程中被编排和解读，以实现人们利用框架呈现某种社会现实的期望。① 框架理论重在分析人们如何呈现客观真实，进而实现对社会现实的建构。② 在媒介研究中，恩特曼认为，框架包含了选择和凸显的过程，框架就是人们认知处理事物的过程：将选择性认知的部分现实凸显在传播文本中，实现对认知对象或呈现问题的界定、解释、评估和处理。③ 新闻报道的框架建构直接影响人们认知事物、界定事实和表明态度，关乎人们对某一社会事实采取相应的行为。因此，探明“一带一路”倡议下主流媒体对西北地区民族文化的报道框架是分析其话语变迁的必要方法。

---

① Park J. Contrasts in the coverage of Korea and Japan by US television networks：A frame analysis ［J］. Gazette，2003，65（2）：145－164.

② Goffman E. Framing Analysis：An Essay on the Organization of Experience ［M］. Boston：Northeastern University Press，1974.

③ 潘忠党. 架构分析：一个亟须理论澄清的领域［J］. 传播与社会学刊，2006（1）：17－46.

荷兰学者梵·迪克提出的新闻话语分析框架，以人作为新闻传播的主体，将社会背景纳入了分析框架，他主张从语境与文本视角分析新闻语篇，其中语境视角包括风格与修辞分析，文本视角包括对新闻结构、隐含意义的分析等。[①] 吉特林认为，框架是记者处理信息的一种手段，通过持续不断地选择强调和表达以建构真实。[②] 臧国仁在戈夫曼关于“框架与真实”的理论基础上，延伸出对报道框架层次的分析框架，他将媒体框架的内在结构分为高层结构、中层结构和低层结构，分别呈现出社会（客观）真实、符号（媒介）真实和（受众）主观真实。臧国仁所认为的框架的高层次结构与梵·迪克的新闻宏观结构意义相近，而中层次结构与梵·迪克的话语分析中的新闻图式结构相近，突出对事件本身及其原因的评判。框架的低层次结构则主要与梵·迪克新闻话语的微观结构类似，它通过新闻报道中的词汇、句法结构以及话语种类、修辞策略的选择等来表现框架。

因此，本书结合戈夫曼框架理论、梵·迪克的新闻报道话语理论和费尔克拉夫的话语分析理论，借鉴恩特曼的文本分析框架和臧国仁的新闻报道框架分析层次，将新闻报道文本视为传播主体在“说什么”“如何说”以及“为何说”的文本呈现，采用 Nvivo12 对相关报道进行文本分析，从宏观、中观、微观 3 个层面来呈现 10 年来中新网对西北地区民族文化报道的报道框架变化与文本意义建构，宏观层面分析不同阶段的报道数量、主题、词频等；中观层面主要着力于报道题材、体裁、标题等特征；微观层面则深入剖析其文本呈现出的修辞、报道态度和情感倾向性等，着力阐释媒介符号生产的特征。结合更为广阔的社会文化背景和社会传播主体的特征，进一步分析其话语实践和社会实践，厘清在话语建构中“谁在说”“说什么”“如何说”“为何说”，折射出“一带一路”倡议下中国主流媒体在少数民族文化对外传播中的话语变迁，并发现其有待提升的话语空间。

二、中新网对西北地区民族文化的报道框架与话语分析

“一带一路”横跨亚欧大陆，贯通中亚、东南亚、南亚、西亚、非洲乃至

---

① 唐叶青，史晓云. 国外媒体“一带一路”话语表征对比研究：一项基于报刊语料库的话语政治分析［J］. 外语教学，2018，39（5）：31－35.

② 王超. “一带一路”新闻框架研究——以《人民日报》《纽约时报》《泰晤士报》报道为例［D］. 西安：西北大学，2016.

欧洲，串起了太平洋、印度洋和大西洋周边经济圈，其覆盖人口约占全球的63%，其中关涉的文化背景价值取向的差异性直接影响了媒体报道框架的不同。长期以来，西方国家位于国际传播的中心，边缘国家之间很少相互报道和了解彼此。在选择新闻框架时，核心国家的视角及其话语建构主导了边缘国家的认知，边缘国家提供新闻事件，而核心国家选取新闻框架。世界媒介传播格局反映出全球信息传播的不均衡和发达国家的媒介霸权。①

本研究在框架理论和话语理论视角下考察主流媒体对“一带一路”中西北地区民族文化议题的相关报道，力图从多个方面分析报道中所反映的报道框架。结合恩特曼的文本分析框架和臧国仁的新闻报道框架分析层次，本研究将新闻报道文本视为传播主体在“说什么”“如何说”以及“为何说”的文本呈现。传播主体主要从报道来源、消息来源进行考察，在“说什么”的类目框架中，主要涉及报道主题、消息来源、报道方向等；在“如何说”方面涉及报道数量（关注程度）、报道体裁（表现形式）等层面分析；“为何说”则分析文本背后的话语意图。本研究从宏观、中观、微观报道框架来呈现以上分析要素。

（一）宏观报道框架

1. 持续报道，节点调整发力

媒体对相关议题的报道数量变量趋势从宏观层面上反映出我国主流媒体对该议题的关注和重视程度。因此，本书选取中新网2010年1月1日—2019年12月31日的新闻报道共232篇，其数量变化按照自然年度呈现。由图4－1可知，按照时间节点分别为2014年（“一带一路”倡议提出后的一年）、2015年②（“一带一路”倡议正式启动）及2017年3个转折点，其报道数量变化呈现出明显的阶段性。

① 龚为纲，朱萌，张赛，等．媒介霸权、文化圈群与东方主义话语的全球传播——以舆情大数据GDDELT中的频华舆情为例［J］．社会学研究，2019（5）：138－164.

② 2015年3月28日习近平主席在2015博鳌亚洲论坛的开幕式上发表主旨演讲，并由国家发展改革委、外交部、商务部联合发布《推动共建丝绸之路经济带和21世纪海上丝绸之路的愿景与行动》，这标志着“一带一路”倡议正式启动。

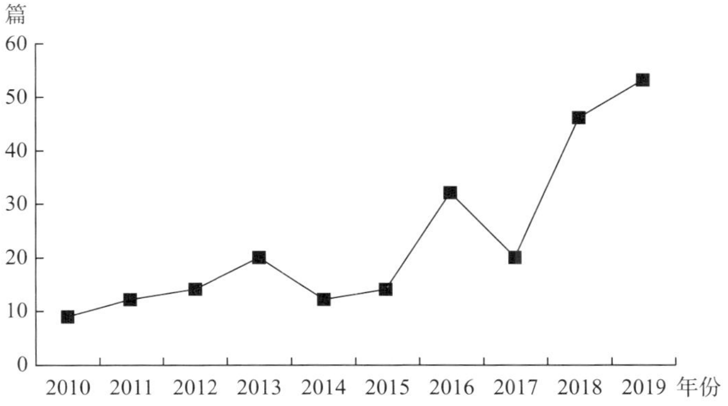

图 4－1　中新网关于西北地区民族文化的相关报道数量变化（2010—2019 年）

如图 4－1 所示，在 2013 年“一带一路”倡议提出之前，中新网对西北地区民族文化就有关注和报道，并呈现出缓慢增加的趋势，但在数量上整体处于较低水平。2013 年“一带一路”倡议提出初期出现了一个短暂的报道小高峰，2014 年报道数量有所减少，主要是针对 2013 年倡议提出后综合国际社会反响的新闻报道策略的一次重大调整，而从 2015 年“一带一路”倡议正式启动后，相关报道数量持续增加，特别是 2018 年、2019 年两年的报道均在 50 篇左右，可明显看出“一带一路”倡议使西北地区民族文化的传播适逢良机。虽然 2017 年在报道数量上有所减少，但在内容上却呈现出涉外报道（报道主题、报道对象、受众都涉及国外）的数量增加，从 2016 年实现涉外报道“0”的突破之后，2017 年涉外报道增至 7 篇。由此可见，2013 年以来，中新网关于西北地区民族文化的相关报道数量整体呈增加趋势，并在关键节点上进行了战略性的调整。

2. 报道主题相对集中、局部调整

报道主题的选择意味着众多社会事实中选择某一事物或某一类事件作为新闻报道的基本命题。臧国仁认为，框架涉及选择与重组，“选择是指从芸芸众生中撷取少数特殊项目再转换为有意义的结构”①，而“主题是文本内容或意义的特征之一，并非单个单词或句子意义的简单集合……主题指的是这一话

① 王思晴.《人民日报》(海外版)“一带一路”对外报道的新闻框架研究［D］. 成都：成都理工大学，2019.

语的纲要、主旨、要点或最重要的信息"。（梵·迪克，2003b）[①] 主题结构指新闻报道的假设—验证特色，即报道有个基本主题假设，各种事件、出处以及建议主张都是为了要说明支持这一假设。[②] 因此，从文本如何以及为何选择某一事件可以整体上反映出在某一特定时期媒体对该事件的认知和诠释视角。

本书使用 Nvivo 软件提取两个及以上的词频对文本进行词频分析，筛选和去除无意义词频后，得到图 4 –2 数据。通过对报道主题划分，发现近 10 年媒体报道主题始终围绕"文化""民族""中国""少数民族"及"传承""保护"等关键词展开，由此形成了上述媒体报道主题。上述报道主题，不仅体现了中国文化对外传播的民族性特点，还通过艺术、服饰、旅游等具体报道传递了西北地区民族文化的"传承"与"保护"态度。

图 4 –2　中新网关于西北地区民族文化的相关报道词频变化（2010—2019 年）

为了分析这 10 年文本中词频的具体变化趋势，本研究以 2013 年（"一带一路"倡议提出）和 2018 年（以"三台融合"为标志的全媒体格局建成）为节点，将 10 年的报道文本分为 3 个阶段，以相同方法进行词频筛选和分析，得到词频矩阵，见图 4 –3、图 4 –4 和图 4 –5。

---

① 梵·迪克．作为话语的新闻［M］．曾庆香，译．北京：华夏出版社，2003.

② 夏倩芳，张明新．新闻框架与固定成见：1979—2005 年中国大陆主流报纸新闻中的党员形象与精英形象［J］．新闻与传播研究，2007，14（2）：29 –41.

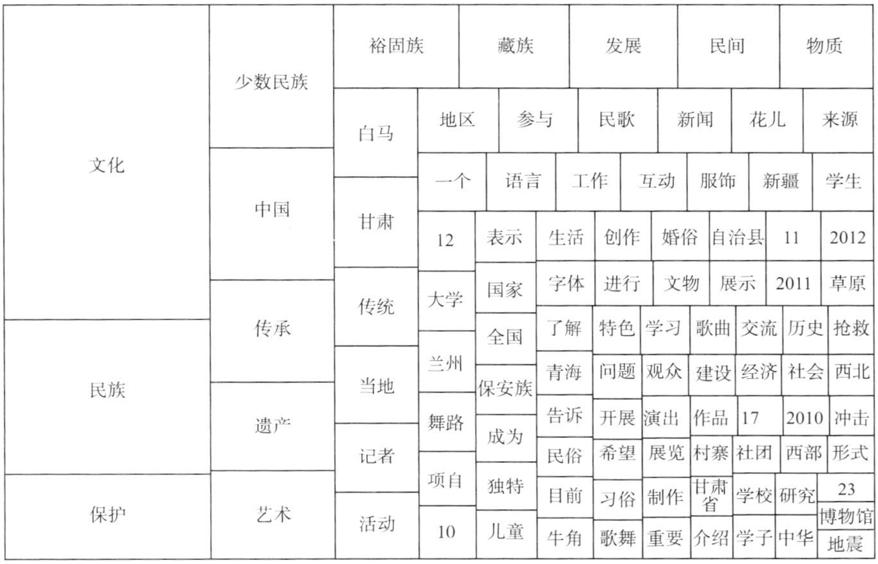

图 4－3　中新网关于西北地区民族文化的相关报道词频矩阵图（2010—2012 年）

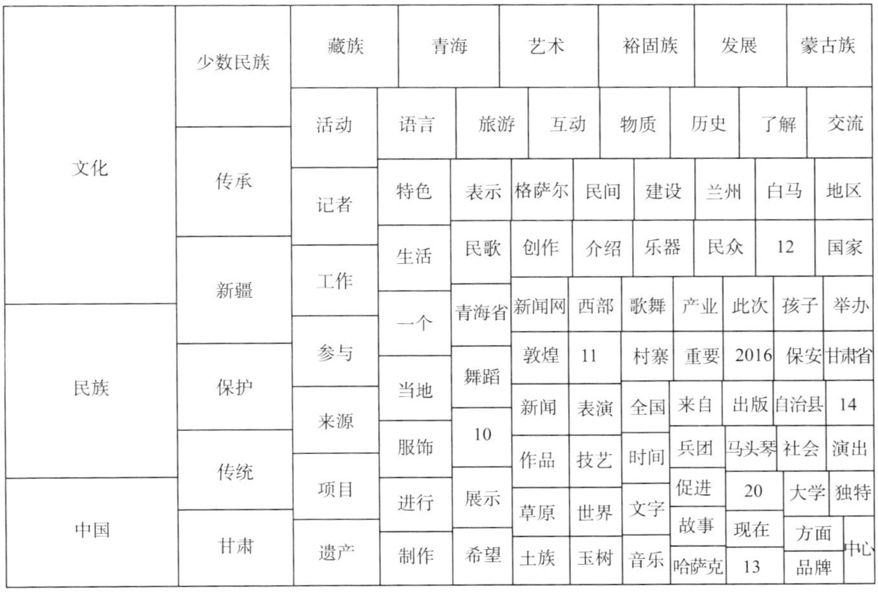

图 4－4　中新网关于西北地区民族文化的相关报道词频矩阵图（2013—2017 年）

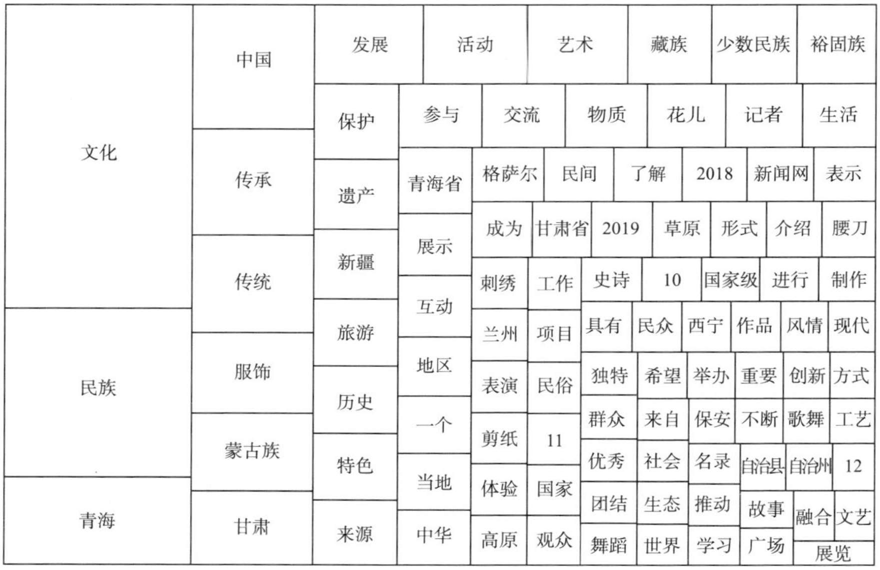

图 4－5　中新网关于西北地区民族文化的相关报道词频矩阵图（2018—2019 年）

议题设置须考虑话语发声场情境（媒介和方式）及话语对象，明确发声原则，选取话语主题，梳理核心观点。深入分析这 3 个阶段的报道主题，可以发现其明显的变化和差异。在 2013 年之前，西北地区民族文化的对外传播中，主要是以偏居一隅的“民族文化面临濒危”的呼吁为主，强调其非物质文化遗产的特性，以及保护少数民族文化的重要性和紧迫性。自党的十八大以来党中央提出的“文化自觉”“文化自信”也体现在民族文化对外传播的文本中，具体表现在文本中“展示”“展演”“魅力”“特色”“自信”“弘扬”等词频（见图 4－5）的增加，特别是第三阶段呈现“互动”“交流”“体验”“尽享”“创新”“创作”等词频的明显增加。结合文本，我们可以看到报道对民俗艺术，如对刺绣、唐卡等民族文化物质载体的细节关注。可见，这一阶段强调“传承”的主题在强化，而强调“保护”的主题在逐步弱化，而这种弱化是在行动上更多地将文化作为一种活态存在去传播传承，而非仅限于呼吁式地强调“濒危”的文化挽救，其间透露出“一带一路”背景下中国文化自信也在逐步显现和加强。

整体来看，无论是对中新网 10 年的相关报道，还是对其文本进行分阶段分析，可以看到核心词频始终围绕“文化”“民族”“民俗”相关主题展开，在其过程中会强调“中国”“国家”等核心词，同时，主要议题在不同历史阶段以不同形态呈现不同的认知框架。中新网对西北地区民族文化的相关报道，一方面如实呈现了特定时期西北地区民族文化对外传播的阶段性特征；另一方面建构起其与国家对外传播的话语关联，较为有效地回应了“一带一路”倡议下西北地区民族文化对外传播的时代意涵。

3. 报道题材由单一逐渐变得较为丰富多元

新闻报道的题材和体裁从一定程度上以体现对相关内容的重要性和适宜性的强调及话语的丰富性。从宏观来看，西北地区民族文化的对外传播主要围绕“文化”展开，但文化是人类生活的系统性反映，涉及人类生活的方方面面。如何选择民族文化中的报道题材，即“写什么”也关涉西北地区民族文化对外传播的关键性环节，报道者对题材的选择本身也可以反映出其对文化价值的判断，题材直接关乎对报道内容和方向的确定。要取得良好的对外传播效果，即面向海外受众的精准传播，需选取可引起共鸣、获得认可的题材。

2013 年之前，中新网对西北地区民族文化的报道主要是面向国内受众强调“民族文化的保护迫在眉睫”，所涉题材多为民族文化中“民俗”“艺术”“传承人”等，其话语主要强调“濒危”“保护”“独特”。相较于文化题材的报道而言，对于西北地区民族文化报道的题材较为单一，且话语构建显得很无力，多为呼吁。结合图 4 - 4 和图 4 - 5 可以看到，“一带一路”倡议对西北地区民族文化报道题材的转变，主要体现在 2013—2017 年和 2018 年以后的两个阶段，相关报道题材日渐丰富，同时在话语上不单单强调其独特性，进一步体现其丰富性，如民族语言文字、民俗特色、民族艺术、民族节庆、民族交往等，同时从其中涉及的动词如“参与”“交流”“互动”“创作”“学习”等字眼的词频位置变化也能读出，“一带一路”为西北地区民族文化传承传播注入了新的活力。

（二）中观报道框架

1. 报道体裁由单一转向多种类型并举

新闻报道体裁主要包括消息、通信、评论、深度报道和其他，报道体裁在一定程度上可以反映报道的价值取向。消息是新闻报道中最为常用的报道体裁，且以简练的语言快速传达新闻信息。通信是以生动形象的语言与散文化写作手法刻画事件中的人物与故事细节，表达灵活，时效性不及消息。评论是表达对相关事件的主观态度与观点。深度报道是以对新闻事件、议题的解释性、调查性或预测性报道为主。此处将相关政府公告等归于"其他"一类，见图4-6。

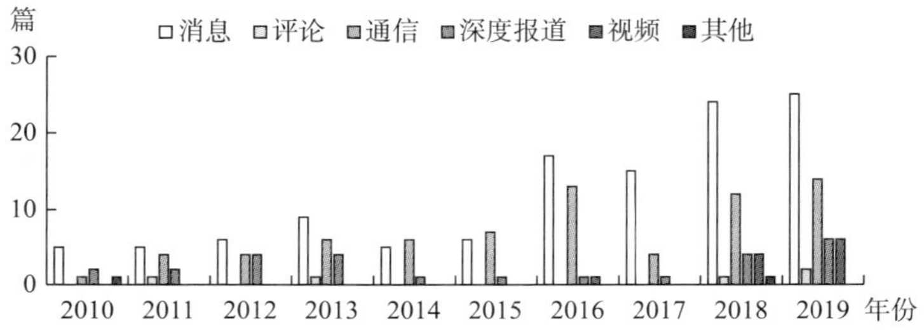

图4-6　中新网西北地区民族文化对外传播报道的体裁变化

好的新闻题材需要以恰当的新闻体裁来呈现，才能取得事半功倍的效果，而多样化的报道体裁有利于将丰富的报道题材以立体、全面的报道形态呈现给受众。由图4-6可知，随着"一带一路"的深入推进，西北地区民族文化对外传播的报道体裁不断丰富，并呈现出一定的阶段性。在2013年之前，报道体裁以短消息为主，篇幅短且信息量较少，只见传承中"困境"二字，却不见其具体困境及如何解决。

"一带一路"倡议提出后，特别是2016年之后，报道体裁逐渐转变为以消息、通信为主，多种报道体裁并举的格局，特别是通信以人物为主，以讲述故事的方式呈现具有悠久历史的民族文化是如何完成一代一代的传承，民族文化在各族人民交流、交往、交融的生活中如何体现，通过一个个场景、一幅幅画面展开，生动立体地呈现大时代中小人物的生命故事。同时，民间艺术活动不断走向海外，通过现代媒体传播技术与传播渠道取得良好互动效果，原来的"困境"被化解于每一次对外传播活动中。此外，视频和图片报道增加，连续报道和系列主题报道使报道呈现可持续性，进而构建出全面、立体的民族文化对外传播图景。

2. 新闻标题由静态化向动态化和多样化转变

新闻标题和导语是一种概述式的新闻话语。从结构来看，标题一般可分为单一型和复合型标题，即包括主标题和副标题两部分。新闻标题在新闻报道中位置最为显著，也是对新闻内容的高度概括，其价值不言而喻。特别是在新媒体时代的快速、碎片化阅读背景下，标题几乎成为决定新闻报道能否进入受众视野的关键性因素。与此同时，标题提供了受众对某一新闻事件的基本认知框架，影响着受众进一步理解该报道的基调与方式。

中新网相关报道标题中新闻主体身份呈现出从单一到多元的转变：从官方和专家为主转向官方、专家、民间组织和传承人、媒体、国际组织（友人）等。叙事基调从抢救、保护、继承转向“展示”“吸引”“感知”“传承”“蓬勃发展”“期待”等。同时标题话语从强调民族文化的独特性，转变为更为丰富的话语体系，如“中华文化的印记”“可爱中国”“艺术人生”“创新”“创意”“生活”等，使民族文化的传承既有了时代背景和历史渊源，又呈现出立体丰富的文化意涵。这也表明民族文化的对外传播话语逐步走出单一的故步自封，在“一带一路”时代背景和国家话语下，西北地区民族文化对外传播不仅与该地区社会经济发展和日常生活相联结，而且与民族文化作为跨文化的艺术交流联系起来，不断建构起丰富立体的“活态传承”的话语体系。

新闻报道标题中主体的多元化及报道基调的丰富化，展现出不同历史时期中国西北地区民族文化对外传播的基本状态。从地域性文化的局限性发声到“一带一路”倡议下中华文化对外传播的有机组成部分，这一转变过程展现出时代赋予的历史文化华彩以及国际传播的可能性，其背后是中国新时期对外传播话语体系的转变，也是新历史时期中国文化自信在对外传播中的有力彰显。

3. 新闻信源体系由单一向多元互动转变

信源被视为塑造新闻框架的重要变项，是形成意识形态的首要与关键步骤[①]（Durham，1998；Entman，1991；Reese，Grant & Danielian，1994）。新闻报道在建构过程中并非由新闻媒体独立完成，而是新闻媒体与不同消息来源不断折中协商的结果。[②] 信源即消息来源主要有政府官方、媒体、专家学

---

① Durham F D. News frames as social narratives：TWA flight 800［J］. Journal of Communication，1998，48（4）：100－117.

Entman R M. Framing U. S. Coverage of international news：Contrasts in narratives of the KAL and Iran Air incidents［J］. Journal of Communication，1991，41（4）：6－27.

Reese S D，Grant A，Danielian L H. The structure of news sources on television：A network analysisi of CBS news，nightline，and this week with David Brinkley［J］. Journal of Communication，1994，44（2）：84－107.

② 臧国仁. 新闻媒体与消息来源——媒介框架与真实性建构之论述［M］. 台北：三民书局，1999：41－42.

者、普通民众、企业或社会组织、国际组织、模糊消息源等。消息来源与报道的基本立场、可信度和可接纳程度相关。

如图4－7所示，中新网西北地区民族文化的相关报道在其信源明确可靠的基础上，信源的丰富程度发生了阶段性的变化：从早期以政府官方和专家学者为主的单一信源体系，逐步发展为兼有政府官方、媒体、专家学者、普通民众、民间艺人、社会组织、企业及国际组织等多元主体的信源体系。后一种信源体系在报道体裁的支撑下，完成了不同信源主体在同一篇报道或者系列报道之内的相互印证和相得益彰，使新闻报道更加可信、丰富和饱满。

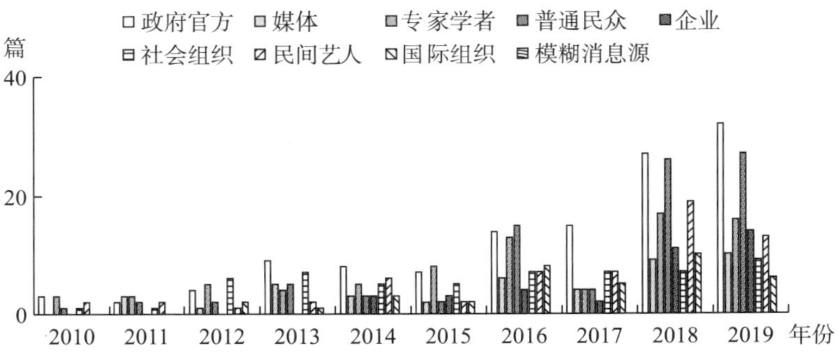

图4－7　中新网2010—2019年报道中所涉及的信源类型

值得一提的是，2018—2019年的报道中政府官方和普通民众的两种信源成为互相补充和互相推动的关系，即政府官方的信源在普通民众那里得到了积极回应，而普通民众对于文化日常化的需求也在国家政府层面上升为国家话语关切。而2014—2019年相关报道中，企业作为承载对外传播的一种重要主体也得到了体现，并逐年增加，在国家、区域间的经济社会发展中注入一股活水。此外，“感知中国·大美青海”等系列活动在国际社会层面产生了影响和回应，促使中外文化交流活动不断加强，因此本书将这类活动的承办方也纳入国际组织的信源中，近年来也有所增强。通观中新网10年相关报道，除了此类活动，还涉及少量的民间交流活动，这类信源未来也可成为关注的重点对象之一。

（三）微观报道框架

话语分析的核心要点是通过语义、词组、词丛、搭配以及修辞等方法对文本语义的话语建构进行逻辑分析，通过修辞和关键性概念的出现概率，对文化的语义建构逻辑进行揭示。[①] 新闻报道对外传播的话语建构，在宏观报道框架和中观报道框架的基础上，其微观层面的语言、修辞及表达情感等使新闻报道成为普通受众在认同、情感与互动的文本，而这些恰恰于文本的细微之处，多从情感、认同等感性层面被受众接纳吸收。

1. 语言层面将消极话语转变为积极话语

语言作为一种话语符号，通过词汇的认知偏向和公众传达其立场与态度。因而通过考察10年间中新网相关报道的语言，可窥主流媒体对社会实践感知的敏锐性和准确性，同时在一些报道中也反映出官方话语与民间话语的交融。

在面对非物质文化遗产的传承时，2010年相关报道的主要表述为“呼吁”“保护”“挽救”“抢救”，字眼间表达的是面临传承困难的一种紧迫感和无力感。而“一带一路”倡议对民族文化的传承和传播采取了诸多有力举措，而这种举措在文本语言方面体现为“甘肃开启大型少数民族文艺剧目演艺，传承民族文化”“青海出台七项措施推动非遗传承发展”“力推民族古籍文献保护 缓解‘后继乏人’之困”等。

在新闻报道中也可窥见其语言使用的变化，如报道“白皮书：新疆各民族文化从一开始就打上了中华文化的印记”（2019年7月21日）一文中：“中华文化始终是新疆各民族的情感依托、心灵归宿和精神家园，也是新疆各民族文化发展的动力源泉，白皮书强调，新疆各民族文化要繁荣发展，必须与时俱进，树立开放、包容理念，坚持与中华各民族文化交流融合，与世界多民族文化交流互鉴，建设各民族共有精神家园。”各民族手足相亲、守望相助的内在必然性和精神契合的意义，而2010年“非遗保护成民族文化工作热点 抢救保护到关键期”的报道则强调：“少数民族文化是中华文化的重要组成部分，是中华民族的固有财富。党和国家对少数民族文化一直采取保护政策，并在相关文化建设项目上给予极大的扶持和相应的倾斜。”两种表述中可以看到前者道明了新疆各民族文化发展与中华文化之间流动交融的历史关系和铸牢中华民族共同体意识中的精神意涵，而后者表述为一种相对静态和固化的关系。

---

① 钱毓芳．语料库与批判话语分析［J］．外语教学与研究，2010（3）：198－202.

又如，同为民间艺术类的采访材料，2010年9月16日，一篇新闻标题为“世博会青海活动周展现中国多民族文化和睦相融”的报道，表达限于“这种新型工艺品不仅受到市场青睐，还广受藏族民众欢迎”“一些藏族朋友觉得新唐卡看起来更时尚，适合装饰房间”，其表述更侧重日常生活，缺少文化传承的内涵。而2018年题为“西宁刺绣传承人：愿更多人看到不一样的高原文化”报道中对刺绣的认知表述为：“‘其实刺绣中还表达着高原生活和历史的沉淀，对美好生活的一种祝福。’在陈玉秀看来，在藏羌彝文化产业走廊建设的大背景下刺绣产业化大有可为。”这篇报道标题语言更为具体，但在文中的落脚点却能以小见大，形成一种个体感受到社会发展的连接。

从上述案例可以看出，新闻报道的语言表述既反映出特定时期人们对某一特定主题的基本认知，同时也影响着人们对某一主题和事物的认知框架。因此，新闻报道应在社会事实的基础上，立足民族文化的历史和未来，真正表达出新闻作为“今日”事件在民族文化对外传播中承上启下的历史关系和融通中国文化与世界文化的重要影响。

2. 修辞层面提升了对外传播的积极话语建构

修辞结构表现为记者对报道描述风格的选择。① 新闻报道的主要修辞特点常受新闻信源的先期限制，记者—信源关系成了首要的新闻框架。② 修辞通过在文本表达中修饰文字、优化文本布局来提高语言表达的效果。新闻报道修辞在呈现、表述、反映新闻事实的同时，也塑造和影响着受众的认知。“一带一路”倡议在对外传播的话语建构过程中，不仅为西北地区民族文化提供了传播契机，还从修辞层面提升了对外传播的积极话语建构，从“挽救”“抢救”等被动的消极词语中，转为“展示”“促进”“国家级非物质文化遗产”等，从单一的文字修辞转向兼文字、图片、视频等一体化修辞，特别是视觉修辞中西北地区各民族民众积极乐观的精神面貌和质朴笑容，在现代媒介技术的助力之下，能够再现当地和谐友善的人文环境，极易感染受众。

具体来说，这种修辞方式的改变从理念上体现在两个方面：一是通过修辞增进共识；二是通过修辞增进共情。前者通过对特定事件的界定来完成共

①② 夏倩芳，张明新．新闻框架与固定成见：1979—2005年中国大陆主流报纸新闻中的党员形象与精英形象［J］．新闻与传播研究，2007，14（2）：29－41.

识，如民族文化对外交流与展示，彰显“中华民族优秀文化遗产”“民族民俗特色”“悠久历史与灿烂文化”“增强文化自信”“互帮友爱”等主题。后者常从普通民众的人生故事和经历来完成共情，如传承人“只要我还活着，就要将手艺传承下去”“仅是这一个人物就用了近200块丝缎叠加了4层才完成的，故事的构思和绘图我也是花了3年时间”“当时看着颜色鲜艳、对比度强烈的唐卡堆绣，就喜欢上了，用布一层层堆叠起来的佛像和人物都很立体，像活的一样”“只要有人愿意来学，我就会手把手地教，把民族文化的精髓传承下来就是我的责任和心愿”这些表述在彰显民间艺术魅力和价值的同时，也表明了传承者的决心和愿景，产生强烈的情感共鸣，有助于创造出和谐、积极的话语环境，促进意义的有效联通。

三、中新网西北地区民族文化对外传播报道框架的话语变迁

基于上述报道框架分析，我们可以发现“一带一路”倡议实施前后西北地区民族文化对外传播的媒体话语变迁主要体现在“谁在说”“说什么”“如何说”以及“为何说”4个方面。

（一）从单一主体的单线叙事到多元主体的话语互动

增强自我与他者之间的对话，在新闻话语中多使用具有话语扩展性的引用方式或摘引方式①②③④，给予多元话语主体以话语空间，以此增强话语的包容力和说服力。从中新网10年间对西北地区民族文化新闻报道的变化趋势来看，“一带一路”倡议实施之前，新闻报道以单篇文本叙事为主，呈现出较为单一的叙事主体，在其话语建构中也就缺少互动互证，叙事力量单薄，话语建构缺乏体系化的有机互动，表现为一种静态、断裂的话语建构状态。2013年“一带一路”倡议提出和2015年“一带一路”正式启动后，单篇报道中大大增加了多元主体互动和系列报道中多文本中的主体互动，呈现出多元主体

① “引用”指的是说话人借用情态动词、情态副词、表推断的从句、反问句以及情态形容词、情态状语、某些心理动词投射结构等情态动词。

② Rybalko S T. Dialogic communication in 140 characters or less：How Fortune 500 Companies engage stakeholders using Twitter [J]. Public Relations Review，2010，4（36）：336－341.

③ “摘引”则指的是说话人借助外部声音，即用直接引语或间接引语的方式来隐性表达自己的观点。

④ 周翔，户庐霞．我国主流媒体Twitter海外账号对外传播的对话问题分析［J］．现代传播，2019（6）：41－46.

间动态且多层次的话语互动，相互印证，初步形成一种较为系统化的话语建构体系。

具体而言，早期报道中主要涉及政府的政策话语、专家学者的知识话语以及民族文化传承人的实践话语，大多表现为单一作战，很少在话语层面形成互动。中后期逐步形成包括政府、专家、媒体、企业、社会组织、民间艺人、普通民众、国际组织等多元主体间的动态话语互动。这种新闻报道的话语互动形态，不仅意味着民族文化的多元主体之间在话语层面达成协商和互证，还意味着其对外传播逐步形成立体、全面的话语体系，将话语竞争转变为话语辅助，这种变化从整体上可以优化主流媒体的对外传播效力，发挥其议程设置和引导舆论的作用。

值得一提的是，普通民众与官方话语之间的互动在通讯类报道体裁中，初步形成完整的个体故事叙事方式，这种叙事方式以小见大、以点带面，有望形成与西方叙事中"个体性"可对话的叙事框架。这种对于宏观叙事与微观叙事相互内嵌的话语构建体现出主流媒体对外传播话语的建构优势，并通过话语体系建构，打造对外传播的有力发声形式，推动和改善了新的国际话语格局。

就西北地区而言，它地处"一带一路"的重要区位，自古以来都是中国联通世界的重要区域，且西北地区民族文化具有的历史性、多元性、和谐性和民间性等特点，有利于中国文化的对外传播。目前，中国西北地区对外传播仍处于初始阶段，西北地区民族文化在主流媒体对外传播中整体偏少，且主流媒体之间，主流媒体与网络媒体、自媒体等之间缺乏联通、互通，这就使得现阶段西北地区民族文化对外传播在整体上势单力薄，发声有限。而西方媒体的强势话语权中对中国的报道充斥着偏见，特别是民族文化作为一种国家软实力的体现，应在对外传播中发挥其理念先行的作用，塑造一个可亲、可敬、可爱的中国形象，使中国价值理念能够真正被理解、被接纳，进而将中国"五通"的话语目标理念真正融入对外传播话语之中，最终达到消除隔阂、合作共赢的"人类命运共同体"理念的构建目标。

（二）从区域性民族文化传承到推动构建人类命运共同体的价值理念为内核的传播内容

"一带一路"以经济为重点，同时涵盖文化、生态等领域的世界范围内的互联互通实践，但共建国家的文化迥异、风俗相异等文化藩篱，其文化话语建构的创新需在“开放、包容、平等、合作”的理念下，以尊重他国和他者文化为基础，将人类命运共同体理念的实践性话语予以表达。如何与共建国家形成优势互补，彼此欣赏认同，是实现“文化—价值”的互通应有之义，也是践行人类命运共同体的目标理念的基础。习近平主席指出，“一带一路”建设要以文明交流超越文明隔阂、文明互鉴超越文明冲突、文明共存超越文明优越，推动各国相互理解、相互尊重、相互信任。[①]“文明交流”“文明互鉴”“文明共存”等话语要突出重围，则需要借助“一带一路”文化话语的创新来实现。

中新网对西北地区民族文化的报道在“一带一路”话语引领下，其传播内容明显地由原来的区域性民族文化传承向推动构建人类命运共同体价值理念的传播转变。当下相关报道主要是以具有民族特色的文化、习俗、艺术、服饰、音乐、语言、旅游为报道内容，以刺绣、唐卡等作为民族文化传播的主要物质载体，在对外传播过程中强调民族文化的独特魅力和对外传播中作为中国文化组成部分的历史性、多元性、和谐性等特点。特别是 2017 年之后借助“三网合一”的融媒体格局，以多种媒介形态对外传播，借助多种媒介形态对外传播，其传播内容的价值理念取得了一定的传播效果和认同。因此，在“民族文化—人类命运共同体”的基本话语框架下，作为中华文化有机组成部分的西北地区民族文化，如何通过主流媒体呈现达成多元一体的和谐？中华文化与各国文化在交流互鉴基础上，为构建人类命运共同体提供了中国方案的实践可能性。

推动建设“开放包容的世界”是“一带一路”文化话语建构的目标，“交流互鉴”理念是“一带一路”文化实践的必然要求，“民心互通”话语则是“一带一路”话语体系建构中的一把钥匙。在共建国家跨文化交流中，中国文化以“话语建构—话语解码”为路径，将古代丝绸之路的和平发展、文明互鉴精神在新的历史时期赋予其新的时代意涵，体现出多元主体在民族文化传承的实践性和多层次性。特别是普通民众对民族文化的传承和实践，借助主流媒体的话语建构，以个体故事和情感为叙事形式，打破不同文化之间的话语隔阂，寻求不同文化之间的共同价值。在文化交流的反馈中，西北地区民族文化的民族特色及其历史性、多元性、和谐性等特点，为海外普通民

① 习近平．习近平“一带一路”国际合作高峰论坛重要讲话［M］．北京：外文出版社，2017.

众了解中国文化、喜爱中国文化提供了一个窗口。“一带一路”的文化话语构建在中国文化自信和文化自觉的同时，推进了文化交流互知、互鉴、互通，为人类命运共同体的理念层面提供了深层逻辑。

（三）从以官方话语叙事为主到以“语言—修辞—情感”为主线的叙事方式

通过分析中新网相关报道的中观、微观层面的话语特征，不难发现其新闻报道从单一话语叙事风格到“情感—认同”内在叙事逻辑的转变，新闻报道语言和修辞充分体现出对外传播中不同层次的情感表达和多层次丰富的认同。文化的自我定位向着文化自觉和自信转变。

在语言方面，这种转变具体体现在主要词频的变化。可见，民族文化传播中强调“传承”的主题在逐步强化，强调“保护”的主题则在逐步弱化。这种弱化表现在行动上将文化作为一种活态存在去传播传承，而非仅限于呼吁式地强调“濒危”的文化挽救。其间透露出在“一带一路”之下的文化自信在逐步显现。

修辞方面的转变，一方面体现在从以消极话语和中性话语为主的修辞转变为积极话语，从“挽救”“抢救”等被动的消极话语，转向“展示”“促进”“国家级非物质文化遗产”等积极话语，创造出和谐积极的话语环境；另一方面从单一的文字修辞转向兼文字、图片、视频等视觉修辞，特别是视觉修辞中西北各民族的积极乐观精神面貌和质朴笑容，能够再现当地和谐友善的人文环境，极易感染受众。近年来，借助新的媒体形态和视觉修辞，绚丽多彩的民族文化能够以最为直观的形式呈现出来。

报道语言和修辞的转变带来情感表达层次的丰富化，主要体现在以下几个方面：民族文化传播传承中不同角色的人物所传达的感情不同。例如，政府话语是以行政力量为主导的一种全局性和前瞻性的政策话语，调动不同主体对民族文化的全面认知，并组织实施中长期的民族文化传承交流的相关活动；专家、学者则以一种理性的知识话语，从民族文化的历史价值、特色、习俗、相关支持性政策等方面向受众讲解，以达到共知的效果；文化传承人主要是一种民族文化实践话语，表达一种对民族文化的热爱与遭遇传承困境时的关切，达成共识的效果；普通民众话语表达在日常生活中对民族文化的实践与感情寄托。这种多层次的丰富情感表达，使民族文化对外传播能够实实在在落地。

（四）从以官方话语为主到以“认知—情感—认同”多重话语交融交织的话语建构

从中国新闻网10年报道框架的变迁来看，西北地区民族文化的传播经历了以官方话语为主到以认知—情感—认同多维度话语的变迁，这与时代背景及我国对外传播的基本诉求有关。“一带一路”倡议提出之前，西北地区民族文化的传播范围是区域性的，并且在认知层面以具有民族特色文化为主，以传承乏力、濒临消失的困境为特点，同时，相关主体间的认知和情感缺少沟通互联。“民族文化作为中华文化的一部分”这样的表述偶见于报道，但因缺少具体的传播情境而使其显得单薄、呆板，因此，这种以官方话语为主的叙事方式在跨文化交流中很难打破文化藩篱从而进行有效的交流互鉴。

“一带一路”文化话语建构的最终目标是推动建设“开放包容的世界”，这一过程离不开文化的交流互鉴，“民心互通”的话语建构则是推动“交流互鉴”的一把钥匙，只要找到“民心相通”这把钥匙，就能打开跨文化交流的大门。因此，在与“一带一路”共建国家的跨文化交流中，中国文化要充分考虑共建国家与中国民众心意相通的共通点，以“话语解码—话语再建构”为路径，借助主流媒体的话语建构和传播平台，以个体故事和情感为叙事形式打破不同文化之间的话语隔阂，寻求不同文化之间的共同价值，真正实现“认知—情感—认同”的多重话语交融交织。“一带一路”文化话语构建将古代丝绸之路的和平发展、文明互鉴精神在新的历史时期赋予新的时代意涵，体现出多元主体在民族文化传承中的实践性和多层次性，在展现中国文化自信和文化自觉的同时推进文化交流互知、互鉴、互通，为构建人类命运共同体理念提供深层逻辑。

中国新闻网围绕“认知—情感—认同”三位一体的话语建构逻辑，积极推进多元主体间的话语互动，使民族文化对外传播中的自我身份认同与国家认同融为一体。对于不同主体而言，在情感和话语表达中呈现多层次性，但整体上是在对外传播中完成民族文化作为中华文化的重要组成部分的高度认同，这种认同是一种有机的整体论观点，即从历史渊源和现实发展来说，中国各民族文化组成的中华文化是多元一体的统一整体，其彰显的是中国文化于世界文化中的独特魅力，也体现了中华民族屹立于世界民族之林的整体性。

第三节 西北地区民族文化对外传播的主流媒体话语建构路径

第二节选取中新网2010—2019年对西北地区民族文化的报道文本进行“框架—话语”分析，以此考察“一带一路”倡议下主流媒体对外传播西北地区民族文化的现状、特点及变化，并在话语层面初步探讨了主流媒体报道与对外传播的话语建构之间的关系。在全球化日益深化的进程中，国家形象的塑造与话语权直接影响一个国家在国际社会中的形象与地位。长期以来，我国对外形象深受西方媒体“他塑”的影响，因而，适逢世界百年变局，“一带一路”为世界了解真实的中国提供了契机，也向世界展现真实中国提供了窗口。要发挥这个窗口作用，其中关键因素之一就是主流媒体如何通过新闻报道来“讲好中国故事”。中国作为文明古国和文化大国，“讲好中国故事”不仅要讲好中国历史上民族交往、交流、交融故事，还要讲好中国当下的民族交往、交流、交融故事。因此，本节内容主要围绕主流媒体在“讲好中国故事”时如何有效建构西北地区民族文化对外传播的话语建构展开。

一、宏观话语：优化顶层设计，提升主流媒体对外传播话语体系的整体建构

（一）优化主流媒体对外传播话语体系的顶层设计

“一带一路”倡议本身蕴含了一种全新的话语体系，该体系提供了一个蕴含中华文明包容精神的创新全球治理、重塑世界秩序的新模式和新思路，将成为人类发展史上的一项重大理论和实践突破。[①] 党的十八大以来，习近平总书记深刻指出：“要精心做好对外宣传工作，创新对外宣传方式，着力打造融通中外的新概念新范畴新表述，讲好中国故事，传播好中国声音。”随着“一带一路”倡议的推进，这一指导性原则有助于进一步构建中国话语在国际舆论中的客观表达，以此突破西方话语体系阻隔。特别是西北地区作为丝绸

① 刘再起，王曼莉．“一带一路”战略与中国参与全球治理研究——以话语权和话语体系为视角［J］．学习与实践，2016（4）：68－74.

之路经济带核心区，这意味着作为中国文化对外传播的重要内容，西北地区民族文化要打破原有区域文化传播的格局与理念，优化主流媒体对外传播话语体系的顶层设计。要优化主流媒体对外传播话语体系的顶层设计，需要从以下两个方面入手：

一方面，要提升话语体系建构的整体性，将文化的对外传播看作中国社会实践整体性的体现。文化在人类社会变迁过程中最为复杂多元，它在多层面、多角度反映并影响着人们的观念认知、价值取向、风俗习惯、社会交往等。因而在进行中国文化对外传播的话语体系建构时，需提升话语体系建构的整体性，在时间维度上凸显中国文化形成的历史渊源和现实观照，在空间维度上突出中国文化融合变迁的空间流动性。

另一方面，要推动其话语体系的可持续性，确保文化对外传播的可持续发力。文化对外传播是国家软实力的重要体现，也是现代国际社会交往的核心内容。媒体全球化使人们对于其他国家的了解和认知基本取决于媒体报道框架所传递的媒体话语，既要考虑文化对外传播的渠道和形式，也要考虑其内容的核心编制。因此，只有立足文化的根本性特征，从不同侧面去反映中国文化的多元一体性特征，创新文化的话语表达力，才能使文化对外传播的话语体系具有可持续性。

（二）主动发掘主流媒体融入全球文化传播话语体系建构的共同点

“一带一路”倡导多元包容的文化精神，构建符合“丝路精神”的国际话语体系，传递中国声音，讲好中国故事，以此获得国际社会对真实中国的认知、认可。当下中国文化的对外传播，要以开放姿态面对中外共同关注的文化议题，正视其在话语建构过程中的优势与局限，充分利用本土文化资源和民族交流交往的实践历史，重视民族文化在话语表达中的策略选择，避免自说自话等。习近平总书记在党的十九大报告中指出“我们的对外开放要以‘一带一路’建设为重点，坚持‘引进来’和‘走出去’并重的原则”。

主流媒体肩负着提升国家软实力，塑造国家形象的重要使命。因此，在实践中国文化对外传播话语体系的过程中，要达成“对内形成共识，对外塑造中国形象”的重要目标，必须使主流媒体融于全球文化传播的话语体系之中，采取话语融合策略，主动寻求联结世界文化交流互通的话语共通点，积极开展文化交流活动，更加注重对外传播的定位清晰化、平台国际化、内容多层化和技术集成化。通过自制、合作、外包等方式，围绕“一带一路”真正生产、翻译一系列具有国际影响力的新闻报道和影视作品，有力传播“民族和谐，社会稳定繁荣”的社会图景，同时积极带作品参与国际文化交流活动，促进国际社会各界各层面的交流互动，推动中国文化真正“走出去”。

（三）持续深挖中华文化话语区域空间内话语实践与社会实践的同一性

西北地区位于亚欧大陆中心位置，也是我国与中亚、欧洲各国联系的重要通道和世界了解中国的重要窗口。西北地区既是我国的多民族聚居区域，也与沿线许多国家有着相近的文化习俗，在对外文化传播中有显著优势，而其媒体布局起步也相对较早。如新疆在对外传播中有 6 种文字出版的百余种报刊和落地吉尔吉斯斯坦、乌兹别克斯坦、哈萨克斯坦、蒙古国、土耳其 5 国的《中国之声》，以及《今日中国》《走进中国》等电视节目。这是中国文化话语对外传播的重要渠道和基础。

由于西北地区民族文化具有鲜明的民族特色和地域性，长期以来，媒体报道多侧重显性的自然风光、风土人情等，但忽略了这些表面背后的社会实践所蕴含的深层文化符号。这种话语建构易造成话语实践与社会实践的偏离，使得话语实践无法体现社会实践的整体性，易造成媒体空间内某一区域或民族文化新闻报道的刻板化和单一化。因此，“一带一路”倡议下民族地区文化交流传播视野仍存在一定的局限，尚未实现对外传播的开放性视域，缺乏对民族地区经济、文化、社会发展等多层次和一体性的呈现，缺乏“立足中国，传达中国”的传播定位。因此，要在“一带一路”背景下深挖中华文化话语在区域空间内的社会实践与话语实践的同一性，消融话语建构中特殊性的抽离状态，进一步铸牢中华民族共同体意识的话语建构和中华文化的对外传播力。

二、注重传播实效，推进主流媒体对外传播的话语策略落地

（一）树立内外融通的对外传播理念，积极构建媒体传播新体系

我国西北地区地处“一带一路”丝绸之路经济带的核心区域和亚洲中心地带，与中亚国家接壤，是联通亚欧文化交流的重要地段。这使西北地区在中国文化对外传播中具有地域性优势，也是我国对外传播、交流合作和外交策略的重要组成部分，也属于国际关注中国的重点区域，事关国家形象与国家安全。因此格外重视主流媒体西北地区民族文化的对外传播。

面对西方主流媒体的话语霸权和对中国崛起所抱持的偏见，主流媒体要树立起内外融通的对外传播理念，积极、主动地构建起我国对外传播的媒体布局和传播体系。首先，要及时报道和回应发生在区域内的热点问题和重大突发性事件。若国内媒体，特别是区域内媒体对第一现场缺乏敏感性和回应不及时，导致西方媒体以不实报道抢占报道先机，容易给国外受众造成认知偏见和刻板印象，不仅不利于把握对外传播的主动权，反而陷入“越描越黑”的被动位置。其次，要抓住“一带一路”契机，以媒体传播和文化会展为载体，促进不同媒体传播方式与共建国家媒体的深入交流与合作，以适应中国文化对外传播的新格局。

（二）建立长效的媒体合作机制，打通文化交流的“最后一公里”

“一带一路”倡议提出以后，国内主流媒体和地方性媒体在对外传播中已初步建立起广泛合作，能够共同实施并完成重大主题和活动报道，制作一系列有关中国各区域文化题材的纪录片和影视作品。但这种合作往往是在特定阶段、特定主题下的宣传，缺乏持续深度合作。与共建国家和区域的媒体合作尚处初期，尚未形成传播效果好、传播成本合理的科学机制，造成媒体在文化对外传播中仍存在“最后一公里”距离，从而制约我国媒体与共建国家媒体的全方位、多层次交流与合作。

现阶段的跨国、跨境媒体合作中存在如下局限：一是合作方式落地性不够。目前采用的租用时段和整频落地的合作方式具有明显的局限性，如租用时段的合作方式虽然效果较好，但成本偏高；整频落地的合作方式则因各种不确定因素造成合作中断。二是互动反馈仍停留在表面，对于深层次文化产品的生产合作仍缺乏互动共创。因此，要建立起媒体合作的长效机制，一方面，要加强国内主流媒体和地方媒体合作，保证媒体合作嵌合流畅，形成对外传播一致性与合力；另一方面，要建立与共建国家与区域的合作关系，打通文化交流的“最后一公里”。

（三）推动地方媒体对外文化传播理念的有效落地

作为国家层面的对外开放战略，“一带一路”倡议需要在地方性传播实践中高质量落地。这种落地要求地方媒体要能敏锐地把握对外文化传播的理念，主动将其与地方性实践结合起来，有效挖掘地方实践中早已存在、正在形成以及未有可能的文化传播点。转变传统叙事方式，将国内官方的宣传话语转变为国际通行话语叙事方式，以生动的故事去打动海外受众；挖掘普通人司空见惯但海外受众具有的兴趣点，以鲜活的故事去吸引海外受众；配合"一带一路"国际交流活动，深挖地方性信源中的故事，以小见大、以点带面地反映"一带一路"的发展和前景。

同时，在地方实践中重视报道内容的深度挖掘，避免对外传播过程中符号单一化、地理化、民族化，避免过度追逐差异化的表达。要立足当下，洞察地方实践和个体经历中各民族共同奋斗、合力推动社会发展的生动事实，刻画各民族群众在交往、交流、交融中的和谐画面，描绘各民族在"一带一路"倡议下对美好生活的共同期望。对当代西北地区深度挖掘出、制作出面向中亚地区和世界其他地区的传播内容，建构并传递中国努力推动国际合作、构建人类命运共同体的美好愿景和共同发展理念。

三、持续创新，改进主流媒体对外传播的话语建构的具体举措

（一）主流媒体话语体系的符号创新

对外传播话语体系建构的最佳路径为传播文化符号。跨文化交流能够有效促进国际交流，促进文化间的互相理解，在情感上产生共鸣，在认知上达成共识。西北地区与中亚各国有着人文的相近性，因此，主流媒体的对外传播，应以文化符号传播为切入点，深挖古丝绸之路上共建国家交往的历史文化遗产，通过符号系统的创新，建构起"叙事—框架—话语"的立体式、多层次的话语体系。

要进行对外传播话语体系的符号传播，首先要借助具有中国特色的文化符号和民族特色的文化物质载体，激发与周边国家的历史记忆，创造新时期跨文化交往中普遍认同的叙事方式和话语框架；其次要重视文化差异带来的理念和观念差异，要充分考虑共建国家受众的文化心理特征、思维习惯、生活方式、语言表达、情感认知以及艺术审美和接受程度，避免使用一些不被对方了解、理解和认同的文化传播符号，导致不必要的误解和偏见。特别是在对外传播中使用一些特定名词要保持一致性，如西方民众对"一带一路"的认知停留在西方媒体所使用的"China's Silk Road"，而对"the Belt and Road""One Belt One Road"等概念并不熟悉，这就导致了传播符号与意义的偏离，不利于"一带一路"内涵的阐释。

（二）主流媒体话语体系的渠道创新

面对复杂的国际传播局面和全球媒体的融合趋势，媒体发展深刻影响着国家发展和国际交往的效果，而中国文化的对外传播有赖于主流媒体话语体系的渠道创新。习近平总书记在2014年8月中央全面深化改革委员会第四次会议上强调，要推动传统媒体和新兴媒体融合发展，推动传统媒体和新兴媒体在内容、渠道、平台、经营、管理等方面的深度融合，着力打造一批形态多样、手段先进、具有竞争力的新型主流媒体。①

目前，“一带一路”新闻报道主要通过官方媒体、社交网络传播，传播渠道较为单一，嵌合程度较低，亟待构建和创新更加高质、高效的传播渠道。主流媒体要充分利用媒介技术和多种平台，促使传播模式由单向转向多元互动，兼顾权威性和交互性，实现话语的多层次表达。优化新闻生产的“中央厨房”的生产机制，实现新闻报道融合生产和全球分发，创新“一带一路”新闻合作联盟的合作和共享机制，打造信息畅通、文化互通的融媒体平台，推动“一带一路”达成多方面深层次的合作发展。主流媒体一方面要依托新型媒介技术和传播方式，打造海外媒体矩阵，整合报道资源，筑起对外传播话语体系的平台支撑。实现主流媒体作为“一带一路”报道的舆论阵地、信息流通的重要枢纽和服务平台的重要作用；另一方面，应重视与地方性媒体的合作，充分调动地方媒体生产文化产品的积极性，保持中央与地方主流媒体的协同性和同一性。地方媒体应集中资源，充分利用新媒体来强化聚焦效应，共同完成对外塑造中国形象和传播中国文化的重要使命。

（三）主流媒体话语体系的叙事创新

“一带一路”报道的主题目前存在一定偏向性，普遍关注“一带一路”的经济影响和政治影响，对文化交流融合缺少整体性阐述，特别是对“五通三同”内涵的阐述，长期以来侧重于宏观叙事，在微观叙事及叙事方式方面仍有提升空间。

因此，主流媒体在文化对外传播的叙事方式上，首先要重视沿线不同国家和区域受众在语言、文化等方面的差异，要创新面向特定国家受众特征传

---

① 习近平．推动传统媒体和新兴媒体融合发展［EB/OL］．人民网，（2014－08－18）［2021－07－08］．http：//media. people. com. cn/n/2014/0818/c120837－25489622. html.

播的叙事方式。加强对外传播中“一国一策”的传播策略研究，创新报道方式，注重情感共鸣。另外，在新闻内容生产的过程中，叙事表达要生产具有中国特色的文化产品，显现地方文化差异和中华文化一体性特征的本质性关联，构建“微观—宏观”兼重的整体性叙事结构。同时，以积极的报道话语和生动鲜明的个体故事来创新“一带一路”叙事方式，深挖个体叙事和情感叙事背后的核心精神价值，牢牢把握媒体话语与现实话语的一致性，扭转西方媒体对中国实践的议程设置，真正做到对外传播中华文化和中国和平发展理念，以达成与国际社会的有效联通。

本章小结

在世界百年变局和国际动荡变革期，话语权已然成为大国博弈的重要焦点。主流媒体在国际舆论格局和主流话语秩序形成中发挥着举足轻重的作用。“一带一路”在推进主流媒体矩阵建设和国际传播的同时，深挖新媒体时代媒介内容的文化内涵和精神价值，讲好中国故事，发出中国主流媒体的国际声音。

中央主流媒体的代表之一中新网，在西北地区民族文化对外传播过程中，围绕“一带一路”中华文化对外传播和主流媒体全媒体矩阵展开，积极建构从宏观到微观的叙事话语，拓展海外交流活动的报道与传播，借助视频、图片等视觉化修辞符号，以通信、深度报道等新闻体裁，以接地气的语言叙述地方性的小人物、小故事，传播生动、丰富的民族文化故事，开创了西北地区民族文化对外传播的新纪元。但西北地区民族文化的报道整体偏少，丰富文化内涵与特色尚未被充分展示，文本建构中仍缺少对中华文化多元一体话语的巧妙呈现和对中国文化精神内核的深度挖掘，话语建构在与中国文化整体性对外传播和“一带一路”发展与共建国家交流交往的话语嵌合仍存在缝隙，需要借助整体性的话语建构体系在下一阶段的对外传播话语建构中予以弥合。

因此，在“一带一路”倡议下，西北地区民族文化的主流媒体话语要从立场、策略、举措上，全面建立对外传播的整体性和持续性，要坚守中国特色，立足中华文化多元一体特征在中国文化对外传播中的重要意义，充分考虑国际受众文化背景和文化语境的差异性，积极寻求与共建国家的文化关联性和民心相通性。通过主动建构积极的主流媒体话语来全面呈现我国民族交流、交往、交融的社会事实和生动故事，以普通民众的小人物、小故事建构起具有“微观—宏观”的整体性叙事结构，创新叙事模式，借助现代传媒技术和数字平台充分展示中国的时代风貌和民族风情，传达民族特色文化在中华文化中情感价值的一体性，以情动人，共情共鸣，拉近共建国家民众的距离，发出外界“听得见、听得清、记得住”的中国声音，塑造新时代生动、立体的中国形象，真正发挥主流媒体在“一带一路”进程中联通世界、沟通民心的重要作用，使中国和平发展的理念被充分理解，进而推动建构人类命运共同体。

第五章　“一带一路”倡议下西北地区民族文化对外传播的留学生话语建构

中华文化的对外传播古已有之，早在7世纪以前日本圣德太子摄政期间，就向中国派遣“遣隋使”“遣唐使”以及大批留学生来中国学习优秀传统文化，这一创举对于中日两国间的文化交流产生了深远影响。“一带一路”倡议的提出与实施，对来华学习的留学生在政策水平及奖助条件方面均有提高，从而致使共建国家来华留学的人数大幅攀升。从隋唐时期的“遣隋使”“遣唐使”到今天的高校留学生，他们在沟通中外和推动中华文化“走出去”中的桥梁作用从未间断。在“一带一路”倡议下，如何发挥留学生沟通中外的民间大使功能和传播西北地区民族文化的纽带作用成为具有现实价值的重要问题。本章将来华留学生作为研究主体，梳理该主体在对外传播中的角色流变及地位作用，廓清“一带一路”倡议下留学生的整体概况；重点以西北地区高校的留学生为研究对象，选择问卷与访谈相结合的研究方法，调查他们在留学期间对西北地区民族文化的了解、认知及感受，进而分析其传播动机与意愿，为“一带一路”倡议下西北地区民族文化“走出去”提供现实参考和思路对策。

第一节　高校留学生与中华文化对外传播

留学生从隋唐开始至今已有千年历史，在交通不便的古代，每年尚有百名“遣使团”不远万里来到中国，学习中国的先进文化。时至今日，中国仍然是受欢迎的留学目的国，“一带一路”倡议提出后，政府和高校为丝路共建国家留学生提供了一系列优惠政策，极大地助推了来华留学热。留学生在传播中华文化过程中经历了怎样的角色更替？“一带一路”倡议提出后，来华留学生在中华文化“走出去”中发挥了哪些积极作用？又具备怎样的对外传播特点？

一、留学生对外传播的历史发展与传播现状

7世纪以前，日本圣德太子就派出数量众多的“遣隋使”“遣唐使”全面学习中国的经学、佛学、医学、文学艺术、天文历法、建筑手工业以及政治法律制度和风俗习惯，吸收中国的先进文化。在唐朝时期，日本选派的不少留学生被分配到长安国子监学习各种专门知识。他们在中国长期学习，广泛结交中国诗人、学者，在传播唐朝制度和文化中发挥了积极作用。隋唐时期，中国招收日本、朝鲜、越南等国留学生，其中日本和朝鲜人数最多，日本遣使至唐的人数达19次，人数达五六百人；公元837年在唐的朝鲜学生多达216人，明清时期又接受了数以百计的琉球留学生，形成了以留学生为纽带的“中华文化圈”。[①] 近代以来，在学部官员的奏请下，清政府于1910年1月给出明确答复，“准外国人入学，由部臣酌定简章以期妥洽”，开近代中国大学来华留学教育之先河。[②] 民国在清末基础上继续推行来华留学政策，并对来华留学生入学资格、科目、毕业、在校管理及制度规范做了较为详细的规定。北洋政府时期，由于政权纷争而忽视教育，来华留学规划未曾付诸实践。国民政府成立之初，政府主导下发展起来的来华留学逐步发展起来，招收留学生的高校数量增多。抗战初期，在中国社会混乱、动荡的背景下，华北临时政府颁布了《外国学生入学规则》，规定了外国留学生入学程序、种类及管理等，并将留学生分为正式生、选科生和旁听生三类。抗战结束后，国际文化交流日益频繁，国民政府积极鼓励、推动外国学生来华学习。1946年，教育部决定向服务“二战”工作的美籍军人每人每年提供1500元奖学金，以激励其在美国大学或中国大学研究中国文化课程。[③] 为鼓励南洋学生学习中国文化，1947年3月11日，国民政府颁布《南洋学生奖学金办法》，对南洋来华学生的入学资格、名额分配、院校及奖学金做出规定，同时要求年龄25岁以上、中等学校毕业并对中国文化感兴趣者经当地政府保荐后入学。中华人民共和国成立后，接收外国留学生来华学习成为教育事业的重要组成部分，清华大学“东欧交换生中国语文专修班”，接收罗马尼亚、波兰、匈牙利、捷

①②③　彭泽平，金燕．近代来华留学教育的递嬗、趋势及历史影响［J］．社会科学战线，2022（1）：215－225.

克、保加利亚的33名留学生。[①] 1950—1978年的28年间，中国累计接收培养了12800名留学生，为推动各自国家与中国开展友好交流与合作做了大量工作。[②] 1989年，当时的国家教委发布《关于招收自费外国来华留学生的有关规定》，赋予高校更大自主招生权利。[③] 2000年，教育部、外交部、公安部以9号令形式公布《高等学校接受外国留学生管理规定》，标志着来华留学教育管理进入平稳阶段。[④]

在信息技术尚不发达的时代，“遣隋使”等一大批古代的留学生群体是中日睦邻进行对外文化交流与传播的重要载体，对推动日本社会的发展和促进中日友好交流作出了不可磨灭的贡献。“遣隋使”和“遣唐使”作为文化传播的使者，他们背负使命前来唐朝学习，学成回到日本后，为日本国内各个领域尤其是文化领域注入新鲜血液，对外提高日本国际地位以抗衡新罗，对内发展了社会经济以巩固皇权。日本借助遣唐使，学习、吸收、借鉴中国文化精华部分，不仅实现了国内综合实力和国际地位的提升，还让中华民族强盛的国力与威望也名声远扬，彰显了中华民族泱泱大国的雄韬伟略，以儒家思想为核心的中华文化圈对周边睦邻友好国家的发展和进步产生深刻影响。近代以来，中国传统文化影响力受到冲击，但魅力依旧，来华留学生对中国的经史之学仍抱有浓厚兴趣。新中国成立后，留学生教育不仅为中国的政治外交服务，也成为各国文化交流与增进友谊的重要载体。无论是古代的“遣隋使”“遣唐使”，还是今天的来华留学生，他们都是中外沟通的桥梁通道，也是中华文化对外传播的重要载体。

“一带一路”充分依靠中国与沿路国家打造的双边、多边合作机制，借助多平台的互联互通，积极发展与共建国家的经济合作伙伴关系，以经贸合作促进经济融合、政治互信和文化交流。[⑤] 在“一带一路”国际合作高峰论坛上，习近平主席强调了古丝绸之路的文化价值，提出要将“一带一路”建成文明之路，要以文明交流超越文明隔阂、文明互鉴超越文明冲突、文明共存

---

①②③ 蒙梓．新中国来华留学教育历程［J］．神州学人，2019（9）：92－95.

④ 严新锋．我国来华留学生教育质量的现状分析与提升对策［J］．大学教育，2021（12）：25－27.

⑤ 李红秀．“一带一路”倡议下的文化传播与民心相通［J］．人民论坛，2020（32）：107－109.

超越文明优越。[①] 文明交流互鉴是推动世界文化多样性的前提，文化的影响力是超越国界、区域、民族的潜在动力。文化建设在“一带一路”建设中的地位尤为重要。

自这一伟大构想提出以来，共建国家来华留学生数量不断攀升，国际人才流动更为频繁。国际留学生数量从 1999 年的 203.26 万人，增加到 2017 年的 530.92 万人，20 年左右增长两倍有余。[②] 受地缘政治因素的影响，“一带一路”共建国家成为来华留学生的主要增长点，特别是“丝绸之路经济带”辐射最为深远的中亚各国，对汉语需求热推动了来华留学人数连年增长。数据显示，从 1999 年 164 个国家和地区的 4.47 万名留学生，到 2018 年的 196 个国家和地区的 49.22 万名留学生，增速高达 10 倍，而“一带一路”共建国家来华留学生的数量则从 1999 年的 28.27% 增至 2018 年的 60% 有余，逐渐成为来华留学生主体，且以西北地区的陕西、甘肃、宁夏、青海、新疆 5 省区为接收留学生的核心地区。[③] 2019 年在我国留学的“一带一路”共建国家留学生占比达 54.1%。[④]

来华留学生文化交流使者思维活跃，易于接受新鲜事物。来华后，在日常学习生活中都会接触、感知中华文化，且能熟练使用移动互联网及社交媒体将中华文化中有利、有益、有趣的内容传播出去。同时，该群体了解本国民众，能够采用符合本国传统习俗和民众熟悉的方式传播中国文化，可极大地克服不同文化之间的差异与隔阂，从而推动中华文化与本民族文化的交流与融合。

二、留学生在对外文化传播中的重要作用

在中华民族文化对外传播的过程中，留学生的历史由来已久，作为沟通

① 申亚欣，田甜，杜晨歌．习近平“一带一路”高峰论坛系列讲话十大高频词［EB/OL］．人民网，(2017-05-18)［2022-3-9］．http：//politics.people.com.cn/n1/2017/0518/c1001-29283687.html.

② UNESCO. Education：Outbound internationally mobile students by host region（1999—2017）［DB/OL］．http：//data.uis.unesco.org/Index.aspx.

③ 李亭松．“一带一路”沿线国家留学生缘何来华求学——基于双一流建设大学的质性研究［J］．兵团教育学院学报，2020，6（30）：5-13.

④ 央视网．2019 年在我国学习的“一带一路”沿线国家留学生占比达 54.1%［EB/OL］．中国网，(2020-12-23)［2022-03-09］．https：//news.china.com/domestic/945/20201223/39105836.html.

中外民间大使的留学生作用极其重要。① 留学生在中华文化的对外传播中是传播者、推动者和创造者，是文化沟通的桥梁，是公共外交的主体，也是中华文化“走出去”的重要载体。

（一）留学生是文化沟通的桥梁纽带

留学生是沟通不同国家、不同民族文化的重要媒介和桥梁，来自“一带一路”共建国家的留学生，他们从小成长于传统的中亚草原游牧文化环境，这种母国文化环境对他们的价值观和生活方式产生潜移默化的影响，形成对应的民族价值观和文化性格。在中国留学期间，异国他乡的留学经历又为他们创造出全新的异质文化环境，从而成为中亚文化的传播者。这些留学生的言行举止、行为态度甚至在当地生活期间所有的沟通交流行为构成大大小小的跨文化传播活动。全新传播语境中的留学生身份也由本国文化的受传者转变为跨文化传播者，他们不断学习和适应中国当地的风俗习惯和文化传统，待他们回国以后，又以人际传播方式，将具有西北地域和民族特色的文化带到本国，由此促进地域文化、民族文化和中华文化的广泛交流。

（二）留学生是公共外交的重要主体

在如今互联互通的全球化时代，留学生已不仅是过去汉语和中国文化的学习者，他们更是国家之间人民友好交流、国与国发展外交关系、构建人类命运共同体与传播中华文化的主体力量。

习近平总书记于2018年8月在全国宣传思想工作会议上发表的重要讲话中提到：“要推进国际传播能力建设，讲好中国故事、传播好中国声音，向世界展现真实、立体、全面的中国，提高国家文化软实力和中华文化影响力。”② 随着我国在国际舞台的发展崛起，树立负责任的大国形象需要更加广泛多样的公共外交手段进行塑造，而来华留学生是向国际社会沟通中外友好关系，讲述中国故事、传递中国声音、展示中国道路的重要群体，是我国实行公共外交的桥梁和纽带。③ 与其他公共外交形式相比，留学生渴望了解中国，具有

---

① 宋钰．来华留学生中国文化认同度调查研究［J］．文化创新比较研究，2020，4（4）：197－198.

② 宋心蕊，赵光霞．讲好中国故事，传播好中国声音，让世界更好了解中国——上海出版界学习习近平总书记重要讲话精神［EB/OL］．人民网，（2018－8－30）［2021－08－06］．http：//media. people. com. cn/n1/2018/0830/c40606－30259813. html.

③ 马春燕．浅谈对来华留学生的公共外交［J］．海外华文教育，2017（12）：1695－1701.

较强的认知主观能动性，在国内开展对来华留学生的公共外交，具有成本低、收效快、易操作等特点。以来华留学生作为传播主体开展公共外交，从“异文化者”角度塑造良好的国家形象，加强外国公众对中国的认知，增进中国人民同各国人民的友好关系，改善国际关系，维护国家利益。例如，习近平主席高度赞扬了10年为中国人民无偿奉献“熊猫血”的哈萨克斯坦留学生鲁斯兰，称赞他是“中哈友谊的使者”。[①]

（三）留学生是中华文化“走出去”的重要载体

来华留学生是了解和传播中华文化的重要群体，他们对中华文化有最为直观、最为真实的切身感受。很多国家把留学生培养纳入国家文化外交战略中。国家和政府通过建立各种机制对留学生进行引导，发挥他者讲述中国故事，促进国际交流。政府统一规划，通过设置来华奖学金，层层选拔对华好感度和文化认同度高的留学生，同时牵头设立各种基金会，广泛吸纳民间资金，为来华留学生创造有利条件，从而充分发挥留学生开阔国际视野、多重文化背景和语言文化优势的跨文化传播优势。特别要动员那些社交能力强、见多识广、博学多才的留学生，利用他们自身人格魅力与知识涵养及“意见领袖”角色，成为中华文化“走出去”的重要载体之一。相关高校通过提高留学生“意见领袖”对中国的认识能力和水平，他们归国后通过人际传播或者在社交平台谈论中国问题、讲述中国故事时，将个人意见表达转换为信息符号传递给其受众群体，能够真正发挥留学生对外传播中华文化的载体作用。

总之，留学生在文化的对外传播中肩负着接收者和传播者的双重身份，他们在多元文化的融合与碰撞中形成对中华文化的了解与适应，在接受文化的过程中将文化传播出去，从而在中华文化对外传播过程中发挥显著作用。我国高校留学生通过孔子学院和孔子课堂开设的课程及活动进行汉语学习，从中了解、适应中华文化，回国后再以文化使者的角色传播、推广中华文化，从而为中华文化的对外传播和国家形象建构作出杰出贡献。

---

① 羊隽芳，刘栋，范晓芸．浅析来华留学生校友工作对“一带一路”民心相通的促进作用［J］．公共外交季刊，2021（1）：94－102，124－125．

三、“一带一路”倡议下留学生对外传播特点

在“一带一路”相关政策推动下，数量连年增长的中亚留学生成为“一带一路”共建国家来华留学的重要构成部分，也成为中华文化“走出去”的重要力量。那么，以中亚留学生为代表的留学生群体对外传播中华文化有哪些特色与优势？

（一）传播范围广、覆盖面大

“一带一路”为中亚国家带来了政策红利，助推中亚来华留学生数量大幅提升。这些留学生群体本身具有广泛的社交圈层，不仅能够契合本民族同胞的心理诉求，扩大中华传统文化的覆盖面，同时，还能够推动中华文化由精英阶层向普通民众转移。例如，部分留学生回国后在当地开办中华武术馆、茶道馆、中餐厅等具有中华文化元素和内涵的场所，尽管这种场所数量不多，但作为当地民众亲身体验、近距离感受中华文化魅力的场景性传播平台，同样具有强大的影响力，也是对外传播中华文化的载体之一；与此同时，来华留学生来源十分广泛，除了来自“一带一路”共建国家，也有来自其他国家和地区的留学生，他们对中华文化的传播不局限于“一带一路”共建国家，还能辐射到世界其他国家和地区。

（二）可信度高、亲和力强

美国人类文化学者爱德华·霍尔在20世纪40年代提出了跨文化传播的概念，并将其定义为处于不同的文化背景之间的社会成员之间的人际交往与信息传播活动。首先，拥有母国文化的来华留学生长期在中国居住生活，在异文化视角下传播中华文化更加具有真实性、客观性和说服力，他们传播的内容更容易被本国民众信任并接受，减少了由于身份差异造成的文化传播障碍，从而有助于中华优秀传统文化的有效传播；其次，留学生群体与母国民众具有相同的认知方式，使前者能够将中华文化的理念、内涵以符合本国民众习惯的话语方式演绎表达；最后，留学生能够将中国政治、经济、文化与社会发展的各个方面与本国进行对比，采用个人熟悉的方式理解并传播。因此，留学生是中华文化接受与传播的一面镜子，他们通过耳濡目染、直观理解、多种表达，从而增强传播内容的可信度与亲和力。

（三）官方主导，多平台发力

来华留学生传播中华文化的平台渠道主要包括三方面：一是通过我国官

方开办海外学院和学习平台，推动留学生了解中华文化。例如，海外孔子学院，以汉语教学为基础，以中华文化专题课为辅助，采取中西合璧、线上线下协同教学的方式，开展实践体验活动，引导学生体验中国的餐饮、手工艺品等，逐步深化对中华传统文化的认识和感情。二是来华留学生通过在中国高校学习课程，参加活动，切身体验和感知中华文化。其中部分对中华文化兴趣浓厚的留学生学成后任教于孔子学院或回国后主动承担传播中华文化的重任。三是大众传媒和网络平台助推中华文化“走出去”。以新媒体、新技术为主的新兴传播方式悄然兴起，门户网站、短视频平台、社交媒体平台以及网络直播平台不断涌现，极大地拓宽了留学生接触、学习、传播中华文化的移动端平台，影视纪录片、文艺展演、文化旅游等平台成为留学生接触及传播中华文化的便捷渠道。

总之，文化既是民族的也是世界的。中华文化对全人类的发展和世界文化的多样性作出了杰出贡献。因此，弘扬和传播中华文化不仅是我国增强文化自信和认同的重要手段，也为世界范围内其他国家和民族文化带来多元化视角思路，从而进一步促进文化的交流合作、互融交汇。我国自古以来就是一个统一的多民族国家，既包含风格迥异、独具特色的西北地区民族文化个性，又包含中华民族在长期历史交往中影响渗透、共融共生的文化共性。民族优秀文化是中华文化的重要组成部分，不仅凝聚了中华民族精神，还是中华民族大融合的有力见证，弘扬和传承民族文化是打造国家文化软实力的重要环节①。留学生对中华文化对外传播发挥着不容小觑的作用，他们是文化交流的纽带，是实现民心相通，构建人类命运共同体的重要民间力量。② 在“一带一路”倡议下，西北地区成为接收中亚留学生的核心区域之一，也成为留学生了解西北地区民族文化的重要窗口。为了探究来华留学生在接触、了解、学习和传播西北地区民族文化过程中的话语认知和话语表达，笔者将结合留学生的衣、食、住、行等，运用问卷和访谈法进行分析。

---

① 谢丹．连接民族文化传播的网络与结构研究［M］．北京：中国广播影视出版社，2017.

② 王春刚，王凤丽．“一带一路”倡议下来华留学生文化交流探析［J］．湖北经济学院学报·人文社科版，2022，19（2）：113－116.

第二节　留学生对西北地区民族文化的感知体验与话语表达
——基于西北地区高校留学生的调查分析

"一带一路"倡议提出后，来华留学生数量不断攀升，其中西北地区高校留学生人数也在连年增长。来华留学生在传播实践中对中华文化的认知如何？形成了怎样的话语表达？本节采用问卷调查和深度访谈相结合的研究方法，分析西北高校留学生对西北地区民族文化的了解、认知及传播意愿，从而形成留学生传播西北地区民族文化的对外话语。

一、研究设计

来华留学生作为中华文化"走出去"的重要民间力量，他们通过在中国学习、生活，对中华文化耳濡目染后形成直观感知和个人表达，从而构成了中华文化"走出去"的留学生话语。而地处我国内陆腹地和多民族聚居区的西北地区则处于"一带一路"的前沿，因此，选择赴西北高校留学的人数不断上升。留学生群体不仅是西北地区民族文化"走出去"的传播主体，也是西北地区民族文化对外话语表达的核心力量。

本研究以西北地区五所高校留学生作为研究对象，调查该群体对西北地区民族文化的了解认知和话语表达。之所以选择西北地区高校，一方面，西北高校所处省份本身文化资源丰富，课程设置及学习内容也与民族文化息息相关；另一方面，西北地区生活的民族、民俗风情会间接对留学生群体产生影响，促使他们形成个人感知和价值判断，进而影响传播动机与行为。

研究主要采用问卷调查与深度访谈相结合的方法，调研对象包括兰州大学、兰州交通大学、西北民族大学、西北师范大学和甘肃政法大学五所高校的留学生群体，调查历时 3 个月。问卷设计和访谈主题按照物质文化与精神文化两大类划分：物质文化包括节日、饮食、服饰等内容；精神文化涵盖历史、诗词、歌曲、舞蹈、风俗习惯等内容。研究内容将围绕美食、服饰、歌舞、诗词、舞蹈等文化认知和传播意愿具体展开。

二、研究方法

（一）问卷与访谈相结合

本节采用问卷调查与深入访谈相结合的研究方法，调查留学生对西北地区民族文化的认知程度和传播意愿。首先，通过问卷调查，分析留学生对西北地区民族文化的认知、态度和行为，形成关于留学生认知和传播西北地区民族文化的基本概况；其次，围绕调查问卷，再选取具有代表性的留学生深入访谈，对调查问卷中遗漏的问题追踪访问，或者沿着问卷涉及问题深入交流，了解留学生对西北地区民族文化的传播意愿与态度行为；最后，将留学生的调查问卷和访谈内容归纳整理，并借助一定的数据分析软件形成研究结论。

（二）统计分析法

课题组对前期收集调查问卷汇总整理，剔除无效问卷后，用 Excel 和 Python 软件进行数据整理，形成留学生传播西北地区民族文化的本文数据和留学生对西北地区民族文化的认知情况和传播意愿；再围绕访谈和调查结果进行比较反思，将直观的数据结合访谈文本得出研究结论；最后结合现有结论，思考“一带一路”倡议下高校留学生如何从宏观、中观和微观层面进行话语建构。

三、研究思路与过程

本研究共发放问卷 172 份，回收有效问卷 165 份，回收率为 95. 93%。总样本中，男性 106 人、女性 66 人，分别占总数的 61. 63%、38. 37%。其中，来中国 1 年及以上者占总数的 94. 77 %。大多数调查对象为来中国 1 ~3 年的留学生，且对西北地区民族文化有一定了解。

在问卷调查基础上，笔者又针对部分留学生开展个人访谈与小组焦点访谈，参加小组座谈和个人访谈的留学生见表 5 –1。

表 5 –1　受访留学生基本情况

受访人	国籍	性别	学生类别	来华时间
谷娜扎	乌兹别克斯坦	女	本科生	2 年
博群	乌兹别克斯坦	男	本科生	2 年
阿卜	塔吉克斯坦	男	本科生	3 年半

续表

受访人	国籍	性别	学生类别	来华时间
阿里	塔吉克斯坦	男	本科生	3 年
苏大伟	塔吉克斯坦	男	硕士研究生	半年

本研究围绕上述研究对象，通过问卷设计，调查西北高校留学生对西北地区民族文化的了解、认知，考察留学生对西北地区民族文化的态度、行为，形成留学生对外传播的总体概况和意愿态度。根据传播现状，总结归纳留学生的对外话语困境，最后为留学生传播西北地区民族文化提出话语对策与建议。为了形成留学生对西北地区民族文化传播的综合考量，本节采用认知、态度、行为 3 个维度设计问题。首先，考察他们的认知状况；其次，基于其认知状况来判断其态度，即传播意愿；最后，再根据认知和态度综合考察其传播行为。

之所以选择这 3 个维度，主要是基于认知、意愿（态度）和行为人行动中的 3 个层层关联的因素。认知是指对事物的了解、理解和感知，是人们通过感觉和思考形成的知觉和知识；意愿是对承诺和自我决定的表达；行为则是人们的实际行动，是认知和意愿的反映和体现。留学生对西北地区民族文化的传播之所以采用这 3 个维度进行分析，是因为三者相互关联、层层递进，具有一定的科学合理性。同时，考虑到留学生对西北地区民族文化这一宏观概念把握存在困难，问卷以西北民族美食、节日、风俗、诗词、歌舞等具体文化为板块，再根据留学生的认知、态度和行为来设计问题，进而了解其背后的传播意愿及行为。其中民族构成是美食、服饰及歌舞等文化依托的基础和前提，因此内容围绕民族构成、美食、服饰等具体展开。

（一）留学生对西北地区民族构成的了解与认知

我国西北地区长期生活着回族、藏族、维吾尔族、哈萨克族、土族、裕固族、保安族等少数民族，他们与汉族一起共同交错聚居。但来华留学生对中国西北多元民族文化和交流传播能力是建立在对西北地区民族构成的了解基础之上的。只有了解了民族构成，才能对这些具有个性特色的文化形成正面认知，才会产生正确理解，并可能产生传播意愿。通过对"您了解西北地区的各个民族吗?"这一问题调查得知，仅有 9.88% 的留学生非常了解，有 24.42% 的留学生表示了解，有 31.40% 的留学生不太了解，有 16.86% 的留学生完全不了解（见图 5－1）。这表明大多数留学生对西北地区民族与中国的感知并无二致，有部分对中国文化感兴趣或留学之前系统了解了相关信息的留学生对少数民族较为了解，针对这部分留学生可提供富有地域特色，且具有相对专业细化的文化产品满足他们的需求。

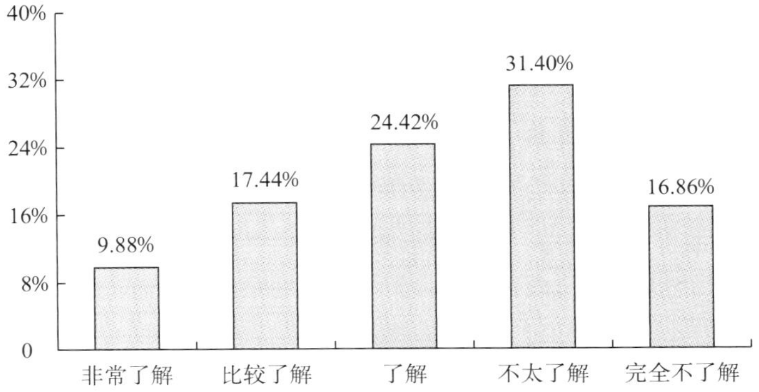

图 5－1 留学生对西北地区民族的了解认知

在焦点小组访谈中，针对“您了解西北地区的哪些民族?”这一问题，留学生表示对回族、维吾尔族和哈萨克族了解较多，有 83. 92% 的留学生对回族十分了解，有 50. 35% 的留学生比较了解维吾尔族，有 48. 95% 的留学生对哈萨克族比较了解。而对甘肃特有少数民族东乡族和裕固族，留学生整体了解程度不高，仅有 32. 17% 和 14. 69% 的留学生了解这两个民族（见图 5－2）。

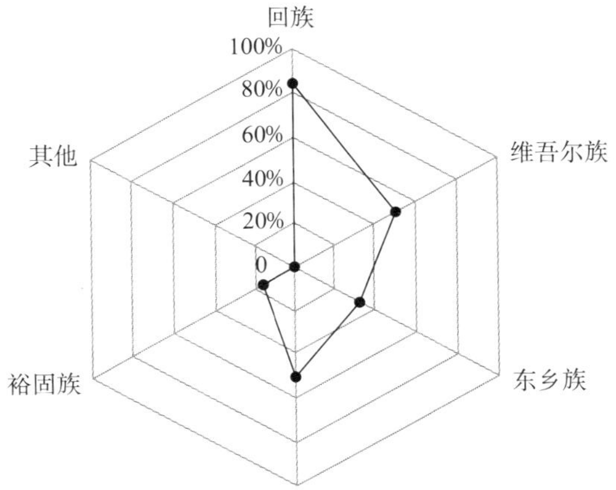

图 5－2 留学生对西北地区民族构成的了解认知

（二）留学生对西北地区民族美食的认知及传播意愿

了解认知是传播的前提条件。留学生对西北地区民族文化的接触程度是他们形成传播意愿、产生传播行动的必要前提。因此，问卷围绕留学生对西北地区民族美食的了解程度、美食类型、了解途径、认知意愿和传播意愿等方面来设计问题，进一步考察他们对西北地区民族美食的认知意愿和传播行动。

五所高校的留学生生活在西北民族聚居的甘肃，这里汇集着西北各民族独特的文化观念和传统习俗。他们通过食、衣、住、行与西北地区民族文化发生亲历性接触，从而形成直观感知和宏观认知。其中，美食与留学生的关联程度比其他类型文化更高。调查发现，留学生对西北地区民族饮食的了解和认知要比服饰、节日、风俗习惯、诗词、歌舞等方面高，有 11.63% 的留学生非常了解西北地区民族美食，有 27.32% 的留学生比较了解，有 33.14% 的留学生了解，仅有 2.33% 的留学生完全不了解民族美食（见图 5 –3）。

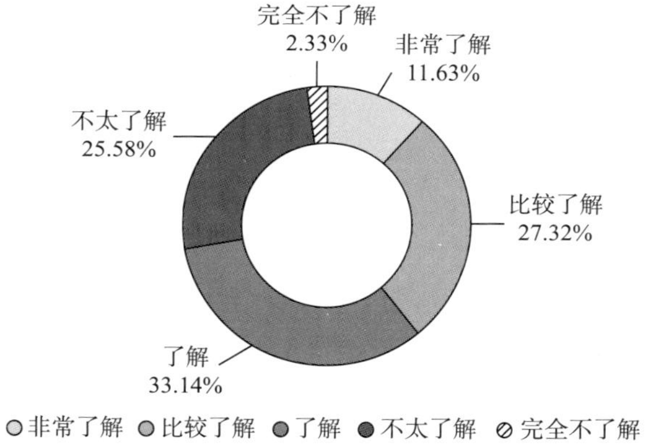

图 5 –3　留学生对西北地区民族美食的了解认知

在谈到“您了解下列哪些西北地区民族美食？”这个问题时，留学生列举了不少自己了解的民族特色美食，如牛肉面、大盘鸡、馓子、手抓羊肉、回族八大碗等。由于“一带一路”沿线的留学生来自不同国家，有着不同的饮食习惯和文化传统，这间接影响他们对西北地区民族美食的接受程度与喜爱程度。中亚留学生在访谈中列举的民族美食有牛肉面、大盘鸡、馓子、手抓羊肉、羊肉泡馍、粉汤、油香、回族八大碗。在个人焦点访谈环节，来自塔吉克斯坦的阿卜说，他很喜欢吃手抓羊肉、羊肉泡馍、油香、火锅、大盘鸡等美食，而且中国朋友经常邀请他吃火锅；同样来自塔吉克斯坦的苏大伟也说他很喜欢吃宁夏的手抓羊肉，还有饺子。调查结果中，留学生对牛肉面和大盘鸡的了解程度较为集中，有 73.81% 的留学生比较了解大盘鸡，有 91.07% 的留学生对牛肉面较为了解（见图 5－4）。

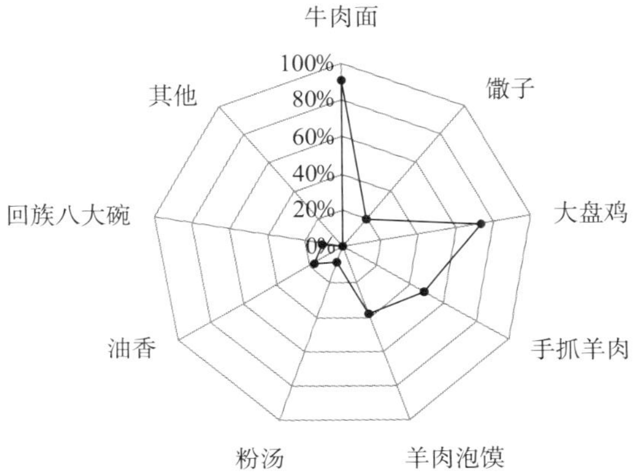

图 5－4　留学生对西北地区民族美食类型的了解认知

另外，针对留学生访谈“你知道这些美食是哪个民族的吗?”这一问题时，留学生阿卜回答道，他不仅很喜欢吃手抓羊肉，还知道手抓羊肉是东乡族的美食。其他留学生则对这个问题没太多了解。

围绕问卷“您通过什么方式了解西北地区民族的美食?”这一问题，有超过一半的留学生选择了网络媒体（如网站、微博、微信、QQ、抖音、快手等），还有 49.40% 的留学生选择传统媒体，如电视、书籍、报纸、广播等方式，选择影视作品如电影、纪录片等以及他人介绍的各占 42.26% 和 40.48%（见图 5－5）。

针对“您喜欢中国西北地区民族的美食吗?”这一问题，图 5－6 显示，70.24% 的留学生选择“吃过，很喜欢”；19.05% 的留学生选择“吃过，但是不太喜欢”；10.12% 的留学生表示“没吃过，但很想尝试”；仅有 0.59% 选择了“没吃过，也不想吃”。可见，多数留学生对西北地区民族的美食印象和评价较高。

结合上述问卷和访谈结果，笔者发现留学生把西北地区民族的美食带回本国的意愿较为强烈，有 40.48% 的留学生表示非常愿意把西北地区民族美食带回自己国家（见图 5－7）。

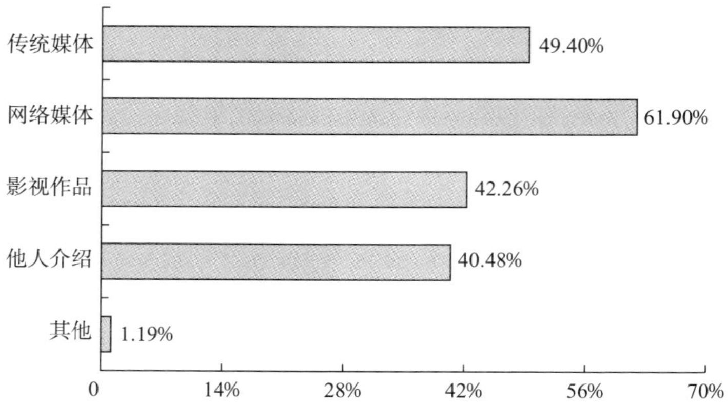

图 5－5　留学生对西北地区民族美食的了解途径

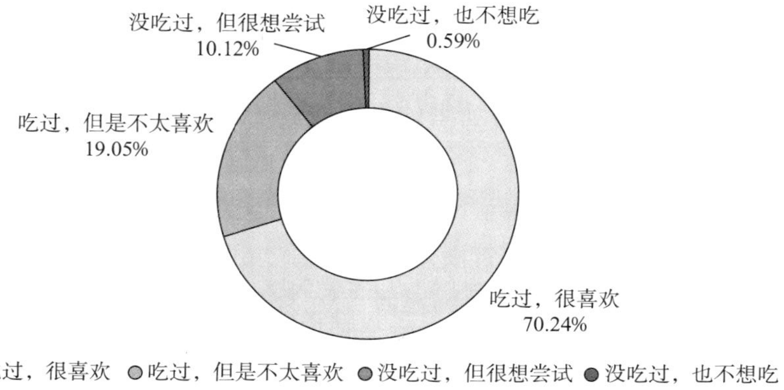

图 5－6　留学生对西北地区民族美食的意愿态度

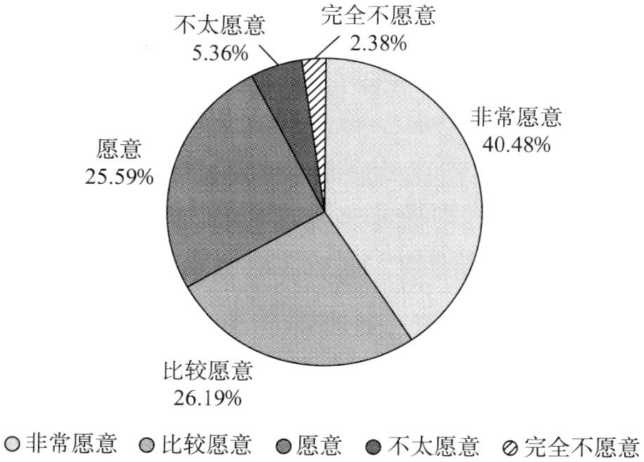

图 5－7　留学生对西北地区民族美食的传播意愿

（三）留学生对西北地区民族服饰的认知与传播意愿

服饰不仅是人们生活的必需品，既有遮体御寒之实用功效，还有符号载体属性和文化传播功能。中国素有“衣冠王国”之美誉，数千年来中华服饰文化不仅体现了我国传统文化的发展轨迹，而且生动反映了民族融合与文化交流的内在关系。来华留学生对西北地区民族服饰文化有接触，但整体了解程度一般，非常了解的占10.47%，不太了解的占38.95%（见图5－8）。

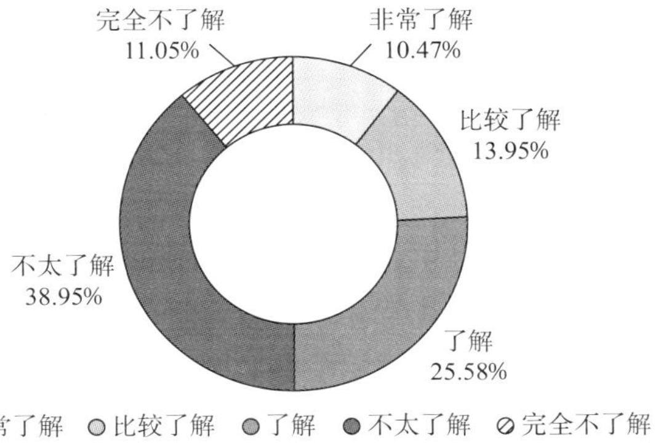

图5－8 留学生对西北地区民族服饰的了解认知

在对留学生进行西北地区民族服饰的传播意愿调查中，有20.26%的留学生非常愿意把这些服饰介绍给他人，接近40%的留学生愿意将这些服饰介绍给他人，仅有13.07%的留学生不太愿意向他人介绍西北地区民族服饰（见图5－9）。

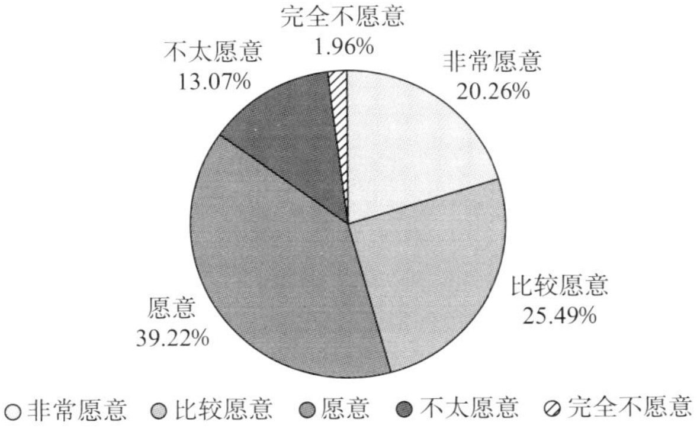

图5－9 留学生对西北地区民族服饰的传播意愿

在访谈中项目组还了解到，留学生比较乐意向他人传播西北地区民族服饰。有的留学生会把西北地区的民族服装拍照发给亲朋好友看，有时还会发朋友圈；有的留学生则会向自己的亲朋好友口头介绍中国的民族服饰。

（四）留学生对西北地区民族节日、风俗习惯的认知与传播

节日传统和风俗习惯是特定社会文化区域内人们共同遵守的行为模式或规范，主要包括民族风俗、节日习俗、特定礼仪等，比如傣族的泼水节、白族的三月街、苗族的踩花山等都是知名的少数民族习俗。而西北少数民族中维吾尔族古尔邦节、哈萨克族的纳月孜节、回族的开斋节等民族节日和风俗习惯，不仅体现着西北地区历代以来积淀下来的民族文化和思想，还代表着西北地区民族的风土人情和精神特征。

根据留学生对西北地区民族节日的调查，仅有9.30%的留学生对西北地区民族节日非常了解，有23.84%的留学生了解西北地区民族节日，有31.39%和16.28%的留学生对西北地区民族节日不太了解甚至完全不了解（见图5-10）。

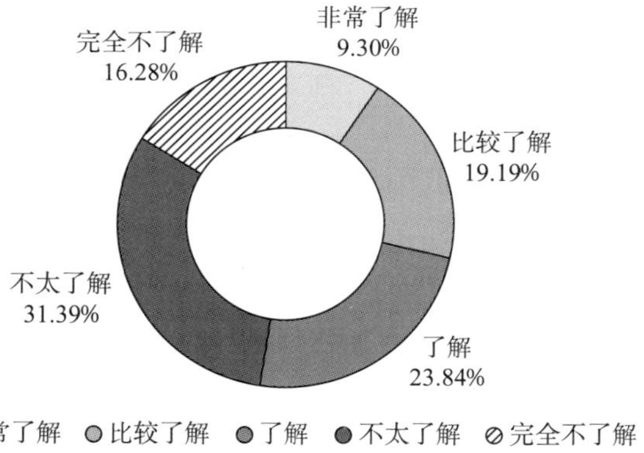

图5-10 留学生对西北地区民族节日的了解认知

根据图5-11的调查情况和访谈可以看出，大部分留学生对开斋节和古尔邦节比较了解，少数留学生了解纳吾肉孜节。受访留学生因自身与西北地区部分民族具有相同的宗教信仰，对于西北地区的民族传统节日和民俗较为了解。

在“您通过什么方式了解西北各民族的节日？”问题中，留学生们大多是通过网络媒体和传统媒体这两种渠道获取信息，有72.22%的留学生通过如网

站、微博、微信、QQ、抖音、快手等网络媒体了解西北地区各民族节日，有52.78%的留学生通过电视、书籍、报纸、广播等传统媒体获取有关信息，还有32.64%的留学生通过他人介绍的方式获取与西北地区各民族节日有关的信息（见图5－12）。

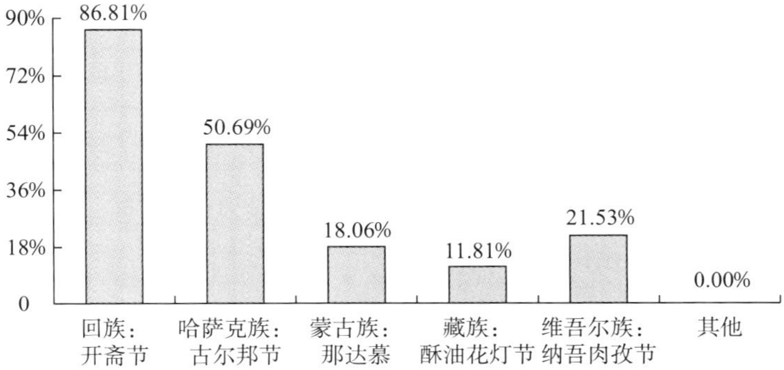

图5－11　留学生对西北地区民族节日类型的认知

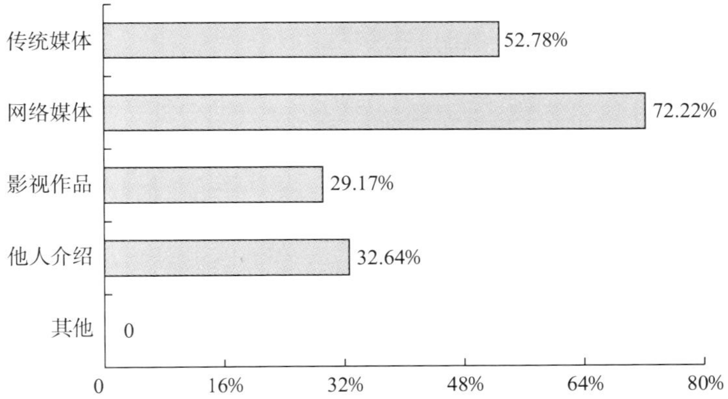

图5－12　留学生对西北地区民族节日的了解途径

在对留学生进行西北地区少数民族风俗习惯的调查中，有27.33%的留学生对西北地区民族的风俗习惯完全不了解，有24.42%的留学生了解西北地区民族的风俗习惯，有26.74%的留学生对西北地区民族的风俗习惯不太了解（见图5－13）。同时，结合“您了解西北地区民族的哪些风俗习惯?”这一问题，大多数留学生对婚丧嫁娶，纪念性节日如开斋节、古尔邦节比较了解。

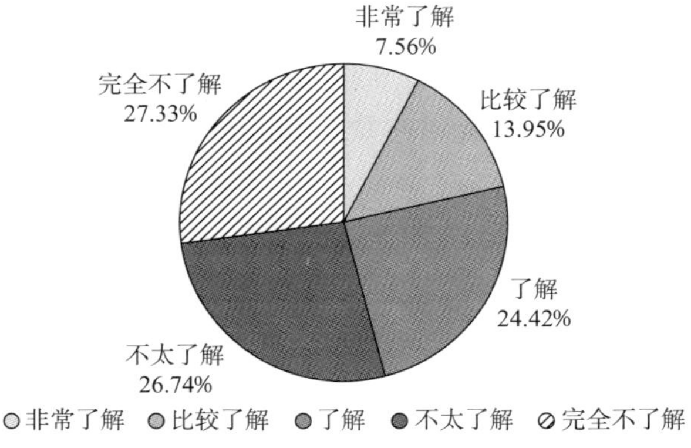

图 5－13　留学生对西北地区民族风俗习惯的了解

针对“您愿意向其他人介绍西北地区民族的节日和风俗习惯吗?”这一问题，有 24.00% 的留学生非常愿意向他人介绍西北地区民族的节日和风俗习惯，有 40.00% 的留学生愿意介绍，仅有 15.20% 的留学生不太愿意介绍（见图 5－14）。

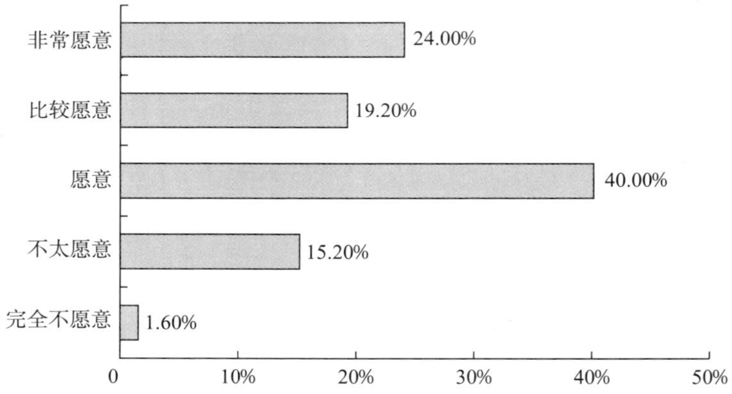

图 5－14　留学生对西北地区民族节日和风俗习惯的传播意愿

结合图 5－14 可知，大部分留学生会向自己的亲人和朋友介绍西北地区民族的节日及风俗习惯。节日和风俗习惯中蕴含着民族地区的文化传统和精神内涵。很多留学生表示，会把西北地区民族的节日以及风俗习惯介绍给身边的朋友，大部分留学生选择通过网络和社交媒体向他人介绍，“向他人口头介绍”选择人数也较多。

在深入访谈中，有的留学生表示会通过口头交流以及网络手机等方式向亲人朋友介绍西北地区民族的文化、节日和美丽的景色，想让他们了解中国西北地区的文化；有的留学生会通过手机进行传播，传播一些民族文化视频。

（五）留学生对西北地区民族诗词、歌舞的认知与传播意愿

诗词、歌舞不仅是中华优秀传统文化的内在构成部分，也是民族文化魅力的外在表现形式。西北地区少数民族群众不仅能歌善舞，且在长期的生产生活中创造出独具民族特色的歌舞文化和诗词文化。但诗词偏向较为抽象的精神层面，留学生由于自身语言文化程度不高，对诗词接受领悟比较受限。调查显示，仅有6.40%的留学生非常了解西北地区民族的诗词，有35.46%的留学生不太了解，有29.65%的留学生完全不了解。在访谈“你知道关于西北地区的民族诗词吗？”这一问题中，大多数留学生表示不知道或者没有听说过（见图5－15）。

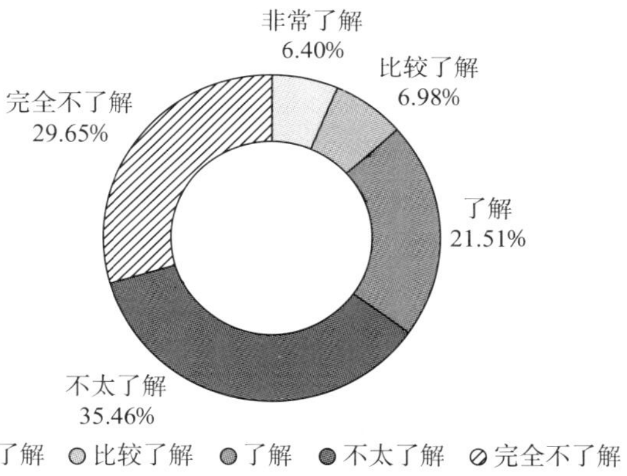

图5－15　留学生对西北地区民族诗词的认知与传播意愿

留学生对西北地区民族歌舞的了解程度不高，有25.00%的留学生表示了解西北地区民族舞蹈，有9.30%的留学生非常了解，但仍有36.63%和20.35%的留学生不太了解甚至完全不了解西北地区民族歌舞（见图5－16）。

留学生对西北地区民族的诗歌和歌舞了解程度不是很高，但是他们对于这些诗词和歌舞的传播意愿比较强烈。由图5－17可以看出，留学生对西北地区民族的诗词的对外传播意愿中，有20.66%的留学生选择了非常愿意向他人传播，有40.50%的留学生愿意向他人传播，不太愿意以及完全不愿意向他人介绍的比例较低。在对西北地区民族歌舞的对外传播中，有35.77%的留学生愿意向他人介绍，有27.74%的留学生比较愿意以及有22.63%的留学生选择非常愿意向他人介绍，仅有13.14%的留学生不太愿意向他人介绍（见图5－18）。

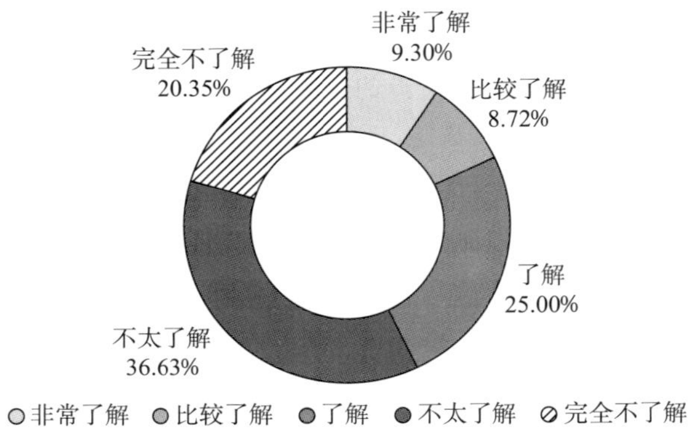

图 5 – 16　留学生对西北地区民族歌舞的了解状况

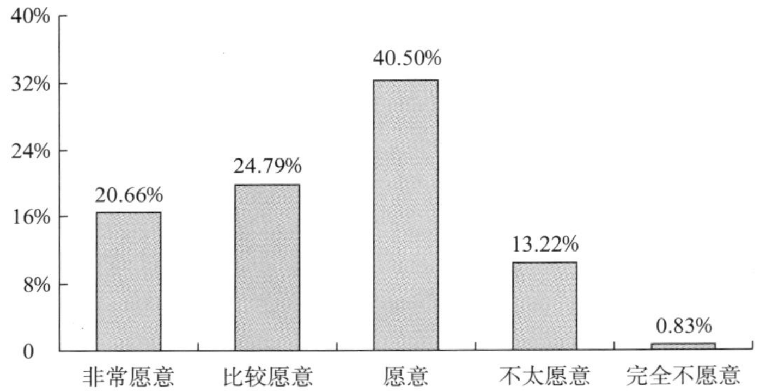

图 5 – 17　留学生向亲朋好友介绍西北地区民族诗词的传播意愿

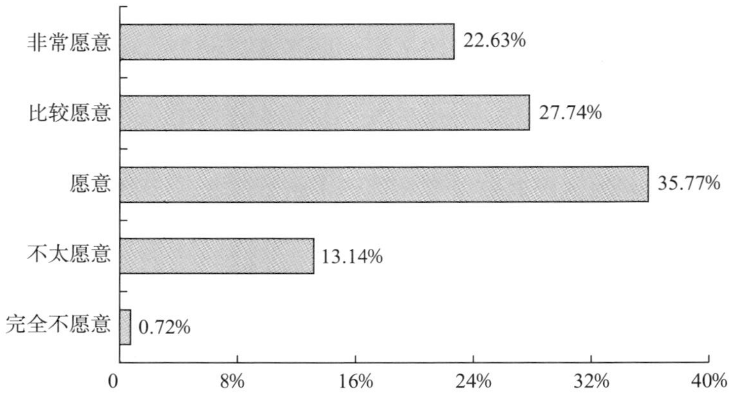

图 5 – 18　留学生向亲朋好友介绍西北地区民族歌舞的传播意愿

在访谈中，留学生对西北地区民族的诗词和歌舞比较感兴趣，有时会把自己感兴趣的东西通过网络分享给家人和朋友。

根据上述调查分析和访谈可以得出：西北地区五所高校留学生对西北地区民族文化有一定的了解。其中，大部分留学生对西北地区民族的饮食、服饰、节日较为了解，对西北地区民族的构成、风俗习惯、诗词、歌舞等方面了解程度较低。“一带一路”共建国家留学生对于西北地区民族文化的认知在生活习惯、地域限制、文化差异及认知层次等方面存在差异，他们愿意选择与个人先前偏好有关的西北美食，且有一定的传播意愿；受时空限制，他们虽有传播意愿，但部分物品不太方便携带，从而制约了实际的传播行动；留学生对西北地区民族构成的认知度不高，大多数留学生把观念中的西北地区民族文化直接等同于中国文化，对具体民族文化了解深入性不够。西北高校留学生长期生活在西北地区，衣、食、住、行等都是感知民族文化的重要途径，他们对不同民族文化形成碎片化认知，但系统性及整体认知度不高。当然，也有个别留学生不仅汉语功底扎实，对中国文化和西北地区民族文化也了解深入，从而成为文化“走出去”的重要先行者。

四、研究结论

“一带一路”共建国家留学生对外传播的话语文本集中在西北地区民族饮食、服饰、节日、风俗、诗词、歌舞等方面。留学生通过日常的衣、食、住、行等对文化形成个人感知，并形成一定的话语表达。结合第二节调查不难发现，“一带一路”共建国家留学生对西北地区民族饮食、服饰、节日的认知程度较高，而在风俗习惯、歌舞等方面认知程度较低。这主要是由于饮食与服饰与留学生关联最为密切，且他们也经常参与学校组织的各类中国传统节日体验活动等，而传统文学诗词抽象度较高，留学生认知度不高且停留在表层。

不可否认的是，饮食文化是“一带一路”共建国家留学生直接接触并直观感受到的文化类型。这源于饮食不仅可满足一日三餐的解渴充饥，还能按照食用习惯和饮食礼仪形成具有地域特色的饮食文化。我国有 56 个民族，根据不同地理条件、文化传统以及民族习俗等形成各具特色的饮食习俗，而西北地区民族的饮食也是中华民族源远流长饮食文化的重要构成部分。西北高校留学生平日接触最多的当属西北地区的代表性美食，牛肉面、大盘鸡、手抓羊肉等特色美食吸引了大批留学生群体关注，他们不仅个人愿意品尝，还愿意分享给亲朋好友，甚至将西北美食带回自己的国家。西北地区民族的服饰与节日文化在“一带一路”共建国家留学生中认知度较高，有超过半数留学生表示了解服饰及节日文化，因为中亚国家与西北地区宗教信仰、服饰与节日文化有相似性，从而提升了他们对西北地区民族文化的认知和偏好。另外，留学生对西北地区民族的风俗、诗词等普遍了解甚少，超过半数学生表示完全不了解，但在传播意愿方面，均表现出一定的关注意愿与兴趣。总体而言，西北高校留学生对西北地区民族文化整体认知度一般，但表现出较强的兴趣与关注意愿。

本研究通过问卷与访谈发现，“一带一路”共建国家留学生受宗教信仰及文化差异影响，他们在接触西北特色美食方面尚存在细微差异，其中对符合本身饮食习惯和文化传统的了解程度远远高于其他文化类型；西北地区与“一带一路”共建国家留学生母国距离较远者，很难将富有西北地区民族特色的美食带回母国，在直接展示或者进行可视化交流方面也受到限制。例如，美食受到保质期及包装等条件限制，留学生大多选择通过网络传播或者个人社交账号分享；同时，有关西北地区民族风俗习惯的调查中，有 27. 33% 的留学生表示完全不了解，有 26. 74% 的留学生表示不太了解；其中，了解的风俗习惯绝大部分与母国相同，与母国不同的风俗则了解较少。

总之，留学生对于西北地区民族文化的整体认知度较低，他们多通过学校开设的有关中国文化的课程和开展的各类传统文化课外活动来形成对少数民族文化的碎片化了解。由于西北高校办学条件有限，师资力量薄弱，在课程设置及实践环节方面科学性不足，学生认知体验渠道有限；另外，来华留学生群体多为中亚国家，学生文化基础较差，综合能力一般，语言功底不扎实，这极大地限制了他们对中国文化课程的学习。西北高校的中亚留学生甚至在语言沟通方面存在障碍，对中国文化的认知体验都是浅表的、碎片化的零星感知，根本无法深入把握西北地区民族文化的精神实质和内在魅力。即使传播意愿和动机再强烈，若自身学习和理解不够，也无法结合本国语境进行深入诠释，更无法有效带回本国，这将极大地限制西北地区民族文化的对外传播现状及效果。

第三节　西北地区民族文化对外传播的留学生话语建构路径

文化传播能够让不同国家、不同民族、不同语言的人相互理解、产生认同，因此，大多数国家都越来越重视人文交流，文化交融能够激发出人们的“共同体”意识。在“一带一路”背景下，共同体重忆辉煌繁荣的丝绸之路，唤起各国人民的共同记忆，将中国文化传播出去，让世界了解中国，以开放包容的心态进行文化交流，创造新的人文来往局面。[①] 在将留学生作为传播中华文化重要主体这一共识基础上，西北高校通过发展留学生教育，组织各类课内外文化活动，加大留学生对西北地区民族文化的了解与传播。整体来看，受西北高校留学生生源质量、政策环境、教育管理等因素的制约，该群体未能充分扮演好留学生“文化使者”的角色。本节将探讨如何更好地发挥西北高校留学生的对外传播功能，在宏观层面加大国家顶层设计力度，出台相关政策及管理制度，学校从课程设置到具体教学革新，留学生主动发力、积极传播，在三方合力下有效地促进了西北高校留学生文化传播的角色功能。

一、宏观顶层设计：营造留学政策环境，助力中华文化传播

来华留学生作为中国文化和文明的学习者、见证者和传播者，发挥着中外交流的桥梁纽带作用。国家历来重视留学生在文化传播中的重要作用，不断完善留学政策和管理制度，孔子学院建设和来华留学发展并重，加快了中华文化“走出去”的步伐。

（一）留学教育与中华文化同向交流

来华留学事业是我国教育事业的重要组成部分，一直受到党和国家高度重视。[②] 早在 2016 年，教育部印发《推进共建“一带一路”教育行动》，设立“丝绸之路”中国政府奖学金，以建设海外科研基地、资助费用等方式鼓励共建国家来华学习或研修。2017 年，教育部会同外交部、公安部出台《学校招收和培养国际学生管理办法》，2018 年出台《来华留学生高等教育质量规范（试行）》，之后 196 个国家和地区的 49.2 万名留学生来到我国 1004 所高校和科研机构学习。[③]

国家大力支持留学教育事业，旨在推动中华文化传播，加强中外文化交流。

---

① 崔娟．“一带一路”文化交流的话语建构与传播［D］．重庆：西南大学，2017.

② 万玉凤．质量为先 实现来华留学内涵式发展［N］．中国教育报，2019－07－22（01）．

③ 晋浩天．教育部：推进中外学生趋同化管理［N］．光明日报，2019－07－21（04）．

来华留学生教育所彰显的文化吸纳与理解理念，有助于留学生感知和体验中国文化的价值和魅力，更加深刻地认知自己的群体与“习而不察”行为背后的价值观。[①]《国家中长期教育改革和发展规划纲要（2010—2020年）》明确指出，要加强国际理解教育，推动跨文化交流以增进学生对不同国家、不同文化的认识和理解。“一带一路”倡议提出后，国家相关部门对于留学生教育给予高度重视，并以更加主动的姿态推动“一带一路”共建国家的教育合作发展，充分考虑来华留学生语言、文化、习俗等方面的差异，坚持合理、公平、审慎原则，制定了一系列教育方案实施细则，在教育管理方面提供学业帮扶，组织引导参加课外活动，帮助来华留学生准确了解中国国情和文化传统，促进中外学生文化交流和互相理解。[②]

（二）孔子学院与来华留学生双向并举

随着“一带一路”共建国家的人才交流日趋频繁，中国与沿线各国进行了多领域、多层次的合作，相关部门举办了以文化交流合作为主题的国际文化博览会、论坛等。其中，世界各地建设的孔子学院作为加强中国文化交流传播的重要机构，“亲、诚、惠、容”的办学理念与“一带一路”倡议内涵一脉相承，彼此促进、相辅相成。据统计，2006—2019年，“一带一路”沿线的俄罗斯、乌克兰、白俄罗斯、格鲁吉亚、阿塞拜疆、亚美尼亚和摩尔多瓦7国在30个城市设立了34所孔子学院和8个孔子课堂。[③] 面向大、中、小学和社会汉语爱好者，开设包括竞赛、游学、研讨会、传统节日、文化大师班和艺术节等多种形式的中文课程，为国际人文交流和中华文化对外传播提供了广阔的平台和通道，在促进各国民众了解认知中国、提升中国国际形象方面发挥了重要作用。

来华留学生也是推动中华文化“走出去”的主体力量。“一带一路”倡议提出后，政府相关部门进一步打造中国与共建国家双边、多边合作机制，通过扩大留学生规模人数，规范留学申请程序，增加政府奖学金名额，加大留学生教育管理，提升教育教学质量，做大、做强“留学中国”品牌，打造

---

① 杨军红．来华留学生跨文化适应问题研究［M］．上海：上海社会科学院出版社，2009：6.

② 晋浩天．教育部：质量为先 实现来华留学内涵式发展［N］．中国教育报，2019-07-22（01）.

③ 常颖．孔子学院：“一带一路”共建国家的文化“驿站”［N］．中国社会科学报，2020-04-17（A04）.

有中国特色的品牌化留学教育体系。其中，西北地区因地缘优势，获得大批中亚留学生的青睐，西北高校针对中亚留学生的政策倾斜和奖学金资助等，成为中亚学生的留学新宠。

西北地区民族文化作为中华文化的重要构成，从新中国成立起就备受重视，国家大力扶持民族文化的创新和发展，积极促进各民族之间的交流和互动，使民族文化得到空前绝后的发展。在社会主义文化建设浪潮中，大力弘扬少数民族优秀文化，加强少数民族文化对外传播是增强国家文化软实力，扩大民族文化传播话语权的重中之重。在“一带一路”背景下，来华留学生再次成为传播中华文化和中外文化交流的重要载体和重要力量，国家将来华留学生教育作为高等教育国际化专项战略的核心组成部分，特别是针对“一带一路”共建国家提供留学计划项目，发挥市场的基础性作用，加大相关政策制定和部署，加强对外立场表达与话语体系构建，[①] 使越来越多在西北高校的中亚留学生扮演“文化使者”的角色，对外积极传播西北地区民族文化，促进中华文化的国际影响力。

总之，在“一带一路”倡议的推动下，国家针对丝路沿线国留学生教育投入大量财政资金，切实推动中国教育对外开放，吸引更多国际青年来中国接受教育，为“一带一路”倡议提供人才支撑和战略支持，从国家层面构建起顶层设计、政策扶持、留学生教学培养及讲述中国故事高度契合的传播格局，形成宏观政策导向 + 完善人才培养制度 + 文化传播人才培养的多重话语体系，为来华留学生发扬丝路精神、讲好中国故事营造良好的政策环境和传播氛围。

二、中观教育教学：优化文化课程体系，丰富文化教学形式

调查发现，西北高校的中亚留学生对西北地区民族文化的认知仅停留在概念层面，对其文化内涵缺乏深入了解。西北高校作为留学生培养、教育和管理的主要机构，需要采用“异中求同”的国际话语表达策略，从语言文字、课程设置、教学手段等方面不断完善创新，降低西北地区民族文化传播中的话语损耗和认知差异，让留学生充分理解西北地区民族文化内涵，搭建国际

---

① 陶金虎，郄海霞．来华留学生教育的政策演进、结构特征与优化策略［J］．黑龙江高教研究，2022，40（10）：52－58.

话语贯通桥梁。

（一）加大语言文字培训

西北高校的中亚留学生汉语基础普遍薄弱、学习难度大，要通过半年至一年的汉语学习才能通过语言关。因此，大多数留学生对汉语知识的掌握不佳，基本沟通交流不畅、语言表述及文字写作存在问题，这不仅影响他们与本校师生的正常沟通和社会实践，还影响该群体了解、感知中华文化的契机和频率。对此，西北高校可考虑在留学生入校当年，首先加大对汉语听、说、读、写能力的综合训练力度，夯实语言交流功底；后期再适当设置具有地方特色的文化课程，结合西北地区民族的方言、民谣、民俗、民歌，进行深入浅出的知识传授。例如，西北地区民族的“花儿”“弹口弦”“社火”等民间歌谣以及民间风俗都是非常生动的传播素材。留学生只有在攻克语言关、熟悉汉语的基本表达后，才能深入领会文化内涵，感知领悟文化魅力，进而在与母国亲友沟通互动时，将西北地区民族文化中的核心内涵和精华内容准确地传播出去。

总之，西北高校面向中亚留学生的教育不能局限于书本和简单的概念介绍，应该全方位、多角度、深层次地向留学生展示西北地区民族文化蕴藏的魅力。具体来说，西北高校需要优化课程设置，针对汉语基础薄弱的留学生加大汉语教学的比重和力度，为留学生提供使用汉语表达的机会；教师要采用通俗、生动、形象的讲授方式帮助留学生掌握汉语，将一些富有地域特色和民族特色的专有词汇翻译为对方熟悉、易于接受的话语表达方式，便于留学生准确理解文化符号和故事的内涵，同时帮助他们具备说、认、读和写的基本能力，鼓励他们用汉语、汉字讲述自己的故事，分享学习感受，从而增强留学生群体对西北地区民族文化的接受能力和传播能力。

（二）丰富文化课程内容

目前，西北高校对留学生招生、教育、管理等作出相应规定，要求留学生遵守中国法律法规和风俗习惯，遵守学校规章制度；开展中国法律法规、校纪校规、国情校情、中华优秀传统文化和风俗习惯等教育；鼓励留学生自愿参加公益活动及重大节日庆祝活动；不得有反对、攻击其他国家、民族或违反公共道德的言行等。此外，学校还开设了思政教育、文化选修等课程，其中文化类课程主要包括《中国概况》《综合汉语》《中国传统文化》等。但研究发现，西北高校留学生对西北地区民族的美食、服饰等物质文化了解得较多，但对历史、诗词、风俗习惯了解得甚少。

孔子学院是为适应世界各国学习汉语需要，加强中国与世界各国教育文化交流，开展汉语教学和文化交流与合作的非营利性教育机构。它开设以“长城汉语”为主的多媒体汉语课程，举办汉语推广和传播中国文化的展览、演出或竞赛活动，致力于向全球开展汉语教学、传播中华文化，形成以汉语教学为基础，以中华文化专题课程为支撑的课程体系。2014 年由国家汉办、吉林省对外汉语教学培训中心和韩国大教集团打造的“孔子课堂”在首尔市正式揭牌。孔子课堂是为外国中小学推广汉语和普及中国文化而建立的教育机构，通过历史、地理、书法、美食、剪纸、茶道等课程传达中国地理、饮食及茶艺文化。虽然孔子学院被非议、质疑，甚至遭遇关闭境遇，这只是运营管理环节的具体问题，不能据此否认孔子学院在传播中华文化中的积极作用。

西北高校可模仿孔子学院与孔子课堂的课程设置模式，根据留学生实际情况更加合理地设置课程，不仅设置各类汉语和语言课程，还可扩大中华文化教育课程的比重，开设中国古典诗词、茶道、国画、武术、剪纸、中医、戏曲等课程，让留学生在实践中感知中华传统文化的丰富多彩。此外，学校可以针对“一带一路”共建国家留学生专门开设不同门类的民族文化体验课，特别是能够彰显地域特色、民族特色的文化体验课，如裕固族服饰文化、保安族腰刀文化等。课程必须立足现实，兼顾留学生的学习情况和掌握能力，将着眼点放在中华民族文化的精神内涵、新时代的成就、责任与担当等方面，让留学生在西北地区民族文化的奇妙体验中深切感受中华文化的博大精深。

（三）创新文化教学形式

学校开设的中国地理风貌、人文景观课程是留学生了解、认识中华文化的一扇窗，但他们通过这扇窗到底能看到怎样的风景，不仅取决于学校如何设置了美丽的“风景”，还取决于由谁来开窗。因此，学校开设的留学生课程不仅要考虑课程内容及具体设置，还要考虑由谁、通过什么方式讲授此类课程。以孔子学院为例，教师通常熟悉国际通用话语规则，充分考虑跨文化背景下留学生的接收习惯和个体差异，采取中西合璧、线上线下协同教学方法，将文化理论资源和实践经历充分结合，开展实践体验活动，让学生体验中国的餐饮文化、手工艺品的制作，利用趣味课堂、优秀人文故事、线上、线下文化活动，有的放矢地引导和诠释中华文化的独特魅力。

西北高校根据课程设置特色，选择对西北地区民族风俗习惯熟悉或者非物质文化遗产传承人来担任讲师，课程内容提前规划、精心设计，选择与留学生认知相通的文化碎片，采用课堂模拟、角色饰演、游戏活动等方式吸引他们主动参与，真实感知，让他们真正看得见、摸得着、留得住、记得牢。除了课堂教学，还要开办内容丰富、充满民族文化韵味的社会实践与文化活动，将活动打造成留学生接触中国文化的“第二课堂”。具体来说，学校要为留学生提供参加西北民族庆典及各类节日、活动的机会，举办民族服饰展示、歌舞表演、特色美食展示、文创产品交流等具有浓郁民族特色的民俗文化表演和民间艺术展示活动。在此过程中，教师邀请“一带一路”留学生共同参加，用各种仪式演绎、营造浓厚的民族氛围，通过亲身体验的方式感受浓浓的节日氛围，体验中华文化魅力。

总之，西北高校留学生在西北地区民族文化对外传播中承担了重要使命。西北高校要将课堂讲授、课后讲座、课外实践联动起来打造一套完善的课程体系，通过不断创新教学手段，注重创新课堂互动，增加课堂趣味，用留学生喜闻乐见的方式实施教学，不断引导留学生深入理解中华文化的精神内核。鉴于留学生教育教学中增添了民族文化的内容，对传承、弘扬中华优秀文化也具有重要意义，[①] 国家相关部门可以考虑编订专门的民族文化解读或多媒体影像资料，结合“一带一路”倡议，在教材中阐明中国的民族区域自治制度及民族政策，加入优美动人的民族历史传说、神话故事、典型人物等内容。同时，学校、教师可以通过开展文化讲座、组织文化活动或者模拟文化场景，以丰富有趣的形式阐释教材内容，吸引学生对中国传统文化产生浓厚兴趣，教学才能入脑、入心。留学生教育只有真正考虑跨文化传播背景，采用熟悉国际通用的话语规则，才能推动中国话语与世界表达接轨。

三、微观个人参与：利用多元传播平台，扩大民间传播网络

在传播中华文化的过程中，留学生往往从个人认知体系和知识结构出发来理解中华文化的精神内核，那么，拥有双重传播身份的留学生如何从生产、

---

① 赵瑾．培养来华留学生对中国少数民族文化适应与传承的方法与途径［J］．文化创新比较研究，2019，3（35）：191－192.

传播层面跨越沟通障碍，在传播实践中实现中华文化的跨文化话语表达？下文将从话语生产（个人感知生产）、话语流通（人际传播形式）和话语呈现（个人社交平台）3 个方面展开阐述。

（一）个人感知生产

留学生能否扮演中国文化对外传播的重要角色，最终取决于留学生的个人感知生产。大多数留学生本身对中华文化感兴趣，他们在主动学习过程中通常能够从内心深处对中华文化形成正面感知并产生认同，回国后将自己的真实经历和情感体验凝练为生动的中国故事讲述给身边的亲朋好友。2015 年至今，国家留学基金委每年坚持举办“感知中国”社会实践与体验活动，为留学生讲好中国故事提供政策支持。各地高校也根据当地实际情况推出各类文化体验系列活动，为留学生直观体验和深入感知中华文化提供平台和契机。当留学生在传播实践中充分接触和吸收形式多样、内容丰富的文化活动，就会产生较为强烈的话语生产动机和传播意愿。宁夏大学临床医学的留学生在抖音平台注册账号“老外在中国”，发布银川当地特色美食的视频，介绍宁夏贺兰山东麓的红酒。西北农林科技大学的留学生用抖音账号“张诺”分享自己留学的美好生活，她通过视频向人们展示中国的汉服及新疆传统服饰，向世界传播更多真实、生动的中国故事。抖音用户“沈美妍”是兰州理工大学一名来自摩洛哥的留学生，中文名字叫沈美妍，她在抖音话题“我与中国的美丽邂逅”上发布短视频，介绍她在中国的学习经历和生活经历。她说自己非常喜欢敦煌莫高窟、月牙泉、张掖七彩丹霞等体现甘肃地域文化特色的景点，并用镜头记录下自己去过的每个地方，用视频的方式分享给摩洛哥的家人。

上述抖音账号及相关内容都由学习、生活在西北地区的留学生自己注册发布，他们不仅有较好的汉语表达基础，还熟悉当地文化，有较强的传播意愿，视频内容本身具有鲜明的地域特色和文化气息，再结合个人生动、有趣的诠释，非常容易吸引当地留学生和本国亲属朋友关注，形成良好的话语表达和文化传播效果。但这种生产行为往往是传播个体的自发行为，节点零散且无法形成规模传播效应，因此，如何通过留学生广泛的社交圈层，发挥“我者”视角下的传播高度契合同胞心理诉求的优势，扩大西北地区民族文化的传播覆盖面和影响范围？笔者认为，国家相关部门和西北高校要充分利用留学生从“他者”传播转向“我者”传播的节点优势，为他们提供更多参与体验中华文化的平台与契机，扩大中华文化对外传播的规模和影响力。

（二）人际传播形式

来华留学生的生源广泛，西北高校的留学生主要来自“一带一路”共建国家，且以中亚留学生居多。这些留学生中的大多数在校学习期间与中国学生结下了深厚友谊，他们彼此交流对中华文化的认识和感受，结伴品尝特色美食，参加当地熟人的婚礼，欢度端午、中秋、春节等传统节日，直观地感知中华文化的特色与魅力。不少优秀留学生学成回国后会选择在本国的孔子学院授课，他们作为精通中华文化的本国公民，以“我者”视角通过人际传播向同胞传播中华文化，使后者更加容易了解、接受中华文化蕴含的价值观与内涵。以上文化传播实践形成以汉语言教学为基、以人文交流为主、以中外合作授课为辅的人际交互方式，将进一步助推孔子学院向世界开展中文教学、推广中国文化、促进人文交流。

“一带一路”背景下的文化对外传播不仅表现为具体知识和文化内容，还表现为传播个体在人际交互式的实践中形成的情感传递活动。这个过程也是中华文化传播效果和话语呈现的关键步骤和核心环节。2018 年 10 月，教育部印发的《来华留学生高等教育质量规范（试行）》明确指出，高等学校应当建立来华留学生校友工作制度，加强与来华留学生的联系，强化他们与中国的情感交流，借助持续的人际关系网传播中华文化。一些留学生将在中国学习的某种技艺带回国，并成为自己安身立命的职业。例如，学习拉面技术的留学生回国后开办牛肉面连锁店，将中国西北的美食带到本土，不仅获得丰厚收益，还能将中国西北地区餐饮文化发扬光大。综上，只有创造情感联结，搭建留学生与中国民众的人际交互网和情感纽带线，让留学生发自内心地热爱中华文化，他们才能将融合知识与情感的文化内容传播给更多国外汉语爱好者和中华文化爱好者，也才能产生良好的传播效果。

（三）个人社交平台

随着信息化技术的不断更迭，以短视频及网络直播为代表的各类社交平台悄然兴起。社交媒体、短视频的传播逻辑与青年群体思维活跃、易接受新鲜事物的属性特征高度契合。留学生不仅通过移动互联网阅读新闻，了解中国的相关政策制度、民俗风情，还通过社交媒体讲述和呈现自己在中国的所见所闻和别具特色的文化故事，成为中华文化“走出去”的传播使者，社交平台成为留学生了解中华文化的有效通道和个人传播中华文化的便捷载体。国家也将社交媒体作为重要信息发布平台，由国务院新闻办公室领导、中国外文出版发行事业局管理的中国网创新对外传播形式，以多语种、多媒体形式在海外社交媒体平台开展短视频和网络直播业务，及时向世界民众介绍全面、立体的中国形象。2018 年，中国网在 Facebook 和 Twitter 平台开设专题账号“中国随便问”，采取实时视频报道、有问必答等形式向外国友人介绍中国，为国外留学生了解政治资讯和获取新闻提供了便利平台。截至 2018 年 11 月底，该账号粉丝数已超过 437 万人。① 此外，留学生个人也通过社交媒体发布图文及视频作品，中国传媒大学留学生于中美在哔哩哔哩和微博发布汉服文化、古装造型及传统节日体验等内容的视频作品，还有韩国留学生@ 珊萝、@ 东姬日常、@ Hazi_ original、@ INANI 等也利用社交平台记录日常，与粉丝分享中国的美食、美景，成为中国文化的记录者与传播者。

首先，西北地区也可以开设面向留学生传播中国文化的社交媒体账号。例如，抖音号“搜食记”就是西北地区留学生广泛关注的关于西北美食的视频账号，它通过视频呈现独具风味的西北美食，吸引留学生了解当地饮食文化。留学生在广泛关注、了解相关内容之后，再通过网站、微博、微信、抖音、快手等国内社交媒体以及 Facebook、Twitter、Instagram、YouTube 等国外社交媒体同步分享自己的日常生活和体验感悟，在此过程中以国外受众熟悉的接受方式完成在地化传播。其次，社交媒体平台可以针对留学生用户进行问卷调查与访谈，了解国外用户关注与感兴趣的话题内容，选择特定的传播主题和最佳的传播方式，不断优化传播内容，再根据留学生不同的国家来源、教育背景、成长环境，鼓励他们在社交平台用汉语去介绍自己的国家、家乡、风土人情及民族文化，实现双向交流。最后，社交媒体还要对留学生社交账号传播西北地区民族文化的成效形成评判机制，通过观看量、点赞量、评论等指标进行科学、客观的效果评估，建立留学生传播西北地区民族文化的话语影响力评价反馈机制，促进话语体系与国际接轨，为“一带一路”建设营造良好的舆论氛围。

总之，留学生的对外文化传播活动具有非官方性质，这种以民心相通为底色的交流方式较之政府等官方主体传播行为能够产生积极、正向的传播效

① 王晓辉. 创新对外传播形式用好新媒体新业态 [N]. 人民日报，2019 - 05 - 20 (02).

果。只有从国家政策支持、学校教育全面推进、个人积极参与3个层面，多元主体共同发力，才能使留学生真正将对外传播中华文化作为一种自觉行为、日常活动来实践，发挥“文化使者”的角色使命，实现传播效果最大化和最优化。

本章小结

在中华文化的传播队伍中，来华留学生的力量不可忽视。他们不是历史上“远在天涯”的陌生人，而是来华求学的“近在咫尺”的文化接受客体。①如何发挥留学生在中华文化对外传播中的主体作用，充分发挥他们作为中华文化接收者和对外传播主体的双重角色功能，这不仅是全球化时代的重要课题，也是本章的研究要点。来华留学生在文化交流互鉴和讲好中国故事等方面具有不可替代的作用，他们通过影视作品、文艺展演、文化旅游等传播实践感知中华文化，在孔子学院、孔子课堂、社交媒体等线上、线下平台传播中华文化。西北高校留学生既是西北地区民族文化的接受者，他们通过学校教育和人际交流去了解、体验富有特色的地域文化和丰富多彩的中华文化，回国后又成为中华文化的传播者。国家顶层设计留学教育政策，营造开放有序的留学环境，学校加强对留学生的教育管理和引导，打造留学生传播中华文化的宏观战略布局；学校加强对留学生的教育教学管理，在加大汉语教学比重、调整文化课程设置、革新教学手段等方面齐发力，统筹规划文化课程、文化活动与特色体验等教育方式，形成留学生对中华文化的丰富体验；社交平台、学校师生要鼓励留学生个人参与文化传播实践，形成从个人感知生产到人际交流网络再到社交平台发布的完整传播链条。另外，文化传播还要充分考虑留学生受教育经历和文化差异对传播效果的影响，积极畅通跨文化话语传播渠道，搭建文化交流的话语场景，把握话语时代性与实践性的统一，强化留学生主动传播中华文化的使命感，建立留学生进行话语表达的影响力评价反馈机制，由此打造多主体、多维度、多渠道的立体传播格局，使“一带一路”共建国家留学生以世界听得懂的语言讲述中国故事，形成富有特色的中华文化话语表达，推动“一带一路”民心相通。

---

① 于森. 提升来华国际学生教育的中华文化传播影响力［N］. 中国青年报，2020－09－12（05）.

第六章 “一带一路”倡议下西北地区民族文化对外传播的民间社团话语建构

在中华文化“走出去”的过程中，不仅有代表官方的外交和政府行为，还有以个人和社团为代表的民间力量，它们通过多种方式加入中华文化的海外传播活动中。相较于政府组织，民间社团是具有非营利性特点的“第三方力量”，更容易被海外用户接受，从而成为政府对外传播的补充与延伸。但由于我国长期以来缺少对民间社团的精准界定，往往用“人民团体”代称民间社团。而人民团体源自中国共产党领导下建立起来的统一战线组织，又不完全等同于民间组织或民间力量。“一带一路”倡议提出后，如何发挥民间社团在对外传播中的功能作用？尤其西北地区的民间社团和华人华侨组织在对外传播西北地区民族文化中肩负了重要使命，该如何用实际行动向世界传播西北地区民族文化？民间社团又将如何建构对外话语？基于上述问题，本文采用文献研究法、个案分析法来探讨“一带一路”倡议下民间社团对外传播西北地区民族文化的特点以及如何进行话语建构，重点选择“感知中国·大美青海——中国青海民族文化艺术展”为典型案例，梳理艺术展的话语文本，分析话语实践，并就其存在的不足提出话语建构路径，进而归纳形成“一带一路”倡议下西北地区民族文化对外传播中的民间社团话语建构策略。

第一节 “一带一路”倡议下民间社团的对外传播

中国武术借助影视流传世界，中华餐饮遍地开花，中医药在世界大放异彩，这些现象的背后，都是民间力量助推的结果。其中，以社团为代表的民间力量在中华文化出海过程中扮演了何种角色？在“一带一路”倡议下，民间社团有哪些类型和功能？它又以哪些形式推动中华文化的海外传播？本节将一一厘清。

一、民间社团——中华文化对外传播的重要载体

民间社团作为重要的民间力量，在中华文化的对外传播中发挥了重要力量。如何界定民间组织？民间组织在中华文化对外传播中为何显得更为重要？它与政府组织相比有哪些传播优势？

（一）民间社团

我国从1949年新中国成立后提出"人民团体"一词，意指除政府、政府官方机构、企业公司和事业单位以外的团体组织。1998年10月25日，国务院发布的《社会团体登记管理条例》首次对"社会团体"做出界定，在内涵上接近于"人民团体"。

人们普遍认为，社团（mass organizations）是具有某些共同特征、爱好的人相聚而成的互益组织。作为公众自发组织形成的社会团体，至今还未形成明确的概念界定。学术界对民间社团的表述并不统一，有民间社团组织、非营利组织、非政府组织等。民间社团作为区别于政府组织和市场组织的实体，以文化、学术或公益性为主，具有非营利性和民间化的特征；同时，社团又作为社会组织的一种，普遍带有准官方性质。

本研究关注的民间社团，侧重于国际传播与公众外交视角的民间力量，它具有"民间社会"之意，根据英文单词（civil society）可译为"公民社会"或"市民社会"，但society本有"社团"的含义，它体现了底层性、草根化、非官方、自组织的社会特点，包含着广泛群体所拥有的"网络""组织""关系"的庞大力量，[①] 因此，这个层面的民间社团和民间力量并无二致；而公共外交层面的民间社团，广义上泛指各国人民之间的一切友好交往活动；而狭义上的民间外交特指不代表官方而又具有一定官方背景的民间往来活动，包括政治、经济、科学技术和文化体育等各个领域。[②] 这一表述与本研究对民间外交的内涵如出一辙。我国"公众外交"视角下的民间社团起步较晚，一直到改革开放后，公民个人才突破了从"单位人"到"社会人"的转变。民间外交下的民间社团随着公共外交、中华文化出海热而成为重要的非政府、非

---

① 郭镇之．民间力量参与国际传播的问题及对策［J］．对外传播，2020（5）：4－6.

② 李述一．再论文化无意识：实践活动中文化无意识的参与及再造［J］．求索，1990（4）：54－58.

商业力量。它借助人际关系、社会网络和组织能力等社会资本，形成与政治、经济和文化资本共同发挥效应的格局。但这些民间社团并非单兵作战，而是与政府部门通力合作，在对外交流活动中形成与政府传播的协同效应。

（二）民间社团是中华文化海外传播的重要力量

长期以来，我国的民间社团在国际传播中声音缺失，这由于国家层面追求对外宣传“口径统一”，影响了民间声音的发出。[①] “一带一路”倡议不仅从政策、贸易、设施、资金等方面实现了交互联通，也为中华文化“走出去”创造了良好机遇。形态各异的民间社团积极参与中华文化的海外传播，成为与政府、媒体等官方主体同等重要的海外传播力量。

1. 民间社团辅助政府传播

长期以来，国际传播的主体为国家政府，这是由于政府本身所具有的合法性和传播内容、资金、渠道等优势效应，一时间让其他主体望尘莫及。但西方国家对政府有种天生的质疑，对我国官方媒体发布信息的信任大打折扣，[②] 在这种境况下，民间社团成为政府对外交流的有效载体。政府通过政策、资金等各方支持，将民间社团打造为对外代表政府发声的高可信度传播主体，让社团成为政府功能的延伸和补充。

2. 民间社团促进民心相通

“一带一路”倡议提出的“五通”中，最核心的部分当属民心相通。何谓民心相通？显然它不是通过政府组织的官方交流，而是广泛发动民间力量，以艺术表演、学术交流、文化教育等形式开展技术、产品及文化层面的沟通共享。这种文化往来和民间交流往往蕴含着中华传统文化的丰富底蕴，海外用户可产生直观感受，更容易形成情感认同，因此，民间社团是民心相通的主要载体，可进一步促进民心相通。

3. 民间社团融入国际传播

国际传播首先要克服文化差异，实现跨文化传播，而社团在突破文化隔阂方面功能更为强大。在理论层面，相较于西方国家对政府的普遍不信任，社团在对外沟通中具有天然优势；在现实层面，西方国家在对外沟通中往往以社团为主体，而国内对外交流仍然以政府为主角。要让中国在国际舞台上更好地发

---

① 刘娜．国际传播中的民间力量及其培育［J］．新闻界，2011（6）：36－39.

② 同①。

声，必须培养对外民间社团，才能在跨文化传播中进行有效沟通与交流。

二、“一带一路”倡议下民间社团对外传播的主要类型

“一带一路”倡议下更多社团组织参与文化传播，形成了与企业、媒体等主体同等重要的传播格局。根据海外华人主导、海内外合作与国内社团出海三大标准，本书将对外民间社团分为以下三类：

（一）华人社团

海外华侨华人凭借经济实力、人脉关系和融通中外文化优势，[①] 在中华文化海外传播中发挥着重要作用，他们根据地缘、血缘、业缘等形成了各种类型的华人社团。根据20世纪90年代的数据，在全球1万多个华人社团中，亚洲的海外华人社团最多，占总数的67.68%。[②] 这些华人社团不仅是当地了解华人社会的重要平台，也是展示中华文化的重要窗口。几乎所有的华侨华人社团会经常开展活动，23.8%的华侨华人社团每周都开展活动，25%的华侨华人组织每两周举行一次活动，31.2%的社团没有固定时间。[③] 在经贸发展和文化交流方面，社团发挥了重大作用，其中较具代表性的华人社团如下。

1. 印度尼西亚中华总商会

以“团结华商、造福社会”为宗旨，配合海内外华商发展实业的印度尼西亚中华总商会是印度尼西亚最具代表性和影响力的华商商会组织。2001年由知名华商陈大江倡议成立，该社团在经济贸易和文化传播方面的贡献较为突出。“一带一路”倡议提出后，商会主席纪辉琦及执行主席张锦雄表示愿意积极发挥独特的“桥梁”作用，协助与推动中国与印度尼西亚多层次、宽领域互利合作，打造安定区域经济发展环境，推动区域经济可持续发展。[④]

2. 泰国潮州会馆

以潮汕籍旅泰乡亲及后裔组成的泰国潮州会馆，不仅是泰国规模最大的乡谊组织，也是最具实力和影响力的社团之一。[⑤] 该社团通过组织侨人来华和接收中国官方和民间代表团参观的方式架起中泰民间沟通的桥梁，并且积极

---

①② 陈奕平．华侨华人与“一带一路”软实力建设［J］．统一战线学研究，2018（5）：104－112.

③④⑤ 寇海洋．试析华人社团在新“海丝之路”中的文化中介功能［J］．中国教工，2017（4）：70－77.

参与2017年10月在印度尼西亚雅加达举办的联谊年会，共商“一带一路”倡议的落地实施。

3. 马来西亚中华大会堂总会

马来西亚13州中华大会堂组成的华侨总机构，将分布在马来西亚的分散华人社团组织起来，形成相互交错的社团结构和网络，致力于解决华社在政治、经济、文化和社会方面的问题，并力争融入当地的多元文化。该社团通过举办华人文化节，充分展示中国的武术、服装、美食及手工艺品等多元文化，社团积极响应中国海上丝绸之路倡议，助推两国经贸合作与文化往来。

（二）社团联盟

中国与“一带一路”共建国家以组建社团联盟方式实现深度合作，其中以教育类、智库类及经济类联盟为主要形态。

1. 教育联盟

“一带一路”倡议提出后，中国与“一带一路”共建国家的教育合作空间和发展潜力巨大。2015年11月，中亚、东南亚国家10所院校校长及教育领域的专家、学者发起成立了“一带一路”国际教育发展大学教育联盟。[①]该联盟致力于人才培养、教育科研及文化传播方面的合作。2019年，上海市教育学会、CABC中国—东盟商务理事会联合主办的国际教育装备博览会主论坛暨中国—东盟教育信息化合作高峰论坛举行，为中国与东盟在教育信息化和智慧教育国际合作搭建平台。[②]

2. 智库联盟

2015年4月8日，当代世界研究中心联合国内“一带一路”相关的50家多家智库和研究机构成立了“一带一路”智库合作联盟理事会。该机构不仅为信息、资源及成果共享提供交流平台，还具有国家政策解读、咨政建言和交流发展的高端智库功能，不断推动中国智库走向世界，实现“一带一路”共建国家的合作共赢。[③] 此外，以高校为发起单位组建的多主体智库也属此

① 赵琳露．“一带一路”沿线国家高校发起成立国际教育联盟［EB/OL］．新华网，（2015－11－11）［2024－06－29］．http：//www.xinhuanet.com/politics/2015－11/11/c_128418525.htm.

② “一带一路”智慧教育发展联盟启动 国新文化引领行业发展新路径［N］．证券时报，2019－10－1（5）．

③ “一带一路”智库合作联盟［EB/OL］．百度百科，（2021－01－26）［2024－06－29］．https：//baike.so.com/doc/24274651－25470350.html.

列，如 2017 年 8 月，中国人民大学发起成立了 29 个国家和地区的 92 家出版商、学术机构和专业团体，该团体致力于加强"一带一路"国家文化交流。

3. 经济联盟

2015 年 5 月 19 日，中国工业经济联合会发起成立"'一带一路'工商协会联盟"，发挥上通政府、下联企业的功能，整合联盟成员资源、发挥联合优势、建立联动机制，推动政策沟通、产业联通、资金融通、产业协同。[①] 围绕电子商务蓬勃发展和共建国家对中国制造的偏好，以电商为主题的联盟成为合作新形态。2015 年，兰州市政府与"一带一路"沿线城市共同发起组成"一带一路"跨境电商物流合作联盟。[②] 2019 年 9 月 8 日，中国供销电子商务有限公司与福建省供销合作社联合发起成立"一带一路"电商合作联盟，[③] 搭建起共建国家信息资源共享、农产品贸易互助合作平台。

（三）社会组织

社会组织是中国特色社会主义的重要构成，也是"一带一路"建设的关键力量。[④] 中央明确提出"引导社会组织有序开展对外交流，参加非政府间国际组织，参与国际标准和规则制定，发挥社会组织在对外经济、文化、科技、体育、环保等交流中的辅助配合作用，在民间对外交往中的重要平台作用"[⑤]，中国对外文化类社会组织主要有国家及地方文化促进会、文化艺术团等。

1. 文化促进社团

我国的对外文化社团起步较早，早在 1986 年中国对外文化交流协会作为民间文化交流的非营利性团体在民间对外文化交流活动中扮演了重要角色。还有以"弘扬中华文化，促进国际交流"为宗旨的全国性联合性社会组织"中华文化促进会"便是中国规模最大、最具影响力的文化类非政府组织。据不完全统计，包括地方、海外文促会的活动在内，总计开展各类不同文化活

① "一带一路"工商协会联盟简介［EB/OL］. 中国工业经济联合会，（2015-05-19）［2021-07-08］. http://www.cfie.org.cn/index/work/show/id/20.html? aid=1661.

② 林治波，曹树林. "一带一路"跨境电商物流联盟成立［N］. 人民日报，2015-09-09（08）.

③ 张辉. "一带一路"电商合作联盟成立［N］. 福建日报，2019-09-09（05）.

④ 社会组织发展有了新蓝图［EB/OL］. 凤凰网，（2016-08-23）［2024-06-29］. https://inews.ifeng.com/49824182_51news.shml.

⑤ 参与"一带一路"建设，中国社会组织积极"走出去"［EB/OL］. 皮书网，（2019-04-25）［2021-05-06］. https://www.pishu.cn/zxzx/xwdt/519552.shtml.

动近2000项。[①] 同时，地方促进会也发挥着积极作用，如福建福清黄檗文化促进会于2018年10月2日至13日赴日开展交流活动，致力于推介黄檗文化和中日青少年交流，以文化溯源促民心相通，以文化交流促产业发展，[②] 实现“一带一路”倡议下的中日合作。

2. 文化出版社团

对外出版交流是中华文化走向海外的重要载体。“一带一路”共建国家通过成立出版社团来加深了解，实现民心相通。2017年，“一带一路”学术出版联盟由中国人民大学出版社发起成立。2019年11月，“一带一路”与民心相通中出版研讨会暨“一带一路”共建国家出版合作体成员单位授牌仪式在委内瑞拉首都加拉加斯举行。[③] 中国出版社团以政府为主导、以合作联盟方式参与其中。

3. 文化演艺社团

文艺演出作为“一带一路”国家进行民间交流和民心相通的常规活动，其中既有来华演出社团，也有中国对外的文化展览和演艺社团。文艺演出成为轻松跨越不同语言和文化隔阂的最佳形式，也成为国际文化交流的常用手段。国家通过打造有影响力的演艺社团、举办演艺活动，实现民心相通。例如，2019年，全国中老年文化艺术中心、中国舞蹈艺术文化交流协会及全国中老年舞蹈大赛组委会举办“一带一路”中越国际文化与艺术交流大赛越南站，促进中越民间文化交流。

综上所述，由于中国体制和国情，民间组织往往具有准官方性质，不仅代表政府承担部分职能，也接受国家财政拨款，这决定了它们在对外传播中往往与政府形成密切合作关系。其中，演艺类社团在对外传播文化和民心相通方面作用最为显著，从而成为西北地区民族文化“走出去”的重要传播主体。

---

① 中华文化促进会［EB/OL］. 百度百科，（2020－07－22）［2024－06－29］. https：//baike.so.com/doc/6845727－7063085.html.

② 郑松波. 福建黄檗文化社团赴日交流 以文化促中日“一带一路”产业合作［EB/OL］. 百度网，（2018－10－13）［2024－06－29］. https：//baijiahao.baidu.com/s?id＝1614205436601552198&wfr＝spider&for＝pc.

③ 张舒雯. “一带一路”共建国家出版合作体添新丁［N］. 北京日报，2019－11－11（08）.

三、“一带一路”倡议下演艺社团对外传播西北地区民族文化

演艺社团在传播中华文化方面具有得天独厚的优势，它利用富有特色的文艺演出，轻松突破国家地域之间的语言文字和文化差异壁垒，将不同文化背景的人群沟通联结，实现情感共振。那么，作为西北地区民族文化核心与灵魂的歌舞演艺如何“走出去”？在国家和政府宏观部署下，演艺社团如何对外传播西北地区民族文化？

（一）演艺社团助推西北地区民族文化“走出去”

我国西北地区自古以来就是多民族聚居区，不仅历史悠久，还拥有丰富的文化资源，其中具代表性的有藏族史诗《格萨尔王传》，蒙古族长篇叙事诗《江格尔》，甘青宁一带的“花儿”，维吾尔族的“十二木卡姆”，古代鲜卑族的《敕乐歌》等民歌、民间故事、传说。[①] 中华武术、美食及茶文化在走向世界的同时，民族展览、演出也借助“一带一路”走向海外。特别是少数民族大多能歌善舞，他们在歌舞中劳动，在生活中歌舞，歌舞表演最能反映他们真实的生活状态，也是海外民众认识中国、了解中国的一面镜子。结合社团本身特点和国家对社团的相关政策，演艺社团在某种程度上助推了西北地区民族文化的海外传播。

1. 演艺社团是西北地区民族文化“走出去”的优势载体

从演艺社团自身出发，社团通过组织文化演艺活动，运用音乐、舞蹈等形式将抽象的文化蕴含在声音、动作当中，让观众脱离意义及语境限制，身临其境地体验民族文化。西北地区的演艺社团，本身具有鲜明的地域特色，社团演职人员也积累了丰富的演艺经验，他们长期生活在民族地区，对西北地区民族文化理解深入，在将本地丰富的民族文化资源精心编排和巧妙设计后，再借助音乐、眼神、肢体等非语言符号，形成独具特色的文化产品和表现形式公开展演，从而满足不同国家和地域人群的观看需求，真正实现“艺术无国界”的传播效果。

2. 国家扶持演艺社团助力西北地区民族文化“走出去”

演艺社团在文化对外传播中有突出优势，国家通过各种措施助力社会组

---

① 马桂芳．“一带一路”战略视野下的西北少数民族文化优势思考［J］．西藏大学学报（社会科学版），2016，31（6）：135－140.

织参与国际传播的同时，对民间社团的扶持发展也从未中止，各类民族社团蓬勃发展几十载，在民族文化传播中身体力行。在国家和地方政府的支持下，地方歌舞团纷纷成立。1992 年 8 月，海南省民族歌舞团作为民族艺术表演团体应运而生，它在民族文化艺术发展中贡献卓越，将少数民族善良淳朴的情怀传递到亚非拉等国家和地区，其鲜明的民族特色和艺术风格在国际上享有较高声誉。[①] 甘肃省民族歌舞团由汉族、回族、藏族、蒙古族、东乡族、裕固族、保安族、满族等民族的 76 位演员组成。[②]

（二）“一带一路”倡议为西北地区民族文化“走出去”提供机遇保障

“一带一路”是新时期我国积极主动与亚洲、非洲、欧洲等国家建立多边经济贸易合作的战略平台，也是借助“古丝绸之路”文化符号构建起一条政治互信、经济共赢、文化交融的新纽带。它不仅为我国与共建国家的经济贸易创造活力，还为文化传播和民间往来带来新的机遇。我国西北地区正处在这条商贸、文化大通道上，自古丝绸之路就开始了民族往来、文化碰撞，今天的“一带一路”倡议让民族文化散发出更加璀璨的光彩。

首先，“一带一路”促进了我国西北民族地区的经济发展。“一带一路”提出后，国家给予经济文化落后的民族地区更多的政策支持，如国家民族事务委员会、国家发展改革委及财政部等倡议发起兴边富民行动，加大对边境地区投入和边民帮扶，推动民族地区经济发展，加强民族团结和社会稳定。2017 年，国务院办公厅印发《兴边富民行动“十三五”规划》，以“富民、兴边、强国、睦邻”为宗旨，加快发展优势特色产业，着力保障和改善民生，维护社会和谐稳定，推动边境地区经济社会高质量发展。[③] 另外，“一带一路”开辟了从我国东部到西部出境口岸的现代交通运输网络，不仅方便共建国家的列车和轮船在“一带一路”上行走，解决了国家之间的物资交换问题，而且为西北地区民族文化对外传播提供了便利条件。例如，西北地区民族文

① 海南省民族歌舞团［EB/OL］. 百度百科，（2023－10－19）［2024－06－29］. https://baike. baidu. com/item/海南省民族歌舞团/7165984?fr = ge_ ala.

② 甘肃省民族歌舞团［EB/OL］. 百度百科，（2022－09－24）［2024－06－29］. https://baike. so. com/doc/4024358－4221837. html.

③ 全市兴边富民行动“十三五”规划实施情况和“十四五”时期兴边富民工作推进情况——2022 年 6 月 29 日在包头市十六届人大常委会第四次会议上［EB/OL］. 包头新闻网，（2022－07－11）［2022－08－12］. http://customupload. baotounews. com/nepaper/btrb/html/2022－08/10/content_ 235406. htm.

化中的唐卡、服装及特有纪念物借助交通工具传输到丝路共建国家，成为地方民众感知和了解西北地区民族文化的物质载体。

其次，“一带一路”倡议推动了共建国家与西北地区的文旅产业发展。“一带一路”共建国家丰富的旅游资源激发了中国游客的旅游需求，中国旅游研究院数据显示，到“一带一路”共建国家旅游的中国游客人数逐年攀升，由2013年的1549万人次增长到2017年的2741万人次，5年增长了77%，年均增速达15.34%。[①] 马蜂窝旅游网行销策略总经理赵冉表示：“文化与旅游融合趋势，势必将为沿线旅游业发展注入新的活力。”[②] 西北地区拥有丰富的旅游文化资源，随着“一带一路”政策搭建的便利条件，文旅产业将会迎来发展热潮。新冠疫情影响下的旅游产业整体不景气，中国旅游研究院发布的《中国国内旅游发展报告2020》显示，2020年上半年中国国内旅游人数11.68亿人次，同比下降62%，国内旅游收入同比下降77%。[③] 目前，“一带一路”共建国家正在尝试开展数字文旅，开发符合民众需求和消费习惯的文旅产品。

最后，“一带一路”倡议为西北地区民族文化“走出去”提供了契机。西北地区的各个民族在长期劳动生活中创造了丰富的民族文化，各民族独具特色的服饰、歌舞、民俗、建筑及艺术作品正在借助“一带一路”走出去，从海外人士眼中的陌生、好奇到接受、喜爱，这些颇具地域特色的文化构成了神奇多彩、充满魅力的中华文化。西北民族地区要借助“一带一路”发展文旅产业的良好机遇，开发具有民族特色的文创产品，将文化、旅游与文创开发有机统筹、高度统一。

（三）“一带一路”倡议下西北地区民族文化“走出去”的实践探索

在中华文化“走出去”的宏观背景下，作为中华优秀文化重要构成的西北地区民族文化，如何在国家宏观部署、地方政府主导及多方主体参与的多重机制下走出国门，走向海外？

1. 国家部署推动西北地区民族文化“走出去”

党的十八大以来，中央高度重视中华文化“走出去”工作，习近平总书记

---

① 旅讯．读报告 | 中国赴“一带一路”沿线国家旅游人次增长迅速［EB/OL］．网易，（2019-04-24）［2022-08-12］．https：//www.163.com/dy/article/EDILA2NN05248F30.html.

② 韦夏怡．文旅深度融合助推“一带一路”沿线发展［N］．经济参考报，2019-08-09（A08）．

③ 李婷．文旅产业如何应对疫情冲击？“一带一路”沿线很多国家都在做这件事［EB/OL］．网易，（2020-11-07）［2024-03-29］．https：//www.163.com/dy/article/FQRDKOLP05506BEH.html.

多次做出重要论述，提出明确要求。其中，国务院新闻办公室在海外举办“感知中国”及中国西部文化行便是代表性的系列交流活动。“感知中国”立足向世界介绍中国，受到政府、国际组织、媒体及公众欢迎，成为海外民众了解、认知和体验中国的重要平台。它始于1999年，先后在美国、巴西、俄罗斯、法国、德国、奥地利、土耳其、以色列、印度、南非等20多个国家举办，通过演出、展览、论坛、影视展映、媒体采访等方式全面展示中国文化、经济和社会发展面貌，为世界各国提供了全面了解中国、认知和体验中国的机会。

2015年9月，国务院新闻办公室与中国驻墨尔本总领事馆主办，澳大利亚大洋传媒集团、中国对外文化集团公司、大洋洲文联共同承办的“感知中国”——西藏现代艺术讲座在墨尔本半岛学校举行。西藏美术协会副主席、画家巴玛扎西（别名张西新）通过讲述西藏风土人情和现代艺术，搭建中澳两国艺术交流的桥梁。

2018年6月，“感知中国”系列活动首次走进意大利的罗马。将舞蹈、民乐、戏曲、品茗、插花、太极等中国文化符号和传统文化艺术相结合推出的“国华九韵”，让现场观众体验中国传统艺术，感受中华魅力文化。中意少儿合唱音乐会让不同语言文化通过音乐语言的交流碰撞后，达到心灵相通的艺术效果。

“感知中国——中国西部文化行”是2015年由国务院新闻办公室协同中国驻外使领馆为对外传播中国文化、促进中外文化交流而组织的品牌项目。该项目旨在向欧美各界人士介绍中国西部，以民族歌舞表演、影视展映、图片唐卡展等多种形式传播西藏及新疆等民族文化，让海外用户了解中国西部文化和社会景象，展现多元一体的中华文化魅力。

2017年，由中国国务院新闻办公室、中国新疆维吾尔自治区人民政府、中国驻埃及大使馆共同举办的“感知中国——中国西部文化埃及行·新疆篇”大型文化活动走进开罗与亚历山大，引人瞩目的“多彩新疆”摄影图片展、“霓裳之魅”民族服饰展、“天山秦韵”民族乐器展等一系列文化交流项目受到当地民众的热烈欢迎，也让埃及民众走近新疆、了解中国。

“2018感知中国——中国西部文化俄罗斯行”活动在莫斯科音乐剧院演出。来自甘肃省歌舞剧院、西藏自治区拉萨市歌舞团表演了“魅力西部”敦煌乐舞和民族歌舞，展现了浓郁的丝绸之路和青藏高原风情。①

在国家和政府的主导及社团和企业的参与下，感知中国系列活动发展为有影响力的知名品牌活动，不仅是海外民众了解中国的重要窗口，也成为中华文化走向海外的重要平台。西北地区民族文化也被纳入大型中国主题对外交流活动之中。西北地区政府部门及社团组织主动作为，不仅积极响应各类中华文化主题活动，还筹备组织了一系列感知中国地方篇，利用歌剧院等各类演艺社团，开展多样化的民族文化传播活动。

2. 地方主动发力，借助演艺社团搭建沟通桥梁

“感知中国·大美青海”是青海省人民政府将国务院新闻办公室发起的感知中国主题与青海省发展地方旅游文化实践相结合的产物，它不仅是地方对中央宣传布局的积极响应，也是地方主动作为、积极发力的典型个案。

2019 年，“‘感知中国·大美青海’——中国青海民族文化艺术展”在秘鲁库斯科市举行，展出青海自然风光、人文风情的精美图片和唐卡绘画技艺，在传播青海多彩多姿的民族文化的同时，展示了神奇壮丽的大美青海。

2020 年 1 月 8 日，“‘感知中国·大美青海’走进南非约翰内斯堡”，开展了中国青海民族文化艺术展，共展出 200 余幅图片和 20 幅唐卡作品，让当地民众深刻感受到青海壮丽秀美的自然风光和多姿多彩的民族文化。

甘肃省人民政府为推动甘肃文化“走出去”，扩大甘肃文化的海外影响力，也通过多种方式传播甘肃地域文化和民族文化。2022 年，由甘肃省人民政府新闻办公室、中国外文局国际传播发展中心主办，甘南藏族自治州人民政府新闻办公室、《欧洲时报》中东欧版承办的“大美中国 如意甘肃”民族文化海外主题展览在奥地利维也纳开幕。该展览设计了主题图片展、唐卡非遗展和影像音乐展等展厅，展品包括自然风光、民俗风情、社会发展等摄影作品及唐卡精品。

2019 年 10 月 10 日，为庆祝中波建交 70 周年，肃南民族歌舞团在中国人民对外友好协会的支持下，连同内蒙古民族艺术剧院推出名为《吉祥草原》的文艺晚会。这是自 2014 年起肃南民族歌舞团继赴泰国、韩国、埃及、毛里塔尼亚、突尼斯等国家交流演出的第 10 个国家。

---

① 栾海．“感知中国——中国西部文化行”走进俄罗斯［R/OL］．中华人民共和国中央人民政府，（2018－11－25）［2022－08－23］．https：//www.gov.cn/xinwen/2018－11/24/content_5343007.htm.

2022年8月20日，中马皮影文化营在吉隆坡中国文化中心举行，甘肃省环县非物质文化遗产保护中心和马来西亚知名艺术团队——阿周那淑玛艺术学院的皮影传承人，采用线上+线下方式将讲座、教学、演出有机结合，通过现场演示、联手动作，深入体验中马两国皮影文化。

演艺组织是中华文化“走出去”的重要民间力量。西北地区民族文化对外传播的民间力量则主要为各类民族民间社团，包括地方歌舞团、文艺工作团等。新疆社团组织具有公益性和非营利性，不仅搭建起共建国不同领域和范围沟通交流的桥梁，还帮助中国投资发展，赢得更为广泛的社会和民间认可,① 实现了中国与中亚、欧洲沿线各国经济发展与民心相通的“双赢”。由于中国社团组织与政府之间存在千丝万缕的联系，民间社团与政府形成交叉，在中华文化“走出去”中形成协同效应。西北地区民族文化对外传播既与国家顶层设计、地方政府积极引导不可分离，又与地方社团、企业及个人力量形成协同传播效应。下文将以传播西北地区民族文化的对外项目青海民族文化艺术展为研究对象，进而分析社团在其中扮演的角色及其话语特点。

第二节 西北地区民族文化对外传播的社团话语——基于“感知中国·大美青海”中国青海民族文化艺术展的个案分析

“感知中国”作为国务院新闻办公室发起的系列品牌活动，旨在让世界了解中国，塑造和宣传国家形象，搭建代表国家水准的对外传播平台，同时还注重与各省市合作，支持地方“走出去”。青海作为丝绸之路的重要节点，千百年来生活在青藏高原的各民族创造了昆仑文化、河湟文化、热贡文化、青海湖文化、康巴文化、格萨尔文化等丰富的历史文化资源。大美青海作为青海省政府发展地方旅游文化的重要项目，宣传推广青海省的历史、发展、投资、旅游、人文、生态及风光等，让国内外了解青海，推动文旅产业和地方经济发展。在对内追求经济与文旅双发展的同时，还要对外提升知名度和影响力，搭建青海与世界的桥梁纽带。青海省人民政府新闻办公室筹备组织青

① 李俊梅．新疆社团组织聚议助力“一带一路”［EB/OL］．人民网，（2016－02－01）［2024－03－29］．http：//www.scio.gov.cn/gxzt/whzt/ydyl/mtbd_25546/202209/t20220921_411483.html.

海民族文化艺术展，不仅将青海旅游文化传播实践与感知中国主题活动高度契合，还形成了西北地区民族文化“走出去”的特色地域个案。本节将围绕青海民族文化艺术展，从中梳理该主题展览的主办方、协办方、参与单位及其展览形式，从而形成西北地区民族文化对外传播的社团话语。

一、“中国青海民族文化艺术展”概况

“感知中国·大美青海”推出的青海民族文化艺术展，在多个国家采用多种形式向海外展示青海自然人文，传播青海魅力。该艺术展的基本概况如何？又有哪些社团参与其中？社团在其中扮演了何种角色？

（一）中国青海民族文化艺术展

中国青海民族文化艺术展是由中国青海省人民政府新闻办公室主办，面向海外传播青海自然风光、风土人情、经济发展及民族文化的艺术展览，旨在全面提高青海对外影响力，实现青海与国际接轨的宏观布局。该项目从2006年1月19日在墨西哥城内正式开幕，历时17年，展览概况见表6-1。

2006年，中国青海民族文化艺术展在墨西哥城拉开帷幕。该艺术展由青海省政府主办，青海省委常委、宣传部部长曲青山担任艺术展团团长，展出了剪纸、唐卡、皮影、图片及藏、土、回族刺绣和藏族艺术品堆绣等艺术品。艺术展旨在展现青海民族文化风貌、体现民族民间文化特色，让世界走进、认识并了解青海，进而推动青海经济文化发展。曲青山还代表青海省政府与墨西哥瓦哈卡州艺术、节假和传统文化协会签署文化交流与合作意向书，[①] 推动了两国在文化、艺术和旅游领域的交流合作。

2013年5月，青海民族文化代表团来到阿根廷，在首都布宜诺斯艾利斯举办“大美青海——民族文化艺术展”和“从词语到意象之间——中国诗人作家书写毛泽东诗词书法展”，其中，唐卡、民族工艺品及书法作品给现场参观者留下深刻印象。同时，阿根廷诗人对中国北京和青海举办的“从聂鲁达到博尔赫斯文献专题展”表现出极大兴趣。同年，代表团还在西班牙格拉纳达大学孔子学院举办唐卡展、民间刺绣展、皮影展、剪纸展及大美青海摄影展。

---

① 冷彤，刘健．中国青海省民族文化艺术展在墨西哥城开幕［EB/OL］．中国政府网，（2006-01-17）［2021-07-02］．https：//www.gov.cn/govweb/zwjw/2006-01/17/content_161299.htm.

表 6－1 “中国青海民族文化艺术展”基本概况

年份	展览时间	展览国家	主办单位	协办单位	参与社团及个人	在地单位及个人	展览形式
2020	1 月 6 日	南非 约翰内斯堡	青海省政府新闻办公室		中国工艺美术大师夏吾角	约翰内斯堡市政府国际关系部、全非洲中国和平统一促进会（华人华侨）、南非中国商会（华商）南非文化艺术家代表	摄影图片、唐卡
2020	1 月 9 日	尼泊尔 加德满都	青海省政府新闻办公室	北京协力环宇经济文化交流中心		国家旅游局官员	摄影图片、唐卡、宣传纪录片
2020	1 月 13 日	斯里兰卡 科伦坡	青海省政府新闻办公室	北京协力环宇经济文化交流中心		斯里兰卡旅游局及公共关系处	摄影图片、唐卡
2019	12 月 23 日	古巴 哈瓦那	青海省政府新闻办公室		青海工艺美术大师曲智展示唐卡绘画	哈瓦那市政府国际关系与合作司、亚洲事务专家马莱加及当地民众、华人华侨、艺术界人士	摄影图片、唐卡、哈达、香包、青海特色文化纪录片
2019	12 月 18 日—19 日	秘鲁 库斯科	青海省政府新闻办公室		青海工艺美术大师曲智展示唐卡绘画	库斯科市市长里卡多·巴尔德拉马·弗那德斯	摄影图片、青海特色文化纪录片、哈达、香包、唐卡
2019	5 月 17 日	葡萄牙 里斯本	青海省政府新闻办公室		中国工艺美术大师夏吾角	里斯本大学孔子学院、欧盟中国委员会主席、葡萄牙中华总商会、中国驻葡萄牙大使馆文化参赞	摄影图片、唐卡（手绘）、藏绣、丝毛挂毯、羊毛披肩及手工艺品

续表

年份	展览时间	展览国家	主办单位	协办单位	参与社团及个人	在地单位及个人	展览形式
2019	5月14日	保加利亚索非亚	青海省政府新闻办公室	北京协力环宇经济文化交流中心和保加利亚索非亚孔子学院	中国工艺美术大师夏吾角	索非亚副市长、索非亚文化管理局、中国驻保加利亚大使馆参赞、索非亚市政府外交与礼宾事务	摄影图片、唐卡、藏绣、丝毛挂毯、羊毛披肩等手工艺品
2019	5月9日	希腊雅典	青海省宣传部		中国工艺美术大师夏吾角	中国驻希腊大使馆参赞、雅典市副市长、希中经济合作商会主席	摄影图片、纪录片、丝毛挂毯、羊毛披肩等民族工艺品及日用品
2018	12月24日	日本东京	青海省政府新闻办公室及海西蒙古族藏族自治州		中国工艺美术大师夏吾角	日中科学技术文化中心理事	摄影图片、唐卡
2018	7月7日	阿根廷布宜诺斯艾利斯市	青海省政府新闻办公室	北京协力环宇经济文化交流中心	格尔木歌舞团、省广电局、中国工艺美术大师夏吾角	阿根廷国会议员代表、中国驻阿根廷大使馆领事、阿根廷华人商会、侨团负责人	摄影图片、纪录片、文艺演出
2018	7月4日	秘鲁利马	青海省政府新闻办公室	北京协力环宇经济文化交流中心、利马市政府、秘鲁阳光国际	格尔木歌舞团、省广电局、中国工艺美术大师夏吾角	秘鲁副市长、文化旅游局副局长、利马国际规划、技术与合作局、孔子学院、秘鲁华商时报	摄影图片、唐卡、舞蹈
2018	6月29日	巴西里约热内卢	青海省政府新闻办公室	北京协力环宇经济文化交流中心	格尔木歌舞团、省广电局、中国工艺美术大师夏吾角	里约热内卢议员、市民，华人华侨代表，中巴贸易发展中心，中巴商业咨询顾问中心	摄影图片、精品唐卡、优秀纪录片、歌舞

续表

年份	展览时间	展览国家	主办单位	协办单位	参与社团及个人	在地单位及个人	展览形式
2018	2月1日—2日	德国杜塞尔多夫市	青海省政府新闻办公室		省广电局、社科院、黄南藏族自治州委宣传部、河南蒙古族自治县委宣传部、尖扎县委宣传部、中国工艺美术大师夏吾角	中国驻杜塞尔多夫总领馆文化领事、德中友好协会副主席	摄影图片、精品唐卡、纪录片及工艺品
2018	1月29日—30日	比利时布鲁塞尔	青海省政府新闻办公室		省广电局、社科院、黄南藏族自治州委宣传部、河南蒙古族自治县委宣传部、尖扎县委宣传部、中国工艺美术大师夏吾角	比利时国务大臣顾问、中国驻比利时大使馆参赞、布鲁塞尔中文学校常务副校长、当地官员、侨领	唐卡、藏绣、藏香、金书、五谷画、民族饰品等
2017	6月15日	瑞典斯德哥尔摩	青海省政府新闻办公室	北京协力环宇经济文化交流中心		中国驻瑞典大使馆文化参赞、瑞典斯德哥尔摩艺术家协会理事	摄影图片、唐卡
	6月12日	挪威奥斯陆	青海省政府新闻办公室	北京协力环宇经济文化交流中心、挪威阿克集团		中国驻挪威大使馆文化处主任、挪威中国商会主席、挪威奥斯陆文化教育艺术界人士	摄影图片、唐卡
	6月9日	丹麦哥本哈根	青海省政府新闻办公室	北京协力环宇经济文化交流中心		中国驻丹麦大使馆文化参赞、哥本哈根旅游局、丹中商会	摄影图片、唐卡

续表

年份	展览时间	展览国家	主办单位	协办单位	参与社团及个人	在地单位及个人	展览形式
2016	8月3日	新西兰 北岛奥克兰	青海省政府新闻办公室	奥克兰都会博物馆、新中文化艺术交流中心	西宁艺术剧院有限公司	新西兰国家党国会议员、中国驻奥克兰总领事馆副总领事	摄影图片、唐卡、藏毯、纪录片、民族歌舞演出
2016	7月31日	澳大利亚 悉尼	青海省政府新闻办公室			澳大利亚联邦议员、北悉尼议员、旅游部副部长、澳大利亚新州前上议院副院长、悉尼市议员、市长竞选人、奥本荣誉市长、慧贤会会长、各界代表及侨领	摄影图片、唐卡、藏毯、纪录片、歌舞节目
2013	5月6日	西班牙 格拉纳达	青海民族文化5人代表团			格拉纳达大学副校长、格拉纳达大学孔子学院外方及中方院长	唐卡、民间刺绣、皮影、剪纸及大美青海摄影图片
2006	1月16日	墨西哥	青海人民政府、青海省对外文化交流协会	瓦哈卡州政府、联邦文化艺术委员会、首都政府文化部、中国大使馆和墨西哥华人商会		墨中商会，中国驻墨大使，墨西哥瓦哈卡州政府，墨西哥瓦哈卡州艺术、节假和传统文化协会	剪纸、绘画、皮影、刺绣，藏族“堆绣”、唐卡、民间工艺品及摄影图片等

2014 年、2015 年青海民族文化艺术展处于停滞状态，2016 年在悉尼和奥克兰再次起航，主办方通过唐卡、藏毯、图片及歌舞展示了青海美丽的自然风光和民俗传统，拉近了与悉尼和奥克兰市民的心理距离，澳大利亚联邦议员、北悉尼议员、旅游部副部长、澳大利亚新州前上议院副院长、悉尼市议员、市长竞选人、奥本荣誉市长、慧贤会会长、各界代表及侨领等多方人士到场。

2017 年青海民族文化艺术展以“大美青海”摄影展、唐卡展为主体，先后在丹麦、挪威、瑞典举行摄影展与唐卡展。此次展出活动仍然由青海省人民政府新闻办公室主办，北京协力环宇经济文化交流中心协办，中国驻丹麦、挪威、瑞典大使馆文化参赞，地方旅游局及文化教育界人士出席。

2018 年，中国青海民族文化艺术展分别在比利时、德国、巴西、秘鲁、阿根廷和日本举办，共有百余幅摄影图片和唐卡作品展出，工艺品和纪录片成为向海外展示青海独特的自然风光、民族风情和历史文化的主要形式。

2019 年，中国青海民族文化艺术展又走进希腊、保加利亚、葡萄牙、秘鲁、古巴等国家，为这些国家的民众带来一次近距离感受青海独特自然风光与多元文化的宝贵体验。

2020 年，中国青海民族文化艺术展继续在南非、尼泊尔、斯里兰卡等国家拉开帷幕，向这些国家的民众展现了一个具有特色人文风貌、由高原特殊地理环境造就的青海，并从中感受到蕴含着自然造化的神奇创意。

青海民族文化艺术展目前处于探索期，从 2016 年开始，连续 5 年在北欧、中东欧、北美洲、南非等地展出图片、唐卡、歌舞、纪录片及手工艺品等，向海外再现青海独特的自然风光、民族风情和历史文化。青海省新闻办公室是民族文化艺术展的发起者和组织者，文化经营单位介入参与，以民间社团形式，密切了中国西北地区文化社团与海外社团的联系，加强了民间社团之间的文化艺术交流。

2019 年底新冠疫情暴发后，青海民族文化艺术展向海外迈进的步伐减缓，取而代之的是国内各种文化艺术展，如“多元华彩 · 融合创新——青海民族民间艺术展”在多地展出，成为青海民族文化传播的新路径。

（二）“中国青海民族文化艺术展”中的民间社团

青海民族文化艺术展由青海省政府新闻办公室发起并组织，文化演艺公司协办参与。其中代表性的社团有青海省格尔木市歌舞团、海外华侨组织及对中华文化心存热爱的海外人士组织的文化交流社团，如葡萄牙东方概念中国文化协会、日中科学技术协会等，这些海外华人华侨社团分别在2019“感知中国·大美青海”民族文化艺术展走进希腊、保加利亚、葡萄牙的活动，2018“感知中国·大美青海”民族文化艺术展走进日本的活动中参与表演，间接传播中国西北地区民族文化。具体项目可见表6-2。

表6-2 “感知中国·大美青海”——中国青海民族文化艺术展中的民间社团

日期	项目	参与社团	性质
2018年12月24日	2018“感知中国·大美青海”——中国青海民族文化艺术展青海海西州旅游文化推介会	日中科学技术文化中心、东京都日中友好协会	海外各界友好人士民间非营利社团
2019年5月17日	2019“感知中国·大美青海”民族文化艺术展走进葡萄牙里斯本活动	葡萄牙东方概念文化协会	海外华人华侨民间社团
2019年6月27日—7月9日	2019“感知中国·大美青海”民族文化艺术展走进里约热内卢、秘鲁利马和阿根廷布宜诺斯艾利斯	青海省格尔木市歌舞团、民族歌舞团	本土化民族民间社团

“感知中国·大美青海”——中国青海民族文化艺术展演中的民间社团，以歌曲、舞蹈、展览等亲民形式到世界各国传播西北地区民族文化，让越来越多的海外受众了解中国西北的风土人情、乡风民俗。本节将青海民族文化艺术展作为中国西北地区民族文化“走出去”的典型个案，对该艺术展的展出内容进行话语分析，从而开启西北地区民族文化对外传播的话语视角。

二、“中国青海民族文化艺术展”的话语文本

民间社团作为文化传递的接力者，在西北地区民族文化的对外传播中发挥重要作用。笔者通过统计“感知中国·大美青海”——中国青海民族文化艺术展中的话语表达，发现频率最高的是图片展示、摄影展、主题展、美术作品展，其次是唐卡、文艺演出、纪录片等活动（见表6-3）。下文将围绕艺术展主题内容进行分析。

表6-3 “感知中国·大美青海”民族文化艺术展活动形式频率

“感知中国·大美青海”展出活动内容	出现频次
图片展示、摄影展、美术作品展	20次
唐卡主题展	19次
纪录片	9次
民间手工	9次
文艺演出	5次

（一）摄影图片展示青海独特自然风光和人文风情

青海民族文化艺术展中的图片占比最高，它包括摄影作品及美术作品。静态的图片以自然风景类、人文景观类、社会文化类、人物类为主。其中摄影展内容丰富，展现了中国青海壮美的自然风光和多元的民族文化，每幅摄影作品都有内容简介，并配有英文翻译，让来自世界各地的参观者有机会了解青海的风土人情、民族特色。

大量图片、摄影作品、美术作品直观展现了青海悠久的历史、丰富的自然资源。长江源头、雅丹地貌、万丈盐桥、昆仑道教圣地、唐代吐蕃古墓群、“天空之镜”——茶卡盐湖、昆仑山世界地质公园、火星模拟基地不仅是人们登山旅游、生态旅游、探险旅游、科学考察、宗教朝觐的理想胜地，也成为图片呈现的一抹亮色。艺术展中的图片、摄影作品等艺术作品展现了西北民族的历史发展、自然风光、民族服饰、民俗风情等。静态的图片、美术作品诉诸人的视觉，让参观者不仅直观了解了西北地区民族文化的历史变迁和特色文化，而且丰富了他们对中国的认知方式和情感体验。

（二）歌舞演出再现青海“原生态”民族文化特色

艺术展除了静态图像展览，还包括歌舞演出。“感知中国·大美青海”——中国青海民族文化艺术展演中的民间社团以歌舞节目、唐卡、摄影图片展现青海地区“原生态”的民族文化而未经雕琢，具有民间原始特色是西北地区民族文化的共性特点，歌舞也最能体现民族文化特色，因为歌舞不仅与西北地区的民族生产、生活息息相关，也是最具特色的民族文化内容。

2018年6月27日—7月9日，“感知中国·大美青海”民族文化艺术展分别在南美洲的巴西里约热内卢、秘鲁利马和阿根廷布宜诺斯艾利斯举行，青海省格尔木市歌舞团带来民族歌舞表演。身着藏族、蒙古族、汉族、土族等多民族服饰的舞蹈《吉祥祝福》，深情而高亢的女声独唱《青藏高原》让人们再次领略了美丽壮观的青藏高原和秀丽神奇的大美青海。《吉祥祝福》作为著名的藏族舞蹈，又称圆圈歌舞，是藏族三大民间舞蹈之一。锅庄舞源自人们通过舞蹈祈求神灵的感召和庇护的愿望，随着藏传佛教的发展而丰富完善，直至明清才有了男女相悦、携手歌舞的锅庄舞。藏族锅庄舞也就成为藏民族传统习俗、生活习惯演变轨迹的记录和传统文化的基本构成；歌曲《青藏高原》歌词简单，旋律优美，曲调高亢，将青藏高原的历史发展、形象概貌直观表达出来，曲调自带高远，意境美妙，让人回味无穷。青海省格尔木市歌舞团的民族歌舞表演传递了青海地区独特的民族文化，让西北地区民族文化走进海外观众视野。

（三）唐卡展览凝结青海民族文化精髓

在“感知中国·大美青海”——中国青海民族文化艺术展中出现频次最多的是图片和唐卡展览。唐卡作为文化重要的元素和载体，在一定程度上对青海地区民族文化传承和对外文化交流具有促进作用，文化艺术展中常常会有工笔精细、色彩艳丽的唐卡出现，并受到各国观众围观。唐卡（Thang-ga）作为中国藏族文化中独具特色的绘画艺术形式，具有鲜明的民族特点和独特的艺术风格。它是采用彩缎装裱后悬挂供奉的宗教卷轴画，相传随佛教传入西藏，又被称为“藏文化的百科全书”。金、银、珍珠、玛瑙等矿物宝石和藏红花、大黄等植物经提取后形成的天然原料，使它历经百年仍然艳丽明亮，因而成为唐卡绘画的首选。唐卡作为以宗教为主的绘画艺术，以历史、政治、经济、文化、民间传说及世俗生活等内容为主，它不仅是藏族文明历史发展的记录，还蕴含着藏族人民对佛祖的崇敬和对雪域高原的热爱。

在“感知中国·大美青海”走进秘鲁艺术展中，国家级非物质文化遗产热贡艺术代表性传承人夏吾角携20幅青海热贡唐卡出现在展演现场。夏吾角既是非遗传承人，也是民间社团中的一员，他从专业的视角向观看者介绍、讲解唐卡、藏绣、藏香、金书、五谷画、青海民族手工饰品等。颜色明亮、工笔精细的唐卡吸引了现场参观者。律师贝尼托·比利亚努埃瓦更是贴近唐卡仔细观赏，啧啧赞叹，他感叹道：“过去听说过中国藏族的唐卡，但从未见过，今天展出的唐卡精品的确拥有独特的艺术性，让人大开眼界。”[①] 精湛的唐卡艺术和唐卡文化的浑厚艺术内涵，让海外受众了解唐卡文化的同时还对神秘的藏文化和西北地区民族文化心生向往。

（四）纪录片宣传青海美丽风光与特色文化

静态的摄影图片作用于人的视觉，带给参观者直观的认知体验，而纪录片采用声画结合的方式，让用户形成全方位的视听享受。青海民族文化艺术展将青海高原的神秘与文化底蕴采用纪录片形式呈现，开篇解说词“在我国西北有一片热土，是中华民族生态环境优美的疆域……大美青海，至大至美的山河”，画面中冉冉升起的红日、湛蓝的青海湖、洁白的哈达、成群的牛羊、湖中翻腾的鱼儿、身着民族服装的人流、青海湖环湖骑行者、宽阔的马路、奔驰的车辆，结合青海地图的动态转换，门源油菜花、祁连山、茶卡盐湖、雅丹地貌一一进入观众视野。穿插着雪域高原悠扬动听的女高音，憨稚的孩童、饱经风霜的老人、载歌载舞的人群，脸上洋溢的幸福笑容都是西北高原豪放与欢快的生动写照。富有民族特色的自然风光、寺庙建筑、绚丽服装，结合赛马、摔跤等民族特色活动，全方位展现了西北民族的异域风情，从颜料调制到绘制技艺的唐卡解说更是传递了藏文化的精髓与神妙。

青海民族文化艺术展中的纪录片以图像和音频、视频画面来宣传青海自然风光、人文情怀及风俗习惯等，将青海高原地貌、地方美食、民族服饰、歌舞活动、佛教经文、寺庙建筑等全面展示，让海外人士了解我国博大的西北高原，认识西北民族美食服饰、节日活动，感受神秘的藏文化，带给观者全方位的视听体验。

（五）民间手工艺品彰显青海民族文化习俗

藏族是青海的主要民族之一，藏绣作为青海特色刺绣艺术，与唐卡和堆绣并称为藏传佛教三大艺术。藏绣起源于公元 9 世纪，它通过吸收中原与中西亚文化中的刺绣手法，不仅成为青藏高原特有的文化艺术，也成为中国少数民族传统文化中最具特色的刺绣派系之一。另外，青海省非物质文化遗产

---

① 张国英. 青海民族艺术让秘鲁“感知中国”［EB/OL］. 央视网，（2018－07－06）［2024－03－29］. http：//news. cctv. com/2018/07/06/ARTIBd/E6zVXF7Zq1a8351u7180706. shmtl.

保护项目——丝毛挂毯，在青海也有上百年的传承发展史。早在春秋战国时期，生活在青海省的各族人民就将羊毛捻成毛线、毛绳，织成毛席和毛布，作为高原上抵御严寒的生活必需品。丝毛挂毯中的一针一线不仅是工匠们勤劳智慧的结晶，还具有很高的艺术品位和文化内涵。这些凝结着青海少数民族生活习俗和文化观念的藏绣、丝毛挂毯、羊毛披肩等手工艺品在青海民族文化艺术展中发挥了民心相通的作用。现场参观的海外人士被新奇绚丽的手工制品吸引，不仅了解了中国青海的藏文化，也被民间工艺品中的技术和智慧折服。

三、中国青海民族文化艺术展中的话语实践

“一带一路”倡议为我国民间社团对外传播提供了千载难逢的机遇。西北地区民族文化在地方政府主导下，借助民间社团等多方力量，将富有西北地域特色的自然风光和优秀文化传播出去。青海民族文化艺术展以图片、视频、歌舞等话语形式，形成了由政府牵头组织、社团登台唱戏的多主体话语实践。

（一）政府主导下的多元主体助力青海民族文化传播

中国青海民族文化艺术展由中国青海省人民政府新闻办公室主办，是“感知中国・大美青海”项目的一部分。在政府牵头组织下，多主体共同参与传播，其中社团是重要的参与主体，在西北地区民族文化对外传播中发挥主角作用。通过中国官方与民间结合的传播主体，落实到具体展览场景中，国内及在地国又有多个单位协办艺术展。例如，2019 年 5 月 17 日在里斯本举办的艺术展，由北京协力环宇经济文化交流中心积极协办。此外，里斯本大学孔子学院、欧盟中国委员会、葡萄牙东方概念中国文化协会等多个非营利组织也致力于国际交流合作。2018 年 12 月 24 日举办的民族文化艺术展——青海海西州旅游文化推荐会，便是由中国青海省人民政府新闻办公室主办，北京协力环宇经济文化交流中心协办，中日科学科技文化中心、东京都中日友好协会参与的交流活动。这种由政府牵头组织，多主体参与传播的多主体话语实践贯穿青海民族文化艺术展和民族文化“走出去”的全过程。

在政府主导下，多元主体参与青海民族文化艺术展，其中民间社团不仅可以轻松打破文化传播壁垒，让世界各地民众了解西北地区的民俗文化，还

能推动国家之间的民间交流与民心相通，进而达成文化助推经济合作，共谋发展的新型合作格局。早在2006年1月16日，中国青海民族文化艺术展在墨西哥城正式开幕，此次文化艺术展旨在通过展品体现青海民族民间文化特色，展示青海多民族文化风貌，让世界认识青海、了解青海、走进青海，以文化交流推动青海省同其他国家在旅游和经济等方面的交流与合作。后来，在2018年12月24日日本东京举办的“感知中国·大美青海”民族文化艺术展上，日中科学技术文化中心理事大类善启说，当年青藏铁路开通不久，他曾率领日本访华团从西宁乘坐火车前往拉萨，沿途山峦起伏的壮阔美景令他震撼不已，至今难以忘怀。他希望以展览为契机，让更多的日本民众有机会感受中国特有的自然风光与文化内涵。因此，政府主导下多元主体参与西北地区民族文化对外传播中，民间社团以展览演出的形式，将西北地区的美食、歌舞、服饰、民俗、传统等传播给海外大众，在增进相互了解的同时，也将我国的大国风范与文化内涵潜移默化地深植于海外用户意识之中。

（二）海外孔子学院协同政府与社团传播西北地区民族文化

海外孔子学院是中国政府为方便海外汉语学习而开设的非营利性机构。自2004年第一所孔子学院在韩国开办以来，它在海外多个国家和地区得到蓬勃发展。世界各地的孔子学院不仅是海外汉语爱好者的聚集地，还是中华文化海外传播，加强中国与世界各地经济、文化交流的重要平台。青海民族文化艺术展借助孔子学院的海外影响力，主动邀请其开办展览或者与青海省政府新闻办共同谋划海外艺术展。2013年，青海民族文化代表团一行5人受西班牙格拉纳达大学邀请，参加了西班牙格拉纳达大学孔子学院举办的“大美青海——民族文化艺术展”。通过此次艺术展，丰富多彩的青海民族文化特别是藏传佛教唐卡艺术不仅令当地民众印象深刻，还让他们对青海民族文化萌生兴趣。

2019年5月14日，由青海省人民政府新闻办公室主办、北京协力环宇经济文化交流中心和保加利亚索非亚孔子学院协办的青海民族文化艺术展在索非亚孔子学院举办，保加利亚华人侨团代表、文化及商贸界知名人士、中资企业代表以及索非亚孔子学院部分师生共同参加了本次活动。孔子学院作为协办方在艺术展中发挥重要作用，以图片、唐卡、藏绣、丝毛挂毯、羊毛披肩等民族民间工艺品为媒介搭建起青海与保加利亚和欧洲的桥梁，推动青海走向世界。

“感知中国·大美青海”中国青海民族文化艺术展受到各国友人的关注和

喜爱，这与孔子学院的积极助推密不可分。由于孔子学院立足于满足海外汉语爱好者的兴趣，热爱汉语的海外人士往往也对中国传统文化兴趣盎然，在他们的亲朋好友及其社交圈的影响和带动下，更多中国文化爱好者前来观看展出，从而扩大了西北地区民族文化的海外影响力。

（三）海外多方主体参与西北地区民族文化的在地传播

青海民族文化艺术展由青海省人民政府新闻办、企业、社团形成多方传播主体，北京协力环宇经济文化交流中心、西宁艺术剧院有限公司、格尔木歌舞团参与多场展演，非物质文化传承人夏吾角、曲智随同艺术团进行唐卡的展演及相关知识讲解。在多主体的统筹推动下，海外方面也给予配合支持，除了孔子学院的主动牵头外，海外政府国际公共关系处、地方商会、文化促进会、大使馆、旅游局、地方官员、新闻媒体、华人华侨均给予大力支持。2018 年 1 月 28 日，青海省新闻办与省广电局、省社科院等组成代表团，赴比利时和德国进行文化交流，多家媒体进行报道，产生了较为广泛的社会影响。

青海民族文化艺术展不仅宣传了青海的美丽风光和人情风俗，还展示了壮美青海和立体全面的中国，这次文化艺术展把一个真实、自然、雄奇、壮丽的青海呈献给当地民众，构建了一条从青海通向世界的大路，通过这条道路传播信息、增进交流、增进友谊，推动发展。① 除了民间社团以外，青海省政府、国外各地的中国大使馆以及华人华侨社团等多个主体都积极参与推广西北地区民族文化，从而形成西北地区民族文化对外传播的多主体话语实践体系。

中国青海民族文化艺术展是民间社团对外传播西北地区民族文化，竭力构建中国特色社会主义话语体系的生动实践。但反观民间社团的对外话语，目前还停留在政府主导层面，如青海海西州旅游文化推介会、“感知中国·大美青海”民族文化艺术展走进葡萄牙里斯本活动中都有民间社团参与，但政府在其中扮演了主导与主体作用，社团只是被动参与。我国的民间社团仅以单纯跟随者的身份加入政府牵头组织的官方宣传活动，失去了社团的传播主体功能。虽然对外传播中官方主体在维护国家主权上强调民族利益的不可替代性，但文化传播中的民间社团仍然需要淡化官方色彩，更多地体现民间交

---

① 漂洋过海撒播青海民族文化艺术的种子［EB/OL］. 易坊网，（2018-04-08）［2022-06-05］. http：//www. easyfang. com/a/2018/0408/0254418. html.

流的非官方功能。另外，青海民族文化艺术展的内容缺少特色，图片、纪录片、唐卡、歌舞几乎涵盖了整个艺术展的全部内容。例如，在保加利亚首都索非亚的艺术展中展出了摄影作品、唐卡以及藏绣、丝毛挂毯、羊毛披肩等手工艺品；而在南美洲的巴西里约热内卢、秘鲁利马和阿根廷布宜诺斯艾利斯举办的"感知中国·大美青海"民族文化艺术展中，青海省格尔木歌舞团的表演则丰富了展演内容，但这种单一化的展览并不能全面展示丰富多彩的西北地区民族文化，同时，也未考虑在地国的属性特色，如何从多元民族文化基础上找寻与本地连接点成为话语内容创新的关键。此外，线下传播成为艺术展的主要渠道，2006—2020 年，青海民族文化艺术展以线下展出和文艺表演为主，通过官方媒体及政府网站单方发布，线上传播渠道尚未真正畅通。如何利用互联网平台及各类海外社交平台，丰富传播内容，创新话语平台，将更多的优秀民族文化传播至海外，让更多人随时随地浏览、观摩、学习，成为民族文化社团话语建构的重点方向。

第三节 西北地区民族文化对外传播的社团话语建构路径

除了政府主导推动，西北地区民族文化对外传播还需要更多民间力量参与进来，以社团为代表的民间组织在政府主导下，开创了"政府搭台、民间唱戏"的传播新模式。2015 年，中国创意文化企业完美世界与全球最负盛名的教育学术机构欧洲学院携手签署谅解备忘录，围绕教育、文化交流达成战略合作，合作内容包括办学、开发教育软件、支持学术研究、打造人文交流平台等文化交流的合作项目。这标志着民间力量正逐步参与教育产业国际化进程，成为中国文化"走出去"的重要传播力量。民间力量到底如何传播西北地区民族文化？如何从宏观、中观和微观层面进行话语建构？

一、宏观社团话语：政府搭台、民间唱戏

民间社团是独立于政府、企业的第三方力量，具有鲜明的非营利特征，但根植于我国特定政治社会生态环境中的民间组织在国家和市场的相互牵制中成为重要的传播主体。这些民间组织与政府之间存在千丝万缕的联系，只有通过强化顶层设计、细化社团类型、发挥社团主角才能建构宏观话语。

（一）重视顶层设计，形成传播合力

在党和国家高度重视"一带一路"中的民心相通和民间外交的宏观背景下，民间力量成为实现民心相通和践行民间外交的真正主体。习近平总书记指出，我们要大力支持国内民间组织参与国际非政府组织活动，推动我国民间组织成为国际社会与我们增进相互了解与合作的重要平台。① 因此，为了鼓励国内民间组织参与相关的国际性活动，国家从不同层面完善民间组织参与国际活动的制度法规。2021 年 8 月 27 日，国家国际发展合作署、外交部、商务部审议通过《对外援助管理办法》，第十九条提到国内具有合法身份的社会组织（社会团体、社会服务机构、基金会）以及智库机构等社会力量都可以参与中国政府的对外援助工作。② 2022 年 9 月 28 日，民政部社会组织管理局举办国际性社会团体法规政策及"走出去"能力建设培训班，这表明国际性的社会团体地位日渐突出，且围绕社团对外能力的系统培训不仅是顺应时代的国家顶层设计，也是"符合中国国情"和"遵循国际规则"的辩证统一产物。

在国家统筹布局和相关政策制度的基础上，民间组织在各类非政府传播和民间交流活动中发挥重要作用。例如，致力于联系国际、国内民间组织和人士，推动民间组织参与国际非政府组织的交流与合作，增进各国人民之间友谊的中国民间组织国际交流促进会，自成立以来便致力于推动中国民间组织参与重大国际活动，在国际非政府领域获得良好声誉。中国民间组织国际交流促进会与其他民间组织一道，将不断深化同世界各国非政府组织的交流与合作。

国家政府为民间组织"走出去"创造了良好外部环境，不仅从政策制度层面给予保障，而且通过各种形式赋能民间组织。西北地区民族文化也可利用民间力量形成政府、企业及媒体的传播合力。例如，由青海省政府新闻办公室发起和组织的青海民族文化艺术展，就涉及北京协力环宇文化经济文化交流中心、西宁艺术剧院有限公司、格尔木市歌舞团等多个主体，它们在政

---

① 中共中央对外联络部．深入学习习近平总书记党的对外工作重要思想　努力开创党的对外工作新局面——十八大以来党的对外工作的成就与实践［EB/OL］．求是网，（2017－10－15）［2020－10－22］．http：//www. qstheory. cn/dukan/qs/2017－10/15/c_ 1121801004. htm.

② 董强．国内外民间组织正式被纳入到中国对外援助体系［EB/OL］．中国农业大学网站，（2021－08－31）［2022－06－27］．https：//news. cau. edu. cn/art/2021/8/31/art_ 8779_ 781267. html.

府的引领和社会力量推动下成为西北地区民族文化“走出去”的重要主体。因此，只有将政府、社会组织、个人打造为统一整体，方可形成整合传播效应，实现政府主导作用和社团的主体角色的和谐统一，从而更好地致力于西北地区民族文化对外传播。

（二）细分民间社团，加强指导管理

民政部社会组织管理局作为中华人民共和国民政部下属的职能部门，负责社会团体、基金会、社会服务机构等社会组织的登记和监督，据此，社团、基金会和民办非企业单位成为我国民间组织的主要类型。国家不仅从顶层设计上支持鼓励民间社团“走出去”，还针对不同社团分类指导管理，从而更好地发挥社团作为传播文化主体的功能使命。

社会组织的常见形式是社团。根据1998年颁布的《社会团体登记管理条例》规定，社会团体由公民自愿组成，经过业务主管单位审查，接受登记管理机关和业务主管单位监督。这类社团不仅是政府与民众的桥梁与纽带，也是社团“走出去”的主体之一。但目前国内社团在资质申请方面较为繁杂，要走完整个流程需要180天。严苛的准入门槛和烦琐的申请程序成为制约社团发展的重要因素，特别肩负对外传播使命的社团既面临国内门槛限制，又需要考虑国际传播中的文化、政策壁垒，致使部分民间力量望而却步。国家政府应当降低对外社团的政策壁垒，从政策、资金方面给予鼓励与支持，并提供专业化、有针对性的教育培训，加大组织的专业性建设，吸引更多民间力量参与传播，从而发挥非政府组织、个人及更多民间力量传播中华文化的主角作用。

基金会是利用自然人、法人或者其他组织捐赠的财产，以从事公益事业为目的的民间非营利性组织。[①] 其公益性、非营利性、非政府性和基金信托性，决定了基金会是非政府组织中更加具有吸引力，也是效果更为直观、有效的组织形态。中国基金会通过参与全球各类公益计划，获得一定的知名度和影响力。2013年，中国扶贫基金会在苏丹开展了国际饥饿儿童营养餐活动，设立国际公立医院。同年，中国和平发展基金会在柬埔寨、老挝等地开展援助项目，援建中柬友谊医院、中柬友谊小学等。上述公益项目不仅为中国收

---

① 国务院．中华人民共和国国务院令第400号基金会管理条例［EB/OL］．中国政府网，（2004－03－08）［2021－05－07］．https：//www.gov.cn/zwgk/2005－05/23/content_201.htm.

获了国际社会好评，也为中国大国形象和中华文化奠定了良好外部条件。中国政府不仅要利用好已有基金组织，通过基金会的公益特点将中国负责任大国形象传播出去，同时，还要成立专门的文化类基金会致力于中华文化海外传播。2022 年，中国人权发展基金会文化传播公益基金，面向“一带一路”共建国家开展文化交流公益活动。随着“一带一路”的深入推进和西北地区民族文化“走出去”的内在要求，西北地区民族文化公益基金也将成为顶层设计的规划范畴。

民办非企业单位是利用非国有资产举办、从事非营利性活动的企事业单位、社会团体、其他社会力量及公民个人。这类社团在全国性的社会组织中所占比例可忽略不计。但本身数量有限，外加各种现实制约，严重影响了该类组织的对外传播积极性。鉴于这类组织的非营利特点和经费不足、专业人员匮乏的内在制约，国家政府在给予经费资助的基础上，鼓励它们围绕核心业务开展运营活动。非政府组织虽然不以营利为主，但其正常运转也离不开经费支持，特别是海外线下开展艺术展或交流活动需要大量的经费投入。国家政府要鼓励民办非企业单位适当开展运营活动，获得合法合理的收益，从而为西北地区民族文化对外传播提供经费保障与政策支持。政府也可通过政策经费、技术指导等，鼓励非遗传承人将文化传播与商业运营统一起来，如唐卡的商业化探索实可为社团运营提供思路与参考。

（三）统筹项目规划，发挥社团作用

国家针对不同类型的社团组织开展分门别类的指导，通过政策、资金方面支持中国红十字会等公益组织。同时，还发起重大活动项目推动中华文化“走出去”，国务院新闻办公室在境外举办的“感知中国”大型中国主题对外交流活动；中国国家留学基金委从 2015 年至今每年坚持举办“感知中国”社会实践与体验活动①等均属于中国官方以项目活动为驱动，推动中华文化“出海”，扩大海外影响力的具体实践。

由于国家层面的宏观部署和积极推动，“感知中国”系列地方篇也应运而生，“感知中国 · 大美青海”是青海省政府地方“走出去”的实践个案。但目前感知中国系列的系统性不够，国家政府、新闻媒体、留学生等多元主体

① 曹建．做强“感知中国”品牌 讲好中国故事［N］．中国教育报，2021－07－23（08）．

都参与讲述中国故事的全过程，但故事特色不突出，自主性也受到极大的限制，且给海外用户中国官方对外宣传的错觉。这主要由于政府在“感知中国”系列活动中不仅要搭台，还要唱戏。反观国外的文化交流，多以社团组织和非政府形式开展对外活动，不受政府干预、不被营利组织左右。英国与非政府组织合作，强调其独立自主性，从1998年英国首次签署《政府与志愿及社区组织合作协议》开始，保持和维护非政府组织的独立性便成为政府的主要职责。在坚持独立性原则的同时，非政府组织与中央、地方政府合作，接受政府资金支持，享受政府的优惠政策。中国政府与社团关系若表现出过多官方色彩，就容易给海外民众留下官方印象。

中国政府发起组织的“感知中国”系列主题活动无疑是成功的，从项目策划到品牌打造、再到地方积极践行都是中国政府集中多方力量，从不同视角切入展示中国，让海外全面感知中国的品牌传播活动。但该系列活动中政府角色过分突出，如青海民族文化艺术展中，青海省政府官员、青海省宣传部副部长在多场展览中讲话发言，表达政府立场和与世界沟通的愿望，但这种形式对于崇尚非政府组织对外交流的海外用户而言，无疑等同于官方宣讲和政府对外交往，其效果不尽如人意，影响力较为受限。无论是对外艺术展览还是各类民间交流活动，政府只是宏观布局和统筹规划，非政府力量和民间组织才是真正主角，他们是真正将“政府搭台、民间唱戏”的理念落到实处的主要力量。

二、中观社团话语：丰富内容、创新表达

国家和政府为社团传播创造了良好的外部环境，但对外传播的真正践行者是社团本身。由于本研究将社团界定为依托组织机构的民间组织或民间力量，故不同类型的社团在内容、形式及组织管理方面均存在显著差异，但所有社团都要形成自身特色，从社团定位、传播内容到表达形式实现差异化，西北地区民族文化的海外传播社团也要围绕社团类型进行话语建构。

（一）建构海外华人社团话语

海外华人华侨社团是中华文化的重要传播载体，美国纽约华人社团联席会及纽约汉服社等遍布世界的各类华人社团在文化传播中发挥了积极作用。2022年2月加入“一带一路”的阿根廷，华人社团就包括了最早的中华协

会、阿根廷自由华侨联合会、阿根廷福建同乡会、阿根廷三福企业家协会，共计49个。[①] 社团参与接待赴阿根廷交流的官方和非官方的中华文化访问团或演出团，利用各种传统节日及日常活动传播中华文化，间接推动华文媒体及华文学校传播中华文化，参加或筹备各种活动传播中华文化。马来西亚华人社团每年举办华人文化节，举办展览、比赛、研讨等各类文化活动，吸引着华侨华人及当地其他民族前来参加。华人社团门类繁多，不同类型社团在内容特色和表达形式方面侧重不同，社团的主要类型如下：

1. 建构单一社团的“小众＋研究型”话语形态

单一社团是指结构功能较为简单，主要用来切磋技艺和兴趣交流的戏剧社、舞蹈团、武术馆等。该类社团将拥有共同兴趣爱好的华人集合在一起，注重小众化社区的打造。马六甲华人社团武术龙狮总会从1997年开始，将舞龙、舞狮搬上当地庆新春活动，且本地华人自创的“高桩舞狮”被列入马来西亚国家文物遗产“重要文物”名单中。[②] 在美国旧金山华侨华人社会有一定影响的旧金山华人歌舞团，以演出中国传统民族歌舞和古典乐器为主，经常在中国传统节日及侨团举办的慈善活动上表演。那些以兴趣为纽带连接的单一小众化社团，往往属于中国传统文化的深度爱好者，可通过为这类社团提供政策、资金方面的扶持，并请具体领域的专家为社团开讲座，组织研讨，让这部分社团成员成为中华文化的核心、中坚力量，可专门为西北地区民族文化歌舞、服饰或民俗传统的重度爱好者提供对口支援与专项指导，并请相关的非遗传承人讲解具体工艺的历史演变及制作流程等。针对西北地区民族文化的兴趣类单一社团，应该打造小众化的研究型话语，牵头组织非遗传承人、民间艺人及专家、学者为社团开设现场展演或者学术交流，让这部分小众社团成为西北地区民族文化的深度传播者。

2. 建构综合社团的“服务＋展演型”话语形态

综合性社团打破了单一社团的具体门类限制，往往以社团为纽带，打造服务华人社团的综合社区，设立在海外的各类中华文化中心、文化交流协会或者工商总会均属此类。其中，印度尼西亚著名的综合性社团有雅加达的印

---

① 曾少聪，李善龙．海外华人与中华文化在阿根廷的传播［J］．世界民族，2023（1）：74－85.

② 陆春艳．华侨华人舞龙舞狮共迎新春“龙腾虎跃”展示年俗文化魅力［EB/OL］．中国新闻网，（2022－02－02）［2023－05－28］．https：//www.chinanews.com.cn/hr/2022/02－02/9667353.shtml.

度尼西亚华裔总会和印度尼西亚百家姓协会；马来西亚有中华大会堂总会等综合性社团。综合型社团侧重为本地华人开展商业服务、贸易合作及文化交流等，他们既对中华文化抱有深厚情感，也是中华文化传播的实际践行者，以文化为纽带，将分散在各地的华人组织起来，以共同的文化根脉形成稳定的社会圈层。当然，这类社团也非常注重与本地的融入，将商业利益与文化纽带有机结合在一起。西北地区民族文化可通过综合型社团进行大众化展演与普及，选择其中最具代表性、最吸引眼球的文化元素，通过加工包装成符合当地审美情趣与接受习惯的形式并直观呈现出来。例如，绚丽的民族服饰、优美的民族歌舞都带有浓厚的民族风情，也是最容易抓住海外用户眼球的元素。这类综合型社团对内提供多元服务，与西北地区民族文化形成稳固持久的情感联结；对外展演西北地区民族文化的精髓内容，吸引海外对西北地区民族形成深度关注。因此，综合社团主要面向西北地区民族文化关注较少的用户，侧重打造综合展演型话语。

3. 建构宗乡社团的“情感＋沟通型”话语形态

这种以血缘和地缘关系为纽带、利用华人在种族与文化上的共同性形成的组织称为宗乡社团。宗乡社团源于清末民初，由于当时政局动荡，部分中国南方省份老百姓远赴南洋谋生，他们因为血缘、地缘接近而集结成同乡会馆与宗亲会馆，后来又衍生出工会、商会和校友会等组织。新加坡的福建会馆是新加坡华社最为重要的宗乡社团之一；印度尼西亚知名的宗乡社团有闽南同乡联谊会、印度尼西亚潮州乡亲工会、南安同乡会、广肇总会等。这类因血缘或地缘关系形成的宗乡社团往往有深厚的情感基础，注重情感的维系才是其长久发展之道，共同的地缘性文化不仅是社团存在的前提基础，也是社团延伸发展的文化根基。应当充分重视这类社团在西北地区民族文化传播中的作用，特别是新疆、青海等西北省份，华侨华人还处于分散状态，尚未形成有影响力的社团，而这部分旅居海外的华侨华人是精准传播西北地区民族文化的核心力量。因此，以情感为纽带的宗乡社团是中华文化“走出去”的重要主体，西北地区民族文化“走出去”也要充分利用西北地区或西北民族华侨华人海外力量，打造情感沟通型的内外话语。

除了充分发挥单一、综合及宗乡社团优势外，还要重视国内民间社团与海外华侨华人社团的合作，形成内外合作机制。例如，青海民族文化艺术展中的葡萄牙东方概念文化协会和东方概念艺术团，成为沟通海内外的桥梁纽带，不仅吸引了中国内地和中国澳门留学生、当地“华二代”“中葡家庭二代”这样一群热爱中国文化艺术的年轻人，还经常编排各类艺术节目，从而实现国内社团与海外华侨社团的沟通合作，实现良性互动。

（二）建构西北地方社团话语

西北地方社团植根于西北地区，不仅起到了沟通上下和服务地方的作用，也承担着对外交流的重要使命。2014 年成立的西北首家民间组织国际交流促进会——甘肃省民间组织国际交流促进会，一直致力于地方科学教育、文化艺术等领域的国际交流与非政府组织活动，由于具有文化属性的地方组织自带民间社团特点，又对本土社情民意及民俗风情较为熟悉，成为西北地区对外交流的天然载体。从 1987 年国家民委组派中国少数民族艺术团参加加拿大国家展览活动，到 2015 年“多彩中华”中国民族文化教育代表团对哈萨克斯坦和乌兹别克斯坦进行友好访问和文化交流，民族民间社团一直活跃在对外交流一线。但部分地方社团话语内容较单一，话语形式偏传统，特别是西北地方社团主体功能特色不突出，还可从内容和形式入手建构西北地方社团话语。

1. 丰富西北地方社团话语内容

西北地方社团的对外传播要服务于国家战略，在中华文化“走出去”的宏观背景下，民族文化也以各种形式走向海外，“多彩中华”之中华民族服饰表演、中华民族歌舞艺术表演、“中华瑰宝”之中华民族文物展以及民族图书展均是民族文化海外传播的积极探索。而西北民族文化间或穿插在民族文化之中，民间社团也未形成规模化、体系化的组织。例如，2006 年青海民族文化艺术展的参与社团青海省对外文化交流协会存在感不高、影响力不强，这就要求西北地方社团要在政府积极鼓励和政策扶持下，充分发挥文化传播主体作用，注重丰富社团内容。除了交织各类民族文化的艺术展出外，还可打造西北民族非物质文化遗产社团、歌舞表演社团、民族服饰社团、民族语言文化社团、民间故事社团等社团门类。歌舞、服饰类社团要体现西北民族的歌舞文化及服饰特色，通过线下展演或者故事化演绎，让海外用户通过服饰、歌舞外在形式感受西北民族精神；针对西北民族民间故事或者语言文化社团，将话语重点放在如何“讲故事”上，社团成员通过选择那些在历史上或者当下有影响力的知名人物或者事件，结合所在国的历史文化背景和接受习惯进行二次创作，再将这些融合中华文化与所在国文化的故事进行讲述，借助线下演出或者线上短视频等形式传播，从而让故事入脑、入心。因此，西北地方社团在民族文化传播中要各司其职、分工协作，让不同层面的海外用户都能各取所需，形成对西北地区民族文化不同层次的认知、了解。

2. 创新西北地方社团话语表达

根植于中华传统文化深厚底蕴的西北地区民族文化，属于地域民俗文化范畴，而“多彩中华”“中华瑰宝”等涉及民族服饰、歌舞演出及文物展和图书展为民族文化“走出去”开创了多样化传播途径。但西北地区民族文化对外交流仍然以线下展出和歌舞演出为主，青海民族文化艺术展举办 10 多年，以图片、宣传片、唐卡及各类工艺品为主，且受新冠疫情影响，2020 年之后该活动几乎中断，这表明依靠单一线下展演存在较大局限性，西北地方社团应该在丰富话语内容的同时创新话语形式。歌舞、服饰类社团以演出为主要类型，穿插西北地区民族历史和文化传统背景，以故事化形式介绍歌舞、服饰的功能内涵，并尝试与专业的文化传播类公司达成合作，开发文创产品吸引海外用户的眼球。同时，还要注重线上平台的开发运用，发挥线上、线下协同传播作用：线下展演可尝试利用 AR 技术，参观者只要将摄像头对准手工艺展品，便会自动播放展品及制作流程，或者搭建线下 VR 体验馆，将甘肃兰州太平鼓、庆阳剪纸、香包、皮影等；青海的花儿会、赛马节等民俗节庆①通过 VR 传播；线上以短视频及各类社交平台为主，通过直播形式推介文创产品，或者利用数字技术推出“云游”活动，还可举办线上展览，解决“非遗传承人作品很好，以往却找不到合适的宣传方法，他们虽然会‘讲故事’，可是把故事带到哪里去？应该到哪些国家推广？参加什么样的活动更加具有针对性？”② 等现实问题。西北地方民间社团传播要注重人际交互，达成情感沟通，尽可能地突出民族地区的原生态特点，让海外用户对西北地区民族文化的体验停留在原始自然、质朴淳厚、未经开化的直观层面，这会间接激发他们对中国神秘西北产生向往，从而推动地方文旅产业的发展。

---

① 马桂芳．“一带一路”战略视野下的西北少数民族文化优势思考［J］．西藏大学学报（社会科学版），2016，31（4）：135 - 140，148.

② 任梦岩．中国非遗怎么“走出去”？这些案例告诉你［EB/OL］．人民资讯，（2022 - 01 - 04）［2023 - 06 - 23］．https：//baijiahao. baidu. com/s？ id = 1720983191603556930&wfr = spider&for = pc.

三、微观社团话语：组织规范、平台赋权

微观层面的社团话语体现为传播个体，他们通过人际沟通实现真正的民心相通。西北地区民族文化对外传播中发挥重要人际沟通作用的有华侨华人和非物质文化遗产传承人。他们利用中华文化的天然优势，在组织规范引领下，扮演着西北地区民族文化对外传播的微观个体，建构形成社团的微观话语。

（一）华侨华人对外传播的话语建构

人本身就是文化的载体，也是文化传播的重要媒介。① 分布在世界各地的华侨华人，通过语言、服饰、行为举止直接影响着外国民众对中国的认识，他们通过著述和演讲，向世界解释和宣传中国，成为加强沟通理解，推动友好合作的“民间大使”。② 华侨华人用实际行动在践行着文化使者的使命，西北地区民族文化同样离不开华侨华人的话语建构。

1. 建构侨团组织下的个人话语

分布在世界各地的华侨华人通过血缘关系、地缘关系、职业关系或者个人兴趣形成诸多门类的华人社团，他们用实际行动诠释了对中华文化的深厚情感，每年春节唐人街挂出的“福”字、喜庆的鞭炮及舞龙舞狮等活动都是有组织的侨团活动。但侨团中的个人通过组织演出或者对本土表演增加中华元素等创新形式为中华文化海外传播亲力亲为。西北地区民族文化海外传播也可借鉴这种模式，通过华侨华人将西北地区民族文化元素融入住在国的庆典活动或者户外演出中。这种活动多是民间自发行为，带有鲜明的大众娱乐色彩，也是大众喜爱和接受度高的传播形式。如果将西北民族华丽服饰和优美歌舞巧妙引入结合，不仅能吸引海外用户的眼球，而且有机会让海外民众亲眼欣赏或沉浸体验，这种直观感知方式是图片展出、媒体报道及讲座交流等手段无法企及的。因此，华侨华人对西北地区民族文化的传播活动必须在社团的组织统领下，有规模、有计划地开展进行，将团体组织与个人能动有机结合，从而发挥出最大传播效能。

2. 建构内外沟通中的个体话语

传播之目的在于沟通，而人际传播中的情感沟通是民心相通的前提基础。

---

① 赵健，赵炜怡．华侨华人传播中华文化的路径探析［J］．西北工业大学学报，2022（2）：86－97.

② 同①。

在中华文化“走出去”过程中，也应当充分考虑人际传播手段的挖掘运用，培养与海外沟通的意见领袖。华侨华人由于长期居住海外，对中华文化和住在国文化均有一定的了解，可肩负起意见领袖的角色功能。特别是华侨二代中的华裔青年，他们在父辈熏陶下对中华文化有一定的亲近感，但长期受到住在国文化教育和主流思想影响，让“侨二代”对祖国籍文化既亲近又隔膜，也产生了与父辈明显不同的价值观和文化认同。受中华文化和住在国文化双重影响的“侨二代”是中华文化和西北地区民族文化传播的绝佳载体。那些对西北民俗民情和民族文化历史有兴趣的华侨及其“侨二代”通过组织培训、回国参观学习等方式系统了解后，可以扮演“意见领袖”角色，向海外西北地区民族文化爱好者进行专业讲解和体系化传播。2016 年，上海市侨办发起的“丝路青年行”，紧扣“寻根”和“发展”两条主线，让海外华裔青年通过寻访海上丝绸之路遗迹，体验制香采茶，感受文化归属。只有通过体验式创新传播手段，才能让华裔二代对祖国文化有系统认识和深厚情感，也才能扮演好民族文化传播的“意见领袖”角色。而这些富有创造力的年轻“意见领袖”，不仅对住在国文化习俗和沟通方式较为了解，还能按自身喜欢的方式设计传播场景，巧用传播手段，将住在国的年轻人吸引过来，达成情感沟通。

（二）非遗传承人的话语建构

活跃在“一带一路”上的非遗传承人，用自己的实际行动扮演着文化使者的角色。他们以民间社团成员的形式进行展演或解说，并利用短视频等社交平台表演才艺，让更多海外人士了解西北地区民族文化。非遗传承人可从以下方面建构话语：

1. 建构政府赋权的个体话语

非遗传承人作为民族文化对外传播的重要民间力量，而民间力量需要在政府组织下开展活动。我国的民间力量大多在政府引领下，以社团展演及多主体参与交流。例如，青海省政府新闻办公室组织的青海民族文化艺术展，其参与主体“国家级非物质文化遗产项目”热贡艺术代表性传承人、中国工艺美术大师夏吾角，几乎每场展出都会出席，向现场观众解说唐卡的历史由来及其文化内涵，让人们领略中国藏文化的神秘魅力；艺术家罗藏旦巴大师将世界非物质文化遗产热贡唐卡带进联合国，得到联合国教科文组织总干事伊琳娜博科娃的高度赞赏。另外，敦煌彩塑非遗传承人杜永卫赴韩国、白俄罗斯、俄罗斯、印度尼西亚等国家宣传推介敦煌文化，将敦煌建设为感悟体验“一带一路”的文化基地。上述非遗传承人均是在地方政府有组织的规划部署下开展文化交流活动的，他们从本土视角出发传播西北地区民族文化的同时，也尝试开创外来视角传播的新模式。2021 年 9 月，甘肃省政府新闻办组织开展“外国网红看甘肃”的采风活动，以政府名义邀请国外网红，以网红视角走进甘南拉卜楞寺，真实记录当地的风景、民俗，并用英语介绍当地的宗教文化，让海外人士领略我国西北的美景与民族文化魅力。这种非遗传承人结合国外网红的方式，充分发挥人际传播优势，实现了社团组织下的个人话语建构。

2. 建构社交媒体赋能下的个体话语

移动互联网时代，除了官方组织的海外文艺展演及拍摄民族影视节目外，社交媒体的个人才艺展示和分享交流成为非遗传承与传播的新途径。这种非官方形式的展演往往会让观者忽略背后的商业因素及官方背景，因而更加容易被海外用户接受，而那些原本无人问津的非物质文化遗产却在抖音平台成为年轻人追捧的新时尚。抖音也通过“非遗合伙人”计划、“非遗市集”直播活动为非遗传播搭建新平台，富阳纸伞传承人闻士善与传统文化 MCN“寻古”合作，通过抖音账号“闻叔的伞”，第一个月就卖掉了 10 万元油纸伞；① 抖音与文旅部非遗司合作推出“我的家乡有民歌”活动，打造“苗族民歌”“侗族大歌”等一批民族非遗爆款；② “非遗市集”直播活动通过邀请知名非遗创作者讲述非遗历史，展示非遗工艺，推广非遗产品。截至 2020 年 5 月 31 日，1372 个国家级非遗项目中，抖音囊括 1318 项，非遗相关视频 4800 万条，播放 2000 亿次，点赞超过 64. 8 亿次。③ 上述非遗传承人在抖音平台积累的丰富经验为西北地区民族文化海外传播提供了思路。TikTok 是海外最有影响力的短视频平台之一，截至 2021 年 9 月，TikTok 全球月活跃用户超过 10 亿。④ 文旅产业指数实验室发布《2022 年非物质文化遗产在海外短视频平台影响力

---

① 马思伟．抖音上线“非遗市集”，用直播带货推广传统手艺［EB/OL］．文化和旅游部，(2020 - 06 - 10)［2022 - 06 - 02］．https://www.mct.gov.cn/preview/special/2020whhzrycr/fygwj/202006/t20200616_854513.htm.

② 李锦云．如何让世界听到民族非遗的故事［N］．光明日报，2020 - 06 - 07 (12).

③ 同①。

④ 文旅产业指数实验室．中国非物质文化遗产海外短视频平台影响力研究报告［R］．北京：文化和旅游部，2022 - 06 - 10.

报告》显示，TikTok 上非物质文化遗产相关内容视频播放总量目前已超过308亿次，[①] 武术、春节、中医针灸、京剧、皮影戏等主题构成了短视频的主体部分。西北地区民族文化服饰、歌舞等非遗项目也可利用 TikTok 平台播放，借助中国非遗影响力，那些非遗项目侧重西北地区民族文化的内容可采用传承人展示讲述，或者国外网红引领参观、感受分享等形式，让海外用户产生沉浸感并通过在线互动方式分享交流，从而形成社交平台赋权下的个人话语。

总之，西北地区民族文化对外传播中的民间力量不可忽视，而民间力量集中表现为在政府领导下开展的各类文化交流活动。民间社团需要从政府、社团及个人三方主体进行宏观、中观和微观层面的话语建构：宏观层面，按照政府搭台、民间唱戏的宏观设计和细分民间社团，加强指导管理，统筹项目规划，发挥社团主角的话语布局；中观层面，充分利用华侨社团在民族文化传播中的优势地位，打造单一、综合及宗乡等不同类型的华人社团，同时，突出西北地方社团特色，丰富西北地方社团话语内容，创新西北地方社团的话语表达，体现民间社团在民族“走出去”中的主体地位；微观层面，要充分发挥侨团组织和内外沟通中的个人话语，形成社交媒体赋权下的个人表达和话语实践，才能建构形成政府引领下的多方主体参与、民间力量协调统筹、创新传播内容及表达形式的民间社团话语。

本章小结

习近平总书记提出：“民间组织是推动经济社会发展、参与国际合作和全球治理的重要力量。”[②] 民间社团作为不同民间力量的重要表现形式，它不仅能将政府和民众有效联通，还能凭借自身灵活性和覆盖面广的优势条件，在文化传播和民心相通方面发挥重要作用，在“一带一路”创造的政策、经贸、设施沟通的优越条件下，向世界传播中华文化，发出中国声音。西北地区民族文化如何借助“一带一路”倡议下的民间社团力量“走出去”是本节研究的重点内容。

① 文旅产业指数实验室．中国非物质文化遗产海外短视频平台影响力研究报告［R］．北京：文化和旅游部，2022－06－10.

② 吕建中．“一带一路”民间组织大有可为［N］．人民日报，2017－12－27（19）．

在“一带一路”倡议下，西北地区民族文化的对外传播既充满机遇又面临挑战，对于民间社团来说，如何通过充分体现自身与民族文化本身的地域性、民族性、独特性等优势来进行对外话语建构，是需要探讨和推进的研究问题。由于民间社团属于非政府组织，跟政府组织相比，它被称为“第三方力量”，更容易获得海外民众的接受与认可。西北地区的民间社团在西北地区民族文化“走出去”的过程中扮演了重要角色，它们通过歌舞演出、艺术交流等方式，让海外人士感受神奇美妙的民族文化，感受博大精深的中华文化，从心理和情感上更容易产生共振，达成共鸣。

如何发挥西北民间社团民心相通的天然载体功能？这不仅要在传播文化内容方面深入挖掘、精心构思、巧妙设计，还要善于利用网络媒体和社交平台，将直播演出、个人才艺展示等方式有机组合，打造中外沟通的桥梁载体，丰富传播平台，吸引海外用户眼球的同时讲好西北地区民族文化故事。但需要注意的是，民间社团的对外交流往往由政府发起和组织，政府要注意给予社团一定的引导和扶持，同时注意淡化政府色彩，充分发挥民间组织在传播中的主动性和能动性，从而形成与政府传播、企业贸易、媒体报道等多个主体协同传播的格局，服务于文化自信、提高国家文化软实力、树立良好国际形象的国家战略目标。

第七章 “一带一路”倡议下西北地区民族文化对外传播的出版话语建构

对外出版指的是面对外籍受众编辑和复制作品并进行传播的活动，主要指书籍的出版。① 出版作为一个国家文化产业的构成部分，不仅是国家文化外交和文化软实力的直观表征，也成为对外传播中华文化的重要媒介。面向海外受众的对外出版，通过其承载的优秀思想精华，在促进我国与丝路国家的民间交往、唤醒共同历史记忆、强化人文纽带、形成牢固的区域认同方面发挥了重要作用。本章围绕“一带一路”倡议下的对外出版与国家形象和国家话语权之间的关系，探讨民族类出版书籍在我国对外出版话语体系中肩负的角色使命，重点选择“丝路书香工程”这一典型案例进行深入剖析，分析其话语特点，总结存在的问题及不足，进而不断优化民族图书对外出版实践，推动中国对外话语体系建构。对外出版作为我国向国际社会传播中国文化的有益实践探索，在面向“一带一路”国家传递中国价值观、塑造中国形象方面的重要性不言而喻。通过本研究，寻求在增强中华文化吸引力和影响力的基础上，加强与共建国家的政策沟通、政治互信、文化沟通，达成经济、政治、文化等多维互通，从而实现“共商”“共建”“共享”的发展理念。

第一节 民族类图书的对外出版与中国话语体系建构

“一带一路”倡议提出后，对外传播的进程不断加快，并依托重点工程，推出了经典中国国际出版、中外图书互译、中国出版物国际营销及丝路书香

① 王吉英．国外出版丨文化外交视角下的法国对外图书出版政策［J］．出版科学，2018（6）：99－105.

等八大工程项目。其中，西北地区民族文化依托上述项目工程和图书资源发扬光大，紧抓出海契机“走出去”。那么，西北地区民族文化对外出版的意义何在？“一带一路”倡议下西北地区民族文化海外传播的现状如何？主要有哪些基本类型？本节将一一概述。

一、对外出版是中华文化“走出去”的基础性平台

出版业作为当代国家借以建构并传播国家形象的重要途径之一，通常成为国际社会认识并建立起对该国家的印象和认识的重要介质。如一提到罗琳（J. K. Rowling）的《哈利·波特》（*Harry Porter*）系列，人们会不自觉地想起霍格沃茨魔法学院发生的惊险奇妙故事，霍格沃茨的四大魔法学院源自英国“四大律师学院”，而魔法学院学生校徽也有对应的文化内涵，如“格莱芬多”的词根是gryffin，音译为“格里芬”，相传为中世纪长翅膀的神兽狮子。这种具有符号表征与文化内涵结合体的作品不仅是人们了解一个国家及其传统文化的窗口，也成为塑造国家形象和文化传播的重要载体。在中国功夫、大熊猫、茶文化成功深入海外用户心中的同时，如何利用图书出版将更多的中国传统文化传播出去，不仅是国家重要战略部署的目的，也是每一位出版人的重要使命。

综观新中国的对外出版史，经历了从中华人民共和国成立初期对外宣传为主要任务、新闻总署和出版总署为单一出版发行机构、第三世界国家为主要对象，到改革开放成规模引进出版物、国际书展为贸易平台，再到2003年后政府政策规划引导，探索多元的贸易模式、扩大本土化发展的演变过程，最终形成党的十八大以来中外文明交流互鉴，“一带一路”助推对外出版贸易、经典著作互译的对外出版新格局。

综观出版成就，中国的对外出版无论是主体、出版物还是出版范围均发生了明显变化。对外出版将实物进出口、版权、资本等手段综合运用，实现了“走出去”和“引进来”的有机结合。国家在交易出版产品的同时，还达成了各国之间极具特色的优秀文化传播沟通、交流互鉴目的，中国版权贸易也从无到有、从小到大、从弱到强，在提高国家文化软实力和国际影响力方面贡献突出。

为了形成开放包容、平等互利、合作共赢的良好合作氛围，我国于2013年提出“一带一路”的战略决策，通过与丝路共建国家一道传承“丝路精

神”，让古丝绸之路焕发出新的生机与活力。共商、共建、共享原则和平等、互利的发展方向不仅是推进“一带一路”项目初衷，也是造福中国及沿线各国民众和实现人类命运共同体的目标追求。结合亚欧非大陆的地缘政治环境的重大变化，要创造丝路共建国家创造发展空间机遇，减少区域内贸易壁垒，推进贸易投资自由化，深化产业技术合作，还面临严峻的现实挑战，而消除分歧的有效手法是加强文化沟通，实现民心相通。历史经验证明，国家间的合作在于互信，而互信源于沟通和对话，利用“一带一路”项目合作，加强国家之间的了解，知晓并接纳彼此的文化差异，才能消解误会、猜忌和疑虑，“民心相通”也才能落到实处。

对外出版不仅是思想观念承载的渠道和载体，也是构建国家形象、维护国家利益的重要路径，它需要结合不同政治制度、文化背景来实现语言的翻译转换，其中对内容理解的深入性与语意表达的准确性成为衡量出版物质量的直观标准。在中国文化“走出去”的背景下，出版作为文化传播的主要渠道，成绩喜人。数据显示，2018 年，我国共输出版权 14200 项，同比增长 2.7%；实物出口 22625 万册（份、盒、张），金额 11195 万美元。在 50 多个国家和地区设立出版社、实体书店等分支机构近 400 家，形成一批“走出去”海外战略支点。[①] 在 2019 年“读懂中国：中国对外出版 70 年与文明互鉴”论坛会上，中国外文局副局长陆彩荣表示，中国外文局形成领袖著作和政治文献、“解读中国共产党”系列、当代中国、传统文化与文明、经典文学、汉语教材、少儿读物七大图书产品线，用 40 多个语种出版了 8 万余种图书，发行覆盖全世界 180 多个国家和地区。[②]

“一带一路”倡议下的对外出版在促进我国与古丝路共建国家的民间交往、唤醒共同的历史记忆、强化彼此间的人文纽带、形成牢固的区域认同方面发挥着非同寻常的作用。国家正在通过版权贸易、实物出口、资本合作等方式拓展国际市场，[③] 加大选题策划、翻译转换、宣传推广、海外运营能力，

---

① 孟妮．出版业奏响中华文化“走出去”强音［N］．国际商报，2019 - 08 - 09.

② 樊新征．“读懂中国：中国对外出版 70 年与文明互鉴”论坛在京举行［EB/OL］．央广网，(2019 - 08 - 20)［2022 - 06 - 29］．https：//baijiahao. baidu. com/s? id = 1642388065899877428&wfr = spider&for = pc.

③ 刘梦丹．“中国图书对外推广计划”加快推进 让对外出版真正强起来［N］．人民日报，2019 - 05 - 08（05）.

让中国的对外出版增大变强，不断提升在共建国家出版领域的影响力。

二、“一带一路”倡议下民族图书对外出版的意义

“一带一路”倡议为我国的文化传播事业，彰显国际话语权提供了重要机遇。译介民族典籍不仅是传播民族文化内涵、展现民族精神风貌，向世界传递中国各民族深邃历史文化底蕴的重要途径，而且关乎当下中华优秀民族文化的传承、交流与发展。站在历史与现实的交汇点上继往开来，抓住新的历史战略机遇期，不断提升民族典籍对外传播的水平和进程，在当前具有重要的现实意义。

其一，加强民族类图书对外出版有助于中华优秀传统文化传承创新，让丝路共建国家认识中国。在纪念孔子诞辰 2565 周年国际学术研讨会暨国际儒学联合会第五届会员大会上，习近平总书记引用《礼记·学记》中的“独学而无友，则孤陋而寡闻”来说明不同民族文化之间交流与对话的重要意义。贯通东西、连接欧亚的丝绸之路，在历史上成为不同种族、不同信仰和不同文化背景的国家共享和平、共同发展的平台。在推进经贸往来的过程中，以最合适的方式来解读和翻译最合适的民族典籍，书中那些难以令人忘怀的文学细节，让海外读者透过文字描写近距离体会民族文化的魅力，加深对民族的认识，领悟到别样的民族风情，产生认同感，从而促进不同文明、不同文化的交流互鉴，为中国源远流长、多元丰富的民族文化注入新的生机与活力。

其二，加强民族类图书对外出版有助于发挥文化交流增信释疑、消弭争端的协调作用，让丝路共建国家信任中国。改革开放的宏伟决策成就了世界历史上罕见的经济增长奇迹，当今的中国是世界第二大经济体，成为推动世界发展进步的重要经济动力源，依靠完备的工业体系和庞大的制造能力，中国在世界经济发展版图中所起的作用越来越大，世界正在刮起“中国风”。但在经贸关系不断拓展的同时，由于他国对我国文化的不了解带来的误会与分歧也时有发生。我国应充分把握“一带一路”倡议，向共建国家展现我们的优秀文化，借助对外出版的力量，以语言文化融通为重要着力点，构建经贸合作新格局、发挥中国在区域经济合作中的积极作用、促进域内贸易和生产要素的优化配置，推进亚洲区域经济一体化、共同打造开放发展的经济带，实现区域经济和社会同步发展。

其三，加强民族类图书对外出版有助于推动文明互鉴，形成共通兼容的新型区域传播格局，让丝路共建国家认同中国。丝路共建国家众多，各个国家都有特色鲜明的文化特征、宗教信仰及风俗习惯。不少国家目前正处于动荡变革期，民族矛盾、宗教冲突比较尖锐，社会环境也异常复杂，争端和冲突不断。坚持共商、共建、共享的原则，遵循平等、追求互利的发展方向是推进“一带一路”项目的初衷，概括来说就是“五通三同”：“五通”是指政策沟通、设施联通、贸易畅通、资金融通、民心相通；而“三同”就是利益共同体、命运共同体和责任共同体。[①] 其中，“民心相通”既是出发点，也是落脚点，着眼于文明互鉴，典籍互译也是一项重要内容，发挥我国丝路沿线省份得天独厚的地缘和人文区位优势，传承创新传统文化、古籍整理和保护，加强民族类图书对外出版，有助于促进我国与共建国家的民间交流、唤醒与周边邻国共同的历史记忆、形成亲密无间的文化关联和人文纽带。

三、“一带一路”倡议下民族图书对外出版概况

5000 多年的历史积淀造就的中华文明无与伦比，孕育的中华文化历经千年洗礼，时至今日仍然充满生机与活力。千古未绝的文明圣火留下了浩如烟海的文化瑰宝，这些厚重精美的中国典籍是由华夏各民族在长期的历史发展过程中共同谱写、共同创造的，形成了个性突出、特色鲜明的民族文化。自古以来，我国就是一个团结友爱、共同奋进的国家，也是多民族文化交融互鉴的舞台。华夏各族人民在推动本民族文化发展的同时，也在不断丰富中华文化的内涵，传承至今的各民族典籍便是重要载体。典籍真实记录了民族宗教文化、传统风俗，再现了民族社会样态、生活情景。典籍作为中华各民族文化中的瑰宝，对于传承中华文明发挥着重要作用。

步入 21 世纪后，为了进一步挖掘和传播中华民族文学中的优秀文化基因，将民族文化全面、准确地传播给海外受众，实现中华民族文学“走出去”，我国出台了一系列推动民族出版事业发展的政策。习近平总书记在 2015 年文艺工作座谈会上指出：“要向世界宣传推介我国优秀文化艺术，让国外民

---

① 王业丰．“一带一路”，以“五通”促“三同”［EB \ OL］．央广网，（2017 - 05 - 13）［2022 - 06 - 05］．https：//finance. cnr. cn/jjgd20170513_ 523752891. shtml.

众在审美过程中感受魅力，加深对中华文化的认识和理解。”① 党的十九大报告明确指出要坚持文化“走出去”战略，推动文化传播建设，增强我国文化软实力。②

2018年《中国民族统计年鉴》显示，2017年全国少数民族出版的图书达到8592种，印数达6102万册，其中新出版3559种③。从各省（区）的数据来看，新疆的少数民族文字出版物种数达2802种，印数达2803万册，新出版967种；内蒙古的少数民族文字出版物种数达2802种，印数达2803万册，新出版814种；西藏的少数民族文字出版物种数达454种，印数达501万册，新出版219种；云南的少数民族文字出版物种数达302种，印数达67万册，新出版287种；青海的少数民族文字出版物种数达321种，印数达295万册，新出版71种。由此可见，我国为传承、发掘丰富的民族文化资源做出的巨大努力。然而，从国际视野出发，只有藏族的《格萨尔王》、蒙古族的《江格尔》以及柯尔克孜族的《玛纳斯》等民族史诗具有一定知名度，对比近年来畅销海外的《狼图腾》《三体》《生死疲劳》，民族文化资源亟须有效发掘。

长期以来，受意识形态差异、语言文化隔阂、专业人才缺乏、市场定位不明确等因素制约，许多优秀的少数民族典籍没能成功译介到国外，缺少与其他文明的交流碰撞并汲取到新的营养，“各美其美，美人之美，美美与共，天下大同。”文化具有鲜明的共享性和扩散性，在文化软实力日益成为全球各国核心竞争力的今天，我国有责任也有义务搭乘“一带一路”倡议之东风，以民族优秀文化为名片，与异域民族及国家交往的同时，塑造并传递全面、立体的国家形象。

四、“一带一路”倡议下民族图书对外出版

我国图书的对外传播始于2004年实施的文化“走出去”国家战略，借助项目资助形式，实现图书对外推广。其中民族文学入选的资助项目（工程）主要包括“中国图书对外推广计划”（如“中国文化著作翻译出版工程”）、

---

① 李文婕．跨越边界：探索中国文化对外译介的有效机制［J］．亚太跨学科翻译研究，2016（2）：125－130.

② 辛颖．“一带一路”背景下学术图书的开发与走出去［J］．传媒论坛，2021，4（2）：95－96.

③ 国家民族事务委员会经济发展司．中国民族统计年鉴（2018）［M］．北京：中国统计出版社，2019：7.

“中国当代文学百部精品译介工程”“中国当代少数民族文学作品对外翻译工程”“经典中国国际出版工程”和“丝路书香工程”重点翻译资助项目等。[①]本研究首先梳理近年来相关项目工程对当代民族文学对外译介的主要成果和现状，以此为出发点进一步分析其中的话语建构现状。

（一）对外出版项目资助民族图书出版

进入21世纪，我国高度重视出版业在国家对外传播中的作用。2004年，国务院新闻办公室开始实施“中国图书对外推广计划”，意在“向世界说明中国，让世界各国人民更完整、更真实地了解中国”[②]。2009年，国家广播电视总局（原新闻出版总署）在此基础上又推出了“经典中国国际出版工程”，力求全面、深入、客观、准确地介绍当代中国的发展状况和中国文化，让世界更好地了解中国，扩大中华文化的国际竞争力和影响力，[③]并将“中国文化著作翻译出版工程”作为“中国图书对外推广计划”的“加强版”，对外统一使用“中国图书对外推广计划”这一名称。这一推广计划从注重对普及型读物的翻译资助，扩展到对文化、文学、科技、国情类读物的翻译、出版和推广等的资助。其中，“经典中国国际出版工程”以项目管理方式资助“中国学术名著系列”和“中国文学名著系列”，并自2014年起不断扩大资助范围，取消对申请资助的出版物类别限制。数据显示，2009—2016年，“经典中国国际出版工程”共立项资助1240项，其中2009年113项、2010年97项、2011年46项、2012年91项、2013年6月公布资助165项、2013年11月追加资助“作家版”82项、2014年418项、2015年102项、2016年126项。[④]其中，受资助的当代民族文学作品占受资助总额的3.5%，体裁有儿童文学、剧本、诗歌、纪实文学、散文、小说等。[⑤]

在“中国图书对外推广计划”实施的10余年，国外翻译出版图书有1745项、文学图书227项，而当代民族文学作品占受资助国外出版文学作品的

---

① 魏清光，曾路．当代少数民族文学对外译介：成效与不足［J］．西南民族大学学报（人文社科版），2017，38（3）：191－196.

② “中国图书对外推广计划”综述［EB/OL］．中国图书对外推广网，（2022－06－23）［2022－1－12］．http：//www.chinabookinternational.org/cbigaikuang/tuiguangjihua/.

③ “经典中国国际出版工程”项目申报办法［EB/OL］．国家新闻出版署，（2011－03－23）［2021－10－20］．http：//www.gapp.gov.cn/news/1663/103292.shtml.

④ 同②。

⑤ 同①。

9.3%，占已出版图书总额的1.2%，但语种受限，绝大部分作品以英语为主。2014年起，国家着手推动当代民族文学作品的海外出版，以项目管理方式重点资助优秀图书的翻译、出版和推广，进一步推动中国优秀出版物在“一带一路”共建国家的翻译出版，更好地宣传阐释当代中国价值观，展示和塑造国家良好形象，促进民心相通，营造良好国际舆论环境，增强国家文化软实力。①

与此同时，作为民间组织的中国作家协会于2006年也启动了“中国当代文学百部精品译介工程”②，资助翻译了“中国当代文学百部精品推荐书目”范围内的一大批作品，使得中国文学不断走向世界。其中，该项目资助的当代民族文学作品专辑《琥珀色的篝火——中国少数民族小说选》（捷克语），已在国外出版发行，该作品收录了《琥珀色的篝火》（乌热尔图）、《西藏，系在皮绳扣上的魂》（扎西达娃）、《酒的故事》（买买提明·吾守尔）等7篇短篇小说，成为世界了解中国民族文化的重要窗口。

中国作家协会关注中国当代民族文学作品的对外出版。2013年启动了“中国当代少数民族文学作品对外翻译工程”，以此支持新时期以来创作发表的中国当代民族文学作品，包括小说、诗歌、散文、报告文学（纪实文学）等。③ 民族文学作品在国外出版较少，且均为短篇小说，输出语种为5种，主要面向东欧国家，覆盖面尚未得到拓宽。

（二）境外参展推动国内外出版交流合作

境外参展是国内外出版业交流与合作的重要途径，也是“丝路书香工程”走向海外的有力举措和主要平台。近年来，中国出版单位越来越多地参与到“一带一路”共建国家的重要书展中。2016年，在第24届新德里世界书展上，中国向世界展示了《穆斯林的葬礼》《平凡的世界》《改变世界经济地理的“一带一路”》等多本图书。④ 在第46届开罗国际书展上，共展出近500

① “丝路书香工程”重点翻译资助项目申报办法［EB/OL］. 中国出版网，（2015-04-08）［2022-2-12］. http://www.chuban.cc/ggl/201504/t20150408_165412.html.

② 李舫. 我国将向世界译介百部当代文学精品［N］. 人民日报，2006-11-13（05）.

③ 关于资助中国当代少数民族文学对外翻译的公告［EB/OL］. 辽宁作家网，（2013-08-19）［2022-2-12］. http://www.liaoningwriter.org.cn/a/gong—gao/html/5618.html.

④ “以书为媒 交流互鉴：中国出版集团参加第24届印度新德里世界书展”［EB/OL］. 中国出版集团，（2016-01-09）［2023-08-16］. http://www.cnpubg.com/special/India2016/#g27608=1.

种、1200多册中国主题图书,[①] 并举行了《一带一路：机遇与挑战》《中国震撼》等阿拉伯语版图书签售会。2018年，中国作为主宾国参加第27届哈瓦那国际书展，书展共邀请了来自43个国家和地区的463位出版界、文学界代表，如麦家、阿来、余华、刘震云等知名作家，《习近平讲故事》《不忘初心》《之江新语》《这就是马云》等图书的版权也得到了有效输出。[②]

（三）数字出版打造综合电子商务平台

在传统出版稳步推进的背景下，数字出版成为中国出版“走出去”的新路径。面向国外读者搭建数字资源库，利用技术输出纸质图书，向海外输出技术的同时，也将获资助的纸质图书数字化，达成图书的数字化推广。如中国图书进出口（集团）总公司对国内出版单位的纸质资源进行电子化加工，通过“易阅通”平台对外输出；浙江出版联合集团与咪咕数字传媒有限公司依托互联网和信息技术，合力打造了“新丝路书屋——海外中小学移动数字图书馆”，以全数字化形态的数字阅读，向东南亚国家的上千所中小学校提供了海量的中文电子图书；五洲传播出版社的that's阿文中国数字内容运营平台以其近万种阿语本土数字资源，在全球阿语世界数字内容传播范围最广；山东友谊出版社紧跟数字化大潮，利用数字化技术，将尼山书屋的优质图书资源进一步数字化，实现了数字化阅读和平台在线销售，并将海外图书馆中的优秀图书加以精选，作为经典藏书，打造集图书阅读、馆藏和版权贸易于一体的综合电子商务平台。上述数字化阅读和销售平台是出版业重点翻译资助项目对外传播“数字化”的重要途径。

（四）探索海外出版的数字化运营和国际合作

在“丝路书香工程”推进落地过程中，除了与海外出版业合作，国内出版业也十分重视对国外出版企业的收购兼并，开展内容生产和平台搭建等战略合作，通过设立海外分社或编辑部向海外展示、传播中国图书。以市场化和本土化向海外推广出版的尚斯博库书店，就是由浙江出版联合集团与俄罗斯尚斯国际出版公司合作经营的，旗舰店从俄罗斯的莫斯科、圣彼得堡一路拓展到中亚重要城市，着手打造独具中国特色的图书连锁书店，同时还推动

---

① 刘水明，王云松．中国元素闪耀开罗国际书展［N］．人民日报，2016-02-01（21）．

② 中国文化网．第27届哈瓦那国际书展圆满落幕，中国主宾国备受瞩目［EB/OL］．网易，（2018-02-14）［2023-08-16］．https：//www.163.com/dy/article/DAL2Q8SL0514A015.html.

了中国图书及文创产品的推广和销售，使其进入当地文化市场。南方出版传媒同芬兰 Sanoma 集团、德国施普林格集团达成了信息服务和数字出版合作；① 北京出版集团以捷克为轴心，在布拉格建立辐射匈牙利、波兰、奥地利、德国等"一带一路"共建国家的"十月作家居住地"，搭建海外推广平台。② 而凤凰出版传媒集团通过并购美国 PIL 公司，迅速打开北美市场，并拓展到世界其他国家。

此外，中国图书也依靠大学出版社"在地化"走向国际市场。2016 年，中国人民大学出版社与施普林格集团合作出版，又与罗马尼亚文化院合作创立了中国—罗马尼亚学术出版合作中心，与蒙古国立师范大学共同设立中国主题图书翻译出版中心；北京师范大学出版社与约旦阿克拉姆出版机构合资，于 2015 年成立北师大社约旦分社；北京语言大学出版社建立"北美梧桐分社投资建设项目"，并在泰国成立"对外汉语教材海外实践基地"，进一步推动"北语社模式"的海外落地。③

根据上述内容，"一带一路"倡议提出后，国家通过项目资助、境外参展、运用数字化平台及本土与市场对接等方式全面推动中国出版"走出去"，西北民族借助上述项目工程实现数字化、市场化运作，将富有民族特色的图书推广出去。为了更加系统地了解中国对外出版的具体概况，下节将重点选择其中最具代表性的"丝路书香工程"项目，通过系统分析该项目的话语特点，从而形成民族文化的对外出版话语。

第二节　"一带一路"倡议下西北地区民族图书对外出版话语
——以"丝路书香工程"为例

"一带一路"倡议提出以来，国家管理文化事业的政府部门纷纷出台各类文化项目，其中由中宣部组织实施的"丝路书香工程"旨在以中国优秀图书

① 郑锦晶．"丝路书香工程"重点翻译资助项目的国际话语权建构研［D］．兰州：兰州大学，2019.

② 同①。

③ 同①。

的翻译出版和出版企业海外贸易促进民心相通，是我国新闻出版业开展人文交流活动“走出去”的重点出版项目。[①] 本节对“丝路书香工程”和“丝路书香工程”重点翻译资助项目进行简要概述，从中选择“丝路书香工程”中民族图书的对外出版进行话语分析，尝试构建西北地区民族文化的对外出版话语。

一、“丝路书香工程”与西北民族图书的对外出版

“丝路书香工程”是中国新闻出版业唯一进入“一带一路”倡议的重大项目，在国家政策的有力支持下，该工程成为实现我国出版业“走出去”的核心动力之一，为我国海外出版传播和出版话语实践积累了有益的经验。

（一）“丝路书香工程”简介

2014 年 2 月，经中宣部批准，原国家新闻出版广电总局相关部门出台“丝路书香工程”，通过与“一带一路”共建国家在图书版权贸易、信息资讯等方面的合作，推动中国精品图书的海外出版发行，实现我国出版业与丝路国家在相关领域的资源互通、内容生产和渠道共用。自 2015 年开展以来，“丝路书香工程”项目形式日益多样化，在图书出版本土化、数字化、吸纳外国人才及培养项目等领域进行了探索与突破，推动中国优秀本土书目在“一带一路”共建国家的翻译和出版，成功搭建了中国图书版权全球贸易平台。

“丝路书香工程”涵盖了重点翻译资助项目、丝路国家图书互译项目、汉语教材推广项目、境外参展项目、出版物数据库推广项目五大类重点项目。在“丝路书香工程”众多子项目中，重点翻译资助项目是最重要的大类项目，其中出版企业和单位以项目管理的方式获得资助，将确定向海外发售的精品图书通过版权输出、合作出版的形式在“一带一路”相关国家翻译出版发行。[②] 截至目前，“丝路书香工程”共资助了约 2000 个翻译项目，对外输出了超过 50 多个语种图书，其中，民族图书占据一定比重。[③]

进入 21 世纪以来，我国出版业先后实施了经典中国国际出版工程、中国图书对外推广计划、中外图书互译计划、丝路书香等八大工程，打开了 190

① 覃博雅，常红．背景：丝路书香工程［EB/OL］．人民网，（2016－11－11）［2022－05－23］．http：//world. people. com. cn/n1/2017/0509/c1002－29264190. html.

② 王珺．出版业助力“一带一路”文化传播的作用与启示——以丝路书香工程为例［J］．出版广角，2019（21）：6－9.

③ 同②。

多个国家和地区的出版物市场。[①] 出版企业单位的“出海”成为中国文化对外传播的重要抓手，成为我国与“一带一路”共建国家进行出版合作与文化交流的重要平台，不仅拓展了海外图书的市场需求，也有效提升了中国文化的对外传播效果。

（二）“丝路书香工程”重点翻译资助项目

“丝路书香工程”的任务主要包括以下几个方面：全面统计“一带一路”共建国家翻译出版的中国图书种类和数量，在此基础上建立图书选题库，从中选取部分图书进行重点资助，再由获资助的出版企业单位对中国优秀图书进行翻译和出版，最后在周边国家和“一带一路”共建国家进行发行售卖。其中，重点翻译资助项目主要围绕版权输出或合作出版等领域展开，且以周边国家语种和“一带一路”共建国家通用语种为主要语种。仅2015年，获得资助的重点翻译项目就达到546个，这一数字在随后几年内不断增补。2017年，共有70家申报单位的272个品种被确认为年度资助图书。2018年和2019年，共有73家出版机构的375个和286个品种被确认为年度资助图书。[②]

由此可见，图书出版的海外传播得到国家的高度重视。以“丝路书香工程”为抓手，国家相关部门为出版业“出海”明确了图书选题和策划方向。越来越多的出版企业单位以我国历史进程中的重要时间节点为契机策划相关图书选题，在出版实践中持续深入开发了一批高质量的中国优秀图书。

（三）“丝路书香工程”中民族图书的对外出版

“丝路书香工程”重点翻译资助项目在向海外国家进行翻译出版时，民族类图书是必不可少的类目，下文就“丝路书香工程”中立项的民族图书及其出版概况进行详述。

我国少数民族典籍是中华民族的精神财富，被纳入《国家珍贵古籍名录》的少数民族古籍多达1000余册。[③] 在我国，少数民族图书主要分为两类：一类是指用少数民族语言创作的图书，这类图书的作者往往是本民族语言文字的使用者，他们熟悉并且能够自由运用本民族语言进行写作；另一类是指用汉

---

① 张迪．“丝路书香工程”重点翻译资助项目研究［D］．青岛：青岛科技大学，2020.

② 同①。

③ 肖静芳．少数民族典籍为何难以“走出去”？［N］．中国民族报，2017-08-17（06）．

文创作的有关少数民族题材的图书，这类图书主要面向有本民族语言而无文字以及无本民族语言文字而通用汉语言文字的少数民族及非本民族的读者。①

党的十八大以来，中央更加重视推动中华文化“走出去”的顶层设计，《扶持人口较少民族发展规划》《国务院关于进一步繁荣发展少数民族文化事业的若干意见》等政策性文件提出要：“做好格萨尔、江格尔、玛纳斯等古典民族史诗的整理出版和优秀少数民族文学作品的翻译出版工作”“扩大少数民族文化对外交流与合作，打造一批少数民族文化对外交流精品。”②《“十三五”促进民族地区和人口较少民族发展规划》也明确提出要通过实施“丝路书香工程”，每年资助翻译出版150种左右少数民族和民族地区优秀出版物，向周边国家和“一带一路”共建国家发行传播，③ 让越来越多的丝路共建国家民众通过书籍了解和认识中华文化的多样性和魅力。

二、“丝路书香工程”中西北地区民族图书对外出版话语文本

依托“丝路书香工程”项目，民族图书通常被翻译成共建国家的官方或通用语言，且被设置为不同主题。本书将2015—2020年“丝路书香工程”重点翻译资助项目立项图书名单作为研究数据，依据中图法④对书目进行分类，结合国家级民族文学奖“骏马奖”的分类标准对文学类图书进行单独分析。在分类基础上对数据进行校对和整理，并根据主题、关键词进行文本挖掘，概括该项目中少数民族图书的内容特征，通过对输出语种与图书主题的内容分析，提出我国民族图书的“出海”策略。

（一）获资助项目的输出语种

语言作为人类沟通交流的重要符号和载体，特别是在不同国家、地区之间的跨文化传播中，语言在多重角度影响着传播的效果和范围，因此，如何实现两种不同语境中的语言译介水平将直接影响传播质量与效果。“丝路书香工程”翻译书目类型多样，其中涉及民族类图书语种统计见图7-1。

---

① 金强，闪晓宇．中国少数民族图书出版的问题及对策［J］．长安大学学报，2015（2）：92-98.

②③ 肖静芳．少数民族典籍为何难以“走出去”？［N］．中国民族报，2017-08-17（05）．

④ 中图法即中国图书分类办法，是我国目前通用的分类图书的工具，基本部类包括马列毛邓、哲学、社会科学、自然科学、综合性图书五大类。

	阿拉伯文	土耳其文	西里尔文（哈萨克斯坦文）	英文	斯拉夫哈文	俄文	吉尔吉斯文	越南文	马来西亚文	哈萨克文	乌克兰文	波兰文	俄罗斯文
—— 系列1	30	19	14	12	11	11	5	5	5	4	3	3	3

图 7－1　“丝路书香工程”涉及民族类图书语种

据不完全统计，“一带一路”共建国家的官方语言有 55 种，通用语言有 57 种，除使用较多的英语、俄语和阿拉伯语外，其余大部分都是小语种，约占总量的 95%。① 其中，阿拉伯语、英语、俄语的使用人数最多，因此被作为多国的通用语言和联合国常用语言。在获项目资助的图书中，阿拉伯语图书获资助数量有 30 种，土耳其语作为部分中东及北非国家的通用语言，获资助图书数量有 19 种。这些国家的地理位置与中国接近，其涉及的语种虽有不同但与中国文化共性较多。

此外，西里尔文、英文、斯拉夫哈文、俄文是少数民族类图书对外翻译的重点方向，入选项目超过 10 个，也有部分国家获资助数量为个位。例如，吉尔吉斯文、越南文、马来西亚文、哈萨克文、乌克兰文、波兰文、俄罗斯文等获资助数量为 2～5 个。综上，近年来，由于我国政府相关部门对出版业的政策支持、资金支持以及对新闻出版人才的培养，获得“丝路书香工程”重点翻译项目资助的语种类型多样，但不同语种数量差异较大。

（二）获资助图书的主要选题

根据“丝路书香工程”重点翻译项目获资助书单数量，以民族类图书标题为关键词，去除标题中的非重要词汇和标点符号，统计过去 5 年该工程项目中民族图书标题的高频词汇，对频次前 30 的选题关键词进行总结整理（见表 7－1），绘制相关的词云图（见图 7－2）。

① 张迪．“丝路书香工程”重点翻译资助项目研究［D］．青岛：青岛科技大学，2020.

表 7-1　2015—2020 年民族类图书标题关键词数量及占比分布

关键词	词频	权重	词性
中国	28	1	地名
新疆	27	0.9643	地名
丝绸之路	16	0.5714	习用语
艺术	14	0.5	名词
历史	13	0.4643	名词
文明	13	0.4643	人名
民族	9	0.3214	名词
文化	8	0.2857	名词
西藏	7	0.25	地名
佛教	4	0.1429	其他专名
草原	3	0.1071	名词
传统	3	0.1071	名词
当代文学	3	0.1071	名词
名家	3	0.1071	名词
小说	3	0.1071	名词
哈萨克	3	0.1071	人名
中华	3	0.1071	其他专名
简史	3	0.1071	名词
地理	2	0.0714	名词
伊斯兰教	2	0.0714	其他专名
敦煌	2	0.0714	地名
石窟	2	0.0714	名词
古代	2	0.0714	时间词
通史	2	0.0714	名词
劳马	2	0.0714	人名
文学	2	0.0714	名词
哈萨克族	2	0.0714	其他专名
吉狄马加	2	0.0714	地名
维吾尔族	2	0.0714	其他专名
西域	2	0.0714	地名
少数民族	2	0.0714	名词

图7－2　2015—2020年获资助图书的选题词云图

首先，按照词性分析，出现频次最高的是名词；其次，是地名，只有一个时间词。根据出现频次排序，频次最高的是中国，其他关键词都围绕“中国”展开，这也反映出“丝路书香工程”重点翻译资助项目是中国针对共建国家开展的中华文化传播的出版类项目，对外体现了鲜明的中国特色和中国风格。出现频次第二高的是新疆，频次仅次于中国。新疆位于亚欧大陆中部，西北部及西部分别与哈萨克斯坦、吉尔吉斯斯坦和塔吉克斯坦接壤,[①] 由于邻近“一带一路”共建国家，有关新疆主题的图书更加容易获得中亚国家关注。另外，“丝绸之路”是仅次于中国和新疆的高频词，共出现16次，该词汇不仅与“一带一路”直接相关，还从侧面反映出民族图书与“一带一路”、中国、新疆的开放发展相辅相成、相互促进。民族类图书是“一带一路”倡议下中国和新疆开放包容的表现，“一带一路”倡议下中国和新疆的开放发展又推动了民族类图书出版。“艺术”“历史”“文明”总体频次较高，这表明中国民族类图书在文学艺术和历史民俗领域全面开花，成为民族文化“走出去”的重要载体。“哈萨克族”“维吾尔族”等词汇与新疆高度契合，由于中亚读者具有地理接近性，这类图书可以拉近中国与中亚国家民众的心理距离，更好地推进“一带一路”发展与深化。在“丝路书香工程”项目支持下，出版企业和单位要充分挖掘民族图书的文化内涵，通过精心翻译、文化阐释和创造性发展，向海外读者展示一个充满文化魅力的立体中国形象。此外，“当代

① 来新疆骑行，必去的11条线路［EB/OL］．搜狐网，（2020－06－11）［2023－03－02］．https：//www. sohu. com/a/401196705_ 100297183.

文学”“小说”“劳马”“吉狄马加”等文学、文化类高频主题词，也表明文学作品在面向丝绸之路国家介绍民族传统经典时，其重要性不可替代。

在统计上述图书的关键词词性和出现频次时，本书主要运用表格和词云图的方法过滤大量无效文本信息，呈现较为详细的关键词信息，便于读者通过视觉化的浏览方式更加直观、具体和准确地看到文本要表达的主旨方向。由图7－2可知，围绕“中国”“新疆”这两个处于核心位置的高频词汇，生成了艺术、历史、文明、丝绸之路、民族、西藏、文化等次高频词汇，其余关键词的出现频次随着中心位置的距离越远越低。

为了探究自2015—2020年“丝路书香工程”重点翻译资助项目中民族图书的书目类型，本书依据中图法将资助名单中的项目按文学类、历史地理类、艺术类、哲学宗教类、政治法律类、经济类、语言文字类、工业技术类、医药卫生类等进行了梳理，力求勾勒出“丝路书香工程”在进行民族类书籍海外译介时的目标方向以及发力重点（见表7－2）。

表7－2 2015—2020年各类型获资助项目数量及占比分布

项目类型	2015年（个）	2016年（个）	2017年（个）	2018年（个）	2019年（个）	2020年（个）	总计（个）	百分比（%）
文学	32	11	8	5	1	15	72	45.86
历史地理	20	9	3	2	1	1	36	22.93
艺术	4	6	3	0	1	1	15	9.55
哲学宗教	3	2	1	1	1	0	8	5.10
政治法律	0	3	0	1	0	1	5	3.18
经济	3	0	0	0	0	1	4	2.55
语言文字	1	2	0	0	0	0	3	1.91
工业技术	2	0	0	0	0	0	2	1.27
医药卫生	1	0	0	0	0	0	1	0.64
其他	7	1	1	0	1	1	11	7.01

从2015—2020年总体资助书目类型来看，图书主要包括文学类、艺术类、历史地理类，其中文学类图书占比45.86%，是资助的主体。语言文字类、工业技术类、医药卫生类图书数量较少。2015年获资助图书中，文学类和历史地理类书目数量较多；2016年文学类和历史地理类书目数量相近，艺

术类图书较少；2017 年文学类图书依然属于重点资助领域，历史地理类、艺术类书籍数量一致，分布较均匀；2018 年和 2020 年文学类图书明显多于其他种类，在整个资助版图中还零星分布历史地理类、艺术类、哲学宗教类、政治法律类、经济类资助项目。

本文按照时间线索对 2015—2020 年资助书目类型进行分析，民族翻译资助项目总量较多，且在 2015 年、2016 年达到一个小峰值，这与国家将民族优秀图书译介作为资助重点有关。《我从新疆来》、《额尔古纳河右岸》（2015 年）、《第三级》《穆斯林的葬礼》（2016 年）、《放生羊》《蔡皋的绘本世界（6 册）》（2017 年）、《藏獒》（2018 年）、《尘埃落定》（2019 年）、《这边风景》（2020 年）等获资助的民族文化类图书反映了民族生活现状，展现了各民族的灿烂文化。资助项目中有关历史地理类的书目占比为 22.93%，这类数目在 2015 年后虽有递减，但仍有一定分量，如《美丽宁夏》《图说中国新疆通史》（2015 年）、《丝绸之路西域通史》、《西藏宫殿寺庙史话》（2016 年）、《中国民族简史》（2017 年）、《中国民族节日风俗故事画库》（2018 年）和《平凡的世界》（2018 年）等；彰显民族传统文化魅力的艺术类图书总量占比为 9.55%，其中前两年获资助数量较多，具有代表性的有《哈萨克族舞蹈基础》（2015 年）、《中华文脉——新疆维吾尔木卡姆艺术》（2016 年）、《新疆哈萨克族工艺美术》（2017 年）、《藏饰——数字化藏族传统装饰纹样》（2020 年）等。此外，资助项目中哲学宗教类、政治法律类、经济类的图书占比分别为 5.10%、3.18%、2.55%，这三项专业类图书资助项目占比总和不到 15%。整体看来，这 6 年来“丝路书香工程”重点翻译资助项目涉及民族范围多元、类型广泛。值得一提的是，2015 年还译介了一本与民族医学有关的《哈萨克族医学概论》。

（三）获资助图书的主要体裁

为了深入探究 2015—2020 年“丝路书香工程”重点翻译资助项目中涉及的民族类书籍的书目类型信息，本书在依据中图法将资助名单梳理后，依据国家级少数民族文学奖“骏马奖”的分类标准将文学类书籍单列出来，按照长篇小说，儿童文学集（儿童文学），散文、报告文学集（散文、报告文学），中、短篇小说集（中、短篇小说），诗歌集（诗集、长诗、短诗）等着重分析。具体见表 7－3。

表 7-3　2015—2020 年获项目资助的文学类图书

内容分类	2015 年（个）	2016 年（个）	2017 年（个）	2018 年（个）	2019 年（个）	2020 年（个）	总计（个）	百分比（%）
长篇小说	8	5	2	2	1	4	22	30.56
儿童文学集（儿童文学）	10	0	2	1	0	1	14	19.44
散文、报告文学集（散文、报告文学）	3	1	0	0	0	8	12	16.67
中、短篇小说集（中、短篇小说）	6	2	1	1	0	1	11	15.28
诗歌集（诗集、长诗、短诗）	4	0	1	1	0	1	7	9.72
其他	1	3	2	0	0	0	6	8.33

从 2015—2020 年总体资助书目类型来看，长篇小说，儿童文学集（儿童文学），散文、报告文学集（散文、报告文学）是重点资助图书，其中长篇小说占比 30.56%，比重最高。相较而言，诗歌集（诗集、长诗、短诗）数量较少。2015 年获资助图书中，儿童文学集（儿童文学）和长篇小说，中、短篇小说集（中、短篇小说）数量相对较多，成为当年重点资助对象；2016 年长篇小说最多，中、短篇小说集（中、短篇小说）和散文、报告文学集（散文、报告文学）书目数量相近；2017 年、2018 年和 2019 年长篇小说，散文、报告文学集（散文、报告文学）和中、短篇小说集（中、短篇小说）的资助数量不相上下，分布较均匀；2020 年散文、报告文学集（散文、报告文学）明显多于其他种类，主要是当年五洲传播出版社的译介项目《关于新疆的谣言与真相》（阿拉伯文、土耳其文、乌兹别克文、哈萨克文、吉尔吉斯文）。

通过梳理“丝路书香工程”中民族图书对外出版，发现以英语、俄语和阿拉伯语通用语言出版的图书约占总量的 95%；文学类，历史、地理类，艺术类图书是获资助的主要类型；文学类书目占比较大，以长篇小说，儿童文学集（儿童文学），散文、报告文学集（散文、报告文学）为主。从而形成了小语种、文学类、小说为特色的“一带一路”对外出版话语文本。上述文本的背后，又有怎样的话语实践？

三、"丝路书香工程"中西北地区民族图书对外出版话语实践

为了考察民族类图书对外出版的话语现状，下文将按照"谁在说，说什么"的分析思路，梳理民族图书的话语主体和话语受众，勾勒出西北地区民族图书对外出版话语的思路脉络。

（一）国家重点资助海外话语主体

为了充分调动出版社作为对外话语的实施主体作用，国家通过资金资助、政策扶持等方式，分区域、有步骤、分单位地予以重点资助，具体如下：

1. "丝路书香项目"获资助单位

中国图书"走出去"与出版社的主导角色不可分离，特别是国际性的外文出版社在图书海外出版中发挥了重要作用。民族类图书不仅是国际性出版社的主要内容，也是地方出版社的推介对象。本书主要统计了获资助前7名（并列）的出版单位，具体见表7－4。

表7－4　"丝路书香项目"获资助出版单位

排名	资助单位	总数（个）
1	五洲传播出版社	19
2	新疆电子音像出版社	17
3	新疆文化出版社（原新疆美术摄影出版社）	8
4	民族出版社	8
5	中国人民大学出版社	8
6	外语教学与研究出版社	6
7	中译出版社	6
8	新世界出版社	5
9	广东花城出版社	5
10	宁夏智慧宫文化传媒有限公司	4
11	北京少年儿童出版社	4
12	北京师范大学出版社	3
13	中国文字著作权协会	3
14	三联书店	3
15	北京出版集团	3

根据表7-4的数据，五洲传播出版社的获资助项目数是19个，新疆电子音像出版社的获资助项目数为17个，二者远超其他出版社。五洲传播出版社的支柱业务为外文图书出版发行，它是国家新闻出版总署确定的“走出去”重点出版单位和国家文化出口重点企业，与分布在世界各地的100多家出版机构具有丰富的出版合作项目，每年用多语种出版中国图书（含300多种主题类图书）。[①] 资助额度第二位的是新疆电子音像出版社，它成立于1999年10月，现隶属新疆维吾尔自治区新闻出版广电局。该出版社是集图书、电子、音像、数字、网络、期刊、出版于一体的多载体、多语种出版单位，每年用维吾尔语、汉语、哈萨克语、英语等出版图书及音像制品500余种，同时主办《新疆人文地理》《大陆桥视野》《双语学习》《青年文摘》（维吾尔语）、《青年文摘》（哈萨克语）五种期刊。排名第三的是新疆文化出版社（原新疆美术摄影出版社）、民族出版社和中国人民大学出版社，三者均获得8个项目资助，紧随其后的是外语教学与研究出版社和中译出版社。

根据获资助前15家出版社数目统计得出，各家出版社获资助项目数量并不均匀，尤其是五洲传播出版社与新疆电子音像出版社的获资助项目数分别超过15个，其余出版社获资助项目数量均在10个以内，并且新疆本地的出版社在面向丝路共建国家出版少数民族类图书上的地缘优势明显，地位突出。

2. “丝路书香项目”获资助区域

“丝路书香项目”从中央到地方均给予高度重视，积极参与。本书按照中央、地方的分布思路，形成不同中央级和省级获资助单位的入选数量，并按照区域划分，勾勒出华北、华东、华中、西北、华南、西南、东北的数字图谱（见图7-3）。

中央级出版单位所受资助项目总体上排第一位，项目数量为17个，比省级出版单位所受资助项目数量要多。这主要是中央级出版社的单位性质与省级出版单位有所不同，前者直接由中宣部领导，同时下属有省级的人民出版单位。地方出版单位可分省区市来看，入选出版单位数量居于前列的有新疆、北京、西藏和山东；这4个省区市获资助出版社为3~5个。特别是新疆、西藏在贯彻实施国家“丝路书香工程”重点翻译资助项目在民族类图书出版方面表现突出；另外，地处中东部地区的北京、山东等地由于经济、文化发展

① 张迪．“丝路书香工程”重点翻译资助项目研究［D］．青岛：青岛科技大学，2020.

更为先进，出版资源相对比较丰富，出版实力也更强。宁夏、安徽、四川、辽宁获资助出版社数量多于2个。整体来看，获资助出版社的省份之间数量差距不大，共有18个省（区、市）的出版社涉及“丝路书香工程”重点翻译资助项目民族类图书（见图7-4）。

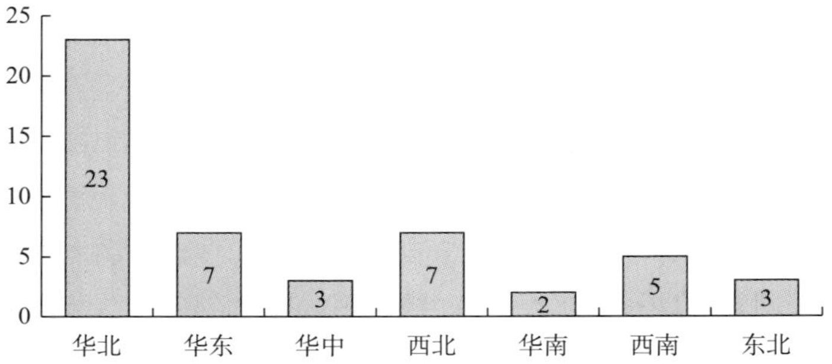

图7-3　不同区域获资助出版单位的入选数

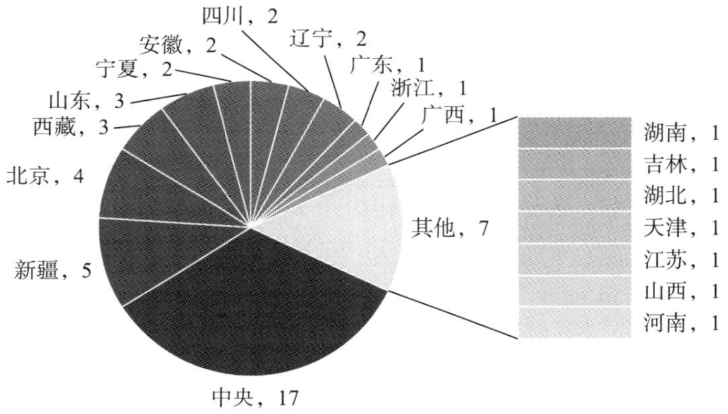

图7-4　不同省份获资助出版单位的入选数

由图7-3可知，华北地区因“丝路书香工程”重点翻译资助项目而出版的民族类图书数量最多，共有23种获得资助图书，是图书“走出去”的主体力量。这主要是由于华北地区目前拥有五洲传播出版社、中国人民大学出版社等中央级出版社和文化公司。出版民族图书数量排在第二位的出版单位主要分布在华东和西北地区，项目数量为7个，其中山东和浙江等省占比较大，包括山东画报出版社、山东文艺出版社、明天出版社和浙江少年儿童出版社，对于西北地区而言，新疆、西藏两区的出版社起到关键作用，而华南、西南、华中、东北等地区的出版单位涉及民族类图书较少。

（二）多语种民族图书译介满足海外受众

国家通过资助重点出版社推出民族图书外，还注重面向不同话语受众，采用分众化出版策略，根据话语对象改造出版内容，采用多语种翻译民族类图书，满足共建国家受众的分众化需求。

1. 多语种译介话语

中国“一带一路网”数据显示，截至2021年6月23日，中国已同147个国家和32个国际组织签署200多份共建“一带一路”合作文件。① 在共商、共建、共享原则和共同传承“丝路精神”指引下，古丝绸之路重新焕发生机与活力。多民族文化在交流互鉴中繁荣发展，这为我国向外传播民族文化，展现新中国成立以来真实的民族生活变迁提供了丰沃土壤。“丝路书香工程”旨在向丝路共建国家介绍推广中国优秀出版物，自2014年立项以来，利用多种途径翻译出版中国优秀图书，其中有许多介绍民族文化的精品著作，将丝路共建国家受众作为传播对象，将民族文化书目成功传入丝路共建国家，并在当地产生积极影响。

在全球文化多样性的语境下，民族优秀图书想要成功进入国际社会，并在目标人群心中产生深远影响，提升他们对民族文化的认知，首先要聚焦图书译介环节，使用对象国家的官方语言让特定读者看得清楚、看得进去图书内容。2015—2020年，“丝路书香工程”重点翻译项目在译介少数民族书目时涵盖中亚、西亚、南亚、东亚及东南亚、中东欧、南欧及北非六大区域，其中既包含英语、法语、西班牙语、俄语、阿拉伯语等广泛通用的语言，又涉及丝路共建国家的小语种，如印度尼西亚语、希伯来语、尼泊尔语、土耳其语、印地语、僧伽罗语、乌兹别克语、哈萨克语、吉尔吉斯语、乌克兰语、罗马尼亚语、阿尔巴尼亚语、塞尔维亚语、立陶宛语、亚美尼亚语等（见表7－5）。

---

① 谢希瑶，闫依琳．中国已与147个国家、32个国际组织签署200多份共建“一带一路”合作文件［EB/OL］．新华网，（2022－01－19）［2024－06－29］．https：//www.gov.cn/xinwen/2022－01/19/content_5669215.htm.

表 7－5　获资助的语种

地区	2015 年	2016 年	2017 年	2018 年	2019 年	2020 年
中亚	吉尔吉斯语					吉尔吉斯语
	西里尔语（哈萨克语）	哈萨克语				
	斯拉夫哈文					
			哈萨克语			哈萨克语
						乌兹别克语
西亚	土耳其语	土耳其语	土耳其语		土耳其语	土耳其语
	阿拉伯语	阿拉伯语	阿拉伯语	阿拉伯语		阿拉伯语
	希伯来语					
		亚美尼亚语			亚美尼亚语	
南亚	印地语	印地语				
	尼泊尔语			尼泊尔语		
			僧伽罗语			
东亚及东南亚	越南语				越南语	越南语
	印度尼西亚语		印度尼西亚语			
	马来西亚语	马来语				马来西亚语
			泰语			
				缅甸语		
				蒙古语		
						韩语
中东欧	俄语	俄语		俄语		俄语
	波兰语	波兰语		波兰语		
	乌克兰语					乌克兰语
			匈牙利语	匈牙利语		
						立陶宛语
						捷克语
南欧及北非	阿尔巴尼亚语					
		塞尔维亚语				
				法语		
					罗马尼亚语	
					意大利语	
						西班牙语
	英语	英语				

总体而言，2015—2020 年，“丝路书香工程”重点翻译资助项目中的民族类型书目涵盖“一带一路”共建国家主要语种，话语传播地区广，特别是“一带一路”沿线主体国家的语言都有相应输出。

2. 分众化传播话语

2020 年，五洲传播出版社出版了《关于新疆的谣言与真相》。该书旨在面向海内外介绍新疆社会真相，抨击西方反华势力对新疆地区编造的种种谎言，向读者展示真实的新疆。为了更好地将新疆真相公之于世，2020 年的“丝路书香工程”重点翻译资助项目名单中，《关于新疆的谣言与真相》共有阿拉伯语、土耳其语、乌兹别克语、哈萨克语、吉尔吉斯语 5 种译介语言入选，这种针对单一图书采取多种语言配套翻译出版是“丝路书香工程”重点翻译资助项目的一大亮点。比如五洲传播出版社的《中国伊斯兰教艺术》有阿拉伯语（2015 年）和土耳其语（2019 年）两种语言版本，阿来的小说《尘埃落定》选择了阿拉伯语（2015 年）、印地语（2016 年）和亚美尼亚语（2019 年）3 种译介语言，由浙江少年儿童出版社负责对外翻译的《晒龙袍的六月六》有吉尔吉斯语（2015 年）和俄语（2016 年）等，这充分考虑到丝路共建国家因历史纠葛、宗教信仰等问题而形成的多语种现象。以中亚地区为例，作为苏联曾经的加盟共和国，许多中亚国家具有俄语使用的历史惯性，苏联解体后，中亚 5 国先后颁布了《自治共和国语言法》《宪法》等相关的语言法规和政策，[①] 国家主体民族语言从原来的少数民族语言一跃成为官方语言。但由于新确认后的官方语言还不够规范，短期内很难在各个领域普遍使用，逐渐形成俄语和本国主体民族语言并用的情形。除此以外，中亚国家为了“去俄罗斯化”，增强本民族认同感和国家认同感，独立后还进行了尚未完成的字母拉丁化改革，导致本地区语言更加多元。

“丝路书香工程”重点翻译资助项目中的民族类型书目是面向丝路共建国家展现我国民族历史风俗、文化传统以及当代生活图鉴的绝佳窗口。为了切实提升丝路共建国家民众对我国各民族的认知，还需针对不同知识水平和阅读需求的话语对象采取相对应的出版策略。以北非国家为例，在埃及最受读者欢迎的图书主题依次是宗教（85%）、新闻（57%）、当代小说

① 王新青，池中华．丝绸之路经济带中亚五国语言状况考察与思考［J］．云南师范大学学报（哲学社会科学版），2015（5）：14－20.

（13%）、政治分析（12%）、当代诗歌和烹饪图书（7%）等；在阿尔及利亚，年轻人最喜欢阅读小说（52%），科学类次之（46.4%），历史类位列第三（24.5%）。

2015—2020年，重点翻译资助项目把反映民族生活现状、展现民族灿烂文化的文学类图书作为资助重点。由此可见，富有故事情节的文学类作品在海外市场的认可度较高，更容易被普通读者接受和理解，这类读者群体基数大，对民族文化兴趣浓厚。随着“一带一路”的推进，越来越多的丝路共建国家民众希望学习汉语以期获得更多、更好的就业和发展机会，特别想从民族地区寻求商机的政商界人士对介绍民族地区经贸、文化等主题的图书需求也日益增加，他们需要全方位介绍民族知识的科普类型图书和工具书。此外，还有部分读者为专门研究少数民族的专家、学者，他们的需求侧重于学术研究，针对这类读者群体，相关获资助项目中也包含特定领域的学术类著作，如2018年由中国社会科学出版社负责翻译出版的俄文版《中国特色解决民族问题之路》和社会科学文献出版社于2020年负责翻译出版的《中国民族人口通论》马来西亚文版。

综上，中国出版机构需针对不同话语受众在图书种类和细分领域内做好应对，积极拓展海外市场。通过丰富出版主体、搭建出版平台等方式积极探索对外出版的话语实践。根据费尔克拉夫三维话语分析框架，文本、话语实践着眼话语文本和具体运作流程，社会实践需要更多地关注话语背后的权力和意识形态意义。那么，为了推动中国精品图书、汉语教材在丝路国家出版发行，“丝路书香工程”背后隐含了怎样的话语机制？如何才能建构良性运作的话语体系？

第三节　西北地区民族图书海外出版传播与话语建构路径

“丝路书香工程”通过将少数民族图书翻译出版，推动西北地区民族文化走向“一带一路”共建国家，该工程项目涉及的少数民族类作品在对外译介过程中表现出怎样的话语特点？还存在哪些困境不足，西北地区民族如何建构良性的对外出版话语？

一、“丝路书香工程”中西北地区民族图书海外出版传播特点

出版社作为话语实施的主体，“一带一路”倡议下的中央级出版社发挥了主动引导者的地位，以新疆、西藏为代表的地方出版社也积极参与其中，将富有特色的民族文化传向海外。

（一）中央、地方协同发力，新疆、西藏地位突出

各级各类出版社在民族文化“走出去”过程中扮演着话语主体角色。中央、地方相互配合，通力合作，注重发挥各自优势特色，形成协同传播格局。

1. 出版社分布广泛，“中央 + 地方”协同发力

从“丝路书香工程”重点翻译项目获资助的民族类图书项目分布来看，以五洲传播出版社为代表的中央部委直属出版社，以及民族出版社、中国人民大学出版社、中译出版社和新疆文化出版社、广东花城出版社成为推进我国民族图书对外出版的主体力量，它们紧紧抓住“一带一路”发展机遇，充分利用自身的资源优势，优先出版民族文字和民族题材类图书，借助书刊及多媒体形式向国内外展示中国各民族的风貌，发掘各民族的文化遗产。

近年来，五洲传播出版社以“让世界了解中国，让中国了解世界”为宗旨，积极开拓海外市场，推出“魅力新疆”系列丛书的中文版和英文版，系列丛书共分 10 册，从历史、文化、民俗、宗教、名胜、资源、风景、美食、经济、国际交流等方面入手，描画出生动而又丰富多彩的新疆人文画卷，为读者展现一段全方位的“魅力新疆”之旅，展现一个独具民族特色而又与国际接轨的现代化新疆。2014 年 10 月，五洲传播出版社的 160 多种英文、德文图书在第 66 届法兰克福国际书展上亮相，与来自美国、西班牙、日本、孟加拉国、埃及、摩洛哥的多家出版社达成协议，成功输出版权 50 项，版权交易图书包括《西藏简明通史》《中国新疆：历史与现状》等介绍中国少数民族历史、文化、政治、经济、社会生活等各方情况的书籍。此外，该社还与其意大利合作方安提奥出版社推出中国主题专刊，合作出版了介绍达赖喇嘛转世历史定制和宗教仪轨的《达赖喇嘛转世制度》（意大利文版），利用其长期积累的作者资源、选题优势和发行渠道，不断加大涉藏图书出版工作力度，并与国外出版机构合作出版，打造涉藏图书出版品牌。

国家民族事务委员会所属的民族出版社致力于弘扬和传播民族文化，在“丝路书香工程”重点翻译资助项目中申报了《西藏读本》《哈萨克族民俗学》《土汉哈常用会话手册》《哈萨克族医学概论》《哈萨克族舞蹈基础》《哈汉辞典》《西域少数民族诗选》等对外译介项目，以哈萨克语版为主，举办了“友谊的桥梁——中哈文化交流图书展”，向“一带一路”共建国家输出图书版权，把中华民族的优秀文化传播到周边国家。中国人民大学出版社和中译出版社的对外译介项目以知名少数民族作家的小说为主，其中劳马《非常采访》俄文版由俄罗斯联邦联合出版印刷有限公司出版发行，英文版由加拿大8th House出版社出版发行，哈萨克文版由东方文献出版社出版发行，《一个人的聚会》《X之罪》等也由相应的国外合作机构出版发行。在译介民族作家作品方面，中译出版社实施了由新闻出版广电总局、中国作家协会共同发起并指导的“中国少数民族作家海外推广计划”，包括阿来的作品《尘埃落定》印地语版和僧伽罗语版、丹增的作品《小沙弥》，该社还与斯里兰卡海王星出版社、印度普拉卡山出版社等海外机构建立国际编辑部，共同研究中国民族文化及其表达。

与掌握优势传播资源，具备多语种、多媒体、多渠道发声能力的中央类出版机构不同，地方类出版机构在重点翻译自主项目的选择上更加贴近自身实际，聚焦的范围也更加集中。北京少年儿童出版社的《中华民族奇幻故事集》就把关注的重点放在承载丰富民族特色的传统节日上，以童书这种适合国外儿童阅读与吸收的形式讲述我国56个民族的故事，将我国传统节日背后悠远的传统文化精华推广出去。广东花城出版社选择了著名作家王蒙创作于1974—1978年的一部讲述新疆独特风土人情、宗教文明与农村百姓生活的长篇小说《这边风景》，对这部反映中国当代多民族生活的作品进行译介，向国外读者展现当代新疆多民族生活风貌。宁夏智慧宫文化传媒有限公司自2011年成立以来，一直以“文化产业+互联网”的发展模式，主动融入“一带一路”，把“中阿合作、文化先行”作为发展定位，目前已翻译出版、版权输出中阿文图书700余种，占中国、阿拉伯国家中阿出版互译市场90%以上的份额，掌握着全球众多中阿互译语料资源，在向阿拉伯国家推广优秀中国图书方面积累了丰富经验。

2. 向以新疆、西藏等为代表的地方性出版社主动发力

克孜勒苏柯尔克孜自治州地处帕米尔高原，被誉为“万山之州”，与吉尔

吉斯斯坦、塔吉克斯坦、巴基斯坦等国接壤，是以“驯鹰文化”和世界级非物质文化遗产《玛纳斯》享誉海外的中国柯尔克孜族的主要聚居地。作为柯尔克孜族传统民间口头文学重要组成部分的“约隆”在2008年获评为国家级非物质文化遗产，这种几乎只为帕米尔柯尔克孜族特有的文学形式，由民间艺人采用清唱或库姆孜伴奏演唱的方式，对勤于习作、乐于奉献、宽以待人等柯尔克孜族家规、家训进行广泛宣传。《中国柯尔克孜帕米尔约隆》于2015年入选“丝路书香工程”重点翻译资助项目名单，由克孜勒苏柯尔克孜文出版社承担译介工作。在国家出版基金资助项目、民族文字出版专项资金资助项目的支持与帮助下，克孜勒苏柯尔克孜文出版社近年来先后出版了《中国柯尔克孜达斯坦》《柯尔克孜族妇女民间手工艺及盛情情歌》等多部优秀柯尔克孜族文学作品，极大地满足了柯尔克孜族群众的精神文化需求，有效地传承和保护了新疆的风俗习惯和语言文字。

克孜勒苏柯尔克孜文出版社只是近年来众多新疆出版机构以民族文化为核心，大力推进优秀民族出版物“走出去”战略的缩影。在2015年“丝路书香工程”重点翻译资助项目名单中，新疆文化出版社译介的《丝绸之路历史文明集萃》系列丛书以西域研究为重点，内容涉及考古、历史、民族、宗教、文化、艺术等多学科领域，包括龟兹佛教中最有代表性的克孜尔石窟艺术，极具地域特色的猎鹰文化，古老吐鲁番盆地上的自然环境与历史人文以及新疆古代美术、古代服饰艺术等新疆特色文化标志，将这些综合体现区域性经济、文化、社会、心理的文化因子传播出去，让属于全人类的新疆文化在全球范围内得以传播，向世界展现出我国民族文化蔚为大观的多彩文化宝库和中国作为文化大国的立体形象。

而同样地域辽阔、历史悠久、风土人情独具特色、传统文化源远流长的西藏民俗文化近年来也在当地出版社的推广下变身为丰富的图书出版资源，图书行销海外。筹建于1986年，正式成立于1989年，已有近30年历史的西藏藏文古籍出版社是严守“藏文古籍”属性特色，以继承和弘扬民族优秀传统文化为宗旨的文字古籍出版社，承担了入选2015年“丝路书香工程”重点翻译资助项目的《西藏常识》一书的对外译介工作。《西藏常识》全面反映了西藏本土固有的民族特色及民俗文化，内容涵盖了西藏旅游、服饰、饮食、建筑、手工艺品、特产、礼仪文化等多个方面。由西藏人民出版社负责译介的《拉萨市藏传佛教寺院》，用生动的语言向读者描绘了拉萨地区每一座寺院的历史、教派、殿堂、佛像、著名文物以及关于这些寺院的民间传说和典故，内容翔实丰富，是深度介绍西藏佛教文化的精美读本。

近年来，新疆文化出版社（原新疆美术摄影出版社）、新疆电子音像出版社、伊犁人民出版社等多家新疆本地出版社凭借自身地处丝绸之路经济带核心的独特区位优势，积极响应国家“一带一路”倡议，与“一带一路”共建国家进行图书出口和版权交易，将民族文化推广工作作为重中之重，极大地加快了新疆优秀出版物“走出去”的步伐。以西藏人民出版社、西藏藏文古籍出版社、西藏自治区报刊出版中心为代表的西藏本地出版社在加强外销图书的选题策划，突出主题出版特色，提高数字化方面重点突破，特别是新疆、西藏在贯彻实施国家的“丝路书香工程”重点翻译资助项目少数民族类图书方面成效显著，一本本可视性、直观性和真实性极强的译介书目向海外受众真实再现新疆、西藏的文明发展史，不仅驳斥了罔顾事实、混淆是非的涉疆、涉藏言论，还有助于凝聚人心、促进民族团结，实现我国社会稳定和长治久安。

（二）搭建多元化民族图书对外出版平台

出版社作为对外话语的实施主体，不仅要利用好现有发声平台，还要不断拓宽新的传播渠道，才能更好地发出中国声音，也才有机会将西北地区民族文化传播出去。“丝路书香工程”在对外话语平台方面进行了以下几个方面的探索：

1. 线下书展拓宽话语渠道

近年来，我国出版机构积极利用在国内举办书展与图书论坛活动的机会，向海外出版机构推荐我国的优秀图书，与此同时，依靠“一带一路”在丝路共建国家鼎力支持的良好国际环境，众多国内出版机构纷纷将触角延伸到海外，境外参展成为海内外出版单位合作交流的重要途径和向海外读者推介“丝路书香工程”重点翻译资助项目的重点平台。例如，五洲传播出版社在2014年第66届法兰克福国际书展上与来自美国、西班牙、日本、孟加拉国、埃及、摩洛哥的多家出版社达成协议，成功输出包括《西藏简明通史》《中国新疆：历史与现状》等图书在内的版权50项；在2017年第27届阿布扎比国际书展期间，中译出版社与埃及希克迈特文化投资出版公司共同合作出版的中国少数民族作家丛书第一辑5本阿语版图书正式亮相，参加境外书展为我国出版机构进行中外版权贸易和文化交流提供了平台途径。

2. 内外合作搭建话语平台

“丝路书香工程”实施过程中，国内出版单位开始兼并收购国外出版企业，从内容制作和平台搭建方面寻求战略合作。2017年4月27日，五洲传播出版社在阿联酋首都阿布扎比举行阿拉伯联合酋长国编辑部签约仪式，成为中国出版机构在海湾地区设立的第一家分支机构。2019年10月16日，新世界出版社与罗马尼亚科林特出版集团、阿根廷科雷希多出版社、加拿大皇家柯林斯出版集团在第71届法兰克福国际书展上达成协议，合作设立三家中国主题图书海外编辑部。2020年，新世界出版社与奥地利索纳塔图书国际出版社、瑞典万之书屋出版社、韩国耕智出版社、俄罗斯尚斯国际出版集团完成46项云签约。

3. 海外书架展示中国文化

2016年1月27日，作为中国首个海外书架的埃及开罗国际图书中心正式启动，中方提供“中国书架”的设计制作，在国际主流书店、高校院系、图书馆等陈列中国图书，方便外国读者浏览阅读。“中国书架”的落地意味着我国图书对外出版的渠道得到进一步拓展，一大批展示中国特色、中国风格、中国气派的优秀图书引发海外读者共鸣。该项目由“丝路书香工程”提供资金支持，以外文图书出版为主要业务的五洲传播出版社具体实施，为丝路国家的图书市场注入新鲜血液，也为丝路国家的读者了解中国、认识中国提供了新的窗口。

4. “数字化+”打造综合电子商务平台

此外，国内出版机构开发的“数字化+”图书平台也是当下自媒体蓬勃发展的有益举措，如前文所述，五洲传播出版社的that's阿拉伯文中国数字内容运营平台、山东友谊出版社建立的尼山书屋等，在对外传播层面，都成为我国重点翻译资助项目的“数字化”输出平台。

海外书展、数字资源库及本土化机构均属于“丝路书香工程”项目构成。书展可以让海外读者直观体验读书氛围，数字化平台以数据资源满足海外读者需求，而本土机构方便当地读者阅读浏览。上述平台为民族文化“走出去”提供了更多载体，创造了更多可能，也将有利于重点翻译资助项目工程持续推进。

二、“丝路书香工程”中西北地区民族图书对外出版的话语困境

现阶段承担民族出版物对外译介任务的话语实施者以具有官方背景的大型出版集团为主，在丝路共建国家地缘政治形势错综复杂，民族、宗教矛盾纠纷此起彼伏，社会局势动荡不定的背景下，民族图书对外出版工作面临诸多挑战。

（一）区域资助分配不均，民营出版社占比较低

新疆、西藏出版社在民族图书“走出去”过程中发挥了积极作用，但总量较少，且呈现鲜明的地域差异性。2022 年 4 月，中国商务部、教育部、自然资源部等 7 部门联合发布的《关于公示专业类特色服务出口基地名单的通知》显示，来自宁夏的图书出版龙头企业、阿拉伯国家规模最大的中国图书出版机构——宁夏智慧宫文化产业出版集团成功入选特色服务出口基地（语言服务）名单，我国民营出版机构借助“一带一路”的契机向世界展现中国文化、讲述中国故事。智慧宫以书籍作为传播中国文化的媒介，利用自身资源优势，组建由海内外知名外译专家担当出版物译介工作的优质团队，积极参与承接国家重大对外出版工程的翻译任务，2015 年入选“丝路书香工程”的重点翻译资助项目有《美丽宁夏》（阿拉伯语版）、《美丽西藏》（阿拉伯语版）、《美丽新疆》（阿拉伯语版）以及 2016 年《美丽广西》（阿拉伯语版），对推动中国优秀出版物在“一带一路”共建国家交流互鉴和中阿民心相通方面作出重要贡献。

以宁夏智慧宫为代表的民营出版单位推出中国政治、经济、文学等主题，针对丝路共建国家和地区翻译出版图书 1260 余种，表现十分抢眼。但是 2015—2020 年“丝路书香工程”重点翻译资助项目涉及民族类图书的前 7 名获资助出版单位中仅有智慧宫一家民营企业，作为推动构建中国国际话语权的重要力量，民营出版机构在现阶段民族出版物的对外译介版图中占比较小，未能充分发挥其市场竞争意识强、生产效率高、不易引起海外政策限制等优势。

除此之外，与综合实力雄厚的华东地区相比，西北地区的民族图书出版机构在资本、人才储备、版权运营、市场运作等方面均缺乏核心竞争力，我国各地区图书出版业发展程度呈现不均衡态势，江苏省新闻出版业 2016 年收

入超过了1700亿元，而地处西北的陕西省只有323亿元，民族图书对外译介领域发挥显著作用的新疆新闻出版业仅有60亿元的营业收入，迄今为止新疆尚未形成一家具有市场规模效益的出版集团。

（二）资助体裁不平衡，纪实性书目较少

2015年5月28日，致力于向海外受众介绍真实新疆的作品《我从新疆来》在2015年美国书展上举行英文版首发仪式，以英国企鹅出版集团、英国查思出版（亚洲）有限公司（ACA Publishing Ltd）为代表的海外出版机构都对该书赞赏有加。来自新疆南部和田地区的摄影师库尔班江·赛买提拍摄、记录了100多位新疆人在内地工作和生活的点点滴滴。不同民族虽然在年纪、性别以及宗教信仰层面存在差异，但却拥有共同的身份认同。与这个时代生活在中国大地上的所有年轻人一样，年轻漂亮的乃菲莎钟情上海，梦想当一名侠气纵横的女律师；伊德里斯是中央民族大学的在读硕士，希望把中国的四大名著翻译成土耳其语，他们在这个时代努力奋斗、追逐梦想、收获幸福。新疆社会各阶层的真实生活就像一幅美妙的画卷，被库尔班江·赛买提精心收集起来，书中的人物简单纯粹，富有鲜活、明晰的个性特征，他们的经历是新疆人群体的生活写照，更是新时代中国社会的缩影。

然而，现阶段对外传播的书籍集中在民族文化的海外译介方面，对于民族传统文化的传承和传播领域着墨较浓，介绍民族文化传统、风俗习惯、历史民俗题材类的书籍占比较多。中国需要在“一带一路”倡议下，借助真实反映我国少数民族当代生活图景的优质纪实类作品，消除国际社会的刻板印象。特别在选题策划环节要特别留心作品内容，选材贴近国外读者的现实生活，做好调研，今后的项目推广过程更要紧扣海外读者需求，打造中国出版拳头品牌，切实提升中国出版核心竞争力，让世界更加直观、具体、详尽地了解中国。

（三）话语译介数量多，效果考核未形成

在“丝路书香工程”重点翻译资助项目的扶持下，中国出版企业向“一带一路”沿线读者译介了一批数量可观、制作精美的我国民族优秀文化图书作品，这对于提升我国在丝路共建国家和地区的国际影响力、巩固并拓展国家话语权意义重大，但依靠图书产品促使目标读者实现认知、态度、行为发生转变并非一朝一夕之功。文化对人的影响是潜移默化的，需要长时期的环

境熏陶，因此需要建立一套科学、高效的评估体系，对已经实施的具体项目在内容策划、生产流程、渠道营销、平台宣传等环节进行全方位、系统化的管理考核，查漏补缺，以期不断完善"丝路书香工程"的各项项目流程，从而使我国在今后推进民族图书对外译介项目时更加具有针对性和确定性。

建设高效快速的反馈平台及反馈机制，有利于有关部门调整规划部署、优化方案设计、提升扶持水平，从长远来看，我国出版机构可以根据高效全面的反馈数据及时更新经营战略，打造出具有市场竞争力的品牌产品，完善海外战略布局，有效应对日趋激烈的国际出版市场竞争。大数据与移动互联网为中国出版"走出去"和传统出版行业变革、数字出版产业模式创新带来了全新的发展机遇，出版产业的各项数据正以指数级速度增长，中国出版业应积极拥抱前沿技术，加快创立符合国际市场竞争需求与自身发展战略的优质评估体系，"以书为媒"，巩固与拓展我国在国际出版市场的话语权。

三、西北地区民族图书对外出版的话语建构路径

"丝路书香工程"对推进我国与"一带一路"国家和地区的民心相通、文化交融作出了突出贡献。但在传播主体、内容及渠道等方面还面临诸多困境，我国如何进一步优化海外经营战略、打造优质品牌、提升市场份额，巩固并拓展我国在文化领域的国际话语权。

（一）加强多元主体协同，形成传播合力

对外出版是中华文化"走出去"的重要路径，国家需要做好顶层设计，制订出版发展规划，推动我国出版产业结构优化调整，培育一批具有国际竞争力和影响力的跨国出版企业，[①] 特别是"十四五"时期中国出版要"走出去"，就要加强内容建设，深入挖掘中华文化的深厚内涵和独特魅力。西北地区民族文化属于中华文化的构成部分，通过提炼加工其文化中的风格特色，借助不同传播主体发扬光大。国家级出版社长期以来肩负着文化传播主角的使命，在"一带一路"倡议下，中央权威出版单位仍然是文化"走出去"的引领者，但需要结合融媒体时代的传播格局和舆论演化特点实施"走出去"战略，一方面，要正视互联网崛起和自媒体发展的合理性；另一方面，要认

① 张艺兵．"十四五"出版走出去的发力点［EB/OL］．搜狐网，（2020－08－25）［2022－3－16］．https：//www. sohu. com/a/414810104_ 100016145.

识到官方媒体单一发声的局限性。因此，主流媒体要根据“一带一路”沿线话语地带或海外场域变化，充分利用多样化的传播主体。在多中心的趋势和传播变迁中对当下共建国家及海外场域媒介格局进行思考，这是主流意识形态获取话语权、构建话语体系、形成传播合力的必然选择。

在民族图书对外翻译出版过程中，不仅要发挥中央主流出版社机构的龙头作用，还要主动打造一批类似于宁夏智慧宫文化产业集团的民营出版机构，实现全球视野和扎根中国的高度统筹，将国际市场作为目标，将出版“走出去”的伟大使命与企业自身做强、做优的发展需求相结合，致力于深化中国与“一带一路”共建国家的思想文化交流，促进民营出版机构和商业化出版物的对外译介，推动民族文化走向广袤的国际舞台。

中央和地方出版机构加强多传播主体协同，形成传播合力，还应注意以下两点：一方面，要强调官方传播主体与民间传播主体的统一关系。在目前的话语体系建构中，各地区获资助单位数量差异较大，未充分发挥民营出版机构的优势。想要夯实话语建构的基础，就需要官方传播主体与民间传播主体协同发展，实现传播合力，才能对传播内容进行深入挖掘。另一方面，不仅要加强官方与民间的协作，更要加强二者沟通对话，在实现官方与多元话语主题高效沟通的基础上，重构多元舆论场域下主流意识形态话语权从“独白”到“对话”的转变。

（二）加快数字平台建设，重构出版话语体系

近年来，我国出版机构为实现国家“走出去”总体战略布局所搭建的政策性平台，积极拓展图书海外营销渠道，通过定期参加国际书展和国际书展中国主宾国活动、与国际知名出版集团开展业务往来、在海外设立分支机构以及开设“中国书架”“尼山书屋”等方式，探索本土化运营策略，形成了多元高效的国际出版渠道。据不完全统计，“十三五”时期以来我国组织出版发行机构先后参加了 58 个国际书展，足迹遍布五大洲。除了参加法兰克福、纽约、伦敦等国际大型综合性书展，还积极参与“一带一路”共建国家举办的书展。[①] 然而，现阶段我国出版企业依托海外书展进行图书推广的方式过于依赖书展的自身规模等客观因素，这种推广方式影响力有限。这种自我推销

---

① 范军，邹开元．“十三五”时期我国出版走出去发展报告［J］．中国出版，2020（24）：3－10.

的方式并不能完全适应当地读者的实际阅读需求，难以达到预期宣传效果，我国出版业在海外进行图书推广的渠道仍较为受限，需要充分发掘海外市场潜力。

随着5G、大数据、AR、VR、人工智能等技术的日趋成熟，出版产业也迎来了属于自身技术更新迭代、行业生态剧烈变动的战略窗口期，而移动数字出版业态具有传统出版无可比拟的显著优势：其一，全球性疫情的蔓延为数字技术的大面积推广创造了必要条件，各国出版机构需要低成本、高效率、富有安全性的合作渠道开展业务活动，移动终端设备的快速普及又为普通用户阅读电子出版物提供了技术支撑，契合人们的阅读习惯。其二，集图书推广、版权贸易、文化交流、出版合作等多项功能于一身的移动客户端平台能够跨越时空局限，满足出版机构多样化需求，大数据技术可以为平台客户精准匹配商业客户，优化资源配置效率。其三，读者在使用数字化平台的过程中会留下使用痕迹，依托大数据技术，可以精准获得目标读者的阅读需求，比起以往我国出版机构在参加常规的国际性书展时进行的市场判断，数字出版技术对于读者需求的把控更加精准与高效。

因此，在民族出版物的具体运营过程中，过分聚焦传统宣传渠道，线上开发力度明显不够，未能适应现阶段数字阅读大行其道的全球性图书发展趋势，还需要加大力度弥补短板。在数字出版领域，中国民族出版物在“一带一路”共建国家发展空间巨大，中国出版企业应积极深化与“一带一路”共建国家和地区的出版机构特别是数字版权代理机构的协作，扩充数字出版物的发行渠道，在目标市场创立针对数字出版作品的直销服务点，加快包括宣传、电子商务、社会化阅读功能在内的数字化平台建设进度，借助全新的技术产业形态实现跨越式发展，才能提升话语传播力，在世界文化领域构建中国出版话语体系。

（三）完善意识形态表达，提高话语解释力

依托国家各项对外出版项目的资助，中国出版机构完成了民族出版物对外译介工作的成品制作环节，然而，要想实现民族文化在丝路共建国家落地生根、蓬勃发展的既定目标，还需要不断完善意识形态的话语表达，提高话语的解释力，这是主流意识形态获得话语权的必然选择。①

① 朱彦妮．短视频传播环境下高职院校意识形态话语权的建构［J］．常州信息职业技术学院学报，2021（3）：63－66.

当前，西北地区民族文化出版需要抓住“一带一路”倡议的战略机遇期，依靠优质出版物打开“一带一路”共建国家的出版市场，吸引当地读者主动吸收中国优秀文化，起到以正视听、争夺话语权和舆论引导权的良好效果，但这绝非易事，需要经历漫长的文化浸润过程。首先，要直面挑战，强化在意识形态领域的斗争意识。意识形态领域的斗争异常激烈，需要树立坚定信念，主动抢占思想领地，同错误的思想作斗争。其次，要把优质内容作为核心竞争力。针对海外读者的文化背景、阅读习惯、宗教禁忌、现实需求等精准化调研，充分了解合作对象所处国家和地区的投资环境和行业法律法规，完善意识形态话语权，增强话语解释力。最后，要加强文化交流互鉴，使其他国家深入理解我国的优秀价值理念，在讲好中国故事、展现中华文化独特魅力的同时，积极寻找中西方文化的共通之处，提升海外受众对中华文化的感知力，维护人类文明的多样性。①

本章小结

随着国家软实力竞争的日益加剧，中华文化的精神内涵借助学术出版、教育出版、大众出版等出版形式走出国门，形成了中华文化“走出去”的对外出版话语。其中，面向“一带一路”共建国家及地区传播中国文化系统性工程项目之一的“丝路书香工程”，在讲好中国故事、展示中国形象、提高中国国际传播力、增强中华文化软实力方面意义重大，影响着中国国际话语权的建构。“丝路书香工程”重大翻译项目承接了数量可观的对外图书译介项目，并在中外译者的共同努力下将主题涵盖我国民族地理区位、风俗习惯、文化传统、宗教信仰等选题多样、内容翔实、制作精美的优质书籍呈现在丝路共建国家的民众眼前，对推进我国与“一带一路”国家和地区的民心相通、文化交融作出了突出贡献。然而，由于丝路共建国家的语言种类数量多、文化差异大，我国民族类图书在应对多元文化环境的对外译介过程中总会或多或少地存在“文化折扣”现象。同时，民族图书出版还存在区域资助分配不均、民营出版社占比较低，资助体裁不平衡、纪

① 卢芳珠，李彪．增强文化自信 主动构建话语权——对外传播中的出版话语体系构建路径研究［J］．出版广角，2020（17）：20－23．

实性书目较少，话语译介数量多、未形成效果考核机制等话语困境。只有加强多元主体协同，形成传播合力，加快数字平台建设，重构出版话语权及完善意识形态表达，提高话语解释力方面实现话语建构，才能形成独具中国特色的对外出版话语体系。

第八章　“一带一路”倡议下西北地区民族文化对外传播的影视话语建构

影视作品不仅是国家文化产品的重要组成部分，还承担着传播政治价值观、记录并传播社会文化的重要使命，成为国家软实力的重要支点和评价指标。与文字相比，影像符号的场景展示和细节还原能力更强，能够形成理论话语的“影像笔记”和历史叙事的“立体档案”。[①] 经久不衰的影视作品反映了特定时期的历史文化、社会生活或者当地民众的生活习惯和风土人情，往往能够引发观众的情感共鸣，达到民心相通。在“一带一路”倡议下，我国西北地区民族影视事业迎来新挑战和新机遇，产出了一批质量上乘的民族文化主题影视作品。民族文化主题的影像作品不仅成为对外传播西北地区民族文化最有效、最生动的表现形式，也能从心理和情感上引起海外用户共鸣，影像作品在中华民族文化走向世界的过程中扮演着重要角色。本章在对西北地区民族题材影视的发展脉络进行简要概述后，运用话语分析理论对纪录片《天山脚下》展开个案分析，从文本、话语实践、社会实践3个层面分析西北地区民族影视作品对民族认同和国家形象的建构，归纳出西北地区民族题材影视作品对外传播的话语系统所包含的要素、理念、原则及其内在逻辑，并对西北地区民族题材影视对外传播的话语建构提出可行性建议。

第一节　西北地区民族影视事业及对外传播概况

影视作为时空艺术的复合体，在延续时间中展示画面，构成完整的银幕形象，在画面空间上展开形象，使作品获得直观、立体化的表现力。西北地

---

① 姚遥．以影像之光展现思想力量——优秀对外传播作品备海外受关注［N］．光明日报，2022－01－21（9）．

区民族题材影视作品主要取材于西北地区的社会、文化、历史、自然风貌，具有鲜明的民族地域特点。本节梳理了我国西北地区民族影视事业的历史发展及对外传播现状，阐述了西北地区民族影视对外传播的重要意义，形成“一带一路”倡议下西北地区民族题材影视的对外传播概况。

一、西北地区民族影视事业的发展历程

西北地区民族影视在中国影视发展历程中一直扮演着重要角色。自20世纪20年代西北地区开始出现专门的电影放映活动，留下了具有珍贵史料价值的西北地区民族影像资料。新中国成立后，随着技术发展和资源进一步丰富，西北地区民族影视创制开始了多元、立体的本土化实践，民族题材经过挖掘和表达，创作了一大批优秀影视作品。在政策、经济、文化等多重推动下，西北地区民族题材影视走出了一条独具特色的发展道路。

（一）新中国成立：国家与民族形象的书写

我们是一个统一的多民族国家。长期以来，民族问题是我国的一项基本国策。国家不仅通过民族区域自治的基本政治制度和“民族平等、民族团结、各民族共同繁荣”的民族关系处理原则来体现对各民族的团结和尊重，而且出台了一系列支持各民族文化事业的政策，2009年发布《国务院关于进一步繁荣发展少数民族文化事业的若干意见》，对繁荣发展各民族文化事业的意义①、指导思想、基本原则、目标任务及具体措施做出详细规定。在宏观的政策语境下，民族化和区域性题材的电影随之繁荣发展，形成了两种基本模式：一是描写穷苦百姓在中国共产党的领导下勇敢与剥削阶级作斗争，最终获得自身解放的故事；二是描写汉族群众与其他各民族同胞互帮互助、民族团结一家亲的情节。其中，回族题材影片有《太阳照亮了红石沟》（1953年）、《回民支队》（1959年）等；藏族题材影片有《金银滩》（1953年）、《猛河的黎明》（1955年）、《暴风中的雄鹰》（1956年）、《渡江探险》（1958年）、《草原风暴》（1960年）等；裕固族题材影片有《萨里玛珂》（1978年）；维吾尔族题材影片有《绿洲凯歌》（1958年）、《天山歌声》（1959年）、《两代

---

① 李新仓．中国式现代化视域下中国共产党推进中华民族共同体建设的三维向度［J］．山西社会主义学院学报，2022（4）：46－53.

人》（1960 年）、《远方星火》（1961 年）、《冰山上的来客》（1963 年）、[①]《草原雄鹰》（1964 年）、《黄沙绿浪》（1965 年）等。这些影视作品向观众描绘了一幅幅西北民族地区的美丽画卷，展现了当地不同民族的生活空间和生活方式：一方面构成对不同民族所处时期的历史回顾；另一方面，对准确解读和演绎现实阶段的民族政策发挥着宣传和教育作用，通过阶级叙事、边疆体验，成功地将民族政策融进国家的“一体化”叙事中。[②] 不管是艺术价值还是文化价值，都为中国电影打开了别样的局面，经典作品至今拥有忠实的观众。值得注意的是，我国民族题材电视剧在这一时期缺位于民族题材电影和纪录片的发展，直至“文革”结束后，民族题材电视剧才在整个文学艺术事业的复兴环境中开始起步。[③]

（二）改革开放后：山川风物与民族风情的描摹

改革开放后的西北地区与全国一道进入社会转型发展的新时期，城镇化、大众化和消费文化成为西北地区民族影视发展的重要语境。1979 年中日两国合拍的纪录片《丝绸之路》首次对丝绸之路展开全方位影像记录，开启了中国新时期山川风物类纪录片生产的序幕。该片穿越陕西、甘肃、内蒙古、新疆等地，借助影像方式重现了丝绸之路沿线的西北地区壮丽多姿的地理风光、勤劳智慧的各族人民和丰富多样的风俗人情，被誉为“历史的教科书”，播出后在国内外产生良好传播效果和巨大反响。

此后，西北各地的影视创作团体继续与国内外媒体谋求合作，借鉴先进经验和理念，立足本土资源，开掘西北地区民族历史人文景观。以西北地区地方电视台为代表的纪录片制作团队与中央电视台、地方电视台同人合作，摄制了大量记录和描摹西北地区自然风光、民族文化的优秀作品。例如，甘肃电视台创作了纪录片如《采花节》（1981 年）、《甘肃少数民族民歌》（1982 年）、《甘肃大地纪行》（1984 年）、《大西北奇观》（1984 年）、《啊，青青的阿万仓》（1987 年）、《保安腰刀与保安族》等，内容涉及藏族、裕固族、撒拉族、东乡族等西北民族地区的自然地理风光、传统民俗节日。青海

---

① 李森．论云南少数民族题材电影中的边疆想象、民族认同与文化建构［D］．上海：上海大学，2013.

② 贾学妮，饶曙光．共同体视域下少数民族题材电影的认同问题［J］．当代电影，2021（12）：83－88.

③ 张玲．少数民族题材电视剧的发展研究［J］．当代电视，2016（9）：15－17.

电视台拍摄了系列纪录片如《唐蕃古道》（1984年）、《热贡艺术》（1986年）、《格拉丹东的儿女》（1990年）、《遥远的唐古拉》等，展示了青海地区各民族的生活风貌、民间艺术和民族风情，歌颂民族间交往交流的真实情感，其较高的文化价值和丰富的思想内涵受到观众喜爱。新疆电视台摄制了系列反映新疆各民族概况和民族团结主题的纪录片，其中创作于1984年的《故乡》是中央电视台《兄弟民族》栏目开播的第一部纪录片，《家住沙漠中》（1994年）、《太阳部族》（1996年）、《神秘的罗布泊》（1997年）、《天堑飞鹰》（1999年）等作品在国内外电影节上获得大奖。宁夏电视台创作团队摄制的纪录片《沙与海》（1991年）展现了宁夏黄土高原的生存状态，以平民化视角讲述宁夏西海固地区的普通百姓生活。这一时期产生的西北地区民族优秀电影作品包括《祁连山的回声》（1984年）、《帕米尔高原的塔吉克》（1985年）、《中国柯尔克孜》（1986年）、《盗马贼》（1986年）等。

相较于西北地区民族题材电影和纪录片，我国第一部少数民族题材电视剧《小活佛》（1977年）诞生于我国社会各项事业百废待兴后的复兴时期。[①] 20世纪80年代，在我国电视剧蓬勃发展的背景下，民族类题材电视剧加快了发展脚步。创办于1986年的全国民族题材电视艺术评奖活动“骏马奖”对民族题材电视剧发展起到直接推动作用，《小活佛》获得1987年少数民族优秀电视剧“骏马奖”。20世纪90年代，国家对影视剧生产提出了“弘扬主旋律，力倡多样化”的口号，西北地区民族题材电视剧发展势头良好，诞生了《跑马溜溜的山上》（1991年）、《走进香巴拉》（1993年）等反映现实的优秀作品。

总体而言，20世纪80年代以来，西北地区民族题材影视作品经历了从无到有、从少到多的变化与发展过程。创作视角也开始由民族、历史等宏观命题逐渐转向人的日常生活、精神与心灵。[②] 西北民族地区的山川风貌、民族风情被影像转换成一幅幅气势磅礴的画面和一曲曲优美动听的音乐，支撑起西北地区民族题材影视的历史人文价值和审美价值，满足了大众的审美需要。

（三）新时代以来：文化与话语的再传播

进入21世纪，由于工业化、城市化的进程加快，各民族的传统生活方式

---

① 张玲．少数民族题材电视剧的发展研究［J］．当代电视，2016（9）：15－17.

② 王海飞．西北民族志影像史略——兼述影视人类学在西北的发展趋势［J］西北师范大学学报（社会科学版），2022，59（2）：115－125.

发生翻天覆地的变化，西北地区民族题材的影视作品也在自觉或不自觉地反映社会变迁和大众心理变化。在市场和政策的双重加持下，西北地区民族影视作品的风格类型更加多元化，在文化表达上更有艺术性和观赏性，同时承担了新时代民族认同、国家形象建构等对外传播的重要使命。

2001 年，我国正式加入 WTO，标志着对外开放进入新阶段，影视发展也开辟了新局面。为了开拓电影海外市场，国家同年发布《国家广播电影电视总局关于广播影视“走出去工程”的实施细则》[①] 文件，从国家战略的高度对中国影视产业走向世界、影视作品传递中国声音做出规范与引导，也成为正式启动我国电影“走出去”工程的标志。2004 年，国家发布关于文化体制改革的统一部署和要求，我国影视业开始从事业主导转为产业主导，民营资本进入影视制作、发行和放映领域，市场导向和经济价值目标使我国影视不断开拓海外市场。在市场机遇和政策支撑下，西北地区民族影视获得前所未有的发展契机。例如，创作于 2005 年的纪录片《河西走廊》按照时间线，勾勒出由汉代到中华人民共和国时期河西走廊的历史，不仅荣获国内多个专业奖项，也成为甘肃纪录片中最有影响力的作品之一。另一部电影《月圆凉州》（2005 年）讲述了 13 世纪中叶西藏地区正式纳入祖国版图、完成祖国和平统一的真实历史故事，生动地展现了藏族、蒙古族、汉族等民族的音乐舞蹈及藏传佛教文化，2006 年《月圆凉州》进入联合国总部放映，成为我国第一部在联合国总部首映的影片。2010 年，民族电影展亮相北京国际电影节，少数民族电影开始进入公众视野。

2013 年，以促进国家和地区间经济文化交流为目标的“一带一路”倡议的提出，为中国影视海外传播提供了新机遇。同年，由国家民委牵头、会同有关部门发起中国民族电影工程，以“弘扬民族文化、繁荣电影事业、促进团结进步”为主题，带动民族文艺创作和电影创作，培养了一批民族艺术特别是影视创作方面的专业人才，吸引更多人关注、关心，支持少数民族题材影视创作。2016 年，文化部印发《文化部“一带一路”文化发展行动计划（2016—2020 年）》，再次强调围绕电影等多个领域加强我国与“一带一路”共建国家的文化贸易合作。

---

① 国家广播电影电视总局．国家广播电影电视总局关于广播影视“走出去工程”的实施细则［R］．北京：国家广播电影电视总局，2001 - 12 - 24.

在此背景下，国家先后创办以海陆丝绸之路共建国家为主体的“丝绸之路国际电影节”，启动了“丝绸之路影视桥工程”“中国电影，普天同映”“亚洲影视”等项目，成立了“一带一路”电影节联盟，以促进“一带一路”共建国家之间的文化交流与合作，拓宽了影视海外传播的渠道，推动了影视海外传播的进程。在上述有利因素的推动下，西北地区民族题材影视作品在民族语言、人文关怀、商业变现等方面均做了突破性尝试：首先，由一批民营资本投拍、由少数民族演员主演，具有原生态文化氛围的少数民族母语影片纷纷出现，以万玛才旦、拉华加、松太加为代表的藏族题材电影导演用自己的语言和视角描绘本民族的故事，创作了《静静的嘛呢石》《旺扎的雨靴》《撞死了一只羊》《冈仁波齐》《哈尼药爷》《阿拉姜色》等一大批以藏语对白为主的影片；其次，创作者们带着“自省”的内在视点，深入洞察和呈现民族地区人们的真实生活；最后，西北地区民族电影在追求文化价值的过程中不断进行市场化探索，尝试走商业化路线和类型化改造，如《冈仁波齐》《买买提的2008》等电影在院线大银幕上获得放映和票房收入，获得观众认可。

此外，我国民族题材电视剧经过30多年发展，逐渐与大众文化相融合，在数量和质量上都有很大的飞跃，获得了观众的一致认可与好评。其中，西北地区民族题材电视剧作品有《拉卜楞人家》（2010年）、《雪浴昆仑》（2012年）、《阿娜尔罕》（2013年）等。这些作品展现了西北地区民族瑰丽的地域风光，同时将民族叙事、现代叙事结合在一起，呈现了从单一民族到多民族融合的趋势。

西北地区民族影视发展始终与中国社会的政治、经济、文化密切相关，在不同的历史时期和阶段呈现了多样繁荣的发展态势。改革开放后，随着由计划经济向市场经济的转变，西北地区民族题材影视逐渐形成了主旋律、商业片、艺术片分头并进、多元创作的局面，相关作品在展现民族风情和民族文化之余，以特定的文化价值展示国家民族形象。在“一带一路”倡议下，西北地区民族题材的影视作品承载着传播中国文化和价值观的重要使命，对传承和维护民族传统文化价值、开展人文交流、构建人类命运共同体具有重要意义。

二、西北地区民族影视对外传播的重要意义

影视艺术通过镜头映射特定时代和特定社会的文化精神。民族影视既是

传承和维护民族传统文化价值、树立国家民族形象的重要媒介，也是文化交流和对外传播的重要载体。

（一）反映社会现实，促进民族和谐

电影虽源自生活，但绝不只是对生活的简单纪实，电影本身就是被电影艺术家们处理过的客观世界镜像，其中的故事环境也折射出真实的社会环境，① 因为电影本身是文化艺术作品，它源自现实，关注现实，从民俗风貌和社会问题中提取主题思想，最终达到传播正能量和弘扬正确价值观的作用。纪录片以真实的人和事为素材进行艺术化加工，以直观、便捷、真实的特性体现强烈的历史价值、人文关怀和社会意义。

20 世纪初，包括探险家、传教士和研究者在内的很多外国人来到西北地区，以“他者”的身份对当地的自然风土和人文景观进行观察、记录，通过珍贵的影像资料展现西北地区的日常生活、民风民俗、婚丧嫁娶和宗教仪式等。新中国成立后，政府通过各种政策措施支持、保护民族文化传播，繁荣发展民族文化事业。2006 年摄制的百集文献纪录片《中国少数民族》，由全国近 20 家媒体、电视台共同参与摄制，以翔实的素材、丰富的史料、生动的语言、精美的画面，多层面、全方位地记录了少数民族的历史文化、自然风光、生产生活、传统风俗、文化风情等。其中，甘肃电视台拍摄了地方特有少数民族纪录片《保安族》《东乡族》和《裕固族》，详细介绍了保安族腰刀、裕固族传统民歌等民族特色文化，展现了当地民族同胞的生计方式、日常生活、待客礼仪和民间信仰。西北地区地方电视台也持续发力，如甘肃张掖电视台创作的纪录片《日落・日出》《夏日塔拉的女放映员》等展示了裕固族传统文化，对牧民生产生活、情感世界、宗教信仰的记录，为观众多视角认识了解裕固族提供了丰富的视角。②

在信息技术的加持下，西北地区民族题影视的传播范围更广、受众更多、影响力也更大。西北地区民众的生活经历和生活态度随着时代变迁和社会转型被纳入影像叙事，从而更为全面、真实和有深度地呈现、反映社会现实。这些影视作品展现了我国西北地区民族绚丽多彩的风土人情，增进了我国各

---

① 王雁南．国产电影的文化传播［J］．视听，2017（4）：8－9.

② 杨柱周，弥建立，杨子孟．甘肃本土电视纪录片创作现状研究［J］．中国广播影视，2022（5）：71－75.

族人民之间的相互了解，成为观众了解和熟悉西北地区民族文化的直观窗口。

（二）传承民族文化，增强发展动力

在现代化的进程和民族交融过程中，西北地区各民族民众的生活方式和价值观念逐渐趋于现代化，少数民族的文化纽带和认同感消失，文化焦虑感与日俱增。影视作为传播民族文化的重要载体，以真实故事的形式来表述民族文化，记录着属于各民族的文化基因信息。早在20世纪50年代，我国的电影制作机构针对全国16个少数民族摄制出16部社会历史科学纪录电影，以“复原重建”的方式记录迅速消逝的民族文化现象，这是新中国摄制的第一批少数民族影像，不仅为外界了解我国各地民族风貌打开了一道窗口，而且留下了珍贵的民族志影像资料，具有文化人类学的独特价值。

中华人民共和国成立以来的很长一段时间，少数民族题材电影由于缺乏专门人才，基本上由汉族拍摄团队以汉语为主进行创作。① 直到20世纪80年代之后，以《黑骏马》（1995年）为代表，运用本民族语言观照民族生活和思想情感的少数民族电影才逐渐增多，② 但最终都以普通话配音的方式呈现。由藏族导演万玛才旦执导的电影《静静的嘛呢石》（2005年）被誉为真正意义上的少数民族母语电影，创作者用自己的语言和视角描绘本民族的故事，不仅最大限度地保证了藏族文化的原汁原味，也让民族语言得以传承与弘扬。

新时代的西北地区民族题材影视，通常暗含文化变迁的主题和传统民族文化在现代化转型中遭受冲击的忧思，在民族叙事中反映人们对民族传统技艺传承与发展的态度以及对本民族的传统信仰和传统文化的理解，体现了创作主体对民族文化传承主题的关切和回应。电视连续剧《木卡姆往事》（2007年）围绕维吾尔族民族民间艺术的瑰宝十二木卡姆的保护与传承，讲述了木卡姆艺人在不同历史时期跌宕起伏的命运，向观众展示了浓郁的民族风情，同时用影像的手段记录了一项非物质文化遗产的瑰丽身影。2019年，由张掖市委宣传部、张掖市广播电视台、肃南县宣传部共同出品的4集系列纪录片《祁连山下》成功入围文化和旅游部“2019年文化和自然遗产日非遗影像展”。该片于2021年完成东西部裕固语的译制，为裕固族民俗文化与语言传承保护留下宝贵的音视频资料。

---

① 饶曙光．少数民族电影：从各美其美到美美与共［N］．光明日报，2015－11－30（13）．

② 同①。

在国家的大力扶持下，越来越多的创制主体用影像手段记录非遗文化，通过影像数字技术来保护、传承非物质文化遗产项目，让更多的人欣赏到民族非物质文化遗产的无穷魅力，这不仅推动了民族文化的传承创新，也给西北地区民族文化发展注入动力。

（三）塑造国家形象，建构民族认同

在现代国家，新闻传媒业逐渐成为文化传播的核心动力，而媒体文化核心动力的前提是对话语权的绝对控制力。在知识作为生产力和权力的意义上，视听语言作为世界通用语言和影像记录方式，也成为民族文化生存的表征性符号。以西方纪录片对中国形象的“他者”书写为例，对故事素材的选择和加工处理直接影响中国形象达成的主观性和局限性。西方媒介再现和阐释中国现实形成的中国形象是复杂多样的，也是肤浅的、片面的，当世界透过西方影像的“有色眼镜”认识和理解中国时，在议程设置机制和刻板印象作用下会不可避免地产生误读和误解。

西北地区民族题材的影视作品在民族和国家形象建构维度上从未缺席。从新中国成立时期叙述中国革命经验、国家意识形态鲜明，到20世纪80年代呈现本土风光、民俗纪录片和反映西北民族地区发展，再到20世纪90年代立足本土资源、深度开掘民族传统文化，西北地区民族题材影视作品在丰富的历史文化实践中将真实立体的民族和国家形象传播到世界多个国家和地区，在多元文化空间中，折射出中国56个民族之间和谐共生的历史传统与文化互动，向世界展现西北地区历史文化资源和当地人民勤劳勇敢、开拓创新的精神风貌，搭建中华文化与世界文化的对话之路。西北地区民族题材影视作品在塑造国家形象、建构民族认同，对内打造中华民族凝聚力、对外传播国家形象方面，均发挥着十分重要的作用。

进入中国特色社会主义发展新时代，西北民族题材影视继续肩负使命，成为向世界讲述中国故事的重要载体。“一带一路”倡议提出后，西北地区民族影视作品成为“一带一路”共建国家增进了解和沟通交流的重要载体，影视作品中包含的民族符号和精神气质不仅是民族文化的视觉化表达，也构成了更加立体多彩的国家形象。

三、“一带一路”倡议下西北地区民族题材影视的对外传播概况

西北地区民族题材影视作品主要包括电影、电视剧和纪录片等，其创作

主体不局限于少数民族，镜头对准的是我国西北民族地区和民众，内容涉及自然地理、历史文化、政治经济等方面。“一带一路”倡议提出后，西北民族题材影视迎来了新机遇，在“一带一路”共建国家间互办的艺术节、电影节、电视周等活动中，经常能看到西北地区民族题材影视的身影。随着国内影视摄制技术的提高和创作理念的更新，西北地区民族题材影视作品在国内、国际平台均展现出亮眼的发展态势。

（一）西北民族电影作品“走出去”

西北民族电影不仅是我国民族电影的典型个案，也是中国电影的重要组成部分。随着中国电影的蓬勃发展，民族电影也得到长足发展，大量反映民族生活变化、讲述民族故事的电影纷纷诞生，西北民族电影也在市场和政策创造的利好环境中呈现全新发展态势。一批脍炙人口的民族电影已不仅成为中国电影的经典，其中还有不少优秀作品斩获多项国际大奖。

2015 年 10 月，由李睿珺执导的影片《家在水草丰茂的地方》在全国上映，影片讲述了两个裕固族少年寻找在草原上的家，骑着骆驼在西部奇景中穿越千里的故事。影片取景于甘肃张掖，采用裕固族语和甘肃方言，以两兄弟归乡之旅审视裕固族逐渐消亡的民族文化，最终表达了人民群众为了美好生活选择步履不停地奋斗，在不动声色的叙事中蕴藏着丰富的文化内涵。该片在国外展演时获得了观众的广泛好评，成功入围第 65 届柏林国际电影节和第 27 届东京国际电影节，并在第 35 届香港国际电影节和 2011 年鹿特丹国际电影节获多个奖项。

2016 年，由王学博执导，知名导演尔冬升、张猛、万玛才旦共同监制的电影《清水里的刀子》在全国上映。影片改编自回族作家石舒清的同名小说，讲述了在黄土高原腹地宁夏西海固地区，一个回族老妇人去世后，家人准备宰杀家中老牛为母亲做“四十”（亡人安葬后第四十天）的故事。该片生动地展现了当地百姓的日常生活和祷告、致哀等仪式，在第 21 届韩国釜山国际电影节、第 36 届夏威夷国际电影节、第 16 届马拉喀什国际电影节夺得多个奖项，受到国内外观众的好评。

2018 年 2 月，由拉华加担任编剧执导，万玛才旦担任监制的电影《旺扎的雨靴》在第 68 届柏林国际电影节首映，并于 2020 年 8 月在中国上映。影片取景于青海省化隆县，讲述了藏区少年旺扎想要一双雨靴的故事。该片成功入围第68届柏林国际电影节新生代竞赛单元，在第12届FIRST青年电影展、第42届香港国际电影节、第8届北京国际电影节获得多项大奖。这一时期，少数民族母语电影还有《撞死了一只羊》《哈尼药爷》《阿拉姜色》《冈仁波齐》等。这些影片通常在与商业电影竞争中被认定为“艺术电影”，但在全球化和商业化语境下，诸如《冈仁波齐》等影片开始尝试冲出市场重围，用破亿元的票房诠释民族电影的另一种可能。《冈仁波齐》讲述了西藏腹地古村普拉村的村民们前往冈仁波齐朝圣的故事，该片于2017年6月在中国上映，同年获第二届意大利中国电影节最佳影片奖。2011年北京国际电影季展映了30部少数民族母语电影，这是电影史上首次展出众多民族母语的电影节，[①] 不仅开启了“用少数民族语言讲述少数民族故事”的民族电影叙事先河，还实现了民族电影本土化和现代化的转型。

2019年，为庆祝新中国成立70周年“中国民族电影七十年回顾展”共精选了100部影片参展，其中新疆著名导演西尔扎提·亚合普的《买买提的2008》《鲜花》《乌鲁木齐的天空》《真爱》《塔克拉玛干的鼓声》等作品入选。从2006年《吐鲁番情歌》选送法国戛纳电影节展映，西尔扎提·亚合普导演的作品就不断走向世界影坛。2019年，由西尔扎提·亚合普执导的中、哈两国合拍电影《音乐家》在中国上映，影片以2013年习近平主席访问哈萨克斯坦期间在纳扎尔巴耶夫大学演讲为故事背景，讲述了第二次世界大战期间中国音乐家冼星海同哈萨克斯坦音乐家拜卡达莫夫结下友谊的动人故事。该片在第9届北京国际电影节、第22届上海国际电影节获得奖项。另一位青年导演王丽娜执导的剧情片《第一次的离别》讲述了新疆沙雅的孩子们经历的生活变故和生命中的离别以及对故乡、家人的依恋之情。影片于2018年10月在东京电影节首映，2020年7在国内公映，受到国内外观众的关注与好评，并在第69届柏林国际电影节、第31届东京国际电影节、第4届德国中国电影节、第43届香港国际电影节、第4届“NEW ERA”青年电影季、第13届FIRST青年电影展、第2届海南岛国际电影节获多个奖项。

（二）西北民族题材电视剧作品的对外传播

电视剧作为一种大众文化样式，兼具商业和文化双重属性，在弘扬社会

① 饶曙光．少数民族电影：从各美其美到美美与共［N］．光明日报，2015-11-30（13）．

主流价值观、传承民族文化、促进文化产业发展等方面具有重要作用。我国民族题材电视剧发端于20世纪70—80年代，成长于20世纪90年代，兴盛于21世纪初。[①] 经过多年的发展，民族题材电视剧已经成为颇具审美价值和多元创作维度的类型。“一带一路”倡议下，西北民族题材电视剧在展现自然景观、生存状态、文化形态和民情风俗之外，更加凸显了国家价值观的承载功能，在对外传播过程中肩负着重要的文化使命。

电视剧《歌海情天》（2014年）取景于青海、宁夏、新疆等地，该剧以民族音乐家、传歌人王洛宾的部分人生片段和歌曲为背景，讲述了一群中外90后青年人探寻王洛宾的音乐及西北神奇土地的故事，该剧围绕剧情创作尝试创新，在时空交错之间谱写了一曲民族团结的华美乐章。

电视剧《丝绸之路传奇》（2015年）讲述了一名维吾尔青年在各族人民的帮助下成长为中华人民共和国第一代高级纺织专家的故事，在情节叙述中展现了丝绸之路翻天覆地的巨变和当地各族人民日常生活的变化。该剧于2015年10月在中央电视台综合频道黄金时段播出之后收视率一路攀高，收官之日获得全国收视的冠军，随后将其翻译成维吾尔语、哈萨克语、柯尔克孜语等在国内播出，还译制成土耳其语、英语等，向丝绸之路经济带共建国家发行。

电视剧《都是一家人》（2019年）作为我国首部城市民族题材电视剧，讲述了改革开放近40年来，各民族同胞在创业生活和日常交往中结成一家亲的故事。该剧采用“互联网+56个民族”的合作模式，来自祖国各地的维吾尔族、佤族、汉族、回族、白族、藏族、赫哲族、蒙古族同胞共同参与创作，该剧在中央电视台首播当日获得收视、口碑双丰收，收视率位居同时段央视及各卫视频道第一，[②] 还被翻译成多种民族语言，在爱奇艺、腾讯视频、优酷视频等网络平台同步播出。《都是一家人》通过展现民族风俗习惯、生活状况以及新中国成立70年来各族人民的团结奋斗，彰显了爱国爱家、开放互助、团结进取的民族精神，成为新时期我国少数民族题材电视剧的优秀代表。

---

① 彭慧媛，张欣琳，李一霆，等．中国西部少数民族题材电视剧的文化特征［J］．民族艺术研究，2015（6）：140－145.

② 于洪举．捷报频传，《都是一家人》连续三天全国收视第一［EB/OL］．天山网，（2019－11－23）［2023－03－23］．http：//news. ts. cn/system/2019/11/28/035981575. shtml.

（三）西北民族题材纪录片作品的对外传播

西北民族题材纪录片的题材和内容通常涵盖中华民族传统文化，展现西北地区民族文明发展成果，加深各民族相互了解，是世界认知中国重要的影像形式。"一带一路"倡议提出以来，西北民族题材纪录片立足本土资源，不断挖掘传统文化，用影像开展中华民族文化与世界文化的对话，成为向世界讲述中国故事的重要载体之一。

甘肃本土电视纪录片充分挖掘独特的自然历史人文资源，创作了一大批以《丝绸之路》为代表的优秀作品并传播到世界多个国家和地区。2015 年，由甘肃省委宣传部、中央电视台科教频道联合出品的系列纪录片《河西走廊》分别登陆央视科教频道、综合频道和中文国际频道，播出时间覆盖晚黄金全时段，收视率一路攀升，凤凰视频等网上播放量也一再创出新高，引起热烈的社会反响。① 该片先后获第 21 届中国电视纪录片十佳作品、中国（广州）国际纪录片节"金红棉"最佳系列纪录片奖，成为具有重要影响力的作品。此外，甘肃纪录片《大漠肃北》《河州四韵》《八坊十三巷》《陇原芬芳》等 10 多部作品在东南亚多个国家电视台播出，讲述中国故事的甘肃篇章，取得了良好的国传播效果。②

中央电视台、宁夏电视台联合拍摄了《中国回族》《纪录宁夏》等一系列关于中国回族历史文化的纪录片，成为国内外观众了解我国回族同胞生产生活、各民族群众团结建设国家的重要渠道。2018 年，由中国伊斯兰教协会、北京伊蕾文化传媒有限公司联合出品的电视纪录片《回望运河》在宁夏回族自治区吴忠市韦州镇展映，该片是助力国家"一带一路"倡议应运而生的一部影像民族志，也是首部反映运河沿岸回族同胞生活生产和历史文化的纪录片，对增强回族对中华文化的认同，促进民族进步，有着承前启后的重要意义。③

---

① 廖健太，张万英，薛可扬．甘肃纪录片 40 年：记录时代 歌咏陇原［N］．甘肃日报，2018－12－25（07）．

② 杨柱周，弥建立，杨子孟．甘肃本土电视纪录片创作现状研究［J］．中国广播影视，2022（5）：71－75．

③ 刘梦阳．纪录片《回望运河》在京举行开机仪式 展现运河两岸回族穆斯林生活［EB/OL］．中国日报网，（2016－04－11）［2023－06－02］．http：//china. chinadaily. com. cn/2016－04/11/content_24428285. htm.

2018年，由国务院新闻办公室和中国中央电视台共同出品，由祝勇、陈磊联合执导的纪录片《天山脚下》在中央电视台综合频道、中文国际频道和纪录片频道相继播出，并同步在欧美、美洲各国上映。该片在美国休斯敦霍比表演艺术中心全球首映，参与了“中国联合展台”“纪录中国”特别节目展映以及“2018感知中国——中国西部文化美国行”综合文化交流活动，在第24届中国纪录片学术盛典中获得了年度作品奖。《天山脚下》以国际化视角，着重表现了新疆的自然之美、人文之美和生命之美，是一部具有人文视角和精神深度的纪录片，本章第二节将以该片为个案进行话语分析。

第二节　西北地区民族影视作品的批判话语分析
——以纪录片《天山脚下》为例

话语是一种交流或沟通方式，文本则是话语的表现方式，任何文本除了能够直接表达相关信息，还可以通过隐蔽的方式间接影响信息的获取。对影视作品进行文本解读，意味着观察和理解电影形式与内容的表意，通过影像符号和故事内容的分析，揭示其中隐而未显的话语意义。因此，结构主义的文本分析方法通常在影像形式层面、故事内容层面分别对影视作品进行基于视听语言思维的符号分析和基于叙事逻辑思维的情节功能分析。批判性话语分析同样重视文本的结构属性，认为它可以在“话语实践”和“社会实践”向度实现社会关系和社会意义的再生产。① 本节根据费尔克拉夫的三维分析框架，选择西北地区民族题材纪录片《天山脚下》进行批评性话语分析，从文本、话语实践、社会实践3个层面探讨这些影视作品在反映我国西北地区民族精神风貌、文化习俗的过程中如何实现民族认同及国家形象建构。

一、文本分析：多重视角下的叙事主题

日常生活中的叙事是建立社会关系、表达话语意义的主要手段，叙事研究主要是在文本向度上对故事讲述的目的与语言进行主题、结构等层面的分析。影视作品的文本通常包括但不限于以景别、光影、色彩、场面调度、表

---

① ［英］诺曼·费尔克拉夫．话语与社会变迁［M］．殷晓蓉，译．北京：华夏出版社，2003：6－7.

演等为主的画面内容，以音乐、音效、台词等为主的声音内容，画面与画面、声音与声音的组接形式，也即剪辑。本节对纪录片《天山脚下》的叙事主题进行文本分析，通过对文本内容的反复阅读，从整体上把握西北地区民族题材影视的叙事主题，逐句解读文本图像和关键语言，对凸显西北地区民族传承、人文关怀、民族认同等镜头和文字语言编注相应代码并进行归类，在多重视角下理解和诠释影视文本中的叙事主题如何被呈现（见表8－1）。

表8－1 纪录片《天山脚下》的文本叙事主题框架

题材	叙事主题	标签	故事呈现
民族叙事	对传统文化的坚守与传承	衣、食、住、行	传统婚礼服装制作技艺、鹰舞及其服装制作技艺、饮茶吃馕的老茶馆文化、塔塔尔传统点心制作技艺、“转场”迁徙游牧、“坎儿井”荒漠灌溉技术
		风俗习惯	祭湖醒网仪式、驯鹰习俗、神马习俗、见面亲吻传统礼节
		歌舞体育	吐鲁番“木卡姆”音乐、传统滑雪运动
现代叙事	对自我身份的审视与希冀	生活	塔塔尔族老人回忆并口述老城历史
		家庭	塔吉克族姑娘回家乡为爷爷表演舞蹈、男孩为在边境派出所工作的爸爸唱歌
		成长	草原上的流动电影放映员在光影中获得成长、沙漠里的小学女子足球队赢得比赛、汉族青年投身戈壁佛洞临摹壁画
		梦想	哈萨克族男孩希望成为真正的驯鹰人、维吾尔族青年回家乡寻找幸运舞鞋、哈密青年梦想成为专业赛车手、达坂城姑娘在国际旅途中跨越峡谷大桥看到世界
共同体叙事	各民族和谐共处	国内各民族	哈萨克族青年向汉族师傅学习捕鱼技能、汉族青年向维吾尔族小伙子学奏热瓦普、热爱街舞的各族青年为了共同的梦想成为好朋友
		世界各民族	俄罗斯厨师在克拉玛依展示烹饪手艺、日本游客与维吾尔族姑娘结婚共度一生

（一）民族叙事：对传统民族文化的坚守与传承

纪录片《天山脚下》分为《家园》《成长》《生活》《传承》《寻路》共5集内容，每集由4～5个小故事串联。全片在“天山脚下”这一总括性的主题下展现了大美新疆的地理风貌、风土人情和传统文化。西北民族地区独特的地理环境和自然风貌在相关影视作品中被具象化为建筑、服饰、饮食、语言等特色鲜明的文化符号，通过故事方式对特定群体的日常生活进行深描，传递出充满民族特征的文化景观。

纪录片大篇幅呈现新疆的山川风物和民众日常生活，向观众展现了当地民众捕鱼时祭湖醒网的传统仪式、跳雪游戏和滑雪运动等传统文化习俗，这是古老、原生态的生产生活方式，也是特有的风俗习惯。在热爱家园、守护家园的主题叙事中表达了坚守传统民族文化的永恒主题，同时对民族传统文化消失的忧思及如何传承、保护和发展。《天山脚下》的创作者聚焦当地民众对文化习惯和精神信仰的传承，向观众介绍驯鹰技艺、骑马技巧和"木卡姆"音乐欣赏。纪录片展示了新疆地区的饮食、服饰、建筑、环境等物质文化和宗教信仰、伦理道德、歌舞艺术等精神文化，体现了当地民族文化的本质特征，通过叙述各族民众在日常生活中坚守并传承传统文化的主题，凸显我国多姿多彩的民族文化在交融碰撞中积极生存、寻求发展的话语意涵。

（二）现代叙事：对自我身份的审视与希冀

进入21世纪以来，现代经济的发展深刻影响和改变了西北地区各民族群众的生存环境，全球化背景下，外来文化的冲击也深深影响了当地民众的文化价值观念，民族文化的特殊性在现代化与全球化的进程之下逐渐消解。同时，西北地区民族题材纪录片在市场语境下不断探索拓宽类型与风格，在主题上更多关注作为个体的人的变化和发展，在现代叙事框架内表达社会转型时期的少数民族群众对生存发展和自我身份的审视与希冀。纪录片《天山脚下》包括《收藏记忆》《花儿绽放》《猎鹰》《牧场电影》《临摹》《沙漠女足》《赛手》《远行》8个独立故事，以"生活""家庭""成长""梦想"为标签，讲述了生活在这片土地的孩童、青年与老人们对外界的认识和调适，在现代叙事主题中完成自我身份的寻求与认同。

纪录片从一个个普通人出发，精工细描他们的精神世界，着眼于社会发展和文化变迁对他们物质、精神层面的影响和改变。每个人物通过独一无二的经历逐步加深对家乡、家人、成长、梦想和生命的理解，以最朴素的方式和最真挚的感情热烈拥抱生活和脚下的土地，实现对自我身份的理解和确证。

（三）共同体叙事：各民族和谐共处

"一带一路"倡议下，西北地区民族纪录片在发掘民族优秀文化、讲述民族生存发展及其现代化变迁的故事之外，把普世主题、时代精神的内涵注入新时代西北地区民族个体的成长历程与群体的生存状态。纪录片《天山脚下》

以“一带一路”为主线，通过构建人物缩影，聚焦当地各族人民真实的生活场景和日常，以个体故事勾勒平等、团结、互助、和谐的民族关系，形成共同体叙事。

纪录片以“草根”、接地气的人物故事记录时代变迁，运用故事化、情感化的方式讲述虽然看似普通却充满温情的动人故事，凸显我国各族人民真实的生活状态、情感世界以及民族之间的团结与和谐，向世界展现了最真实的大美新疆。

从古代丝绸之路到“一带一路”，历史与现代交相辉映，物质的交换、文化的融合就这样从最具体而细微的生活开始。个体的命运变迁象征民族间的新式对话关系，不管是自己找寻的路还是国家修建的路，它们都让寻常百姓受益。纪录片避免宏大叙事，以个体之幸映射时代之幸，反映“一带一路”建设给中国及“一带一路”共建国家（地区）的人民带来的实实在在的好处。

总体上，“一带一路”倡议下纪录片《天山脚下》的叙事主题沿袭了我国民族电影典型的话语范式，通过地方特色、风俗人情展现民族文化特征，呈现出极具民族特色的风格和多元的文化表达。全球化语境赋予西北地区民族题材影视作品更加鲜明的主题色彩，纪录片在现代化转型的日常叙事中表达民族对传统文化的坚守与传承，对生态、经济和人文发展的审视与希冀。在民族叙事与现代叙事的基础上，共同体叙事讲述了不同历史时期各民族交往、交流、交融的“和”故事，表达了在“一带一路”倡议下各国人民共谱和谐世界新篇章的美好愿景。

二、叙事话语实践：互为话语的文本叙事

在批判性话语分析理论框架内，话语实践勾连文本向度和社会实践向度，对话语实践的分析偏向分析文本的生产与消费，即文本在特定的社会背景下如何被生产和消费的过程。费尔克拉夫提出，互文性概念被用来描述文本是如何吸收过去的文本并从中建构历史的，[①] 他强调互文性是所有文本都具有的属性，它是文本模糊性的根源。因此，对文本进行话语实践向度的分析，就要剥离文本中被强调的话语要素，通过话语描述减少文本模糊性，建立话语意义的连贯性。对纪录片《天山脚下》进行话语实践分析，一方面，关注文

① ［英］诺曼·费尔克拉夫．话语与社会变迁［M］．殷晓蓉，译．北京：华夏出版社，2003：94.

本生产与消费的社会情境进行语境分析，拓宽叙事空间减少文本的模糊性；另一方面，关注故事的隐喻如何构建语篇的连贯性，使作为生产主体和消费主体的话语实践主体在共通的意义空间跨越跨文化传播的障碍。

（一）拓宽叙事空间减少文本的模糊性

文本总是产生于特定的社会情境，特定的社会情境产生与之相应的文本，并反映文本在不同发展阶段的历时性特点。文本的叙事与结构能够合理化当时的社会情境，并通过文本的传播与流传强化其背后的社会情境。文本与语境之间的辩证互动关系要求研究者对文本的生产或解释要建立在社会结构和社会习俗基础上，即分析影响文本产生的社会环境、生产流程、组织架构，从而获得文本产生的历史根源与经济文化辐射。由于文本在不同社会背景下被以不同的方式加以生产和消费，对西北地区民族题材影视作品的语境分析主要指向创作者在跨文化表达中如何通过对原始文本的加工，达到最好的传播效果，在向观众传达核心观点时，需要考虑不同文化背景之间带来的解读差异，让受众在自身认知模式内准确理解和记忆文本的意义。

纪录片《天山脚下》的创作者对文本进行加工前的原材料就是天山脚下已经广泛且稳定存在的一系列有待发掘的地理风貌、传统文化以及展现新时代风貌的日常生活和人物故事，从宗教、信仰、婚丧、嫁娶到交通、住房、经济、饮食，这些发生在天山脚下人们的生活图景作为客观存在的真实环境构成了纪录片创作的原始文本。创作者把镜头对准生活在当地的一个个普通人，讲述他们身上发生的故事，展现天山脚下人们的生活百态。故事《老茶馆》中的南疆喀什是中国最西边的边陲城市，2000 多年前驼队满载着茶叶和丝绸来往于古代丝绸之路，如今茶也成了维吾尔族人的日常必需品，维吾尔族老人吾布力·艾买提的家即使距离喀什老城 20 多公里，依然不知疲倦地转车每天去老茶馆喝茶，茶馆里有鳏寡老人和朋友们谈天说地，也有汉族小伙向维吾尔族小伙学习演奏热瓦普。各族人民共同生活在天山脚下，通过老茶馆形成了团结和睦的民族关系。

纪录片有意识地拓展了叙事空间，在展现不同民族个体跨地体验的同时，强调了不同民族之间的交流与互动。叙事空间从封闭的民族地区转移到现代化的新农村，通过一系列农村经济、文化及生活改善的场景呈现，赋予纪录片现实社会依托，去除了影视作品中的"乌托邦化"色彩。民族文化主题也不再单向度呈现，而是置于地域性、时事性的表述框架。“一带一路”倡议下，西北地区民族题材影视在讲述传统故事时，从国家整体空间规划出发关注民族地区，采用更为多元的文化表达，增加了对民族题材的世界性关照，展现了西北民族群众的现实环境和生活经验，向观众传达了“一带一路”倡议给国家和地区人民带来的利好。

（二）故事的隐喻构建语篇的连贯性

影视艺术同语篇相似，都可以通过叙述故事来反映现实世界的关系。连贯性是语篇生成和理解的基础，由于影视艺术自身具有特殊的话语结构，往往采用隐喻手法使叙事变得含蓄，仅通过对作品叙事主体、客体和叙事方式的分析，无法完全挖掘文本语篇的连贯性。因此，有必要通过隐喻及其类型的认知分析构建语篇的连贯性。隐喻本质上是表意的、形象的、行为的，甚至是心理的，它不是一种修辞现象，而是一种认知活动。由隐喻派生而来的意象用广为人知的现象描述鲜为人知的现象，在现实与虚构之间搭建认知桥梁，帮助人们从不同角度认识和理解事物。在影视艺术中，叙事用故事作为延伸的隐喻，通过不断地修改和调整，重新建构和创造新的故事，以此理解和诠释影视文本中的身份认同如何被隐喻性建构。纪录片《天山脚下》以民族文化象征符号为基础，在充满情感色彩的人物故事中嵌入隐喻性叙事情节，以延伸的隐喻想象和构建民族身份和文化认同，同时隐喻国家内部的族群现代性关系、隐喻现代中国与世界的对话关系。

西北地区民族题材影视作品中的动物往往被赋予特殊的意象，它们超脱于本性之外，延伸成传达人物精神世界的载体和桥梁，阐明其隐喻的文化内涵以及其背后的社会背景。[①] 在纪录片《天山脚下》中，故事《神马》讲述了一个哈萨克族人与马相伴一生的故事，通过介绍当地敬马、崇马的习俗，反映人对生命的敬畏和与大自然和谐相处的关系。土尔扈特人的风俗要在神马将死时将其放归草原，牧民闹日普阿拉西在与自己相伴了30多年的老马离别时潸然落泪，他一边抹着眼泪一边不停地抚摸着眼前的神马，像家人一般爱护和不舍。故事中的动物意象与人的命运相关联，人与动物相通的情感体验隐喻了民族基因中的生态意识和文化意涵，蕴含了超越民族性的具有普遍

---

① 刘骁彤．少数民族电影的风格与符号隐喻——以《清水里的刀子》为例［J］．中国包装，2020，40（8）：54－56．

意义的人类情感。在故事《鹰舞》和《驯鹰》中，跳鹰舞和驯鹰的习俗体现了哈萨克族人的生活、信仰与思维方式，他们通过舞蹈向天地表达对鹰的情感与敬畏，相信只要鹰在飞翔，勇气和力量就不会枯竭。片中穿插讲述了主人公制作鹰舞服装的一波三折以及猎鹰时林业警察来访的情节。孤傲勇猛的鹰陪伴哈萨克族人走过了漫长的游牧狩猎时光，如今由定居生活取代了游牧狩猎，作为国家二级保护动物的鹰也不再被允许随意抓捕，这些变化都与驯鹰、跳鹰舞的传统民族习俗产生冲突，但无论生活如何改变，人们对猎鹰的崇敬和爱护、想成为真正驯鹰人的想法却不曾改变。纪录片通过象征性的服饰、头饰等物件和人物的姿势、动作、舞蹈等活动构建了具有特殊文化意义的仪式场景，老马与小马、老鹰与幼鹰的意象化指代、放归与回归的隐喻性更替都暗示了勤劳勇敢的少数民族在现代化变迁中保持初心、坚守传统，热爱生活、追求美好的中华民族文化精神。

民族题材电影中的儿童形象具有十分重要的功能设定，儿童的童稚状态与大众文化中民族形象所代表的人类文化童年状态互为隐喻，因此，民族题材影视作品常与儿童题材产生交集，儿童的纯真与民族文化的纯真相得益彰，以儿童为人物展开叙事不仅加强了故事的真实性，也充满了大众喜欢的“纯真”氛围。纪录片《天山脚下》在多集故事中将儿童作为电影的主人公，通过细节镜头的组合表现孩童的纯真。比如，勇敢的哈萨克族小男孩在无数次摔打中学会了骑马，雪乡的孩子们结伴成群地争相从耸高的屋顶跳下深壑雪地，沙漠中小学女子足球队的姑娘们凭着不服输的劲头赢得了比赛。对纪录片的细节打磨异常出彩，创作者巧妙地把宏大叙事转化为微观叙事，以人类共通的情感为主线，用大量特写镜头呈现孩子们稚嫩的面庞、灿烂的笑容和清澈的眼眸，再现了每个人成长中的欢喜愤怒。同时，纪录片在内容呈现上也充分调动了受众的视觉系统与听觉系统，文字、声音、画面、色彩、配乐等多种形式协调搭配，风声、鸟叫声、经幡吹动的声音和背景音乐配合人物对白，呈现出独具特色的西北地区民族文化景观，使观众感受到寥廓自由、纯真活泼、至情至性的新疆儿童形象。观众不仅被影片中壮美辽阔的风景治愈，也被孩童们稚嫩、灿烂的笑容感染，将故事中的童年和自己的现实世界作比较，与片中的小主人公产生强烈的共情，在共同的记忆中找到情感共鸣和共振。

三、社会实践分析：跨文化表达中想象的“共同体”

意大利著名学者安东尼奥·葛兰西（Antonio Gramsci）在文化霸权理论中明确区分了“统治”和“领导”两个概念，他强调自愿性的文化霸权与强制性的其他霸权是有本质区别的。[①] 统治阶级通过非暴力、意识形态控制等手段向被统治阶级隐蔽地灌输本阶级的信仰和价值观，实现大多数人的认同，从而达到领导、统治和管理。美国学者约瑟夫·奈提出的文化“软实力”概念与文化霸权理论在文化与意识形态及其社会功能方面具有相似性，即文化所创造的无形影响力指涉一个国家的价值观念、社会制度、国际影响力与感召力。讲好中国故事，传播好中国好声音，事关中国形象的建设和国家文化“软实力”的提升，关系着世界各国及国际社会如何真实、客观地认识中国。西北地区民族题材影视是中国影视的构成部分，它用影像传达民族精神，塑造民族形象，又在跨文化交流中建构中华民族文化共同体。面对西方资本主义国家凭借其经济科技上的优势打压弱势国家话语权的现实语境，西北地区民族题材影视作品在对外传播实践中用本土的世界主义肩负起抵抗西方国家话语霸权的历史使命，用影像的方式叙述中国历史与社会进程，突破了西方影像对中国形象的“他者”书写。

（一）从民族身份到公民身份的转变

本尼迪克特·安德森（Benedict Richard O'Gorman Anderson）认为，一个特定民族及其民族性的建构与形成，是基于个体或族群通过想象的方式对自身进行认同而实现的，[②] 在此意义上民族成为一种“想象的共同体”。斯图亚特·霍尔（Stuart Hall）认为，文化身份（cultural identity）是个人或群体在文化的作用下形成的一种关于身份的认知，反映了人们共同的历史经验和共有的文化符码。文化身份处在不断的变化中，它是流动的，在历史和现实语境中是不断变迁的。[③] 文化身份具有的建构性特征使西北地区民族题材影视在叙事话语中建构想象的民族共同体成为可能。在全球化潮流中，中华民族共同体

---

① ［意］安东尼奥·葛兰西．狱中札记［M］．曹雷雨，姜丽，张跃，译．北京：中国社会科学出版社，2000：38.

② ［美］本尼迪克特·安德森．想象的共同体［M］．吴叡人，译．上海：上海人民出版社，2005：7－8.

③ 陆扬，王毅．文化研究导论［M］．上海：复旦大学出版社，2021：5－6.

内部个体都观照到自身差异性，西北地区各民族同其他地区各民族一样在表达自身“异”的同时，更多地注重打破与他人的交流、组织、合作壁垒，其民族关系和民族认同呈现出新的时代特点。

费尔克拉夫把意识形态理解为现实（如物理世界、社会关系、社会身份等）的建构，认为意识形态是在统治关系的重构或者转变背景下被纳入话语实践中去的意识形态。在中华民族多元一体格局下，各民族在历史、语言、习俗方面存在鲜明差异，但拥有共同的文化精神特性和身份认同。不同种族、阶级、性别的个体在国家认同、政治信念的一致性和政治责任、社会义务的使命感引导下形成强大整合力量。民族身份经由影像实践把内在差异表征为同一，成为某一群体主观共享的文化符号，这就意味着任何号称整体性的群体范畴“总是有一种想象或者幻想的成分”。影像文本将国家治理下现代民族的生成历程转喻成世界视野下多民族国家的生成历程，民族作为独立的单元在“世界”这个“他者”中保持自我身份认同，民族身份的生成与国家身份的生成之间就形成了互为表里的同构关系。

随着我国各民族群众受教育水平的普遍提高，加之国家对各民族文化的进一步保护和挖掘，民族文化拥有了反观自我的能力，且开始重新思考自己的身份，这在民族题材影像中具体表现为对本民族历史文化的强调、发掘、理解和珍视，叙事主题通常凸显对民族优秀传统文化的坚守和传承。党的十九大召开以来，由于国家对民族题材影视“文化自觉”的主动引导，民族题材电影进入繁荣发展的新时代。民族题材影视作品以“铸牢中华民族共同体意识”为主线，成为民族地区对外宣传的窗口与名片，展现地域风情特色和民族文化，让更多的人了解新时代的少数民族地区的变化与发展。民族题材影视作品在中华文化脉络中寻找切入点，从主旋律的社会文化资源中挖掘主题，展现多民族融合的公民社会，用“人民性”来引导“民族性”，构建并表现出积极的中华民族认同感。

在纪录片《天山脚下》中，故事《赛手》中的艾尔帕提江梦想自己能够成为一名专业的摩托车赛车手，希望有朝一日也能像他的偶像扎克尔一样驰骋在国际专业赛道上。故事《美味》中的俄罗斯厨师阿尔焦姆通过开展渔业贸易，将印度洋海鲜空运到我国新疆的克拉玛依市，并施展了自己最擅长的烹制海鲜手艺。故事《街舞者》中的维吾尔族青年卡德尔准备到美国参加国际街舞大赛，他在家乡寻找幸运舞鞋的过程中，体悟到真正带给他幸运的是来自家乡的守望与期盼。人物的成长是民族的缩影，人物的身份也成为民族融合的表征，个人的成长、梦想与命运映射了时代的发展与进步，现代化转型过程中的个体命运与时代变迁相关联。《天山脚下》通过丰富多样的内容呈现，将人物的公民身份与民族身份相结合，在银幕上共享民族文化符号和民族形象，弱化民族间的表象特征差异，从不同角度体现各民族人民对美好生活、共同价值的追求，以及我国各民族团结友爱、和谐共生，建设中华民族共同精神家园的文化内涵。

美国学者霍斯金斯等（Colin Hoskins）于1988年提出“文化折扣”的概念[①]，认为由于文化背景和文化结构存在差异，不同国家的受众在接受不熟悉的文化产品时，对其兴趣、理解能力等方面都会大打折扣，语言、文化背景[②]、历史传统等都可以导致文化折扣的产生。因此，减少理解障碍和认知困难带来的文化折扣，避免国外受众对中国形象的感知偏差，是中国影视海外传播中需要解决的重点问题。在“一带一路”倡议下，西北民族题材的影视作品不再处于一种“奇观化”的被表述状态，更多是在日常生活的平静叙述中展现时代巨变中的民族形象和国家形象，在尊重民族的差异个性与挖掘内在人性的共通性之间寻找最大公约数，积极寻求对话的形成以及理解、共识与共同体意识的建构和达成，用“人民性”引导“民族性”，不仅“各美其美”，而且“美美与共”，使西北民族题材影视具有更广泛的文化接受可能性。

（二）从内视角走向“对话”

在影像叙事话语结构中，叙事主体是故事本身的讲述者和提供者，客体虽然是由主体讲述出的故事本身，但往往会更加主动地制约着主体的讲述行为，因此创作者需要选择叙事视角并构思“故事化”的文本结构和语言系统，从而确定整体的表现方式与叙事风格，影响接受者的感知方式。不同的叙事视角通常折射出特定时代背景下的艺术创作观念与社会文化状况，甚至隐含着一种意识形态导向，因此选择一种视角模式意味着选择一种民族文化想象的方式。[③]

---

① 徐福山．文化折扣与文化产品“走出去”的路径选择［N］．光明日报，2015－04－06（7）．

② 王子怡，李娜．文化折扣视角下国产剧海外传播现状、成因与策略研究——以国产剧在法国传播为例［J］．东南传播，2023（2）：86－89.

③ 田亦洲．新中国成立以来少数民族电影的视角范式及其多重模式景观［J］．电影评介，2017（13）：42－45.

我国民族题材影视作品采用内、外两种视角表现民族生活。"从外向内"的视角主要指立足于民族社会外部更大的参照系中观察民族生活，对民族生活做"跨文化"的观察、理解，并在此基础上客观、典型化地描绘民族生活；"从内向外"的视角主要指站在时代发展高度，从民族自身立场出发观察外部世界，表明民族自身的思考和经历。① 回顾新中国成立以来的民族电影，两种不同的视角范式既在美学尺度形成不同的风格，也在民族、文化或政治立场上产生不同的选择，并突出表现为自我与他者、自塑与他构、同质化与异质化、国家性与地方性等叙事命题，在不同时代呈现出不同的表意形态和特色。例如，20 世纪 80 年代的民族题材影视作品着重民族风情画展示与民族志影像深描，20 世纪 90 年代的民族题材影视作品主要通过真实影像进行边疆叙事，二者都倾向从外部视角来考察民族地区的文化状况，具有一定的描述、解释他者文化的学术功能，在我国民族文化保护传承领域发挥着越来越重要的作用。2000 年后的民族题材影视作品在全球化语境中开始转向文化的多元共生与话语的自主表达，通过"由内向外"的视角模式关注现代人类群体、个体在面临全球化境遇时所产生的复杂体验，着重表达异质文化之间的冲突与互渗，② 并最终形成一种互动式对话，以往其他民族角色与汉族角色之间的主次关系逐渐被淡化，展现在荧幕上的是平等的"参与者"和"对话者"。

西北地区民族题材影视中"由内向外"的视角模式首先表现为创作主体用"本民族语言讲述本民族故事"，通过自我书写民族文化，呈现民族精神内涵，在冲突与对话的主体间性中找寻与认同一个稳定的共同体。纪录片《天山脚下》创作于"一带一路"倡议提出之后的 2018 年，由国务院新闻办公室和中国中央电视台共同出品，创作者避免宏大叙事，没有刻意表现"一带一路"倡议的实施给新疆带来的变化，而是隐匿于影像背后，用第一人称的方式让主人公采用本土语言讲故事，把多个具体的平民百姓的故事串联成"散点透视"的结构，并通过对话叙事使内容更加具有感染力。采用本土语言第一人称的自述比采用第三人称的转述更加具有说服力和共情力，借助翻译关系的颠倒，完成从统一主体的"文化共述"到"文化自述"的转变，使纪录

---

① 饶曙光．中国少数民族电影史［M］．北京：中国电影出版社，2011：373.

② 田亦洲．新中国成立以来少数民族电影的视角范式及其多重模式景观［J］．电影评介，2017(13)：42－45.

片从国家化叙事向个人化叙事转变，打破民族题材影视“原生态”和“陌生化”的叙事策略，突出民族文化的互融共生。“由内向外”的视角模式还体现为以对话叙事代替以往单一的“他者”视点叙事。这种对话叙事将少数民族作为真正的叙事主体，使得原本一个人、一个民族的故事成为一群人、多个民族之间的守望与相助，不同语言的民族通过对话寻找到共同空间，呈现和表达的是人民最质朴的善意和博大的胸怀以及中国各民族的不同文化魅力，满足受众对中华民族共同体的想象与认知。

第三节　西北地区民族影视作品对外传播的话语建构路径

文化交流作为不同国家、民族之间交往的重要形式，对民族文化的传承和发展具有重要影响。民族影视作品以丰富、真切、细腻的影像呈现博大深厚的中华文化和中国形象，成为“中国故事”对外传播的重要载体，为促进世界文化平等交流和构建全球共同文化价值体系作出贡献。受多重因素的影响，“中国故事”在对外传播中经常遇到障碍，使得传播效果并不能真正落地，实际传播话语到达率较低。就少数民族题材影视而言，影片类型、字幕翻译等容易造成“文化折扣”现象，因此，本节将西北民族题材影视的对外传播置于跨文化传播的研究范畴，重点考察不同社会历史背景和文化价值观念主导下的传播主体与客体在博弈与互动中如何达成共识和相通。在此基础上，从话语理论的视角探讨不同国家主体双方认知结构下的话语碰撞，结合本章第二节对纪录片《天山脚下》的文本分析、话语实践分析和社会实践分析，总结西北地区民族题材影视对外传播的话语系统所包含的要素、理念、原则及其内置逻辑，从宏观理念、中观创作和微观内容 3 个层面进行西北地区民族题材影视对外传播的话语建构。

一、宏观层面：加强国家政策扶持与引导，丰富人类命运共同体话语内容

从话语理论视角来看，“讲好中国故事”是一种以国家作为主体的社会交往行为，对外传播中影视话语体系的建构涉及文本结构及其背后的历史文化结构和权力关系。在“一带一路”倡议下，西北地区民族题材影视作品对外

传播的宏观话语建构为：以国家为主体，在政府层面由相关部门出台各项扶持政策，加强统筹推动，借助强大的主体力量使人类命运共同体话语传播得以“提质增效”，促进西北民族题材影视业在海内外的繁荣发展并高效传播。同时，对西北民族题材影视的艺术性和内容质量进行把关和引导，以深厚的中华民族传统文化为支撑，从经济、政治、文化等社会结构层面及具体社会问题层面讲述开放包容、和谐发展的中国故事，丰富人类命运共同体的话语内容，使西北民族题材影视作品在新的历史时期重新焕发活力，进而更好地书写和表达国家意志。

（一）国家顶层设计，增强话语传播的力量

顶层设计是话语传播的总抓手，做好统筹规划是话语传播的必然要求。① 作为我国文化产业的组成部分和影视行业的重要文化类型，民族题材影视作品的发展离不开国家的规划与扶持。新中国成立之初，民族电影作为国家宣传民族政策的一种艺术样式被纳入国家顶层设计。② 70 多年来，我国影视行业经历了从“事业化”到“产业化”的转型发展，民族题材影视也在国家不断发布政策指导性文件的扶持下呈现良好发展态势，产生了一大批有影响力的经典作品。

2013 年 10 月，我国启动中国少数民族电影工程，这是首次针对少数民族题材影视实施的国家工程，表明国家对民族题材影视的扶持上升到更高层面。该工程以弘扬民族文化、繁荣电影事业、促进团结进步为主题，针对我国民族题材电影匮乏、部分民族至今还没有本民族题材电影的现实情况，为每个少数民族创作、生产一部故事片电影。通过中国少数民族电影工程这一平台，我国民族题材影视事业进入了新的发展期，开始以市场化运作的方式打造民族电影精品，并在艺术院线放映推广。之后，《德吉德》《夜莺》《诺日吉玛》《迁徙》以及首部裕固族电影《家在水草丰茂的地方》等一大批优秀作品问世，并受到国内外观众的关注和喜爱。

2017 年 3 月，我国实施《中华人民共和国电影产业促进法》，第一次以

---

① 蔡文成，牟琛．“人类命运共同体”话语的传播困境及突围策略［J］．河海大学学报（哲学社会科学版），2022，24（4）：18－26.

② 谢婉若．少数民族电影顶层设计：历史、意义和再构想［J］．当代电影，2016（2）：127－130.

国家法律的形式从电影创作摄制、发行放映及对电影产业支持保障和法律责任等多方面对电影予以详细规定和全面规范。其中，第四十三条明确提出，国家要扶持农村地区、边疆地区、贫困地区和民族地区开展电影活动，鼓励、支持少数民族题材电影创作，加强电影的少数民族语言文字制作、译制和电影放映工作，统筹保障民族地区群众观看电影需求。《电影产业促进法》为我国电影产业发展提供了政策引导与法律保障，也对西北地区产生积极影响与支持。此后，国家进一步出台相关政策性文件与扶持方案。2018 年 10 月，中国少数民族文化艺术促进会影视委员会与移动电影院签署战略合作协议，① 通过移动电影院助力民族电影的线上征集和展播，搭建了一个促进各民族团结的交往交流交融新平台，并成立“新视代手机电影工作室”，下沉至更多边远地区，鼓励并支持少数民族群众以手机作为拍摄介质进行电影创作，助力民族电影的创作、传播与推广。2021 年 11 月，国家电影局发布了《“十四五”中国电影发展规划》②，涵盖内地电影近几年出现的问题和症结，提出相应的解决方案和方针政策。

在国家宏观政策的统筹规划下，西北地区政府部门可以组织工作人员学习相关法律法规，提高自身的管理、服务能力。同时，建立传媒影视制作机构、影视拍摄基地，持续推进民族语言电影的译制放映工作，培养牧区放映员、民族地区电影厂摄影师、译制工作人员等扎根基层的少数民族地区电影工作者。此外，还可以结合当地实际出台本省（区）的电影行业政策，加强对本地区电影产业的管理及政策落实。例如，陕西省于 2021 年 4 月出台《中国（陕曲）自由贸易试验区进一步深化改革开放方案》，明确提出要加快国际文化交易平台建设和数字出版产业聚集，支持智能技术和创新服务在新闻出版、广播电视电影、文化艺术等行业中的应用。③

目前，我国省市级层面出台的影视行业相关政策较多集中在东南沿海地区的省份，④ 西北地区可以结合当地实际情况，围绕“一带一路”倡议制定

---

① 李博．移动互联网，为民族电影抱团传播赋能［N］．中国艺术报．2018－10－29（2）．

② 国家电影局．国家电影局关于印发《“十四五”中国电影发展规划》的通知［R］．北京：国家电影局，2021－11－05.

③ 陕西省人民政府．陕西省人民政府关于印发中国（陕西）自由贸易试验区进一步深化改革开放方案的通知［R］．西安：陕西省人民政府，2021－03－31.

④ 前瞻经济学人．2022 年中国及 31 省市电影行业政策汇总及解读（全）2035 年建成电影强国［R］．深圳：前瞻产业研究院，2022－01－21.

相关行业政策，将品牌化、市场化、产业化发展以及人才培养等内容纳入规划范畴，为西北民族题材影视在海内外的发展提供保障与支撑。具体内容可以包括以下方面：首先，加大对影视发展的财政扶持力度，对西北地区影视产业实行一定的税收优惠政策和相关的金融支持政策。其次，表彰并奖励在国内外专业赛事、平台中获奖的西北地区民族题材影视作品；资助影视作品创作、影视基地建设和电影院线建设，对县级数字影院或乡村数字影院（放映厅）的建设给予补助；积极引导和鼓励民营资本、社会资本等参与建设。再次，加强西北地区影视人才队伍建设，重点引进优秀编剧、导演、宣发团队、后期制作团队等影视人才，特别是培训一批能够参与民族语言影视配音的人员，把影视人才培训纳入全省文化产业人才培训范围，引进、培养影视人才进入西北地区民族影视创作队伍。最后，建立完善的协调服务机制，打造服务平台，支持西北地区影视企业建立国内发行网络。通过以上政府顶层设计政策，统筹推动西北影视业高质量发展并在海内外产生良好的传播效果。

（二）让构建人类命运共同体从中国话语成为世界话语

由于国家利益和意识形态的差异，西方学术界对“一带一路”倡议表现出不关注或不认同的态度，认为“一带一路”实质上是文化先行、再殖民化的“马歇尔计划”，是中国获取地区主导权的重要步骤。这种观点体现了西方中心主义价值观以及二元对立的思维框架，认为文化的差异必然会导致文化的冲突与文明的冲突，因此必须克服差异以避免冲突。[①] 与上述价值观不同，中华优秀传统文化注重世界不同文明之间的共同点、共通点，强调在包容和求同存异中多元发展，体现了“你中有我、我中有你”的东方智慧与和而不同的文明观本质。构建人类命运共同体正是对包容性发展理念的进一步升华，它超越了西方文明话语的霸权逻辑，主张共同价值但不主张强制推广，是一种内蕴交流多彩、互鉴丰富之意的话语表达。作为新时代中国话语的世界性表达，人类命运共同体只有在多元的话语体系、文化背景和思维范式下形成相对稳定的共识，才能发展成为“世界话语”，发展成为国际社会共同享有的文化理念，进而发展成为革新全球治理规则、制度和体系的共有话语，成为

① 苏婧，刘迪一．从独白到对话：对“一带一路”新语境下跨文化传播研究的设想［J］．国际新闻界，2022，44（11）：142－159.

深入推进人类命运共同体构建进程的引领性话语。[①]

影视艺术作为文化传播、情感表达的综合艺术，是开展人文交流、构建人类命运共同体的重要文化载体，西北地区民族题材影视作品的对外传播是中华文化对外传播的重要组成部分。在“一带一路”倡议下，西北地区民族题材影视要积极挖掘丝绸之路历史文化遗产，讲述自古以来丝绸之路共建国家和地区的各种文明与中华文明、各个民族与中华民族之间友好交往的故事，阐述人类文明繁荣发展、合作共赢的中国话语；从西北地区民族与中华民族交往交流交融的历史中，挖掘丰富的西北地区民族历史资源，发展弘扬本民族独具特色的优秀传统文化，阐述民族团结、各民族和谐发展的中国话语；明确当前西北地区民族题材影视的文化使命，从历史经验的角度反映西北民族历史文化、经济发展、社会生活的各个方面，讲述以人民为中心、传统与现代有机融合的中国话语。通过在话语实践的宏观层面对西北地区民族题材影视进行积极引导，让历史说话，让现实说话，让事实说话，增强国际社会对人类命运共同体话语的理解和认同。

新中国成立后，我国民族题材电影的主题不仅能够展现民族风情和民族文化，而且包含特定的文化价值表述，把少数民族的发展进步与国家的发展进步联系起来，呈现新生共和国的国家形象与国家认同。进入21世纪，我国主流社会意识在社会转型后变得更加多元，民族题材影视因创造语境的变化成为一个充满异质性的文化空间。民族题材影视在与商业化市场、消费主义意识形态的互动中，涌现出一大批摄制精美、艺术性和观赏性较高的作品，部分作品在呈现出浓郁的民族风格之外，还重在表达少数民族文化困境以及文化没落命运的挽歌，这种影片不仅满足了“他者”的猎奇与想象，而且在海外电影界和国内知识界备受恩宠，但受西方“现代与传统”二元对立观念的影响，以暧昧的多元文化主义表达来彰显对国家主流文化反思和疏离的态度，有可能通过模式化、可复制的影视生产对国家共同体认同产生冲击。[②]

---

① 蔡文成，牟琛．“人类命运共同体”话语的传播困境及突围策略［J］．河海大学学报（哲学社会科学版），2022，24（4）：18－26.

② 胡谱忠．“中国少数民族电影工程”的背景与话语分析［J］．贵州民族大学学报（哲学社会科学版），2017（3）：48－59.

二、中观层面：话语主体和话语平台

进入21世纪，市场成为主导影视创作的核心动力，民族题材影视作品迎来前所未有的机会，登上国内院线大银幕而且逐渐走向国际市场，同时也面临无法"传得开、传得响"的传播困境和挑战。在市场化、全球化的背景下，西北地区民族题材影视在海外传播的过程中从鼓励多元主体共同参与、拓宽传播渠道两个方面，扩大了西北民族题材影视的受众面和传播面，弥合了跨文化传播的差异性特征，减少了话语的主体间性，提高了西北地区民族题材影视中有关"中国故事"话语的准确度和影响力。

（一）多元话语主体共同参与

在中华文化"走出去"的战略背景下，我国影视行业于21世纪初开始由事业化向产业化转型。民营资本作为投资主体得以介入制片、发行、院线等各条产业链，凭借其在体制、资本、专业市场运作技能、人才等方面的诸多优势在影视市场中站稳脚跟。西北地区民族题材影视抓住电影产业转型期的关键机遇，在坚守本民族的文化立场的前提下，借助类型电影的创作手法和商业营销手段实现市场生存。①越来越多的民族题材影视作品参加国际各大电影节，主创人员得以走出国门和国外观众面对面交流对话。例如，纪录片《天山脚下》在中央电视台综合频道首播后，同名电影在国外以美国休斯敦举办的"中国西部文化美国行"活动为话语平台进行首映；电影《清水里的刀子》参加釜山国际电影节并首映，参与多次国际电影节；电影《旺扎的雨靴》受到多个国际展映的瞩目，前后在柏林国际电影节和香港国际电影节获得提名……这些作品在海外均获得了较好的传播力和影响力，但相较于国内数量众多大投资、大制作的影视作品，西北民族题材影视多为中小成本艺术类影片，目前仍面临数量少、院线少、经济效益差的问题或者"墙内开花墙外香"的尴尬境地。

话语主体是进行话语传播的主要力量，话语主体的协同配合有助于提升话语传播效果。② 讲好"中国故事"，是在中国政府主导下，媒体、企业、民众等共同参与的行为活动，西北民族题材影视既要依靠政府、主流媒体的国

① 饶曙光．少数民族电影：从各美其美到美美与共［N］．光明日报，2015－11－30（7）．

② 蔡文成，牟琛．"人类命运共同体"话语的传播困境及突围策略［J］．河海大学学报（哲学社会科学版），2022，24（4）：18－26．

家主导叙事，同时，也要努力激发普通大众参与内容生成的兴趣，鼓励民间故事、民间话语参与议题和话语建构，通过互动增强话语生产的草根性，实现官方与民间的良性共振。在尊重市场的前提下，政府要为少数民族题材影视创作提供政策扶持，在传统的民族叙事基础上，不断尝试类型化与商业性发展，实现经济效益和社会效益的双丰收。

21 世纪以来，越来越多的各民族群众加入西北民族题材影视创作的队伍中，极大地丰富了影像艺术风格的呈现方式与方法，这本身就是中华民族“多元一体”不同侧面在电影创作层面的写照。[①] 在历史发展与地缘交会中，我国各民族在生产生活的实践和互动中结成了基于感性共识的命运共同体关系，这种情感、伦理与政治的连带构筑了现代中国国家认同的基础，也构成了西北地区民族题材影视走向“共同体美学”的人文基础。在“共同体美学”理论视域下，影视是基于共同体成员之间的合作性生产与互动，[②] “共同体美学”的达成在中观层面需要创作共同体的美学实践以完成价值内涵的建设。

在政府扶持、市场主导的背景下，西北地区民族题材影视的创作主体应当包括职业创作者和“草根式”的非职业群体，国家政府、媒体机构、民间力量等各类话语主体的协同配合并朝着有序、协调、渠道互补、资源整合与价值共享的方向迈进。新媒体时代，非职业创作者主要为当地少数民族群众，他们的专业技术虽然有所欠缺，但不乏积极的自我表达意愿，通常能够在朴素的镜头背后展现本民族传统的生存智慧与独特观念，对传统文化的审美转化、价值转化流畅而自然，在美学表达之上通常包含社会发展与乡村建设、文化传承与反思等多重社会意涵。此外，随着各国文化交流的日益频繁，全球合拍片的数量也呈上升趋势。西北地区民族题材影视也可以在确保自身文化内容的前提下寻求国际合作与互动，实现西北地区民族题材影视的差异性特征和多元化书写目标，以满足海内外观众的共同审美需求，提高西北地区民族题材影视的传播力和影响力。

（二）拓宽传播渠道，再造话语平台

话语通过某种载体、介质或者渠道得以表达，话语客体通过主体的话语

---

① 蔡文成，牟琛．“人类命运共同体”话语的传播困境及突围策略［J］．河海大学学报（哲学社会科学版），2022，24（4）：18－26.

② 周星，吴晓钟．中国电影的创作共同体问题及其提升路径［J］．江苏大学学报（社会科学版），2023，25（2）：78－88.

实践做出回馈确认其立场和观点。通常情况下，话语反馈包括两种情况：一是话语没有得到任何实质性的回应和反馈，形成了常说的无效沟通；二是话语在一定程度上得到了相应的回应或被给予一定的关注。在国际传播场中，影视艺术通常以大众媒体为传播载体，大众传媒传递信息，受众接收信息，这种单向传播方式决定了受众对传播内容的反馈是滞后的甚至是不在场的。话语平台的扩展对提升话语传播效果具有重要意义。互联网技术改变了以往信息的单向性传播，为双向或多向沟通提供了技术条件。借助移动互联网优势，不同国家之间的文化传播和交流更加频繁，我国西北地区民族题材影视可以依靠新媒体进行一对多的传播，借助全球社交媒体平台让西北地区民族题材影视覆盖更多区域并走向世界，让海外华人以及更多的全球观众看到更多我国西北地区民族题材影视优秀作品。

从话语理论的视角来看，“中国故事”在全球传播场域中的困境主要源于话语间性的客观存在。① 话语间性主要包括符号间性、主体间性、语境间性 3 种形式，② 有效沟通的实现主要在于话语主体之间是否能够达成价值的一致性认识。由于不同知识结构体系下的受众群体对话语意义的理解存在差异，加之影视作品在不同国家或地区传播时可能存在因英文配音、字幕缺少或水准不佳影响观看体验的情况，“文化折扣”现象不可避免。尤尔根·哈贝马斯（Jürgen Habermas）在交往行为理论中阐述了以沟通为取向的行为模式理论，认为交往合理性是主体间性的，它的存在虽然为对话提供张力且使对话主体之间的交往得以持续，但主体间的差异性影响了主体间共识达成的有效性，因此，主体之间需要通过对话与商谈达成理解和认同。在全球传播场域中，不同文化、政治体系背景下的话语间性阻碍了意义的有效沟通，又因传播者与受众之间缺乏及时、有效的对话与互动，导致“中国故事”的话语传播量虽大但传播转化率低下，较少能够真正得到海外受众的理解认可。因此，从话语的主体间性③出发，在跨文化沟通过程中对信息给予及时的反馈、补充与纠正，通过双向对话达成认同显得至关重要。

---

① 李华君，王佳沛．“讲好中国故事”的对话哲学、话语间性与磨合［J］．现代传播，2022，44（5）：61－67.

② 董爱智，宋德文．话语间性及其话语“治疗”［J］．河北师范大学学报（哲学社会科学版），2007，30（1）：63－68.

③ 同①。

互联网的虚拟性与连接性打破了时间、空间对社会交往的限制，它不仅实现了高效的资源共享，也蕴含了丰富且复杂的人际意义。社交媒体作为拥有广泛用户参与的平台，其设置的点赞、评论和转发功能赋予用户核心地位，为主体之间的互动与对话提供技术支持，媒介内容之外的受众互动与信息流动对不同主体的心理、认知和行为产生影响。以全球社交媒体平台为代表的互联网构成一个开放多元的语义场，不同国家或地区的受众对“中国故事”的话语理解是发展和变化的。在后现代主义的媒介文化语境下，西北地区民族题材影视作品中普通个体的日常生活获得被观看的价值，民族叙事、现代叙事、共同体叙事均构成话语的争夺场域。在混杂的文化空间中，海外受众通过点赞、转发和评论行为对“中国故事”进行认知理解与价值评判，评论区的信息围绕媒介内容的提问、讨论、赞同、批评、修正等不断地碰撞、融合，尤其是华人受众尝试以提供民族性、地方性知识的方式弥合文化“知沟”，对海外受众的“误读”积极给予信息纠正、知识补充与文化解释，[①] 不同国家主体从独白式的自我交流模式走向对话式的交往、互动与对话。“中国故事”在跨文化流动空间中往返于不同主体之间，其话语意义从多元、不确定的状态在交互主体性视域内逐渐聚合，为“中国故事”在全球传播场域被更准确地理解创造了可能。

三、微观层面：超越文化共同的话语空间

影视作品在讲述“中国故事”时通常以具有中国传统文化意象的语言、非语言符号作为输出语言进行叙事。由于不同国家、民族之间存在天然的文化隔阂，加之西方媒体长期的文化霸权形成西方世界对东方中国的认知偏见与沉淀，部分海外受众在观看并解读中国影像时可能会对影像文本做出偏移主题、无关主题或者与主题完全相反的解读，以至于认为“一带一路”主题纪录片是“一带一路”倡议的宣传手段，将“一带一路”倡议定性为中国版的“马歇尔计划”而高度警惕。法国哲学家柏格森（Henri Bergson）将这种认知框架作用的结果称为“习惯记忆”（learned memory），将其与真正的记忆区分开来，认为前者因实用和便捷而被广泛使用，行为主体受目的驱动而不

---

① 陆敏，陈燕．国际传播中的文化共享、文化折扣与解读偏移——基于中国历史文化纪录片海外观众解读的分析［J］．现代传播，2022，44（12）：65－69.

断重复相关内容，直至形成一种认知习惯而非记忆本身。[①] 在“习惯记忆”的作用机制下，海外受众在解读“中国故事”时倾向于选择源自西方媒体的符码，影像文本的某些方面被分解而变得模糊甚至被消减，相关信息被纳入原有的认知框架进行解读，再次强化了对中国的刻板印象，使得“中国故事”的讲述难以达到不同话语体系之间的互惠性理解。[②] 因此，在坚持文化自觉、增强文化自信的基础上，从内容的微观层面突破认知框架和“习惯记忆”造成的解读偏移和理解障碍，勾连起中国话语和世界语境，让海外受众在世界文明史意义上准确理解和感知中国，[③] 是西北地区民族题材影视对外话语体系建构的首要问题。

（一）叙事内容：坚持文化自觉，弘扬民族特色

在现代社会，西北地区民族题材影视一方面作为文化消费品呈现了多元的美学表达；另一方面承载着国家政治、经济、文化及意识形态传播的多重使命，成为表达民族文化传统、文化精神和呈现国家形象的重要文化资源。费孝通先生提出，“只有在认识自己的文化，理解并接触多种文化的基础上，才有条件在这个正在形成的多元文化的世界里确立自己的位置，然后经过自主的适应，和其他文化一起取长补短，共同建立一个有共同认可的基本秩序和一套多种文化都能和平共处、各抒所长、联手发展的共处原则”[④]。在全球化语境下，面对西方资本主义国家文化霸权，西北地区民族题材影视充分调动文化自觉，描绘了中华民族文化的多元一体和不同侧面，本身就是实现“各美其美，天下大同”理想的现实写照。

在多元复杂的市场环境下，取材特色的民族文化是区别于其他题材影视艺术的根本所在，也是其自身的核心竞争力之所在。尽管西北地区民族题材影视的主题和内容在不同历史时期发生了一系列变化，但通过各类文化符号着力展现各民族不同文化魅力的传统并没有改变，每一个真实存在的民族习俗、民族传统、民族故事都能成为西北地区民族题材影视的叙事资源。例如，

---

① ［法］亨利·柏格森．材料与记忆［M］．肖聿，译，南京：译林出版社，2011：19.

② 陆敏，陈燕．国际传播中的文化共享、文化折扣与解读偏移——基于中国历史文化纪录片海外观众解读的分析［J］．现代传播，2022，44（12）：65－69.

③ 苏婧，刘迪一．从独白到对话：对“一带一路”新语境下跨文化传播研究的设想［J］．国际新闻界，2022，44（11）：142－159.

④ 费孝通．对文化的历史性和社会性的思考［J］．思想战线，2004，30（2）：1－6.

纪录片《天山脚下》中独具地域特色的建筑、饮食、服饰、语言、生产生活、节庆仪式、婚嫁风俗和宗教信仰共同构建了我国多民族的文化景观，满足了海外受众对东方中国的文化想象。和纪录片一样，电影《旺扎的雨靴》《清水里的刀子》等作品在创作前期的实地调研中在充分了解当地生活原貌和风土人情的基础上，对原型故事进行了不同程度的改编，运用各类语言符号和非语言符号在日常生活的细节处展现西北地区民族的思想和文化内涵。这种呈现方式看似具有强烈的民族性与地域性，却蕴含着人类共同的生命记忆和共通的审美体验，以一种“有意味的形式”激发海外受众更深层次的情感共鸣，驱动其态度、行为的发生与变化。在这个意义上，民族的就是世界的。西北地区地貌丰富，几乎涵盖了中国所有的地貌特征，又是多民族共存共居之地，西北地区的“美”隐含着中华文化一些最为基本的理念和智慧，正是生命个体对“美”的共同追求使“文化共享”成为可能。西北地区民族题材影视作品从人类对美的共同感知和情感的共同感受出发，在美学维度上形成统一和内聚的力量，将本土文化、民族文化转化为人类文化，寻求情感的最大公约数，从而超越“高语境”形成的理解屏障，使不同国家和地区的受众共享不同文化间共同的原型、想象和主题。①

21 世纪的西北地区民族题材影视以更加写实的美学风格描写社会变迁及现实生活。改革开放以来，中国的现代化进程不断加快，西北民族地区在城市化进程中受到的影响和冲击通常表现为在传统文明转型时遇到的应激、迷茫、向往、冲突、适应与融合。相关影视作品着重呈现以上细节，以影像的形式触及个体的内心真实和情感变化，从而转向多角度的、更加具有共通性的表达，这标志着中国民族影视主体意识的觉醒，也体现了中华民族内部不同结构对时代语境的文化自觉。② 有别于早期西北民族题材影视的单一化呈现和“猎奇化”表达，新时期的西北地区民族题材影视在文化自觉的基础上坚持以人民为中心的创作导向，一方面，有意识地运用民族语言或本土语言进行叙事，在美学维度上构成了极具风格化的表达新方式，提升了西北地区民族文化的传播范围和影响效度；另一方面，将西北地区民族人民群众的故事

---

① 陆敏，陈燕．国际传播中的文化共享、文化折扣与解读偏移——基于中国历史文化纪录片海外观众解读的分析［J］．现代传播，2022，44（12）：65－69.

② 赵卫防．以“中国性”建构民族命运共同体：当下少数民族题材电影创作新观察［J］．中国文艺评论，2022（9）：18－19.

纳入世界文明发展历程，以语言、景观、习俗等为文化输出符号，构建并指向文化交融的共同体美学。共同体美学理论①认为，中国古代智慧与西方近代思想看似有着时空上的距离，但通过“共同体叙事”可以找到双方的共情融通点，在不断流动的身份与话语空间中形成一个稳定的话语共识，减少海外受众因话语认知差异造成对“中国故事”的解读偏移，从而为中国民族形象的书写提供不同于前代的文化想象空间，并达成良好的传播效果。

（二）叙事视角：国际化视野，平民化叙事

语言和知识文化背景的差异决定了不同的民族文化主体拥有不同的先验性价值取向，导致理解和认知的差异性。例如，东西方文化中的话语宗旨存在分歧，前者旨在促成和谐，后者旨在推进说话人或其受众的福祉，② 因此，东方话语体系是“去个人化”的传播事件，西方更强调高度个人化的传播事件。在西北地区民族题材影视叙事过程中，如果从宏大视角采用“硬宣传”方式直接向海外受众讲述中国的发展奋斗史，会因话语认知错位而造成误会和排斥，且难以形成主体之间的对话和理解，影响“中国故事”的传播效果与话语表达。只有找准艺术价值与市场票房、民族情感与国际认知之间的平衡点，才能更好地传播本民族文化特色，兼顾中西方共有的表达方式。③ 因此，在全球化背景和国际化视域下，西北地区民族题材影视采用国际化视野、平民化叙事的话语技巧，从硬性的“说教”模式转向软性的“故事”模式，将抽象意义的情感通过高度个人化的“故事”进行具体处理，并通过主体间“对话”形成平等互惠的双向对话语境，从而完成不同受众价值观和实践的趋同。

纪录片《天山脚下》在创作初期就确定了国际化的拍摄标准，不管是视角还是主题选择都带有国际化视野。无论是前期的调研、现场的拍摄，还是后期成片的制作，都严格按照国际化标准和流程对故事素材进行选取，推敲故事的表现手法，精准把控声音画面的技术指标。好的故事使纪录片在充满张力的叙事中体现普通人物的命运和社会的文化变迁，在国际化的叙事交流

---

① 饶曙光．观察与阐释：“共同体美学”的理念、路径与价值［J］．艺术评论，2021（3）：24－33.

② 李华君，王佳沛．“讲好中国故事”的对话哲学、话语间性与磨合［J］．现代传播，2022，44（5）：61－67.

③ 于帆．中国电影走向全球应找准平衡点［N］．中国文化报，2018－10－23（7）.

中更加具有优势。人是影视作品的叙事主体，也是宏大选题最终落地的落脚点，西北民族地区经济相对欠发达，发展地区经济、改善民族民生是新时代民族工作的重点。《天山脚下》《清水里的刀子》《旺扎的雨靴》等西北民族题材影视作品将“人”作为关注中心，从“平民视角”展开建构叙事视角的主体性，并整合各类叙事资源对国家方针政策进行细腻的解读。在现代化变迁与社会转型时期的叙事语境下，影视作品以“小群体”映射“大社会”，通过普通个体的日常生活展示西北民族地区发展的现实环境，讲述当地少数民族群众生活方式的变迁带来的心路历程变化。片中的每个故事都能让观众感受到最朴素却最动人的力量，用看似简单却又蕴含深意、易于接受、接地气的描写展示出一幅幅人与自然共生共存、民族之间和谐共处的生活画面，体现人类普遍的生存状态和情感状态。故事背后是传统文化与现代文化的冲突，但其更深刻的意义在于，以“人”为中心的内视角叙事会启示普通人形成对自我与社会的理解。主体人物随着时代的发展经历几重改变，国家的历史经验和个体的生命体验随着“人”的成长逐渐达成统一，新时代中国发展故事在“主体”与“他者”之间的对话与交融中得以生动展现。

主流文化共性与民族文化个性是辩证统一的。我国各民族在长期发展中形成的民族文化是源远流长、多姿多彩中华民族文化的重要构成部分。少数民族题材影视作为反映现实的文化艺术，不应以一种“去历史化”、模式化、抽象化的民族文化表述牺牲国家认同。就西北地区民族题材影视的创作生产而言，要以现实中西北民族地区经济社会发展新形势为依据，在宏大历史背景中寻找叙事新空间，不仅要描绘出西北民族文化的丰富多彩，而且要看到西北民族融入主流社会生活的历程，在全民性叙事中以国家文化与历史认同为基础反映主流社会的价值取向，在凸显少数民族文化的同时要积极建构相应的国家认同。西北民族题材影视的现代性叙事要将民族个体的生活与情感经验嵌入中国现代化转型的整体景观，从中构建平等、包容、发展、共荣、共赢等凸显中国文化共享价值观的核心话语表达。由此，西北地区民族题材影视中所表达的新时代内涵要与人类命运共同体话语相对接，因为人类文明发展的重点不在于文化差异和克服文化差异，也不在于认同某种单一的文化；中国的发展也不是建立在牺牲他国利益的基础之上，而是以开放包容的姿态实现自主与和平发展。世界各国应携手应对风险挑战，在追求人类共同利益和共同价值基础上实现互利、合作、共赢、共荣。

本章小结

影视艺术作为一种社会意识形态的独特表达方式，对一个国家、民族的文化发展起到重要作用。我国西北地区民族题材的影视肩负着文化传播、促进多民族共同发展的光荣使命，在不同历史时期受政策语境、技术语境、社会语境的影响，用不同风格的话语来书写国家意志。党的十八大以来，西北地区民族题材影视在全球化浪潮中持续发力，产生了《旺扎的雨靴》《清水里的刀子》《河西走廊》《天山脚下》等优秀作品。纪录片《天山脚下》通过民族叙事、现代叙事和共同体叙事反映我国西北地区少数民族人民群众的新生活、新面貌，通过地方特色、风俗人情展现民族文化特征，呈现出极具民族特色的风格和多元的文化表达，增强了各民族的文化认同感。在话语实践向度上，加入更加多元的文化表达，增加对民族题材的世界性观照，拓宽叙事空间以减少文本的模糊性，以人类共通的情感为主线，以隐喻性叙事构建语篇的连贯性，从而将宏大叙事转化为微观叙事。在社会实践向度上，用影像的方式叙述中国历史与社会进程，记录寻常百姓拥抱新时代的家国真情，用本土的世界主义肩负起抵抗西方国家话语霸权的历史使命，突破西方影像对中国形象的“他者”书写限制。

由于不同国家主体、不同文化主体之间存在话语间性，西北地区民族题材影视的对外传播通常也会面临“文化折扣”的难题，影响“中国故事”的对外传播效果。话语体系是文化软实力的重要体现，“平民视角、国家叙事、国际表达”则构成了西北民族题材影视话语框架建构的核心要素。在“一带一路”视域下，西北民族题材影视凭借其独特的文化功能价值能够与世界多元文明产生对应性与共通性，创作者要在坚持文化自觉的基础上，根植于各族人民的美好生活，将外在的民族特性与内在的民族认同情感相融合。此外，在政府、主流媒体的国家主导叙事之外，西北民族题材影视能够激发普通大众参与内容生成，鼓励民间故事、民间话语参与议题和话语建构，增强话语生产的草根性，并借助全球社交媒体平台让西北少数民族题材影视覆盖更多区域并走向世界，为“中国故事”在全球传播场域获得更加准确的理解创造条件。在西北地区民族题材影视话语实践的宏观层面，要持续加强国家顶层设计，增强话语传播的力量，在“一带一路”倡议和“人类命运共同体”理念下，阐述人类文明繁荣发展、合作共赢的中国话语，民族团结、各民族和谐发展的中国话语和以人民为中心、传统与现代有机融合的中国话语，从而增强国际社会对人类命运共同体话语的理解和认同，提升中国文化的感召力，突破“中国故事”的跨文化传播困境。

第九章 结语

“一带一路”倡议作为我国新时期对外开放的重大战略，目前已取得了举世瞩目的系列成果，随着中华文化对外传播实践，越来越多的国家和地区不仅认同并接受“一带一路”倡议的合作模式和精神内涵，还积极参与该倡议的落地实践，推动共建国家“民心相通”。中华文化在国家外交、政府、企业、媒体、社团、出版等多个层面有意识地进行对外话语建构，开启了中华文化对外话语的新局面。而民族文化作为中华文化“走出去”战略中的重要环节，在对外传播和话语建构实践层面尚未形成整体性的话语框架、话语格局和话语体系，这将影响中华文化的对外传播和国家形象塑造，也不利于体现民族文化的优势和特色。

本书立足国家“一带一路”倡议和中华文化“走出去”的宏观背景，借鉴著名社会学家费孝通先生“中华民族多元一体格局”的思想观点，将中国特色社会主义作为核心，分为内外两大方面：对内要坚持社会主义核心价值观，铸牢中华民族共同体意识；对外要塑造国家形象，增强文化自信和文化软实力，而提升国家形象和文化软实力离不开中华文化“走出去”的国家战略布局。西北地区民族文化作为中华文化的构成部分，借助独具特色的民族服饰、民族建筑、民族歌舞等形式走向海外，并且根据不同主体及其典型形态分为外交、政府、企业、媒体、留学生、社团、出版及影视等不同话语，从而构建“社会主义核心价值观引领多元一体的民族文化对外话语”框架（见图9-1）。

一、构建新时代中国特色社会主义内认同+外传播的“一体两翼”话语框架

主权国家对内要维护政治统治和国家安全，对外要开展国际交流与合作。中国特色社会主义国家也要将内外职能有机结合，以中国特色社会主义核心

价值观为总根基，将对内统治管理和铸牢中华民族共同体意识的高度认同与对外交流合作、传播优秀传统文化相统一，构建“一体两翼”的话语框架，进而实现社会主义核心价值观引领下的国家认同。

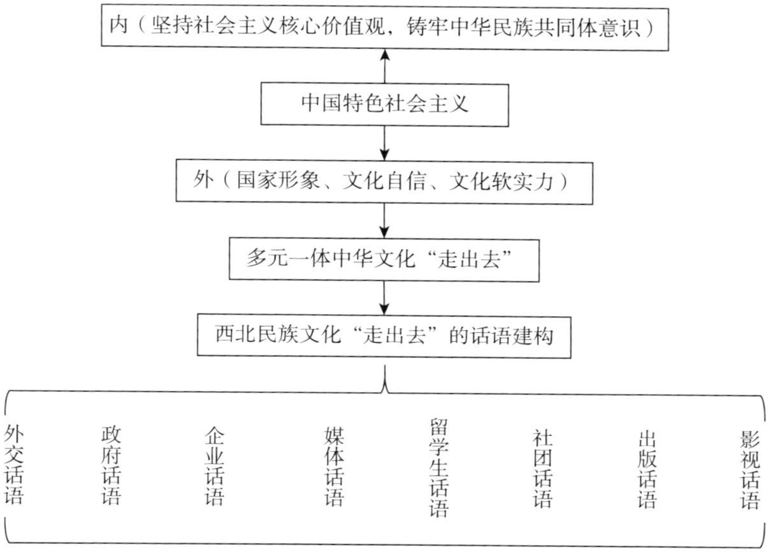

图 9－1　西北地区民族文化“走出去”的逻辑架构

（一）总根基：中国特色社会主义

中国特色社会主义是中国式的现代化道路，也是马克思主义与中国实际相结合实现马克思主义中国化的最新理论成果。从毛泽东思想、邓小平理论、“三个代表”重要思想、科学发展观到新时代中国特色社会主义思想，表明中国特色社会主义不仅是科学正确的理论体系，[①] 而且随着改革开放的深入推进在不断丰富和完善。实践证明，中国特色社会主义不仅是国家发展的根本方向，也是中华民族伟大复兴的必由之路。因为国家对内的政治认同、经济建设、社会管理均需要统一的价值导向，而中国人民对中国特色社会主义道路、理论体系、制度规范及文化价值的追求则凝练为社会主义核心价值观。坚持和发展中国特色社会主义，必须用社会主义核心价值体系引领社会思潮、弘

① 张首映．深刻理解习近平新时代中国特色社会主义思想的科学体系［J］．求是，2019（14）：39－41．

扬社会正气、培育文明风尚，塑造崇高人格和民族精神品格，培育和谐人际关系，在全党全社会凝聚起团结奋斗的共同意志。①

（二）内认同：坚持社会主义核心价值观，铸牢中华民族共同体意识

核心观念是话语的灵魂与核心，是一个国家或文明体基于自身历史文化、生存方式和发展道路形成的若干核心观念或理念。② 当下中国，最核心的价值观念便是社会主义核心价值观，它不仅体现了中国特色社会主义的本质和社会主义先进文化的精髓，而且是中华优秀传统文化的重要根基。③ 社会主义核心价值观将国家层面“富强、民主、文明、和谐”的精神指引、社会层面“自由、平等、公正、法治”的价值追求和个人层面“爱国、敬业、诚信、友善”的行为准则达成高度统一，成为全国各族人民的共同价值追求。社会主义核心价值观不仅是中国力量和中国精神的象征，也是中国特色社会主义发展的本质要求，它将中国人民和中华民族美好向往和世界各国同胞的价值追求实现了民族性和国际性的统一。④ 这要求我们要大力培育和践行社会主义核心价值观，增强意识形态领域的主导权和话语权。⑤

中华民族伟大复兴离不开全国各族人民的共同努力，各个民族作为中华民族大家庭的成员，都是建设社会主义的重要力量。正如习近平总书记所指出的那样，全面建设社会主义现代化国家，一个民族也不能少。⑥ 社会主义核心价值观作为实现中华民族伟大复兴的精神指南和价值支撑，不仅要在全社会大力践行，还需要针对各族群众开展教育培训。习近平总书记指出：“在各族群众中加强社会主义核心价值观教育，牢固树立正确的祖国观、民族观、文化观、历史观，对构筑各民族共有精神家园、铸牢中华民族共同体意识至关重要。”⑦ 要引导各族群众树立正确的国家观、历史观、民族观、文化观、

---

① 秦宇.【汴梁时评】积极践行社会主义核心价值观［EB/OL］. 开封网，（2023－07－13）［2023－07－30］. https：//www. kf. cn/c/2023－07－13/835644. shtml.

② 张维为，吴新文. 中国话语：建构与解构［M］. 上海：上海人民出版社，2021：4.

③ 徐循华. 推动优秀传统文化“活起来”“走出去”［J］. 唯实，2022（12）：22－24.

④ 闫兴. 中国特色社会主义核心价值观话语体系研究［M］. 长春：吉林大学出版社，2021.

⑤ 汪信砚. 社会主义核心价值观与当代中国文化软实力建设［N］. 光明日报，2019－03－04（15）.

⑥ 李俊清，付秋梅. 在全面建设社会主义现代化国家进程中实现各民族共同繁荣发展［J］. 中国民族，2022（1）：14－16.

⑦ 习近平. 铸牢中华民族共同体意识 推进新时代党的民族工作高质量发展［EB/OL］. 求是网，（2024－01－31）［2024－03－20］. http：//www. qstheory. cn/dukan/qs/2024－01/31/c_ 1130069364. htm.

宗教观，增进对伟大祖国、中华民族、中华文化、中国共产党、中国特色社会主义的认同。[①]

（三）外传播：坚持社会主义核心价值观，推动民族文化“走出去”[②]

社会主义核心价值观不仅富有中国特色，还具有世界意义。它是在近代以来中国革命和中华优秀传统文化的基础上形成的，致力于构建人类命运共同体。社会主义核心价值观不仅是中国人民的核心价值，也是世界人民的共同价值。[③] 如何将根植于中国传统文化的社会主义核心价值传播出去，实现文化内容与价值观念的创新传播，成为增强国际话语权、提升国家形象的重要议题，中华文化“走出去”与增强中华文化的国际影响力成为国家重要的战略布局。党的二十大提出：“增强中华文明影响力，坚守中华文化立场，讲好中国故事、传播好中国声音，展现可信、可爱、可敬的中国形象，推动中华文化更好走向世界。”[④]

在中华文化“走出去”的背景下，作为中华文化重要组成部分的西北地区民族文化，也要以积极的姿态“走出去”，这不仅是我国现阶段民族工作的新目标，也是我国政府保护和传承民族文化的新举措。如何通过多民族文化生动、艺术地展示我国民族工作成就和多彩中华之和谐之美，塑造民主开放的国家形象，营造友善和谐的国际舆论环境，增强中华文化的感召力和影响力，这些议题具有重要现实意义。

二、构建中华文化与各民族文化“一体多元”的话语格局

中华民族的主体是由许许多多孤立存在的民族体，经过接触、混杂、联结和融合，同时也有分裂和消亡而形成的一个你来我去、我来你去，你中有我、我中有你，却又各具个性的多元统一体。[⑤] 在中华文化形成的漫长历史过程中，各民族共同创造、发展了灿烂的文化，汉族文化与其他民族文化相互交融，形成了你中有我、我中有你的密切关系，最终融汇成为博大包容的中

---

① 闫兴．中国特色社会主义核心价值观话语体系研究［M］．长春：吉林大学出版社，2021：1.

② 吴桂韩．不断铸就社会主义文化新辉煌［J］．经济社会体制比较，2023（4）：1－9.

③ 翟博．中华优秀传统文化是涵养社会主义核心价值观的重要源泉［J］．中国教育学刊，2022（4）：92－95.

④ 薛帅．蓄力奋进，共赴远大前程［N］．中国文化报，2022－10－18（1）．

⑤ 费孝通．中华民族“多元一体”格局［M］．北京：中央民族大学出版社，1989.

华文化和休戚与共的"多元一体"民族格局。中华民族"多元一体"格局观点在得到学界普遍认可的同时，铸牢中华民族共同体意识也成为学界最核心、最根本的认同。其中，"多元"是指各民族各有起源发展，有各自的历史文化；"一体"是指各民族之间相互融合，成为一体，不可分割。各民族对祖国统一和中华民族大团结的诉求一致，"多元一体"成为理解中华文化"同一性"与民族文化"多样性"的核心关键。①

民族文化是中华文化的组成部分，各民族文化的相互交流始终贯穿于中华文化形成和发展的全过程。中华文化既包含各民族风格迥异、独具特色的文化个性，又包含全民族在长期的历史交往中相互影响渗透、共融共生的文化共性。② 其中，由于各个民族因所在地理位置和周围环境各异以及信仰宗教的差异，不同民族在自身发展过程中，形成了包括民族习俗、组织形式、规章制度在内的民族整体行为和心理特征的独特性。"多元一体"的中华文化是各民族对统一的多民族国家认同的强大思想基础，也是各民族文化的依托和根基，中华文化的大发展、大繁荣离不开各民族的发展和贡献。多样性的统一是中华文化的根本特性，也是中华文化蓬勃发展的动力源泉。因此，必须坚持中华文化的主导地位，突出主流文化的引领作用，同时弘扬民族文化的多样性。在尊重差异和包容互鉴的基础上促进各民族之间的交往交融，增强各族人民对中华民族的情感认同，进而铸牢中华民族共同体意识。

在中华文化"走出去"这一顶层战略的推动和引领下，民族文化借助多元主体和多种渠道积极走向海外。而且民族文化出海的步伐从未间断，早在1987年，国家民委就组派中国少数民族艺术团参加加拿大国家展览活动；1989年，贵州省民族歌舞团参加国际民间艺术节；1990年，呼伦贝尔盟民族歌舞团赴西欧参加国际民间艺术节；1992年，河北沧州杂技团和中央民族歌舞团赴马来西亚进行友好访问和慈善演出；2005年，中国文化瑰宝——中国少数民族文化展全面介绍了我国的民族文化活动；2014年，由国家民委和中国—东盟中心组组派的"多彩中华"中国少数民族艺术团奔赴柬埔寨、越南进行友好访问及演出；2015年，多彩中华——中国民族文化教育代表团对哈

①② 李媛媛，魏晓文．大学生中华民族共同体认同心理机制优化研究［J］．黑龙江民族丛刊，2022（4）：15－21.

萨克斯坦和乌兹别克斯坦进行友好访问和文化交流。西北地区民族文化作为具有西北地域特色的民族文化，其内容丰富、特色鲜明的美食、民俗、服饰、歌舞及自然风光等也需要通过多元主体，利用多种平台走向海外，从而构建西北少数民族文化传播的对外话语体系，并打造与我国国际地位与综合国力相适应的文化软实力与话语权。

三、构建西北地区民族文化多元协同发声的大传播对外话语体系

“一带一路”倡议提出后，党和国家领导人更加重视对中国文化软实力的提升和对中华文化“走出去”的话语能力建设，如何讲好中国故事、发出中国声音，这不仅是国家的顶层设计和战略部署，也是外交、政府、企业、媒体等主体的传播目标和话语建构的重点内容。西北地区民族文化作为中华优秀传统文化的组成部分，要想在文化自信和中华文化“走出去”的背景下讲好中国故事，不仅需要按照“谁—说什么—如何说”的逻辑思路，将国家、政府、企业、媒体、留学生等作为西北民族文化对外传播的话语主体进行考察，而且要根据文化传播的典型形态及对外出版和影视艺术的传播形态进行分类考察，从而形成宏观、中观和微观层面的话语建构，共同致力于构建有中国特色的社会主义话语体系。

（一）中华文化与民族文化同向传播的官民外交话语

“一带一路”倡议下的我国外交包括政府外交、经济外交、公共外交、民间外交等多元形态，其中政府外交仍然是我国外交的主要形式，本书以中国外交网为研究对象，选择国家领导人讲话来构建语料库，通过分析发现，有关“一带一路”和“文化”在我国的外交主题中的重要程度不断攀升。“一带一路”倡议提出后，中国虽然对发达国家和发展中国家采取了平衡外交战略，但主要重心仍在发展中国家，且呈现出初期倾向于共建国家，后又体现出开放包容性，这与中国开放、平等、和平、发展的外交思路高度契合。语料库和文本分析显示，我国外交奉行的和平外交、合作共赢、互联互通、人文交流、亲诚惠容等外交话语与中华优秀传统文化的思想内涵深度关联。这表明中国官方外交奉行的外交政策根植于中华优秀传统文化，且通过外交形式传播中华优秀传统文化，外交话语蕴含深厚的文化底蕴，外交场合引用经典文本，中华优秀传统文化借助外交主体发扬光大。同时，民间外交作为外

交的非官方形式，多以民间组织为传播主体，涉及的文化类型更加丰富，传播形式也更加灵活，以组织展览、歌舞表演等形式将富有民族特色的文化传向海外。西北地区民族文化也是以民间外交形式，通过传播民族文化，构建民间外交话语。

（二）文化战略与文旅产业联动的政府话语

政府作为“一带一路”倡议的主导力量，也是中华文化“走出去”的积极统筹部署者与落地实施者，中央政府通过顶层战略规划制定方案，地方政府积极响应，因地制宜，落地实施。为推动西北地区民族文化积极“出海”，甘肃省政府依托甘肃丰富的文化资源，推动文化与旅游深度融合，组织丝绸之路（敦煌）国际文化博览会和敦煌行·丝绸之路国际旅游节（以下简称“一会一节”）。以旅游活动为重点，统筹安排会议、论坛、展览、演出等形式的“一会一节”，是丝绸之路共建国家地区交流互鉴、开放共赢、民心相通的重要举措。“一会一节”不仅是讲好中国故事、传播好中国声音的重要窗口，也是甘肃服务“一带一路”建设、打造民心相通的丰硕成果。甘肃通过举办“一会一节”，不仅生动地展现了丝绸之路文化和甘肃形象，还是地方政府响应并落实“一带一路”倡议的生动实践。中央政府要从意识形态和价值观层面反映“命运共同体”，深入挖掘“一带一路”历史文化资源，以“交流合作，文明互鉴”作为表达议题框架；地方政府要坚定文化自信，让地方民族特色在特定语境中落地传播，从而形成西北地区民族文化对外传播的政府话语体系。

（三）对外贸易与文化传播互利的企业话语

“一带一路”倡议提出后，越来越多的企业开始走出国门，通过商业贸易形式向世界展现中华民族的优秀传统文化和丰富多彩的民族文化，通过大型工程、加工制造、货物贸易和餐饮美食等贸易方式传播中华文化。具有西北民族特色的兰州牛肉面不仅走向“一带一路”共建国家，还在海外多国落地经营，成为传播餐饮文化的典型个案。本书通过对兰州牛肉面第四代传人马文斌和兰州牛肉拉面国际联盟主席、甘肃省烹饪协会副会长、兰州牛肉拉面行业协会副秘书长、金味德兰州牛肉拉面产业集团董事长梁顺俭进行访谈，梳理了兰州牛肉面的产业发展、品牌文化和海外传播故事。“一带一路”倡议下的中国企业要在国家发布政策文件和地方出台标准的基础上形成联动宏观话语；企业要主动作为，建构将民族文化融入海外贸易的中观话语；个人要对外宣传推广，讲好企业文化故事，建构传承人、海外本地人士和华侨华人的微观话语。

（四）多元叙事、文化互通和国家形象交叠的媒体话语

随着“一带一路”倡议从理念落地为实践，新闻媒体在中华文化“出海”过程中扮演了重要角色。我国主流媒体不仅为共建国家区域的经济贸易营造了良好的舆论氛围，也为共建国家和区域文化的交流互鉴注入了新动能。以“中国新闻网”为研究对象，以“一带一路”“西北”“民族”“文化”为关键词，形成对中新网关于西北民族文化的报道框架变化与文本意义建构的宏观话语分析，包括从报道题材、体裁、标题等特征层面进行的中观分析以及深入剖析其文本修辞、报道态度和情感倾向性的微观分析。基于中国新闻网有关西北地区民族文化的报道框架变迁与话语特征，主流媒体的对外话语建构需要从优化顶层设计、提升主流媒体对外传播话语体系方面进行整体建构；注重传播实效，推进主流媒体对外传播的顶层设计，联结西北民族文化与世界文化交流互通的话语共通点，持续创新主流媒体的中观话语建构，改进主流媒体对外传播话语符号及叙事等微观建构，在推动“一带一路”高质量发展的同时，提升“一带一路”话语体系建构和增强主流媒体对外传播效力。

（五）专业教育与文化活动并举的留学生话语

“一带一路”倡议提出后，留学生成为中华文化传播的民间大使，西北高校留学生成为西北地区民族文化“走出去”的重要载体，也成为西北民族文化对外话语的重要建构主体。本书在梳理留学生对外传播中国文化的演变历程基础上，选择西北地区高校留学生作为研究对象，采用问卷与访谈相结合的方法，分析其对西北地区民族文化的了解、认知、感受及其传播意愿与动机。西北高校留学生普遍在语言沟通方面存在障碍，对中国文化和西北民族文化的了解多停留在表面，缺乏对精神实质的认知。因此，只有多方主体共同发力，国家通过营造留学政策环境，不断完善留学政策和管理制度，才能助力中华文化传播；西北高校从留学生培养、教育和管理入手，对语言文字、文化课程及教学手段等不断创新，合理设置文化教学内容，丰富文化教学形式，服务于留学生的教育培养；留学生自身要不断丰富知识结构和认知体验，

运用多元传播平台，扩大民间传播网络，才能真正发挥留学生推动“一带一路”共建国家民心相通的功能作用。

（六）政府引导与民间参与共进的社团话语

中华文化“走出去”，除了外交和政府的官方传播行为，还有以社团组织为代表的民间传播活动。民间社团具有非官方性和非营利性特点，不仅更加容易被海外用户接受，还能够成为政府对外传播的补充与延伸。西北民族文化借助社团力量走向海外，特别是西北地区的民间社团和华人华侨组织在西北民族文化“走出去”中身负重任。“一带一路”倡议提出后，国家部署推动了“感知中国”及中国西部文化行等系列文化“走出去”项目的实施，地方政府积极响应，主动发力。“感知中国·大美青海”——中国青海民族文化艺术展便是青海省政府推动文旅产业和地方经济发展的对外交流项目，成功展示了民族文化魅力。本书通过梳理青海民族文化艺术展的举办概况，从艺术展话语文本、话语实践及社会实践层面进行梳理归纳，由此形成“政府搭台、民间唱戏”的宏观社团话语，丰富内容、创新表达的中观社团话语，组织规范、平台赋权的微观社团话语，共同建构民间社团对外话语体系。

（七）工程项目与民族特色交融的出版话语

出版不仅是国家文化外交和文化软实力的重要组成部分，也是中华文化“走出去”的重要传播媒介。鉴于民族书籍对外出版在国家对外传播话语体系中的角色使命，研究通过简要概述“丝路书香”工程项目、“丝路书香工程”重点翻译资助项目，深入分析“丝路书香工程”中民族图书的对外出版，归纳得出中央地方协同发力，新疆、西藏地位突出；民族图书对外出版通过线下书展拓宽话语渠道、内外合作搭建话语平台、海外书架展示中国文化、“数字化+”打造综合电子商务平台的对外出版话语，在上述方面都取得了可喜成绩，但同时还存在区域资助分配不均，民营出版社占比较低；资助体裁不平衡，纪实性书目较少；话语译介数量多，效果考核未形成等现实困境。只有加强多元主体协同，形成传播合力；加快数字平台建设，重构出版话语权；完善意识形态表达，提高话语解释力，才能形成具有中国特色的对外出版话语体系。

（八）国家共述与各民族自述并行的影视话语

影视艺术是中华文化“走出去”最丰富、最具代表性的传播形态。电影

《家在水草丰茂的地方》《清水里的刀子》《旺扎的雨靴》、电视剧《歌海情天》《丝绸之路传奇》《都是一家人》及纪录片《中国回族》《大漠肃北》《天山脚下》等民族题材的影视作品对促进民族进步、传播民族文化具有重要意义。本书将国务院新闻办公室和中央电视台共同出品且在欧美各国上映的优秀纪录片《天山脚下》作为研究个案，通过叙事主题的文本分析、互为话语的文本叙事话语实践和跨文化想象“共同体”的社会实践，完成从“文化共述”到“文化自述”、从国家化叙事到个人化叙事的转变，从而形成以民族为主体的对话叙事，在呈现民族话语特色与魅力的同时，满足受众对中华民族共同体的想象认知。国家通过加强政策扶持引导，丰富人类命运共同体话语内容的宏观话语，多元主体参与、扩展话语平台的中观话语和超越文化共同话语空间的微观话语，共同建构西北地区民族文化对外传播的影视话语体系。

西北地区民族文化对外传播只有从国家政府、新闻媒体、民间社团等多主体切入，打造多元话语主体协同发力的对外话语体系，才能适应中国文化对外传播的需求和当前国际文化传播的传播格局。对外话语体系建构不仅要从本国、本民族的实际出发，还要综合考虑接受对象与传播情境。正如习近平总书记所指出的，对外传播话语体系的构建关键是“融通中外”，中国声音要让外国人听得到、听得懂，找到情感交流的共鸣点。[①] 西北地区民族文化“走出去”，也要充分适应“一带一路”共建国家丰富多样的文化传统、价值理念和宗教习俗，创新传播方式，改变叙事结构，[②] 只有深入研究海外受众的习惯需求与价值观念，才能达到良好的传播效果。当然，中华文化的开放包容性决定了西北民族文化出海不应局限于上述传播手段和话语形态，而应将其置于创新发展的开放体系中。大数据、云计算、元宇宙等新兴技术和社交媒体的普及应用，将为民族文化对外话语提供更多现实可能和传播契机。

综上，“一带一路”倡议是新时期中国全面对外开放的重大战略布局，在国务院和中宣部的宏观统筹下，中华优秀传统文化通过外交、政府、企业、媒体、留学生、民间社团、对外出版、影视艺术等多主体协同发声，形成传

---

① 卢芳珠，李彪．增强文化自信 主动构建话语权——对外传播中的出版话语体系构建路径研究［J］．出版广角，2020（17）：20－23.

② 同①。

播合力，构建话语体系。西北民族文化“走出去”也要立足中国特色社会主义国家的伟大实践和对外传播目标，对内运用社会主义核心价值观凝聚民众，铸牢中华民族共同体意识，实现高度认同；对外塑造良好的国家形象，提升文化软实力和国际影响力，打造中华文化“走出去”战略部署，实现“内认同＋外传播”的“一体两翼”和中华文化同一性与民族文化多元性的“一体多元”目标。在“一带一路”倡议下，中华文化“走出去”必须发挥政府部分、新闻媒体、民间组织等多方主体的功能作用，打造“大传播”格局，展示多彩立体的中国形象，构建多元主体协同发声的对外话语体系。

参考文献

［1］ Bentley，Old World Encounters：Cross – Cultural Contacts and Exchanges in Pre – Modern Times ［M］． New York：Oxford University Press，1993：38.

［2］ Durham F D. News frames as social narratives：TWA Flight 800 ［J］． Journal of Communication，1998，48 （4）：100 – 117.

［3］ Entman R M. Framing U. S. Coverage of international news：Contrasts in narratives of the KAL and IranAir Incidents ［J］． Journal of Communication，1991，41 （4）：6 – 27.

［4］ Foltz R. Religions of the Silk Road ［M］． New York：Palgrave Macmillan，2010.

［5］ Goffman E. Framing Analysis：An essay on the organization of experience ［M］． Boston：Northeastern University Press，1974.

［6］ Park J. Contrasts in the Coverage of Korea and Japan by US Television Networks：A Frame Analysis ［J］． Gazette，2003，65 （2）：146.

［7］ Reese S D，Grant A，Danielian L H. The structure of news sources on television：A network analysis of CBS News，Nightline，and This Week with David Brinkley ［J］． Journal of Communication，1994，44 （2）：84 – 107.

［8］ Zheng W D. The silent China：Toward an anti – essentialism approach for South – South encounters ［J］． International Journal of Communication，2022 （16）：1989 – 1917.

［9］［美］爱德华·霍尔．超越文化［M］．何道宽，译．北京：北京大学出版社，2010.

［10］［英］丹尼斯·麦奎尔．麦奎尔大众传播理论（第五版）［M］．崔保国，李琨，译．北京：清华大学出版社，2006.

［11］［荷］梵·迪克．作为话语的新闻［M］．曾庆香，译．北京：华夏出版社，2003.

［12］磨桂芳．广西铸牢中华民族共同体意识的意义和路径［J］．中共南宁市委党校学报，2023，25（2）：56 – 60.

［13］［意］安东尼奥·葛兰西．狱中札记［M］．曹雷雨，姜丽，张跃，译．北京：中国社会科学出版社，2000.

［14］［美］本尼迪克特·安德森．想象的共同体［M］．吴叡人，译．上海：上海人民出版社，2005.

[15] 蔡文成，牟琛．“人类命运共同体”话语的传播困境及突围策略［J］．河海大学学报（哲学社会科学版），2022，10（4）：18－26，134－135.
[16] 蔡武．坚持文化先行建设“一带一路”［J］．求是，2014（9）：44－46.
[17] 常扬文．少数民族文化译介的问题与对策［J］．海外英语，2020（17）：166－167.
[18] 陈定定．共建“一带一路”，彰显中国和平发展道路坚定不移［N］．中国纪检监察报，2018－08－29（2）．
[19] 陈力丹．“一带一路”下跨文化传播研究的几个面向［J］．江西师范大学学报（哲学社会科学版），2016（1）：69－73.
[20] 陈力丹．深刻理解“新闻”：读梵·迪克《作为话语的新闻》［J］．新闻大学，2004（82）：89－90.
[21] 陈璐．中华美食文化走出去：从入口到入心［N］．中国文化报，2022－04－20（4）．
[22] 陈秀琼．提高文化传播质量，促进共建“一带一路”［N］．中国社会科学报，2020－02－10（2）．
[23] 陈阳．框架分析：一个亟待澄清的理论概念［J］．国际新闻界，2007（4）：19－23.
[24] 陈怡含．福柯说权力与话语［M］．武汉：华中科技大学出版社，2017.
[25] 陈钰萍，赖国毅．来华留学生对当代中国社会的认知状况探析——基于成都市5所高校留学生的调查［J］．成都师范学院学报，2021，37（2）：53－61.
[26] 程曼丽，王维佳．对外传播及其效果研究［M］．北京：北京大学出版社，2006.
[27] 程曼丽．国际传播学教程［M］．北京：北京大学出版社，2006.
[28] 程曼丽．新形势下加强中国国际传播能力建设［N］．中国社会科学报，2022－05－30（06）．
[29] 程曼丽．政府传播机理初探［J］．北京大学学报，2004（2）：133－139.
[30] 崔娟．“一带一路”文化交流的话语建构与传播［D］．重庆：西南大学，2017.
[31] 崔茜．企业文化的对外传播策略分析［J］．新闻界，2009（1）：183－184.
[32] 戴钦，帅晓军．“一带一路”背景下少数民族舞蹈文化的传播与交流策略研究［J］．贵州民族研究，2018，39（12）：218－221.
[33] 丁和根．新闻传播中话语分析与框架分析之比较［J］．当代传播，2019（6）：4－9.
[34] 丁建新，赵奕．话语的欲望：从李希霍芬的“丝绸之路”谈起［J］．当代话语研究，2022（2）：156－160.
[35] 董爱智，宋德文．话语间性及其话语“治疗”［J］．河北师范大学学报（哲学社会科学版），2007（1）：63－68.
[36] 董莹．“一带一路”倡议下的草原文化国际传播路径研究［J］．前沿，2017（9）：90－95.

［37］段鹏．当前我国国际传播面临的挑战、问题与对策［J］．现代传播，2021（8）：1－8.
［38］段鹏．中国广播电视国际传播策略研究［M］．北京：中国传媒大学出版社，2013.
［39］方慧，赵甜．文化差异与商品贸易：基于“一带一路”共建国家的考察［J］．上海财经大学学报，2017，19（3）：56－67.
［40］费孝通．对文化的历史性和社会性的思考［J］．思想战线，2004（2）：1－6.
［41］费孝通．中华民族“多元一体”格局［M］．北京：中央民族大学出版社，1989.
［42］符霄婷．“一带一路”背景下民族文化走出去译介模式研究——以壮族典籍《布洛陀史诗》为例［J］．北方文学，2018（20）：226－228.
［43］甘肃：“一会一节”丝路情“永不落幕”汇文明［EB/OL］．网易，（2022－03－15）［2023－01－20］．https：//www.163.com/dy/article/H2G9I8FP0530W6E5.html.
［44］高益群．兰州牛肉拉面：盛在碗里的文化符号［J］．发展，2014（9）：34－35.
［45］耿海东．西北少数民族民俗文化的保护及传承［J］．山海经，2016（4）：32.
［46］郭兵云，宋灵．十八大以来中国主场外交透视［J］．岭南学刊，2019（5）：64－69.
［47］郭可．当代对外传播［M］．上海：复旦大学出版社，2004.
［48］郭腾友．民间社团组织的称谓和概念探析［J］．科技信息，2010（9）：513.
［49］韩玲．来华留学生中华文化认同培养路径探析［J］．浙江交通职业技术学院学报，2021，22（1）：82－86.
［50］郝婷．中国主题图书在“一带一路”共建国家出版发行情况简析——以丝路书香工程重点翻译资助项目为例［J］．中国编辑，2018（12）：46－52.
［51］何明星，后宗瑶．中国图书海外馆藏影响力研究报告（2020年版）［J］．中华文化海外传播研究，2020（1）：5－31.
［52］［法］亨利·柏格森．材料与记忆［M］．肖聿，译．南京：译林出版社，2011.
［53］胡丰月．少数民族典籍翻译出版的探索与思考——从《藏族典籍翻译研究》的出版谈起［J］．出版广角，2016（19）：61－63.
［54］胡谱忠．“中国少数民族电影工程”的背景与话语分析［J］．贵州民族大学学报（哲学社会科学版），2017（3）：48－59.
［55］胡谱忠．纪录片如何讲述新疆——观《天山脚下》有感［J］．中国民族，2018（8）：54－55.
［56］胡雅．重建丝绸之路的对外文化传播策略研究［J］．今传媒，2014（6）：22－24.
［57］黄旦．传者图像：新闻专业主义的建构与消解［M］．上海：复旦大学出版社，2005.
［58］黄书芳．话语权视域下中华文化典籍翻译出版走出去的若干思考［J］．中国出版，2015（7）：61－63.

[59] 纪录片《回望运河》展映及主创分享会，周二相约韦州［EB/OL］. 搜狐网，(2018 - 02 - 19)［2023 - 05 - 25］. https：//www. sohu. com/a/223185981_ 649735？ivk_ sa = 1024320u.
[60] 贾学妮，饶曙光. 共同体视域下少数民族题材电影的认同问题［J］. 当代电影，2021 (12)：83 - 88.
[61] 贾兆义，张传泉. 新时代中国国际话语权建构任务、理念和路径［J］. 云梦学刊，2019，40 (2)：81 - 85.
[62] 江秋丽，刘正江. 哈萨克斯坦文字拉丁化改革论述［J］. 新疆大学学报（哲学·人文社会科学版），2021，49 (5)：37 - 42.
[63] 姜飞，张楠. 中国对外传播的三次浪潮（1978—2019）［J］. 全球传媒学刊，2019，6 (2)：39 - 58.
[64] 姜飞. 国际传播百年未有之大变“局”——利益、边界和秩序的接力［J］. 新闻与写作，2021 (10)：4 - 13.
[65] 蒋国栋. “一带一路”倡议下中国对外新闻话语研究［J］. 中国出版，2016 (19)：37 - 39.
[66] 蒋睿萍. 新闻标题中的隐喻传播及话语分析［D］. 西安：西北大学，2015.
[67] 焦金. 央视新闻“一带一路”报道的话语研究［D］. 开封：河南大学，2018.
[68] 金灿荣，孙西辉. 主场外交让中国外交更主动［J］. 中国报道，2014 (2)：34 - 35.
[69] 金强，闪晓宇. 中国少数民族图书出版的问题及对策［J］. 长安大学学报（社会科学版），2015，17 (2)：92 - 98.
[70] 金巍. “一带一路”背景下的中国文化战略［M］. 北京：中信出版社，2016.
[71] 金正昆. 外交学［M］. 北京：中国人民大学出版社，2004.
[72] 康棣. 青海省吾屯村唐卡艺术研究［D］. 镇江：江苏大学，2016.
[73] 廓清兰州牛肉面的历史文化渊源［EB/OL］. 挂云帆学习网，(2021 - 03 - 08)［2022 - 11 - 25］. https：//www. guayunfan. com/lilun/674596. html.
[74] ［美］拉里·A. 萨默瓦，查理德·E. 波特. 跨文化传播（第四版）［M］. 闵惠泉，王玮，徐培喜，译. 北京：中国人民大学出版社，2010.
[75] 喇浩钊. 新时期我国少数民族文化的对外传播［J］. 当代中国史研究，2017 (1)：122 - 122.
[76] 兰州，改革开放助推产业发展兰州牛肉面阔步迈入国际舞台［EB/OL］. 澎湃新闻，(2018 - 12 - 21)［2022 - 12 - 20］. https：//www. thepaper. cn/newsDetail_ forward_ 2759734.
[77] 兰州牛肉面的历史起源和文化故事［EB/OL］. 搜狐网，(2019 - 06 - 18)［2022 -

12－20]. https://www.sohu.com/a/321425805_616141.
[78] 李聃扬. 基于语料库的对外传播新闻话语分析——以“中国新闻奖”国际传播获奖作品（2010—2018）为例［D］. 济南：山东大学，2019.
[79] 李晗俊. 中国非政府组织走出去研究［D］. 开封：河南大学，2015.
[80] 李华. 我国文化软实力视角下的话语体系重构［D］. 新乡：河南师范大学，2013.
[81] 李华君，王佳沛. “讲好中国故事”的对话哲学、话语间性与磨合［J］. 现代传播，2022（5）：61－67.
[82] 李军林. 论“一带一路”话语体系的建构原则［J］. 湖南工程学院学报（社会科学版），2020，30（4）：69－73.
[83] 李禄峰. 唐朝文化对外传播方式及现实启示［J］. 遵义师范学院学报，2021，23（2）：26－29，41.
[84] 李琦，韩玉洁，黄运连. 新媒体视域下优秀传统文化传播路径研究——以李子柒为例［J］. 采写编，2021（11）：95－96.
[85] 李镇国，余海光. “一带一路”重要节点国家新侨社团的发展现状与趋势初探［J］. 江南论坛，2019（12）：39－41.
[86] 刘辰，刘欣路. “一带一路”背景下共同价值观念培育与中国国际话语权构建［J］. 对外传播，2015（7）：51－53.
[87] 刘殿刚，毛和荣，顾赤. “一带一路”战略视野下湖北中医药文化对外传播研究［J］. 时珍国医国药，2015，26（8）：1961－1963.
[88] 刘国强. 国家形象传播：作为国家认同双重机制的考察［J］. 求索，2010（9）：97－99.
[89] 刘海龙. 大众传播理论：范式与流派［M］. 北京：中国人民大学出版社，2008.
[90] 刘海霞. 西部频道与西部文化现代化传播［D］. 成都：四川大学，2005.
[91] 刘凯，余登兵. 基于积极话语分析理论的中国对外文学话语体系构建策略研究［J］. 出版发行研究，2021（8）：79－84.
[92] 刘康. 国家形象与政治传播［M］. 上海：上海交通大学出版社，2010.
[93] 刘娜，刘山山. “一带一路”背景下我国影视作品对外传播研究［J］. 党建，2017（3）：59－61.
[94] 刘强. 框架理论：概念、源流与方法探析——兼论我国框架理论研究的阙失［J］. 中国出版，2015（8）：19－24.
[95] 刘琼. “漂洋过海”来学艺 一位西班牙华人的兰州牛肉面情结［N］. 兰州晨报，2018－04－02（04）.
[96] 刘若涵. 社交媒体平台的国家形象研究——基于“一带一路”Twitter数据分析

[D]. 北京：北京交通大学，2019.
[97] 刘亭. 讲好中国故事——从纪录片《河西走廊》看“一带一路”的国际传播策略 [J]. 西部广播电视，2015 (8)：23.
[98] 刘雯，刘笑盈. 2014 年中国对外传播研究综述 [J]. 对外传播，2015 (1)：9-12.
[99] 刘骁彤. 少数民族电影的风格与符号隐喻——以《清水里的刀子》为例 [J]. 中国包装，2020，40 (8)：54-56.
[100] 刘晓程，王冠婷. 边疆对外传播中认同构建的个案分析——以《我从新疆来》为例 [J]. 对外传播，2016 (11)：34-37.
[101] 刘晓程，王赟. 让边疆不再遥远——浅析边疆对外传播的若干基本问题 [J]. 对外传播. 2012 (7)：29-30.
[102] 刘晓莉. “一带一路”背景下中医药翻译与传播初探——以四川绵阳中医药文本翻译为例 [J]. 长江丛刊，2020 (35)：39-40.
[103] 刘新源. 中国特色大国外交的中华文化基因 [N]. 学习时报，2020-08-02 (04).
[104] 刘扬. 发展·迷思·升级：有关我国对外传播现状的思考 [J]. 对外传播，2014 (12)：12-14.
[105] 刘洋，米高峰. “一带一路”背景下新疆传统美术非物质文化遗产传承与发展策略 [J]. 湖南包装，2020，35 (3)：32-35，78.
[106] 刘再起，王曼莉. “一带一路”战略与中国参与全球治理研究——以话语权和话语体系为视角 [J]. 学习与实践，2016 (4)：68-74.
[107] 刘子曦. 故事与讲故事：叙事社会学何以可能 [J]. 社会学研究，2018 (2)：164-185.
[108] 卢芳珠，李彪. 增强文化自信 主动构建话语权——对外传播中的出版话语体系构建路径研究 [J]. 出版广角，2020 (17)：20-23.
[109] 陆敏，陈燕. 国际传播中的文化共享、文化折扣与解读偏移——基于中国历史文化纪录片海外观众解读的分析 [J]. 现代传播，2022 (12)：65-69.
[110] 陆扬，王毅. 文化研究导论 [M]. 上海：复旦大学出版社，2021.
[111] 路玥. 中国出版“走出去”提质增效的路径探索——以中少总社对外出版成果及资助项目出版图书为例 [J]. 出版广角，2020 (12)：39-41.
[112] 吕蕾莉，陈思明. 西北少数民族地区宗教文化对村民自治的影响及对策分析 [J]. 云南民族大学学报（哲学社会科学版），2015，32 (3)：78-82.
[113] 吕晓莉. 中国民间外交的基层力量 [M]. 北京：中国政法大学出版社，2014.
[114] 吕媛媛. 大型纪录片《天山脚下》[DB/OL]. 央视网，http://news.cctv.com/special/jujiao/2018/931/index.shtml.

[115] 马桂芳．“一带一路”战略视野下的西北少数民族文化优势思考［J］．西藏大学学报（社会科学版），2016，31（4）：135－140，148.
[116] 马缘园．国际传播视域下外宣主流媒体提升国际舆论引导力路径与策略研究［J］．新闻爱好者，2021（10）：26－29.
[117] 麦留芳，谧谷．新加坡华人传统民间社团的发展趋势—联合还是分化？［J］．南洋资料译丛，1989（3）：71－83.
[118] 孟妮．出版业奏响中华文化走出去强音［N］．国际商报，2019－08－07（05）．
[119] 莫尚洋．藏族锅庄舞的艺术特征研究［D］．成都：四川师范大学，2012.
[120] 缪开金．中国文化外交研究［D］．北京：中共中央党校，2006.
[121] 牛玮一．跨文化传播中的“他者”建构——从“他者”和报道“他者”角度入手［J］．东南传播，2021（10）：89－91.
[122] ［英］诺曼·费尔克拉夫．话语与社会变迁［M］．殷晓蓉，译．北京：华夏出版社，2003.
[123] 潘飞．新疆巴州萨吾尔登舞蹈的跨文化传播研究［D］．重庆：重庆大学，2018.
[124] 潘秋阳，衣莉莉，于鹏，等．基于译介学视域下中国民族文学“走出去”的分析［J］．文化创新比较研究．2019，3（18）：188－189.
[125] 潘忠党．架构分析：一个亟需理论澄清的领域［J］．传播与社会学刊，2006（1）：17－46.
[126] 彭慧媛，张欣琳，李一霆，等．中国西部少数民族题材电视剧的文化特征［J］．民族艺术研究，2015（6）：140－145.
[127] 彭继增，张思娟，徐浩．文化距离对中国进出口贸易效率的影响——基于随机前沿引力模型的实证［J］．统计与决策，2020，36（17）：86－90.
[128] 蒲傌．新时代中国特色大国外交的传统文化渊源［EB/OL］．光明网，（2018－06－22）［2024－06－29］．https：/m.gmw.cn/baijia/2018－06/22/29398964.html.
[129] 齐哲．柯兹洛夫对中国西北少数民族的跨文化解读［D］．兰州：兰州大学，2014.
[130] 前瞻经济学人．2022年中国及31省市电影行业政策汇总及解读（全）2035年建成电影强国［R］．深圳：前瞻产业研究院，2022－01－21.
[131] 钱毓芳．语料库与批判话语分析［J］．外语教学与研究：外国语文双月刊，2010（3）：198－202.
[132] 曲建君，葛吉艳．从人文社会科学图书海外传播看中国对外话语体系构建［J］．出版发行研究，2020（12）：69－74.
[133] 乔治·莱考夫．别想那只大象［M］．闾佳，译．杭州：浙江人民出版社，2020.
[134] 饶曙光．“共同体美学”的理念、路径与价值［J］．艺术评论，2021（3）：24－33.

[135] 饶曙光．少数民族电影：从各美其美到美美与共［N］．光明日报，2015－11－30（13）．

[136] 饶曙光．中国少数民族电影史［M］．北京：中国电影出版社，2011.

[137] 茹鹏浩．提升中华文化在“一带一路”沿线的影响力研究［D］．天津：河北大学，2019.

[138] 萨合多拉·木巴拉克，古丽拉·阿东别克．哈萨克语、阿拉伯语与斯拉夫语间的智能转换［J］．计算机工程与应用，2014，50（18）：226－229.

[139] 陕西省人民政府．陕西省人民政府关于印发中国（陕西）自由贸易试验区进一步深化改革开放方案的通知［EB/OL］．陕西省人民政府网，（2021－05－12）［2023－06－05］．http：//credit. shaanxi. gov. cn/317/11484196. html.

[140] 沈菲．“一带一路”战略对外传播效果的优化与提升［J］．今传媒，2015（7）：15－17.

[141] 沈国麟，王倩．利益冲突和观念落差：“中菲南海冲突”的对外传播话语结构及其“二次传播”效果［J］．国际新闻界，2014（12）：6－20.

[142] 沈悦，孙宝国．媒介治理视域下“一带一路”的国家形象认同建构［J］．出版发行研究，2019（10）：29－34.

[143] 施旭．当代中国话语研究（第4辑）［M］．杭州：浙江大学出版社，2017.

[144] 史倩．党的十八大以来中国特色大国外交的理性逻辑［J］．山东社会科学，2022（4）：113－120.

[145] 史亚茹，于津平，毕朝辉．贸易便利化与企业技术升级［J］．国际经贸探索，2022，38（7）：72－85.

[146] “丝绸之路”上的少数民族［EB/OL］．搜狐网，（2017－04－30）［2021－05－08］．https：//www. sohu. com/a/137423068_ 526307.

[147] 宋婧．坚定文化自信　做好中华文化的对外传播［J］．采写编，2017（4）：6－8.

[148] 宋珮暄．少数民族短视频的影像传播与文化破壁［J］．黑龙江民族丛刊，2021（3）：138－142.

[149] 宋婷．“丝路书香工程”实施中重点翻译图书出版产业链研究与对策［J］．中国出版，2017（6）：13－16.

[150] 宋毅．北非出版市场的开拓路径与策略——以阿尔及利亚为中心的考察［J］．出版发行研究，2021（3）：27－32.

[151] 苏慧．社交媒体对西北少数民族文化传播的影响［D］．北京：北京邮电大学，2015.

[152] 苏婧，刘迪一．从独白到对话：对“一带一路”新语境下跨文化传播研究的设想［J］．国际新闻界，2022（11）：142－159.

[153] 孙宝国. 电视节三大概念 [J]. 中国广播电视学刊, 2009 (10): 33-34.
[154] 孙艳泽. 论央视春晚少数民族节目对少数民族文化的传播 [D]. 沈阳: 辽宁大学, 2018.
[155] 覃秋媛. 网络直播——文化传播的可循之途 [J]. 视听界 (广播电视技术), 2017 (3): 119-122.
[156] 覃彤, 庄严. "中国梦" 与地方媒体对外路径建构的探索——基于省级电视台国际传播实践的视角 [J]. 现代传播, 2014, 36 (5): 155-156.
[157] 谭玲. 政府传播: 理念与实践 [M]. 北京: 中国社会科学出版社, 2013.
[158] 谭焱. 文化外交视域下少数民族文化海外传播样态与战略导向 [J]. 贵州民族研究, 2017, 38 (12): 164-167.
[159] 檀有志. 国际话语权视角下中国公共外交建设方略 [M]. 北京: 中国社会科学出版社, 2016.
[160] 汤世亮, 周海燕. 语言·文本·社会实践——话语理论发展的三种形态 [J]. 四川教育学院学报, 2008 (2): 56-58, 72.
[161] 唐浩杰. "一带一路" 背景下中华文化对外传播力提升路径研究 [J]. 传播力研究, 2020, 4 (20): 30-31.
[162] 唐叶青, 史晓云. 国外媒体 "一带一路" 话语表征对比研究: 一项基于报刊语料库的话语政治分析 [J]. 外语教学, 2018, 39 (5): 31-35.
[163] 陶喜红, 李婷婷. 中华民族形象对外传播中的问题与改进策略 [J]. 当代传播, 2013 (5): 64-66.
[164] 田亦洲. 新中国以来少数民族电影的视角范式及其多重模式景观 [J]. 电影评介, 2017 (13): 42-45.
[165] 汪素芹. "一带一路" 战略实施对我国外贸格局的影响 [J]. 区域经济评论, 2015 (5): 77-80.
[166] 汪妍, 蒋多. "一带一路" 图书出版现状及相关性新思考——基于 "丝路书香出版工程" 皮尔逊系数研究 [J]. 科技与出版, 2020 (12): 108-115.
[167] 王伯男. 曹禺及《雷雨》的跨文化传播 [J]. 上海戏剧, 2014 (10): 50-52.
[168] 王超. "一带一路" 新闻框架研究——以《人民日报》《纽约时报》《泰晤士报》报道为例 [D]. 西安: 西北大学, 2016.
[169] 王冠婷. "一带一路" 战略下边疆少数民族文化对外传播模式研究——以 "我从新疆来" 系列作品为例 [J]. 现代视听, 2017, 22 (9): 12-13.
[170] 王华. 民族影像与国家形象塑造: 中国少数民族题材纪录片研究 (1979—) [M]. 上海: 复旦大学出版社, 2018.

[171] 王京生. 文化自信与“一带一路”建设 [N]. 中国文化报，2021－09－27（07）.
[172] 王璟璇，刘琦，潘玥. “一带一路”对外传播话语体系建构初探 [J]. 对外传播，2020（5）：47－49.
[173] 王璟璇，潘玥，张何灿，等. “一带一路”主题图书海内外出版现状对比及海外出版启示——基于当当网中国站点与亚马逊美国站点的实证分析 [J]. 出版科学，2020，28（4）：112－122.
[174] 王婧姝. 民族文化走出去：让世界看到“多彩中华” [N]. 中国民族报，2019－02－21（05）.
[175] 王珺. 出版业助力“一带一路”文化传播的作用与启示——以丝路书香工程为例 [J]. 出版广角，2019（21）：6－9.
[176] 王莉. 中国话语体系构建的基本维度 [N]. 光明日报，2017－09－25（06）.
[177] 王韶菡. 跨文化主义与丝绸之路文化遗产跨国合作的新形态 [J]. 四川戏剧，2022（8）：145－150.
[178] 王蔚蔚，邵培仁. “一带一路”新闻传播研究现状与突围 [J]. 中国出版，2019（6）：43－47.
[179] 王晓华. 浅析文化自信与中华优秀传统文化的对外传播 [J]. 产业与科技论坛，2022，21（14）：77－78.
[180] 王新青，池中华. 丝绸之路经济带中亚五国语言状况考察与思考 [J]. 云南师范大学学报（哲学社会科学版），2015，47（5）：14－20.
[181] 王鑫. 流动性、具身化与符号性：中华文化对外传播研究议程与路径拓 [J]. 新闻记者，2022（9）：45－54.
[182] 王学强. 中华优秀文化典籍外译何以“走出去”[J]. 人民论坛，2019（9）：132－133.
[183] 王玉贵. 民间外交理论与实践研究——以中国共产党为视角 [M]. 合肥：合肥工业大学出版社，2012.
[184] 王赟，刘晓程. 我国边疆问题对外传播的观念转型与模式创新 [J]. 南京工程学院学报（社会科学版），2014，14（3）：44－47.
[185] 吴冬，刘举. 自媒体时代，对外文化传播的非政府路径探析 [J]. 出版广角，2015（2）：76－78.
[186] 刘海燕. 公共外交视域下的中国文化海外传播路径研究 [J]. 湖北师范大学学报：哲学社会科学版，2019（2）：36－38.
[187] 吴蒙. 互联互通与中国对外战略 [D]. 北京：外交学院，2015.
[188] 吴琼. 新媒体时代我国主流意识形态话语权研究 [D]. 成都：电子科技大

学，2017.

[189] 吴卫民，石裕祖．中国文化“走出去”路径探析［J］．学术探索，2008（6）：108－114.

[190] 吴贤军．当前中国国际话语权构建的三条转化路径思考［J］．福建论坛（人文社会科学版），2015（6）：99－103.

[191] 吴晓霞，文昊．“走进去”的思考与对策——以新疆电子音像出版社、新疆美术摄影出版社为例［J］．新疆新闻出版，2014（6）：54－57.

[192] 吴瑛．文化对外传播：理论与战略［M］．上海：上海交通大学出版社，2009.

[193] 武鸿鸣．中国西部对外传播的价值建构［J］．新闻爱好者，2011，24（12）：34－35.

[194] 习近平．决胜全面建成小康社会 夺取新时代中国特色社会主义伟大胜利——在中国共产党第十九次全国代表大会上的报告［EB/OL］．中国政府网，http：//www.gov.cn/zhuanti/2017－10/27/content_5234876.htm.

[195] 习近平．习近平“一带一路”国际合作高峰论坛重要讲话［M］．北京：外文出版社，2017.

[196] 习近平：铸牢中华民族共同体意识［EB/OL］．新华网，（2022－07－18）［2023－01－20］．http：//www.xinhuanet.com/politics/leaders/2022－07/18/c_1128841769.html.

[197] ［美］约瑟夫·S. 奈．美国注定领导世界？——美国权力性质的变迁［M］．刘华，译．北京：中国人民大学出版社，2012.

[198] ［美］詹姆斯·凯瑞．作为文化的传播［M］．丁未，译．北京：中国人民大学出版社，2019.

[199] 《中国图书海外馆藏影响力研究报告（2016 版）》发布［J］．国家图书馆学刊，2016，25（5）：10－10.

[200] 中国非遗怎么“走出去”？这些案例告诉你［EB/OL］．腾讯网，（2022－01－03）［2023－06－23］．https：//new.qq.com/rain/a/20220103A034J300.

[201] 任莲香，等．西北少数民族传统体育文化的特征及发展趋势［J］．甘肃社会科学，2008（4）：72－75.

[202] 燕连福，李婧．新中国 70 年主流意识形态传播的历史演进、主要经验及发展指向［J］．马克思主义理论学科研究，2019（6）：41－52.

[203] 完美世界与欧洲学院达成战略合作［EB/OL］．完善世界网，（2015－04－30）［2023－06－23］．https：//www.wanmei.com/wmnews/wmnews2015/20160628/183660.shtml.

[204] 曾蕊蕊．“一带一路”对外传播的问题及对策［J］．云南社会科学，2017（5）：67－71.

[205] 周银霞．多元一体与核心价值——西北少数民族地区社会主义核心价值观体系建设研究［M］．北京：人民出版社，2015.

[206] 刘奇葆．加快推动传统媒体和新兴媒体融合发展［EB/OL］．共产党员网，（2014－04－23）［2023－06－23］．https：//news.12371.cn/2041/04/23/ARTI/398201276933509.shtml.

[207] 臧国仁．新闻报道与真实建构：新闻框架理论的观点［EB/OL］．道客巴巴，（2013－12－31）［2023－06－23］．http：//www.doc88.com/p－1816819026580.html.

[208] 中国文化“走出去”民间力量凸显［EB/OL］．中国新闻网，（2015－05－03）［2023－06－23］．https：//www.chinanews.com/fortune/2015/05－03/7248420.shtml.

[209] 夏倩芳，张明新．新闻框架与固定成见：1979—2005年中国大陆主流报纸新闻中的党员形象与精英形象［J］．新闻与传播研究，2007，14（2）：29－41.

[210] 肖静芳．少数民族文化的传播现状与思考［J］．东南传播，2015（2）：53－55.

[211] 肖伟．新闻框架理论：传播主体的架构与被架构［M］．北京：中国人民大学出版社，2015.

[212] 肖永明，张天杰．中国文化软实力建设视域中的对外文化传播［J］．现代传播（中国传媒大学学报），2010（5）：6－10.

[213] 谢清松．波罗的海三国的语言政策研究［D］．贵阳：贵州民族大学，2019.

[214] 徐福山．文化折扣与文化产品“走出去”的路径选择［N］．光明日报，2015－04－06（08）.

[215] 许慧．“一带一路”背景下四川中小企业对外贸易研究［J］．商展经济，2022（17）：36－38.

[216] 薛金慧．西北少数民族文化发展路径研究［J］．宁夏党校学报，2013，15（1）：70－73.

[217] 学习贯彻习近平总书记“8·19”重要讲话精神［EB/OL］．人民网，（2013－12－09）［2023－06－23］．http//theory.people.com.cn/GB/40557/368340/.

[218] 闫兴．中国特色社会主义核心价值观话语体系研究［M］．长春：吉林大学出版社，2021.

[219] 闫艺．民族学视野中西北少数民族传统体育文化的变迁［J］．四川体育科学，2011（2）：29－32.

[220] 杨宏伟，张倩．社会主义核心价值观与人类命运共同体休戚与共［J］．中国德育，2018（12）：20－23.

[221] 杨洁勉．中国外交理论和战略的建设与创新［M］．上海：上海人民出版社，2015.
[222] 杨荣国．“一带一路”公共外交战略研究［D］．兰州：兰州大学，2017.
[223] 杨守明．新时代中国外交话语体系的知识结构要素与实践功能［M］．北京：人民出版社，2019.
[224] 杨莹．地域文化决定博物馆的视觉文化［J］．博物馆研究，2014（1）：42－46.
[225] 杨柱周，弥建立，杨子孟．甘肃本土电视纪录片创作现状研究［J］．中国广播影视，2022（5）：71－75.
[226] 姚君喜．互联网使用对外籍留学生中国文化认同的影响——基于北京、上海、广州高校的实证研究［J］．西南民族大学学报（人文社会科学版），2021，42（4）：162－170.
[227] 姚苏平．传统文化主题类童书对外输出的成效与不足——基于“中国图书对外推广计划”和“丝路书香工程重点翻译资助项目”的考察［J］．出版广角，2019（11）：25－29.
[228] 叶倩倩．社交媒体语境下中国文化的跨文化传播研究［D］．武汉：华中师范大学，2020.
[229] 于帆．中国电影走向全球应找准平衡点［N］．中国文化报，2018－10－23（07）.
[230] 余光武，张森，宋思琪．“一带一路”沿线阿拉伯国家语言国情及相关建议［J］．语言战略研究，2021，6（1）：84－91.
[231] 俞沂暄．人文交流与新时代中国对外关系发展——兼与文化外交的比较分析［J］．外交评论，2019（5）：34－53.
[232]［美］约瑟夫·奈．软力量：世界政坛成功之道［M］．吴晓辉，钱程，译．北京：东方出版社，2005.
[233] 臧国仁．新闻媒体与消息来源——媒介框架与真实性建构之论述［M］．台北：三民书局，1999：41－42.
[234] 张斌．五洲搭书架 书香飘四海——五洲传播出版社“中国书架”项目经验与启示［J］．对外传播，2019（2）：36－38.
[235] 张迪．“丝路书香工程”重点翻译资助项目研究［D］．青岛：青岛科技大学，2020.
[236] 张佳佳．浅议来华留学生对中国文化的习得与对外传播［J］．汉字文化，2021（4）：70－71，83.
[237] 张历历．当代中国外交简史（1949—2014年）［M］．上海：上海人民出版社，2015.
[238] 张玲．少数民族题材电视剧的发展研究［J］．当代电视，2016（9）：15－17.
[239] 张敏，柏莹．“一带一路”留学生社会实践的文化传播研究［J］．新闻研究导刊，

2020, 11 (21): 29 - 30.
[240] 张明艳. 热贡唐卡文化产业发展研究 [D]. 北京: 中央民族大学, 2018.
[241] 张娜, 吉元戎.《一带一路》话语体系的价值建构 [J]. 青年记者, 2019 (20): 74 - 75.
[242] 张娜娜. 中国主题图书“走出去”研究 [D]. 长沙: 湖南师范大学, 2020.
[243] 张琦. “一带一路”背景下我国对外文化传播力的提升路径 [J]. 人民论坛·学术前沿, 2019 (24): 110 - 113.
[244] 张胜.《“一带一路”民心相通报告》共筑民心相通之基 [N]. 光明日报, 2018 - 04 - 10 (07).
[245] 张彤, 杨微. “一带一路”话语构建与国家形象塑造 [J]. 中国报业, 2020 (4): 10 - 11.
[246] 张薇, 汪少华. “一带一路”话语建构策略的架构理论透视 [J]. 外语研究, 2019, 36 (4): 38 - 43.
[247] 张维为, 吴新文. 中国话语: 建构与解构 [M]. 上海: 上海人民出版社, 2021.
[248] 张亚. “一带一路”背景下广西边疆少数民族地区文化对外传播策略探析——以崇左市为例 [J]. 广西教育, 2019 (15): 10 - 12.
[249] 张英. 从故宫博物院网络直播谈疫情下博物馆文化传播的新探索 [J]. 中国博物馆, 2021 (2): 64 - 68.
[250] 张永凯. “一带一路”背景下少数民族传统音乐的海外形象塑造与国际传播力提升研究 [J]. 贵州民族研究, 2019, 40 (5): 103 - 106.
[251] 张妤. “一带一路”背景下苗族文化的传播机遇与挑战——以黔东南州台江县为例 [J]. 中国民族博览, 2020 (2): 75 - 76.
[252] 张月心. 传媒领域哈萨克语文使用活力研究 [D]. 北京: 中央民族大学, 2015.
[253] 章宏, 林慧冰. “一带一路”视角下对外出版话语体系的构建路径 [J]. 出版广角, 2020 (10): 24 - 27.
[254] 赵健. 赵炜怡. 华侨华人传播中华文化的路径探析 [J]. 西北工业大学学报, 2022 (2): 86 - 97.
[255] 赵可金. 中国特色的民间外交 [M]. 北京: 红旗出版社, 2012.
[256] 赵庆寺. 中华传统文化与中国国际话语权的建构路径 [J]. 探索, 2017 (6): 114 - 121.
[257] 赵巍, 王洋. “一带一路”倡议对中国出版物出口的影响——基于双重差分模型的实证分析 [J]. 北京航空航天大学学报 (社会科学版), 2023 (4): 115 - 125.
[258] 赵卫防. 以“中国性”建构民族命运共同体: 当下少数民族题材电影创作新观察

[J]. 中国文艺评论, 2022 (9): 16 - 25.
[259] 赵永华, 刘娟. 文化认同视角下"一带一路"跨文化传播路径选择 [J]. 国际新闻界, 2018, 40 (12): 67 - 82.
[260] 郑保卫. 我国气候变化问题对外传播话语体系建构 [J]. 对外传播, 2014 (11): 21 - 23.
[261] 郑海鸥. 电影"走出去"应该怎么走 整体布局电影对外传播 [N]. 人民日报, 2015 - 04 - 16 (08).
[262] 郑锦晶. "丝路书香工程"重点翻译资助项目的国际话语权建构研究 [D]. 兰州: 兰州大学, 2019.
[263] 郑磊. "丝路书香工程"效益分析——以五洲传播出版社为例 [J]. 出版参考, 2016 (10): 15 - 17.
[264] 郑礼平, 冉思伟. 社会组织参与"一带一路"及"走出去"路径研究——以红十字会为例 [J]. 宁波广播电视大学学报, 2018, 16 (4): 22 - 28.
[265] 郑蔚康. 文化软实力提升背景下中国文化对外翻译出版策略 [J]. 合肥师范学院学报, 2020, 38 (2): 39 - 42.
[266] 郑信哲. 略论新时期城市少数民族民间社团问题——以城市朝鲜族民间社团为例 [J]. 中南民族大学学报 (人文社会科学版), 2016, 36 (1): 12 - 14.
[267] 郑永年. 中国大外交时代的来临 [J]. 领导文萃, 2015, 8 (4): 116 - 118.
[268] 钟馨. 1976—2001 年中国对外传播史研究 [D]. 武汉: 武汉大学, 2010.
[269] 周伟洲. 古代西北少数民族多元文化的发展与变异 [J]. 中国历史地理论丛, 2003 (3): 5 - 11.
[270] 周晓明. 人类交流与传播 [M]. 上海: 上海文艺出版社, 1990: 10.
[271] 周星, 吴晓钟. 中国电影的创作共同体问题及其提升路径 [J]. 江苏大学学报 (社会科学版), 2023 (2): 78 - 88.
[272] 周忠良. 《习近平谈治国理政》海外出版影响力研究 [J]. 中国出版, 2019 (17): 51 - 55.
[273] 朱桂生, 黄建滨. 西方主流媒体视野中的中国青年形象研究——基于 BBC 纪录片《中国的秘密》的批评性话语分析 [J]. 中国青年研究, 2017 (5): 106 - 111.
[274] 朱英. 20 世纪中国民间社团发展演变的历史轨迹 [J]. 华中理工大学学报 (社会科学版), 1999 (4): 68 - 74.
[275] 訾凌寒. "一带一路"建设中的中国公共外交研究 [D]. 兰州: 兰州大学, 2017.
[276] 邹蕾. "一带一路"倡议视角下中国文化对外传播研究 [D]. 湘潭: 湘潭大学, 2019.

后　记

本书是2018年国家社科基金项目“‘一带一路’倡议下西北少数民族文化对外传播的话语建构研究”的课题成果。本书共八章，其中第一章、第三章、第五章、第六章、第七章由郝香撰写，第二章和第八章由康丽雯撰写，第四章由曹馨月撰写。

感谢我的同事兼朋友康丽雯老师及曹馨月老师在课题研究及书稿撰写中的无私奉献，她们的敏捷睿智、严谨认真深深感染着我，也鞭策着我不断前进。回望那些线上、线下一起头脑风暴和加工润色的日子，至今仍历历在目，值得永远铭记。此外，还要感谢我的研究生廖敏成、曹欣、韩亮、曹贤坤、周杨、王丽梅、李桂芳、甄一丹、许兴宇、牛静菲等同学为课题研究提供的宝贵资料，没有他们的帮助，项目将无法顺利完成。

最后，感谢中国经济出版社为本书的出版所付出的辛勤劳动。